劳动法疑难案例与企业合规指引

大成劳动与人力资源专业委员会 / 编著

中国法制出版社
CHINA LEGAL PUBLISHING HOUSE

编者名单

主　编

江点序

副主编

付　勇　罗　欣　曾凡新

执行主编

黄　华　李亚兰

编委

（按姓氏笔画排序）

于亦佳	万昀菲	马伯元	王　义	王文涛	王弘侃	王雪平
方　雪	尹志刚	古蜀君	史正春	付　勇	冯　锐	冯婷婷
朱　华	朱雅姝	刘晓娜	刘继承	刘　璐	江永清	江点序
许仲恩	杨　畅	杨雪莹	杨傲霜	李日倩	李世雄	李亚兰
李芳芳	肖　娟	吴　磊	余　坤	张一泊	张立杰	张奇元
张承东	张春生	张　茜	张　洁	陈建华	苗　静	林达斯
林　琳	罗　欣	和浩军	金　忠	周　军	周佳佳	郑静静
赵　刚	姚　瑶	桂镜扬	原　峰	徐郭飞	翁　飞	郭君璇
郭挺睿	唐　玲	唐恒敏	黄　华	黄　妙	黄诗斯	曹　越
崔林刚	彭　聪	董晓琳	曾凡新	曾春华	谢玲玉	靳　军
虞洁莹	颜　源	潘激鸿				

守望　花开

在推动经济高质量发展的主题下，合规是企业稳健经营和发展的基本前提。合规，不仅要求企业及其成员遵守国家层面的法律法规，还要求其须遵循各种行业准则、企业章程和规章制度、职业伦理规范等。人，永远是社会生产力第一要素。以人为中心，企业人力资源管理更是合规风险管理的重中之重，尤其是在经济发展的波动周期内，企业人力资源管理也将面临更多的挑战与压力，如人员优化、核心员工激励、保密与不正当竞争、生态用工等，同时也因劳动与雇佣政策的区域间差异及同一区域的相关政策新旧衔接等而不时让企业人力资源管理者陷入选择的困局。如何在浩渺的信息海洋中，快速检索自己所需的信息并作出正确的选择和判断，是企业人力资源管理者的普遍诉求。

《劳动法疑难案例与企业合规指引》由大成律师事务所劳动与人力资源专业委员会精选所内劳动与雇佣律师历年来办理的经典案例（包括诉讼与非诉）汇编而成。选收的64个诉讼案件，涵盖劳动关系认定、劳动合同管理、劳动报酬与工时休假、社保与福利、保密与竞业限制等主题，每个案例下设置案例要旨、案情介绍、裁判观点、案例评析、类案观点、合规指引等版块，针对常见的热点难点管理问题，给企业人力资源以切实有效的合规建议。选收的32个非诉案例，均根据作者承办的案件改编，涵盖裁员、企业人力资源制度与民主程序、破产重组等员工安置、群体性事件应对、商业秘密及不正当竞争、员工舞弊及合规调查等主题，每个案例下设置案例疑难点、案情介绍、办案经过、办案亮点、合规指引，并配以部分项目经典文书参考，供企业人力资源管理者参考和适用。

《劳动法疑难案例与企业合规指引》凝聚大成近300名劳动与雇佣律师近10年的智慧及心血，以案例为载体，从传统的疑难劳动争议到最前沿的人员优化及舞弊调查专题，结合法律法规、地方司法指导意见与劳动政策，试图为企业人力资源管理人员梳理在企业内部治理、规章制度、人员管理等方面存在的风险问题点，提供可落地的合规管理建议，助力企业构建适合于自身的有效的合规组织体系，完善相关业务管理流程，弥补企业制度建设和监督管理漏洞。

劳动无小事。劳动与雇佣律师、企业人力资源管理人员，虽身份各异，却殊途同归，在各自的领域内共同为构建企业人力资源合规风险控制体系而努力。大成律师以集体之力编著本书，以回馈广大人力资源管理同人！

大成律师事务所
劳动和人力资源专业委员会
江点序
2022年12月4日于广州

目 录

诉 讼 篇

一、劳动关系的认定 / 3

001 用人单位与劳动者"长期两不找"情形下的劳动关系认定 / 3

002 用人单位的股东伴侣参加公司经营情形下的劳动关系认定 / 9

003 公益性岗位人员与原用人单位未解除劳动关系，在其他单位工作，是否与新用人单位构成劳动关系 / 11

004 运动员与俱乐部之间是否构成劳动关系 / 15

005 代销商品房的自然人承包商聘请的工作人员，是否与开发商形成劳动关系 / 18

006 承包人将工程层层分包或者转包给不具有用工主体资格的承包人或者实际施工人，该不具备用工主体资格的承包人招用的劳动者发生工伤，承包人承担工伤保险责任后，是否意味着发包人或承包人与劳动者之间还存在劳动关系 / 23

二、劳动合同的订立、履行与变更 / 27

007 劳动者工作有过错给用人单位造成损失的，用人单位可否提出巨额索赔 / 27

008 劳动合同中约定了天价"入职补偿款"，劳动者入职后短期内即离职，可否要求用人单位按约支付入职补偿款 / 33

009 劳动者给用人单位造成损害时，是否需要承担赔偿责任以及承担的责任比例 / 37

010 设立中的子公司可以与劳动者订立书面劳动合同，并作为劳动关系的用人单位吗 / 45

011 劳动者与用人单位约定，一方单方终止劳动合同应向对方偿付违约金的条款是否有效 / 49

012 用人单位无正当理由调岗调薪，劳动者主张用人单位补发原岗位工资差额及福利待遇能被支持吗 / 53

三、劳动报酬与工时休假 / 57

013 用人单位实际支付的工资中包含了加班工资且劳动者从未提出异议，劳动者能否再主张加班工资 / 57

014 计件工资制度下，用人单位是否还应支付加班工资 / 63

015 金融行业的奖金递延发放制度是否具备合法性，劳动合同解除后劳动者是否有权主张递延奖金 / 66

016 劳动者因个人原因自愿辞职后，能否又以其他理由向用人单位主张经济补偿 / 70

017 劳动合同约定的工时制度与劳动者实际工作时间不一致，劳动者主张加班工资，其加班时间如何认定 / 73

018 劳动者提供加盖单位公章的"形式上真实"的绩效考核文件能否作为主张业务提成的依据 / 77

四、社会保险、公积金与福利待遇 / 83

019 用人单位未买社会保险，劳动者能否解除劳动合同并要求用人单位支付经济补偿 / 83

五、规章制度与民主管理 / 90

020 劳动者"泡病假"，未按规定办理请假手续即休假，用人单位解除劳动合同合法吗 / 90

021 法律法规对特殊用人单位的劳动者任免辞职有特别规定的，劳动者辞职应如何处理 / 96

022 员工违反公司反腐败政策向供应商借款，用人单位是否有权解除劳动合同 / 100

023 劳动者多次违纪，但单一违纪情形均不足以达到应当解除劳动合同的程度，用人单位可否根据规章制度累积处分并最终解除劳动合同 / 103

024 劳动者提供虚假报销材料但并未从中获利，用人单位可依据规章制度解除劳动关系 / 107

025 实行不定时工作制不考勤的员工，用人单位依据进出办公区域的刷卡记录认定员工旷工并解除劳动关系，是否合法 / 109

026 劳动者因猥亵行为被行政拘留，用人单位可否解除劳动合同 / 113

六、保密与竞业限制（诉讼类）/ 117

027 劳动者离职后主张忠诚奖，用人单位则向其主张在职期间违反竞业限制的违约金，谁能被支持 / 117

028 用人单位未在离职时向劳动者告知竞业限制，劳动者是否需要承担履行竞业限制义务 / 119

029 用人单位未按约支付竞业限制补偿金，劳动者可否请求解除竞业限制协议 / 121

030 在职期间竞业限制义务是否有效，劳动者违约是否应当支付违约金 / 125

031 劳动者违反竞业限制义务，用人单位可否解除劳动合同并收回股权激励 / 128

七、劳务派遣 / 133

032 当地政策对劳务派遣公司免征社会保险单位缴费部分时，已减免的社会保险费用是否还需要用工单位支付给劳务派遣公司 / 133

033 用工单位对劳务外包员工进行管理是否会被认为"假外包、真派遣" / 137

034 无固定期限劳动合同是否适用劳务派遣关系 / 140

八、劳动关系的解除与终止 / 145

035 劳动者以手机遗失没有备份为由拒绝履行相应的交接义务，用人单位如何处理 / 145

036 劳动者成立公司与用人单位进行交易，用人单位应如何处理 / 149

037 用人单位因客观情况发生重大变化与劳动者解除劳动合同，被认定违法解除后劳动合同应否继续履行 / 151

038 劳动者有性骚扰行为，用人单位是否可以解除劳动合同 / 155

039 劳动者多次私自处理客户投诉，用人单位能否解除劳动合同 / 158

040 劳动者拒绝接受公司合理的工作安排并消极怠工，用人单位如何举证 / 162

041 总公司撤销分公司，分公司的劳动者能否要求总公司继续履行劳动合同 / 165

042 特殊岗位的劳动者隐瞒吸毒史，用人单位能否解除劳动合同 / 167

043 劳动者违背忠诚义务，未向公司披露可能触及公司或公司客户利益的重要信息，用人单位能否解除劳动合同 / 171

044 劳动者不服从用人单位合理调整坚持在原工作地点打卡是否构成旷工 / 174

045 公章失控期间，劳动者未获授权私自盖章签订的劳动合同解除协议是否有效 / 177

046 因公司撤销保安队，用人单位解聘保安未提前三十日通知劳动者是否构成违法解除 / 181

047 公司撤销部门，劳动者不服从公司调岗安排，用人单位是否可以解除劳动合同 / 186

048 高管严重失职，用人单位是否有权根据高管工作表现调整其薪酬 / 188

049 用人单位生产线停产，协商调岗期间劳动者申请休病假但未按规定履行请假手续，用人单位可否解除劳动合同 / 191

050 基金从业人员要求基金公司赔偿未开具离职证明的高额损失，能否得到支持 / 194

051 劳动者违反岗位职责，用人单位可否依据《员工手册》的相关规定对其进行处罚，直至解除劳动合同 / 198

052 用人单位未及时申请办理《外国人就业证》延期手续，导致劳动合同终止的，外国人诉请用人单位支付违法解除劳动合同经济赔偿金的，能否支持 / 200

053 双方均无法证明劳动者离职的原因，能否视为双方协商一致解除劳动合同 / 205

054 用人单位工厂搬迁，劳动者拒绝前往新工作地点工作，用人单位可否解除劳动合同 / 209

055 签订两次固定期限劳动合同后，劳动者提出订立无固定期限劳动合同的，用人单位能否终止劳动合同 / 212

056 劳动者连续多次旷工，用人单位能否解除劳动合同并无须支付赔偿金 / 215

057 用人单位解除劳动关系并没有载明其单方解除的理由，解除是否合法 / 220

058 劳动者递交书面辞职报告后又撤回辞职申请，双方是否还存在劳动关系 / 222

059 员工主动辞职并确认与用人单位协商一致后，又索要违法解除劳动合同的赔偿金、加班费和年终奖的，能否得到支持 / 226

060 员工瞒报利益冲突、"搭便车"侵害公司利益，用人单位能否解除合同 / 230

九、人身意外、工伤等 / 235

061 劳动者患精神病、抑郁症能否直接享受二十四个月医疗期 / 235

062 工伤事故与人身损害赔偿责任相竞合时，用人单位是否还要承担民事损害赔偿责任 / 239

063 劳动者要求认定工伤，用人单位否定为工伤，应由谁承担工伤举证责任 / 244

十、劳动争议仲裁和诉讼程序 / 249

064 因政府主导的国企改制而引发的纠纷是否属于人民法院受理案件范围 / 249

非 诉 篇

一、裁　员 / 257

065 公司经济性裁员专项法律服务 / 257

066 公司撤销驻外地办事机构开展员工裁减专项法律服务 / 269

067 某地首例人社部门备案的经济性裁员项目 / 272

二、人力资源合规、规章制度修订 / 275

068 为某企业提供劳动人事专项法律服务 / 275

069 用人单位规章制度定制与民主决策程序、劳动用工全流程管理文件梳理与修改等全套人力资源合规专项法律服务 / 278

070 某世界 500 强企业员工手册及人力资源法律文书修订专项法律服务 / 292

071 对某公司人事管理过程中以"不胜任"为由和"口头通知"解除劳动关系的法律风险进行分析并出具法律意见书 / 297

三、改制重组、破产重整、单位清算解散过程的员工安置 / 300

072 某新材料生产企业破产重整过程中的职工债权处理 / 300

| 073 | 公司产能跨市外迁，员工分流安置和解决群体性劳动争议事件 / 306
| 074 | 某海外收购交易所涉中国境内之人员整合专项法律服务 / 310
| 075 | 某上市公司收购后因总部跨省迁移开展集团上下员工安置专项法律服务 / 313
| 076 | 工厂转让时员工安置准备、谈判及执行 / 320
| 077 | 某合资企业员工安置专项法律服务 / 324
| 078 | 某幼儿园拆迁人员安置专项法律服务 / 329
| 079 | 某公司实际控制人被采取强制措施导致公司经营困难员工安置专项法律服务 / 332
| 080 | 某股份有限公司在产业转型升级过程中开展员工安置专项法律服务 / 335
| 081 | 某日资企业办公场所、生产线搬迁、部门撤销员工安置专项法律服务 / 349
| 082 | 甲公司提前结业后劳动纠纷的调处 / 351
| 083 | 某亏损企业股权转让中的职工多渠道快速分流安置 / 355
| 084 | 某集团经营战略调整，裁撤部门和产业线、解除劳动关系专项法律服务 / 366
| 085 | 某公司经营战略调整，裁撤行政岗位、新增生产岗位的劳动关系处理专项服务 / 370
| 086 | 前期谈判僵局情况下的员工安置法律服务 / 375

四、人身意外、工伤等突发事件的处理 / 381

| 087 | 劳动者享受了工伤待遇，又额外获得166.66万元赔偿案 / 381
| 088 | 员工工伤"泡工伤假"应对专项法律服务 / 384

五、商业秘密保护、竞业限制与反不正当竞争 / 390

| 089 | 员工竞业限制、公司商业秘密保护及反不正当竞争"刑民交叉"专项法律服务 / 390

六、员工舞弊、合规调查处理 / 394

090 离职员工诋毁公司声誉的危机处理及舞弊、侵犯商业秘密的调查 / 394

091 公司高管舞弊调查案 / 397

092 对泄露商业秘密、利益冲突、伪造财务凭证的违纪员工进行合规调查及解雇处理专项法律服务 / 399

093 "以刑辅民"处理员工舞弊案件,精细策划解决企业管理痛点 / 402

七、其他类型 / 406

094 公司生产经营困难情况下与劳动者协商变更以及解除劳动关系专项法律服务 / 406

095 为某企业高管利益输送行为应对和解聘高管法律服务 / 408

096 某集团业务外包合规风险审查专项法律服务 / 412

诉讼篇

一、劳动关系的认定

001 用人单位与劳动者"长期两不找"情形下的劳动关系认定[1]

案例要旨

《劳动合同法》[2] 第七条规定，用人单位自用工之日起即与劳动者建立劳动关系。由此可知，判定劳动关系的有无，其衡量标志是看双方有无"用工"事实。认定劳动关系应当从人格从属性、经济从属性、组织从属性三方面考量。

案情介绍[3]

张某于 1995 年 12 月与甲公司签订无固定期限劳动合同。1998 年 3 月因不能胜任工作被生产处退回人事处后未再工作，甲公司向其发放生活费至 1999 年 2 月，2011 年 2 月停止为其缴纳社保。其间，双方均未履行任何劳动权利或义务，仅在 2018 年至 2020 年，张某连续三年以甲公司员工身份参加了公司工会组织的乒乓球比赛。现张某因临近法定退休年龄，要求甲公司为其办理退休，双方就停保后至今劳动关系的存续产生争议。

2021 年 3 月，张某向当地劳动争议仲裁委员会提起劳动仲裁申请，要求确认从 2011 年 1 月起至今与甲公司存在劳动关系。该委经审理后作出裁决，驳回了张某的仲裁请求。张某因不服该裁决结果，向法院提起诉讼，一审法

---

[1] 颜源、唐玲，北京大成（重庆）律师事务所律师。
[2] 为便于阅读，本书援引法律文件名称中起始的"中华人民共和国"字样都予以省略。
[3] （2022）渝 05 民终 408 号，本案例根据作者代理的案例改编。

院审理后认为，双方既已签订无固定期限劳动合同，也不存在劳动合同中约定的应当终止或者解除的情形，甲公司现主张劳动关系已解除，则应当对劳动关系已解除或者终止进行举证，因甲公司无法举示相关证据，从而判决甲公司承担举证不能的不利后果，即认定从2011年1月起至今双方存在劳动关系。一审判决后，甲公司对该判决结果不服，遂提起上诉。在二审程序中，甲公司向法庭补充了张某于2017年曾在其他单位缴纳了2个月社保的参保记录，最终二审法院撤销了一审判决，改判驳回了张某的诉讼请求。

裁判观点

本案的主要争议焦点为：上诉人甲公司与被上诉人张某之间自2011年3月之后是否存在劳动关系。

对此，二审法院评析如下：判定劳动关系的有无，其衡量标志是看双方有无"用工"事实。即用人单位作为劳动力的使用者，要安排、组织劳动者和生产资料结合，而劳动者则要通过运用自身的劳动能力，完成用人单位交给的各项生产任务，并遵守单位内部的规章制度。此外，认定是否存在劳动关系应当从人格从属性、经济从属性、组织从属性三方面考量：即劳动者是否系在用人单位招用；劳动者是否在用人单位指定的工作时间、工作场所工作，并接受用人单位管理；用人单位是否在固定期间向劳动者发放工资；劳动者提供的劳动是否系用人单位的主营业务范畴，用人单位是否对劳动者具有工作时间及工作任务的支配权。

具体到本案，首先，张某未举示证据证明其自2011年3月之后为甲公司提供劳动的事实，甲公司亦未向张某支付劳动报酬，双方之间不存在经济从属性和组织从属性；其次，张某自2011年3月之后存在与其他用人单位建立用工关系的事实，可以认定其与甲公司之间已无实质性的管理与被管理的人身隶属关系。此外，张某主张其一直要求甲公司安排工作但被拒绝，但从其与案外人罗某的微信聊天记录反映，其要求甲公司安排工作的时间在2003年，与本案争议的期间不符，不能证明2011年3月之后张某要求安排工作被拒的事实。张某虽在2018年至2020年期间代表甲公司参加乒乓球比赛，但参加乒乓球比赛系个人业余爱好，并非甲公司的主营业务范围，也不属于甲公司安排的工作内容，不能作为双方存在劳动关系的佐证。综上，基于张某自2011年3月之后与甲公司之间没有实质的"用工"关系，二者之间不存在劳动关系，上诉人甲公司的上诉理由成立。

综上所述，甲公司的上诉请求成立，根据本院二审查明的新事实，依法予以改判。

案例评析

大成律师认为，本案主要争议焦点为"长期两不找"情形下劳动关系的认定问题。经检索，实务中对此法律问题的认定裁判观点并不统一。例如《北京市高级人民法院、北京市劳动争议仲裁委员会关于劳动争议案件法律适用问题研讨会会议纪要》[①] 第四条第十四款认为：劳动者长期未向用人单位提供劳动，用人单位也不再长期向劳动者支付劳动报酬等相关待遇，双方"长期两不找"的，可以认定此期间双方不享有和承担劳动法上的权利义务。再如，《吉林省高级人民法院关于审理劳动争议案件法律适用问题的解答（二）》[②] 第一条：除用人单位提供证据证明劳动合同已经解除或终止外，劳动者要求确认劳动关系的，应予支持；由于未付出劳动，除劳动者提供证据证明存在法定或约定事由外，劳动者请求支付工资、福利、生活费、社会保险待遇损失、解除劳动关系经济补偿、赔偿金等诉讼请求的，不予支持；劳动者要求解除劳动关系及办理档案和社会保险关系转移手续的，应予支持。此外，江苏省对此也有明确的裁判规则，认为在"长期两不找"情形下，可以认定双方劳动关系处于中止状态，此期间双方既不享受权利也不承担义务。

[①] 法信网，https://www.faxin.cn/lib/dffl/DfflContent.aspx?gid=B272152&userinput=%E5%8C%97%E4%BA%AC%E5%B8%82%E9%AB%98%E7%BA%A7%E4%BA%BA%E6%B0%91%E6%B3%95%E9%99%A2%E3%80%81%E5%8C%97%E4%BA%AC%E5%B8%82%E5%8A%B3%E5%8A%A8%E4%BA%89%E8%AE%AE%E4%BB%B2%E8%A3%81%E5%A7%94%E5%91%98%E4%BC%9A%E5%85%B3%E4%BA%8E%E5%8A%B3%E5%8A%A8%E4%BA%89%E8%AE%AE%E6%A1%88%E4%BB%B6%E6%B3%95%E5%BE%8B%E9%80%82%E7%94%A8%E9%97%AE%E9%A2%98%E7%A0%94%E8%AE%A8%E4%BC%9A%E4%BC%9A%E8%AE%AE%E7%BA%AA%E8%A6%81%E3%80%81，最后访问日期：2022年9月8日。

[②] 法信网，https://www.faxin.cn/lib/dffl/DfflContent.aspx?gid=B1074473&userinput=%E5%90%89%E6%9E%97%E7%9C%81%E9%AB%98%E7%BA%A7%E4%BA%BA%E6%B0%91%E6%B3%95%E9%99%A2%E5%85%B3%E4%BA%8E%E5%AE%A1%E7%90%86%E5%8A%B3%E5%8A%A8%E4%BA%89%E8%AE%AE%E6%A1%88%E4%BB%B6%E6%B3%95%E5%BE%8B%E9%80%82%E7%94%A8%E9%97%AE%E9%A2%98%E7%9A%84%E8%A7%A3%E7%AD%94%EF%BC%88%E4%BA%8C%EF%BC%89，最后访问日期：2022年9月8日。

但在重庆地区，目前无明确规定统一该情形下劳动关系的认定规则。

对于是否存在劳动关系的认定，仍应看双方有无用工事实，而非订立劳动合同。《劳动法》第十六条第一款规定，劳动合同是劳动者与用人单位确立劳动关系，明确双方权利和义务的协议。由此可知，劳动关系的建立以双方订立劳动合同为主要标志。但根据其后实施的《劳动合同法》第七条规定，用人单位自用工之日起即与劳动者建立劳动关系。由此可知，劳动关系产生的基础法律事实是用工，判断劳动关系的有无也应看双方有无"用工"事实，而不再是《劳动法》规定的订立劳动合同。同时，参照原《劳动和社会保障部关于确立劳动关系有关事项的通知》（劳社部发〔2005〕12号）第一条规定，判断双方之间是否存在劳动关系，应当考察以下要件：1. 用人单位和劳动者符合法律、法规规定的主体资格；2. 用人单位依法制定的各项劳动规章制度适用于劳动者，劳动者受用人单位的劳动管理，从事用人单位安排的有报酬的劳动；3. 劳动者提供的劳动是用人单位业务的组成部分。根据上述要件分析，在"长期两不找"的争议案件中，判断双方劳动关系是否存在的关键是考察双方是否互相履行了劳动权利义务。

具体到本案，张某从1998年3月起未再向甲公司提供任何劳动，甲公司自此也未对张某进行过任何形式的用工管理，仅是向其发放生活费至1999年2月，缴纳社保至2011年1月。甲公司现无法举示与张某解除劳动关系的证据，但是，双方之间劳动关系基础已经不复存在多年，双方没有管理与被管理的人身隶属关系，也无参与劳动与领取劳动报酬的财产关系，不符合劳动关系的两个典型特征。且截至张某申请认定劳动关系期间，甲公司未收到过张某基于劳动关系提出的任何诉求或异议。张某虽于2018年至2020年连续三年以甲公司员工身份参加乒乓球比赛，但该行为也并不能作为认定双方劳动关系存续的依据，因乒乓球比赛明显不属于甲公司的业务组成部分，并不能作为张某提供劳动的依据。因此，本案由于双方在20余年来相互没有履行劳动关系权利和义务，属于互不联系、互不约束的"两不找"状态，符合"长期两不找"的情形，双方的劳动关系客观上来讲应从甲公司停发生活费起即已不复存在，基于社保缴纳的情况，甲公司与张某之间的劳动关系也至迟应于停保之时解除。

类案观点

关于"长期两不找"情形下劳动关系的认定，大成律师检索到以下案例，供读者参考。

案例：《沈某某与乙公司、丙公司确认劳动关系纠纷二审民事判决书》
[重庆市第四中级人民法院（2016）渝04民终1039号[①]]

本院认为，涉诉双方对1995年10月23日至2006年8月期间存在劳动关系的事实无争议，争议的焦点在于2006年8月之后至今双方是否存在劳动关系。对此，评述如下：

《劳动法》第十六条第一款规定，劳动合同是劳动者与用人单位确立劳动关系，明确双方权利和义务的协议。由此可知，劳动关系建立以双方订立劳动合同为主要标志。《劳动合同法》第七条规定，用人单位自用工之日起即与劳动者建立劳动关系。由此可知，劳动关系产生的基础法律事实是用工，而不再是《劳动法》规定的订立劳动合同。由于《劳动法》颁布实施在前，《劳动合同法》颁布实施在后，根据新法优于旧法的原则，劳动关系的有无，衡量标志是看双方有无"用工"的事实。

所谓劳动关系，是指劳动力所有者（劳动者）与劳动力使用者（用人单位）之间，为实现劳动过程而发生的一方有偿提供劳动力，由另一方用于同其生产资料相结合的社会关系。劳动关系的具体特征可以概括为以下几个方面：1. 劳动关系是一种结合关系。劳动关系的本质是强调劳动者将其所有的劳动力与用人单位的生产资料相结合。这种结合关系从用人单位的角度观察就是对劳动力的使用，将劳动者提供的劳动力作为一种生产要素纳入其生产过程。在劳动关系中，劳动力始终作为一种生产要素而存在，而非产品。这是劳动关系区别于劳务关系的本质特征。2. 劳动关系是一种从属性的劳动组织关系。劳动关系一旦形成，劳动者就成为用人单位的成员。双方的关系虽然是建立在平等自愿、协商一致的基础上，但劳动关系建立后，双方在职责上则具有了从属关系。用人单位作为劳动力的使用者，要安排、组织劳动者

[①] 中国裁判文书网，https://wenshu.court.gov.cn/website/wenshu/181107ANFZ0BXSK4/index.html?docId=fe19e6e2e75a4ee1b7cab795048789bf，最后访问日期：2022年9月6日。

和生产资料结合；而劳动者则要通过运用自身的劳动能力，完成用人单位交给的各项生产任务，并遵守单位内部的规章制度。这种从属性的劳动组织关系具有很强的隶属性质，即一种隶属主体间的以指挥和服从为特征的管理关系。3. 劳动关系是人身关系。由于劳动力的存在和支出与劳动者人身不可须臾分离，劳动者向用人单位提供劳动力，实际上就是劳动者将其人身在一定限度内交给用人单位，因而劳动关系就其本质意义上说是一种人身关系。但是，由于劳动者是以让渡劳动力使用权来换取生活资料，用人单位要向劳动者支付工资等物质待遇。就此而言，劳动关系同时又是一种以劳动力交易为内容的财产关系。

结合本案，首先，沈某某自 2006 年 8 月离开丙公司之后，未再给丙公司提供劳动，沈某某所有的劳动力与丙公司所拥有的生产资料之间再没有发生结合。其次，丙公司亦未向沈某某支付劳动报酬。由于沈某某没有让渡劳动力使用权来换取生活资料，丙公司也没有向沈某某支付工资等物质待遇，双方之间没有形成以劳动力交易为内容的财产关系。最后，沈某某与丙公司之间已无实质性的管理与被管理的具有人身依附性质的行政隶属关系，双方处于一种独立的、无关联的、平等主体之间的社会地位。故，基于沈某某自 2006 年 8 月之后与丙公司之间没有实质的"用工"关系，二者之间不存在劳动关系，沈某某要求确认其在 2006 年 8 月之后系待岗，其与丙公司的劳动关系当然存续的请求没有事实根据和法律依据。

合规指引

1. 建议用人单位规范员工管理，对于长期不在岗、已经停发劳动报酬的员工应及时清理，就劳动关系问题及时作出处理意见并依法送达员工本人，避免与员工形成"长期两不找"情形，从而引发劳动关系存续与否的争议。

2. 在确定与员工劳动关系的处理意见后，应及时停止为员工继续缴纳社会保险，否则一旦产生争议，缴纳社保的事实也将成为认定双方是否存在劳动关系的参考因素。

3. 用人单位应规范劳动合同解除程序，对于送达解除的证据如邮寄回执单、劳动者的签收单应当妥善保管，避免因举证不能导致不利后果。

002 用人单位的股东伴侣参加公司经营情形下的劳动关系认定[①]

案例要旨

股东的伴侣参与公司经营管理、每月领取固定报酬，劳动者主张其与用人单位之间存在劳动关系的，应承担举证责任。劳动关系最本质的特征之一系从属性和人身依附性，用人单位和劳动者之间应有管理与被管理、支配与被支配的关系。

案情介绍[②]

甲公司工商登记股东为三名自然人，三方合作之初签署了《股东合作协议书》，各自分配了所负责的管理事项。在公司实际运行过程中，三位自然人股东又与各自伴侣一同对公司进行经营管理。当时，两位自然人股东均已与其各自伴侣登记结婚，唯有一位股东崔某与其伴侣郑某尚未登记结婚。上述各自然人均未与公司签订劳动合同。

甲公司每月均向所有登记股东及其伴侣发放固定金额的报酬。从2019年开始，公司出现经营亏损的情况，不再按月向股东及其伴侣发放报酬。但公司在此期间内对公司员工的工资及社保均正常进行发放和缴纳。

2019年下半年，郑某申请劳动仲裁，要求甲公司支付应付未付的劳动报酬，并要求甲公司对其未签订劳动合同以及未缴纳社保进行劳动补偿。

甲公司委托大成律师代理该案件，经过劳动仲裁、一审、二审三个阶段，

[①] 方雪、刘璐，北京大成（南京）律师事务所律师。

[②] （2020）苏0104民初543号，中国裁判文书网，https：//wenshu.court.gov.cn/website/wenshu/181107ANFZ0BXSK4/index.html?docId=31d72d5d6014469392f2ac0f00d80120，最后访问日期：2022年9月2日。

（2020）苏01民终7138号，中国裁判文书网，https：//wenshu.court.gov.cn/website/wenshu/181107ANFZ0BXSK4/index.html?docId=bf284648724e4218b1a7ac8400b55203，最后访问日期：2022年9月2日。

南京市中级人民法院最终判决认定郑某与公司之间不存在劳动关系，驳回了郑某的全部诉讼请求。

裁判观点

一审法院认为，劳动者主张其与用人单位之间存在劳动关系负有举证责任，郑某并未与甲公司签订劳动合同，不能仅因郑某的工作地点、内容及领取工资等因素，就推定双方建立了劳动关系。根据已经查明的事实，郑某能够代表甲公司进行经营以及进行用工管理，其实质不符合劳动合同的法律特征。

二审法院则进一步论述，劳动关系最本质的特征之一系从属性和人身依附性，用人单位和劳动者之间应有管理与被管理、支配与被支配的关系。本案中，郑某主张其与甲公司存在劳动关系并据此主张劳动关系项下的工资等。但综观本案事实，郑某和甲公司自始至终并无建立劳动关系的合意，其在充分了解劳动合同、社会保险缴纳等法律规定并曾给公司其他股东普及相关法律责任的前提下，在长达近一年时间内始终未要求和甲公司签订劳动合同或要求甲公司为其缴纳社会保险，应认定其并无和甲公司建立劳动关系的主观意愿。本案中亦无证据表明其考勤接受甲公司管理或考勤与工资挂钩，其请假亦无须得到甲公司批准。甲公司管理事项亦由郑某、其伴侣崔某以及其他自然人股东共同决定，郑某负责的业务分工是包括其在内的各股东及各自伴侣共同协商确定的，并非接受甲公司的指派或安排。上述事实，结合郑某、崔某的关系以及两人加入甲公司的具体协商过程，均表明郑某对甲公司不具有身份上的从属性和依附关系，不具备劳动关系的该项特征。

综上所述，一、二审法院均认为，郑某与甲公司之间不构成劳动关系，驳回郑某的全部诉讼请求。

案例评析

本案中郑某的确掌握了大量参与公司经营的证据，且每月从公司领取固定的报酬，再加上其当时并未与显名股东伴侣登记结婚，因此如果不从劳动关系的本质出发深挖和组织证据，郑某极易被法院认定为与公司之间构成劳动关系。大成律师在接受公司委托代理该案件后，引导法院关注郑某联合其伴侣另外对公司提起的股东知情权、公司解散之诉等系列诉讼，将本案盘根错节的利益关系及郑某的实际身份剖析到位，让法院逐渐看清郑某及其伴侣的真实企图在于搞垮公司、侵吞公司资产，发起劳动仲裁只是他们牟取个人利益的手段之一。

合规指引

该案情形具有一定的典型代表性，一些中小企业在实际经营过程中存在诸多不规范之处，如为了避税，以按月从公司领取工资的方式对股东进行分红，又如股东与公司高管之间的边界不清晰，这些公司治理过程中的短板与漏洞隐藏着巨大的法律隐患。当公司经营陷入困境的时候，个别股东会利用这些经营管理中的问题发起诉讼，妄图侵蚀公司的资产，不仅对公司利益造成损害，实际上也会侵害真正劳动者获得报酬的权益。法院对本案的审理思路以及判决结论，对今后此类纠纷的解决以及公司治理结构的优化、劳动者权益的保障等均具有借鉴和指导意义。

003 公益性岗位人员与原用人单位未解除劳动关系，在其他单位工作，是否与新用人单位构成劳动关系[①]

案例要旨

该问题的本质是对于双重劳动关系如何进行认定，对此目前尚无明确的法律界定。根据《最高人民法院关于审理劳动争议案件适用法律若干问题的解释（三）》第八条[②]，企业停薪留职人员、未达到法定退休年龄的内退人员、下岗待岗人员以及企业经营性停产放长假人员，因与新的用人单位发生用工争议而提起诉讼的，人民法院应当按劳动关系处理。故沈阳地区司法审判观点认为非前述四类人员与原用人单位未解除劳动关系的情况下，在其他

[①] 杨雪莹，北京大成（沈阳）律师事务所律师。

[②] 该解释目前已失效，该条对应《最高人民法院关于审理劳动争议案件适用法律问题的解释（一）》第三十二条第二款。

公司工作不构成劳动关系。

案情介绍[①]

2003年10月，甲某的父亲乙某被招聘为某公安局户政处某区公益岗位社防队员，该公益岗位从2003年10月起至2017年7月按月向乙某支付岗位补贴。该公益岗位为乙某缴纳了社会保险、医疗保险、生育保险、工伤保险，缴纳至2017年7月。

2017年4月17日，乙某入职丙小学，从事更夫工作，月工资1530元，双方未签订劳动合同，乙某的社会保险费由原单位缴纳。2017年7月24日，乙某到丙小学准备工作时突发疾病，经抢救无效后宣告死亡。某公安局户政处某区公益岗位（原单位）一次性支付了乙某在职非因公死亡丧葬费。

甲某提出诉求要求认定乙某与丙小学之间存在劳动关系，并承担后续的工亡赔偿费用（近70万元）。经与丙小学沟通后，双方未能就赔偿款项达成一致。后甲某申请劳动仲裁，要求确认乙某与丙小学之间存在劳动关系。

本案经沈阳市某区劳动人事争议仲裁委员会裁定，认定乙某与丙小学之间存在劳动关系。后丙小学委托大成律师进行案件代理，经一审、二审法院认定乙某与丙小学之间不存在劳动关系。

裁判观点

一审法院认为，关于乙某与原公益岗位单位是否具有劳动关系的问题，根据《劳动合同法实施条例》第十二条规定："地方各级人民政府及县级以上地方人民政府有关部门为安置就业困难人员提供的给予岗位补贴和社会保险补贴的公益性岗位，其劳动合同不适用劳动合同法有关无固定期限劳动合同的规定以及支付经济补偿的规定。"根据该规定公益性岗位的从业人员与用人单位具有劳动关系，本案中，乙某与原公益岗位单位存在劳动关系。

关于乙某与丙小学是否具有劳动关系的问题，根据《最高人民法院关于审理劳动争议案件适用法律若干问题的解释（三）》第八条规定，企业停薪留职人员、未达到法定退休年龄的内退人员、下岗待岗人员以及企业经营性

---

① （2018）辽0106民初424号、（2018）辽01民终8694号，本案例根据作者代理的案例改编。

停产放长假人员，因与新的用人单位发生用工争议，依法向人民法院提起诉讼的，人民法院应当按劳动关系处理。上述四种情形的共同特征在于，劳动者要么与原用人单位的劳动关系解除，但还存在解除后的权利义务（下岗待岗人员）；要么与用人单位的劳动关系仍然存续，但劳动者并不在岗，双方之间的权利义务主要体现在社会保险费用的缴纳和职工最低生活的保障上。本案中，乙某不属于上述四类人员，故乙某与丙小学不存在劳动关系。

二审法院认为，关于甲某提出的要求确认乙某与丙小学之间存在劳动关系的上诉主张。经查，本案一审期间，某市社区安全防范支队出具《情况说明》写明"乙某自2003年10月开始被招聘为某公安局户政处某区公益岗位人员，并在某市社区安全防范支队××大队××派出所中队工作并受其管理，从事社区巡逻工作"，并由该单位按月支付岗位补贴、缴纳社会保险至2017年7月，乙某去世后以"某公安局户政处某区公益岗位人员"名义领取了在职非因公死亡丧葬费。综上，可以证实乙某自2003年10月起至2017年7月均与该公益性岗位存在劳动关系。且乙某也并不属于《最高人民法院关于审理劳动争议案件适用法律若干问题的解释（三）》第八条规定的"企业停薪留职人员、未达到法定退休年龄的内退人员、下岗待岗人员以及企业经营性停产放长假人员"四类人员，故一审据此认定乙某与丙小学之间不存在劳动关系并无不当。综上，甲某的上诉主张没有事实依据和法律根据，本院不予支持。

案例评析

该案件涉及在司法实践中有较大争议的两个问题：其一，公益性岗位与单位之间是否成立劳动关系；其二，员工在与上一家单位未解除劳动关系的情况下，能否与新的单位建立劳动关系。关于第二个问题，在司法实践中一直存有较大争议，大成律师通过本人办理的案件，提出相关意见。

1. 公益性岗位与单位之间是否属于劳动关系？

2003年沈阳市劳动和社会保障局联合沈阳市财政局出台关于公益性岗位的通知指出，公益性岗位是指由政府出资扶持，社会力量筹集资金，以安置就业困难群体为主，符合社会公共利益的管理、服务类岗位。据此，公益性岗位主要是从事非营利性的社会公共管理和公共服务活动的临时性救助岗位，如保安、社区就业服务岗位、城市管理、社会治安、秩序、市场管理等部门的协管等。根据《劳动合同法实施条例》第十二条的规定，公益性岗位是规定在《劳动合同法实施条例》中的，除了不适用《劳动合同法》中有关无固定期限劳动合同以及支付经济补偿的规定以外，均适用《劳动合同法》的有关规定。因此，公益性的从业人员与用人单位直接具有劳动关系。

2. 员工与原用人单位未解除劳动关系的，在其他公司工作是否构成劳动关系？

一种观点认为，应当承认双重劳动关系的存在。理由是在《劳动合同法》中没有条文规定禁止一个劳动者同时与其他单位建立劳动关系。另外《劳动合同法》第三十九条第四项规定，劳动者同时与其他用人单位建立劳动关系，对完成本单位工作任务造成严重影响，或者经用人单位提出，拒不改正的，用人单位可以解除劳动合同。从该规定可以看出，我国对于双重劳动关系认定没有作出明确禁止性规定。

另一种观点认为，不应承认双重劳动关系的存在，理由是原《最高人民法院关于审理劳动争议案件适用法律若干问题的解释（三）》第八条。该条通过列举形式，从正面明确了四类人双重劳动关系的合法性，对于其他情形能否类推适用并未予以明确。

@ 合规指引

通过该案件，可以明确在沈阳地区司法实践中仍是限制性地承认双重劳动关系的存在。另外若完全承认双重劳动关系，将导致社会保险关系的混乱，可能给员工和企业都带来不利的后果。但随着时代的发展，陆续产生多种用工模式，不排除将来的裁判观点是更倾向于认定双重劳动关系。

综上，为减少用工风险，建立和谐用工关系，建议企业应当建立完善的用工体系，避免双重劳动关系产生的风险。如在入职时要求员工提供解除劳动关系证明、社保缴费证明、对员工做相应的背景调查。一旦发现员工并未与前一用人单位解除劳动关系，应通过合法手段依法与员工解除劳动合同。

004 运动员与俱乐部之间是否构成劳动关系[1]

案例要旨

运动员作为劳动者的用工地位,应当受到《劳动法》及《劳动合同法》的保护。除非法律有特别规定,或双方有特别约定,运动员作为劳动者可以适用《劳动法》及《劳动合同法》的规定维护自身的合法权益。

案情介绍[2]

足球运动员陈某与甲俱乐部签订了《运动员岗位工作合同》,约定陈某基本年薪为税后×××万元,每月工资按此数额平均发放。如在每赛季中正式比赛出场22场,则次年工资递增××万元。如陈某在合同期内进入中国男子国家队,则甲俱乐部向陈某奖励税前××万元;如代表国家队参加A级赛事,则甲俱乐部向陈某奖励税前××万元,每年有效。

工作合同签订后,甲俱乐部以陈某违反队规队纪为由对其作出三停(停训、停赛、停薪)处罚。甲俱乐部不允许陈某参加训练和比赛,对陈某停发工资,也不允许陈某转会,这对职业球员来讲是一个致命的打击。为此,陈某委托大成律师向中国足球协会仲裁委员会提起仲裁,请求判令俱乐部支付拖欠陈某的工资×××万余元,奖金××万元。同时,以甲俱乐部欠薪为由要求与甲俱乐部解除工作合同,还陈某自由身,即允许陈某自由转会。

甲俱乐部在收到仲裁申请后,不但不同意仲裁请求,反而提出了反仲裁请求,即要求陈某退还甲俱乐部多支付的工资××万余元。

裁判观点

甲俱乐部与足球运动员陈某签订的工作合同及俱乐部内部的规章制度必须符合法律规定及行业规定,俱乐部与球员之间的权利、义务应体现出对等

---

[1] 苗静,北京大成(杭州)律师事务所律师。
[2] (2017)足仲裁字第0922号,本案例根据作者代理的案例改编。

性，并要符合公平原则。俱乐部对球员的管理及调整应具有必要性，但也应遵循合规、合理、适度原则，在程序上应严谨、规范，同时要保障球员的知情权、救济权。

尽管"三停"处罚及调整至预备队等管理措施和手段在行业内具有必要性，但这毕竟直接关系到球员参加比赛、训练的特殊权利及经济利益。上述管理措施的适用在实体上和程序上应体现合法合规、合理适度、以事实为依据、保证救济的原则，非严重违规违纪及球员能力、表现、状态不佳等，应该谨慎适用。球员工资属于工作合同的重要内容，关系到员工的切身利益，非因法定、约定事由不得随意调整或变更，球员工资应按约定的数额计算并发放。

解除合同的条件包括法律规定、行规规定、当事人约定的条件等，《劳动合同法》、足球行规就球员（劳动者）行使合同解除权的条件、程序等也作出了明确规定，本案属足球业内纠纷，在相关规定的适用上应体现足球行规规定的相对性。根据庭审中双方认可的事实，仲裁委员会认定，甲俱乐部自2017年1月未按合同约定及时足额向陈某支付工资，拖欠事实成立，符合合同解除的条件。仲裁委员会对陈某请求解除工作合同的主张予以支持。

案例评析

本案中，甲俱乐部与陈某签订的虽是工作合同，但是双方之间的法律关系具备劳动关系的基本特征，理应受到《劳动法》及《劳动合同法》的调整和保护。因此，大成律师在代理本案的过程中，着重从劳动关系的角度入手进行分析，针对本案的争议焦点，以下列举部分代理意见。

1. 俱乐部对陈某实施"三停"处罚没有法律依据。陈某作为劳动者，俱乐部作为用人单位，双方之间建立的是一种劳动关系。这种劳动关系自然受《劳动法》《劳动合同法》等法律、法规和政策的调整和保护。我们承认甲俱乐部作为用人单位有权依据自己的规章制度对球员进行适度的惩处。但甲俱乐部没有提供任何相关的制度用以证明俱乐部对陈某有"三停"的处罚权。陈某在甲俱乐部学习工作十几年，至今也从未见过俱乐部有任何"三停"的详细制度。究竟球员发生了什么样的行为可以遭受"三停"的处罚？即使有这样的制度存在，陈某本人是否熟知这些制度？这些均需要甲俱乐部做进一步的举证。如果俱乐部没有证据证明俱乐部存在有关"三停"的规定，或者不能举证陈某已经知悉"三停"的具体规定，那么就应当视为甲俱乐部违法处罚陈某。

2. 甲俱乐部没有为陈某提供必要的劳动条件，已构成可以解除合同的条件。不可否认陈某是一名出色的职业球员，某年能够被选入国家队已是对陈某表现的最大的肯定。面对这样一名优秀的球员，甲俱乐部动辄进行最严厉的"三停"处罚。这不仅切断了陈某的生活经济来源，而且严重影响了陈某的竞技状态和职业生涯。甲俱乐部正是运用这种不合理的方式不让陈某参加比赛，也不准陈某参加训练。这种情形已经完全符合双方所签合同第 11 条第 3 款，即"俱乐部没有为陈某提供必要的劳动条件"。陈某完全有理由据此解除与甲俱乐部之间的工作合同。

@ 合规指引

在足球运动员与足球俱乐部的劳动争议中，虽然双方一般签订的是工作合同，但足球俱乐部作为企业法人，符合与劳动者建立劳动关系的主体资格，现行法律法规并未排除职业运动员适用《劳动法》《劳动合同法》的规定，且合同主要条款包括合同依据、工作内容、工作时间和休息休假、劳动报酬、工作保障、劳动纪律等，上述工作合同内容符合《劳动合同法》规定的劳动合同的基本条款，足球运动员接受俱乐部的管理、训练，接受其安排参加比赛，从俱乐部获得报酬，双方之间的关系符合劳动关系的特征。因此，律师在代理此类案件时，可从劳动关系的角度入手，适用《劳动合同法》倾斜保护劳动者利益的理念，尽最大可能为劳动者争取应得利益。

既然足球运动员与俱乐部之间属于劳动关系，那么其不仅受行业规定的约束，还应当受《劳动合同法》的调整与保护。俱乐部基于管理的需要而制定的规章制度应满足《劳动合同法》有关用人单位规章制度制定的程序及内容要求。具体而言，律师在代理案件时，可着重审查俱乐部的相关行为是否具有制度上的依据，规章制度的制定是否符合法定程序，内容是否具有合理性，是否经过法定的送达及公示程序，是否侵犯了球员作为劳动者应享有的权利，以此为突破口为球员制定最有力的维权策略。

005 代销商品房的自然人承包商聘请的工作人员，是否与开发商形成劳动关系[①]

案例要旨

开发商将房屋销售代理交与第三方自然人，此人自行聘请的雇员与发包业务的开发商之间不存在事实劳动关系。

案情介绍[②]

2013年9月28日，甲公司与第三人韦某签订《销售代理合同》，将商品住宅的销售任务交由第三人独家营销代理。2013年12月16日，陈某被韦某面试并录用担任置业顾问。后陈某等离职，并申请劳动仲裁，要求甲公司向其支付未订立书面劳动合同双倍工资差额，支付解除劳动关系经济补偿金，支付未提前30天书面告知解除劳动关系额外一个月工资，以及为其办理社会保险登记并缴纳单位部分社会保险费，仲裁裁决支持了陈某的仲裁请求。

甲公司起诉到人民法院，要求确认与陈某无劳动关系，无须支付双倍工资差额及经济补偿等。

裁判观点

本案的争议焦点是甲公司与陈某是否存在事实劳动关系。

法院认为，事实劳动关系的认定应以劳动者实际接受用人单位的管理、约束，以及用人单位向劳动者支付劳动报酬等为标准。主张劳动关系成立的一方当事人对劳动关系成立的事实承担举证责任。本案中，陈某虽然主张其

[①] 朱华，北京大成（南宁）律师事务所律师。

[②] （2016）桂0124民初第11号，中国裁判文书网，https://wenshu.court.gov.cn/website/wenshu/181107ANFZ0BXSK4/index.html? docId=1ef3d96937514b67b058fa08a682a8c5，最后访问日期：2022年9月6日。

与甲公司之间存在事实劳动关系，但其当时是由第三人韦某负责其面试并谈妥报酬等事宜，之后上下班考勤均由韦某或其指定人员负责，而报酬待遇均由第三人韦某及其配偶刘某通过银行转账方式支付。第三人韦某陈述，陈某等人均系其招聘，作为自己承包销售商品住宅的销售管理人员，员工均由其自行支付报酬待遇。在本案中，陈某主张其与原告甲公司存在劳动关系，但并未提供任何证据证实，可见，陈某实际由第三人韦某进行管理并发放工资。

甲公司违反法律、法规规定，将商品住宅销售交由不具备销售资质的第三人韦某，之后第三人韦某在销售业务过程中招聘被告陈某为置业顾问，均是原告甲公司与第三人韦某基于履行双方之间的销售代理合同而产生的行为，并不能证明被告陈某已接受甲公司的管理、约束以及甲公司向陈某支付了劳动报酬。而被告陈某提出其工资待遇虽系第三人支付，但系由原告委托第三人支付这一说法，不符合用人单位支付劳动者报酬的普遍情形，且陈某亦未提供证据证实工资系原告委托第三人支付，因此，陈某与甲公司之间并不存在事实劳动关系。判决确认甲公司与陈某不存在劳动关系，无须支付双倍工资差额、经济补偿金及补缴社会保险费等。

案例评析

1. 甲公司已将销售业务外包给第三人，第三人自行聘请人员组建销售队伍，开展销售活动，相关的费用亦由第三人发放。在劳动仲裁阶段，甲公司仅强调陈某不是本企业的员工，但无相关的证据证实此观点，所以仲裁阶段败诉。

2. 大成律师接受委托后，积极指导甲公司追加了承包人韦某为第三人，收集整理并提交给法院甲公司与韦某的销售代理合同及给付费用的转账凭证、公司的职工花名册和社保缴纳清单，证实了韦某承包销售的个人，并不是公司的员工，也没有代表甲公司招录和管理销售人员。

3. 提交了初步的证据后，法院调查取证又证实韦某及其妻子通过个人的账号转款支付包括陈某在内的销售人员的劳务报酬，庭审中，陈某也认可韦某负责招聘和指定人员对销售人员进行管理，没有从甲公司处获得任何报酬。

4. 大成律师在代理意见中指出，甲公司与第三人韦某签订的销售代理合同，尽管违反了法律的管理性规定，但并不违反法律的禁止性规定，此合同并不当然无效，也不能改变第三人个人雇用和管理销售人员的事实，且实际上亦由第三人发放酬劳给陈某。

至于甲公司是否违法，应否受到政府相关部门的行政处罚，与甲公司与陈某是否存在劳动关系不是同一法律关系，不能据此就让甲公司承担用人单位的主体责任，从而承担法律责任。

类案观点

关于将项目承包给不具有用工主体资格的个人，个人雇用人员与发包方是否存在劳动关系？我们检索到以下案例，以供读者参考。

案例一：《朱某某与甲公司确认劳动关系纠纷上诉案》[上海市第二中级人民法院（2019）沪02民终7833号[1]]

本院认为，公民、法人的合法权益受法律保护。朱某某在本案中坚持其与甲公司存在劳动关系。而甲公司与蔡某某则坚持朱某某系蔡某某个人雇用，与甲公司不存在劳动关系。对此，本院认为，判断劳动者与用人单位是否建立劳动关系，应结合双方有否建立劳动关系的合意、工资是否由用人单位支付，该工资支付是否固定；劳动者接受谁的指挥和管理，双方之间是否形成一种以指挥和服从为特征的管理与被管理关系以及劳动者所从事的工作是否为用人单位业务组成部分等方面进行综合判断。根据查明事实，蔡某某与甲公司签有劳务清包合同，甲公司与蔡某某之间是承包关系。而朱某某由蔡某某雇用，其与蔡某某签有个人劳务协议，朱某某对此应当是清楚的。而朱某某的工资亦由蔡某某支付，平时接受蔡某某的指挥和管理。从上述事实可见，甲公司并没有与朱某某建立劳动用工的合意，亦无证据证明蔡某某系甲公司职工，代表甲公司行使管理权。因此，朱某某主张其实际系与甲公司建立的劳动关系，缺乏依据。至于朱某某主张蔡某某没有用人资格，对此本院认为，蔡某某与甲公司签订了劳务清包合同，即使蔡某某作为个人没有从事特殊行业的资质，其违反规定雇用他人为其工作的行为，亦只是违反了管理性规范，

---

[1] 中国裁判文书网，https://wenshu.court.gov.cn/website/wenshu/181107ANFZ0BXSK4/index.html？docId=d84269c2b76646c0af95ab020106bda3，最后访问日期：2022年9月6日。

并不能直接导致其与受雇人之间签订的协议无效，亦无法就此推出朱某某已与甲公司之间建立了劳动关系。因此，对朱某某主张其系与甲公司之间建立的劳动关系，本院难以支持。综上，一审法院认定事实清楚，适用法律正确，判决并无不当，本院予以维持。

案例二：《梁某某、乙公司劳动争议再审民事判决书》[辽宁省高级人民法院（2017）辽民再63号①]

本院再审认为，关于丙队或佟某某是否具备用工主体资格的问题。用工主体资格是指依照法律法规的规定有与劳动者建立劳动关系的资格或权利，也就是说成为劳动法意义上的用人单位资格。本案中，丙队虽然具有朝阳县公安局颁发的爆破作业单位许可证，但其没有经过工商部门登记注册，不具备劳动法意义上的用工主体资格。而佟某某系自然人，亦不具备用工主体资格。

关于梁某某之子梁某与乙公司是否存在事实劳动关系的问题。劳动关系是指用人单位为了完成一定的生产劳动任务而对劳动力占有、支配、使用和管理所形成的社会关系。构成劳动关系，需要同时符合以下三个条件：一是组织性，即用人单位招用劳动者，劳动者成为用人单位组织的成员；二是从属性，即劳动者在用人单位的管理、指挥、监督下提供劳动；三是有偿性，用人单位对劳动者提供劳动支付报酬。就本案而言，乙公司将案涉工程发包给丙队，丙队的负责人佟某某招用了梁某，因此，佟某某与梁某之间实际上是一种雇用关系，而乙公司与梁某之间并不符合劳动关系的法律特征。另，参照《劳动和社会保障部关于确立劳动关系有关事项的通知》（劳社部发〔2005〕12号）第四条"建筑施工、矿山企业等用人单位将工程（业务）或经营权发包给不具备用工主体资格的组织或自然人，对该组织或自然人招用的劳动者，由具备用工主体资格的发包方承担用工主体责任"的规定，发包方乙公司应承担的是用工主体责任。而用工主体责任的范围应当限定于劳动安全卫生和劳动报酬支付方面，不能简单确认双方劳动关系成立。因此，本案不能认定梁某与乙公司之间存在事实的劳动关系。综上，原审判决认定事实清楚，适用法律正确。

---

① 中国裁判文书网，https：//wenshu.court.gov.cn/website/wenshu/181107ANFZ0BXSK4/index.html？docId=07417cf99a254e598e4aac100097e2ee，最后访问日期：2022年9月6日。

合规指引

1. 企业要合法进行外包业务

第一，尽量选择具有相关资质的市场主体，最基本的判断就是在市场监督管理部门办理了注册登记，具有营业执照或合法的资质证书，是适格的合同当事人。

第二，在合同中应明确承包业务范围、期限、费用等，即真实的外包业务，而不是名为外包实为派遣或是劳动关系，即是依据外包单位或个人提供的服务的质量和数量、验收合格等支付费用，而不是依人数或提供劳务人员的数量等支付相关费用，从而避免被认定为假外包真用工的关系。

第三，在外包业务的整个交易过程中应有留存完备的文件，包括合同、结算或对账的单据、验收文件、转款凭证、发票等。

2. 监督第三方外包的单位或承包业务的个人，亦要对其与雇员之间的关系进行界定

发包单位可以要求第三方提供与雇员间的合同及其他约定，并明确责权利以及安全生产的责任。如有可能，建议以第三方的名义购买相关的雇主责任保险等，避免因为工伤事故导致的损失，亦有可能要求违法发包方的企业承担工伤保险的主体责任。

3. 外包业务的第三方包括个人承包业务，亦要合规外包业务

尽可能以市场监督管理部门登记备案的主体为合同的签订主体，且承包业务应与其经营范围一致，避免出现主体资质与业务范围相悖的情形。同时外包单位或个人也需要规范用工，统一办理工伤保险或雇主责任保险、按时足额发放薪酬待遇等，并将人员名单等报备给发包企业。

4. 作为受雇人员亦要厘清自己的身份

劳动者之所以要清楚自身的法律地位和关系，如是基于劳动关系还是劳务关系，都要明确，另外也要弄清楚自己的服务对象或用工主体是谁，避免在己方权益受损时，投诉或是申请仲裁抑或起诉时告错对象。

006 承包人将工程层层分包或者转包给不具有用工主体资格的承包人或者实际施工人，该不具备用工主体资格的承包人招用的劳动者发生工伤，承包人承担工伤保险责任后，是否意味着发包人或承包人与劳动者之间还存在劳动关系[①]

案例要旨

发包人、承包人不能因承担《劳动和社会保障部关于确立劳动关系有关事项的通知》第四条中的"用工主体责任"或《人力资源和社会保障部关于执行〈工伤保险条例〉若干问题的意见》第七条中的"工伤保险责任"而推定其与劳动者之间存在劳动关系。

案情介绍[②]

1. 原告：杨某（后因杨某于2012年12月27日去世，由其第一顺序继承人杨一、杨二、杨三、郭四作为原告及二审、再审程序的当事人）；被告：甲公司，但因甲公司在二审审理过程中（2014年5月16日）注销，债权债务、资产及剩余财产全部由乙公司承担，乙公司作为二审、再审程序的当事人。

2. 原告诉讼请求：请求确认原告和被告之间的劳动关系成立。

事实与理由：2005年2月，其经同乡介绍到丁某所成立的丙挖掘队工作（该挖掘队无法人资格，系被告甲公司的挖掘队），在煤矿从事爆破工作。在日常工作中，被告甲公司未采取最低限度的劳动保护和防尘措施，亦未给工人发放劳保用品及进行职业病检查。2008年原告感觉身体不适，也未重视。2012年

[①] 李曰倩，北京大成（银川）律师事务所律师。

[②] （2014）银民终字第1280号，中国裁判文书网，https：//wenshu.court.gov.cn/website/wenshu/181107ANFZ0BXSK4/index.html?docId=4f37cce2d9074eacb561b56d16e4b9c8，最后访问日期：2022年9月6日。

（2017）宁01民再16号，中国裁判文书网，https：//wenshu.court.gov.cn/website/wenshu/181107ANFZ0BXSK4/index.html?docId=f75424b628874f91a60da82800b9adaa，最后访问日期：2022年9月6日。

1月得知一工友因肺病死亡，原告也去医院诊断，诊断为二期尘肺病，立即治疗。因原告与被告甲公司签订的劳动合同在被告甲公司处保管，未向原告提供，有碍劳动保障部门受理原告的工伤认定申请。原告遂提起仲裁，要求确认原、被告之间的劳动关系，但仲裁委员会作出了不予受理通知书，遂诉至法院。

3. 律师通过寻找资料，厘清当事人之间的法律关系：

（1）甲公司未与杨某签订过书面或口头等任何形式的劳动合同，并且在甲公司工资审批表中，也没有杨某的姓名，双方均没有二者存在劳动关系的任何依据。

（2）杨某自2005年在丁某的丙挖掘队工作期间，是由丁某所雇的冯某对被申请人进行日常管理和工资发放，杨某与丁某之间存在劳务关系。

（3）案涉工程为某某采煤工程，甲公司并非该工程的发包人或承包人，因此根本不属于《人力资源和社会保障部关于执行〈工伤保险条例〉若干问题的意见》第七条中的"具备用工主体资格的承包单位"，也无适用该条的事实依据。

裁判观点

该案件经过一审、二审、再审程序，最终尘埃落定。

一审法院认定，依据《工伤保险条例》第四十三条第二款规定："用人单位实行承包经营的，工伤保险责任由职工劳动关系所在单位承担。"《安全生产法》第四十九条第一款规定："生产经营单位不得将生产经营项目、场所、设备发包或者出租给不具备安全生产条件或者相应资质的单位或者个人。"《职业病防治法》第三十一条规定："任何单位和个人不得将产生职业病危害的作业转移给不具备职业病防护条件的单位和个人。不具备职业病防护条件的单位和个人不得接受产生职业病危害的作业。"被告甲公司将采煤工程发包给不具有安全生产条件和职业病防护条件的被告丁某，被告甲公司的发包行为违法。《人力资源和社会保障部关于执行〈工伤保险条例〉若干问题的意见》第七条规定："具备用工主体资格的承包单位违反法律、法规规定，将承包业务转包、分包给不具备用工主体资格的组织或者自然人，该组织或者自然人招用的劳动者从事承包业务时因工伤亡的，由该具备用工主体资格的承包单位承担用人单位依法应承担的工伤保险责任。"法院认定原告杨某与被告甲公司自2005年3月至2008年6月期间存在事实劳动关系。

后被告委托我所律师办理该案，被告不服一审判决，上诉至银川市中级人民法院，在二审期间，甲公司注销，乙公司承继其债权、债务成为二审被告。二审法院维持原审判决，确认甲公司权利、义务由乙公司承担。

乙公司申请再审，再审判决支持了乙公司的再审请求，撤销了一审、二审判决，驳回了原告的诉讼请求。

案例评析

对于确认劳动关系存在的案例，需从以下两个方面考量：

1. 《劳动和社会保障部关于确立劳动关系有关事项的通知》第一条规定的确认事实劳动关系成立必须同时具备的三个条件。

2. 严格区分用工主体责任与构成劳动关系这两个不同的法律概念，将承担用工主体责任并不代表双方就形成了劳动关系的概念深刻阐述，"种"在脑子里。《劳动和社会保障部关于确立劳动关系有关事项的通知》第四条规定的"承担用工主体责任"并非确认双方存在劳动关系。该条款对于劳动者的特殊保护，是一种替代责任的规定，即在单位不具备用人单位主体资格，依法不享有用人权利能力，不能与劳动者缔结劳动法律关系，但该单位职工受到伤害的，由该单位向伤残职工给予一次性赔偿。

合规指引

一般来说，用人单位与劳动者签订的书面劳动合同一般能够有效、便捷地证明双方存在劳动关系。但在实务中往往有大量的用人单位为了规避缴纳社保、承担工伤赔偿等责任而不与劳动者签订书面劳动合同。如果劳动者为用人单位工作，但双方又未有任何书面协议，劳动者即常常处于被动地位，在其权益受到损害或者身体遭受侵害时，不能直接走工伤赔偿程序，需经过劳动仲裁程序或向法院起诉得到认定劳动关系存在的裁决或判决后才能得到赔偿。因此，用人单位应特别关注承包人、发包人与劳动者在未签订书面劳动合同的情形下能否成立劳动关系，能否承担工伤保险责任或赔偿责任显得尤为重要。结合本案，律师建议施工企业、矿山企业应注意以下问题：

1. 关注劳动关系成立的要件

应牢牢把握《劳动和社会保障部关于确立劳动关系有关事项的通知》第一条确认劳动关系成立必须同时具备的三个条件，即（1）用人单位和劳动者符合法律、法规规定的主体资格；（2）用人单位依法制定的各项劳动规章制度适用于劳动者，劳动者受用人单位的劳动管理，从事用人单位安排的有报酬的劳动；（3）劳动者提供的劳动是用人单位业务的组成部分。对于不具备以上情形的主体关系，不能确立为劳动关系。

2. 关注建筑施工、矿山企业要防范承担用工主体责任

具体而言，《劳动和社会保障部关于确立劳动关系有关事项的通知》第四条明确具备用工主体资格的发包方承担用工主体责任。《最高人民法院关于审理工伤保险行政案件若干问题的规定》第三条第四款明确用工单位违反法律、法规规定将承包业务转包给不具备用工主体资格的组织或者自然人，该组织或者自然人聘用的职工从事承包业务时因工伤亡的，用工单位为承担工伤保险责任的单位。建筑施工企业和矿山企业在对工程发包或分包过程中，应当承包或分包给具有施工资质和用工主体的单位，如施工合同无效或施工方不具有用工主体资格，则建筑企业、矿山企业可能承担用工主体责任。

3. 关注施工企业、矿山企业承担连带赔偿责任

施工企业、矿山企业在工程发包过程中，应当关注承包方是否具有安全生产资质，是否具备安全生产条件；否则在发生安全事故时，施工企业、矿山企业可能对第三者的损害承担连带赔偿责任。

结合本案，律师建议发包人在发包工程过程中，将建筑或矿山工程承包给有资质的企业；若承包给无资质的企业或个人应要求该企业或个人上报施工人员名单，并与施工人员签订无固定期限的劳动合同和缴纳五险一金，双方在施工合同中明确无资质的企业或个人，承担施工人员的工资和五险一金，如施工人员发生劳动工伤，建筑或矿山企业有权向无资质的组织或个人进行追偿。对劳动合同、人事档案、工资表等资料均要保存完好，以备诉讼案件不时之需。

二、劳动合同的订立、履行与变更

007 劳动者工作有过错给用人单位造成损失的，用人单位可否提出巨额索赔[①]

案例要旨

员工违规操作给公司造成损失的，应当向公司承担赔偿责任。但是在劳动关系中，劳动者和用人单位的法律地位不同，用人单位作为企业财产的所有人和管理者也应承担责任和经营风险，故根据劳动者的收入以及劳动者和用人单位双方过错，依照权责相一致的原则，酌情确定劳动者的赔偿金额。

用人单位没有和劳动者签订书面劳动合同，即使后续双方补签，仍应向劳动者支付二倍工资。

案情介绍[②]

2019年9月，李某入职甲公司，岗位是期货主管，双方未签订书面劳动合同，李某工资分公司账户和第三方个人账户两部分发放，根据奖金不同，每月合计18000元左右。2020年8月，公司发现，由李某负责的海外客户的期货账户产生账面交易损失1164485.99美元。在发现损失后，甲公司主动与李某倒签期限为2019年9月1日至2022年8月31日的劳动合同，合同约定月工资标准为4300元，并约定了赔偿条款。2020年8月27日，甲公司诱导

[①] 周军，北京大成（上海）律师事务所律师。
[②] （2021）沪01民终13283号，本案例根据作者代理的案例改编。

李某签订《情况说明》，该《情况说明》中载明李某承认交易损失全部由其造成，并愿意接受公司任何处罚。

2020年9月16日，甲公司向李某发送解除劳动合同的通知，随后于2020年10月提起劳动仲裁，向李某索赔1164485.99美元的全额交易损失。其后，浦东仲裁委裁决李某赔偿151274.44美元，一审判决李某赔偿400000元，二审维持原判。

裁判观点

本案中主要争议焦点在于员工李某应否承担赔偿责任以及赔偿金额。

仲裁委认为，李某虽主张《情况说明》系在受到诱骗的情况下签署，但未提供证据予以证明，故本会不予采信。据此，李某就本案的损失应当在一定范围内向甲公司承担赔偿责任。关于李某的赔偿范围，本会认为在劳动关系中，劳动者和用人单位法律地位不同，用人单位既是企业财产的所有人、管理人，又是企业内部的管理者和监督者。如果让劳动者承担全部赔偿责任，实质是将经营风险全部转移到劳动者身上，对于弱势地位的劳动者是不合理的。因此，综合本案实际情况，本会酌情确定李某就本案损失承担20%赔偿责任。

一审法院认为，用人单位和劳动者应当全面履行劳动合同，劳动者在工作过程中要有勤勉尽责的义务。而劳动关系区别于其他关系的最主要特点之一在于劳动者并不直接取得用人单位的经营利润，换言之，劳动者无须承担用人单位的经营成本，也无须承担经营风险。因此，在劳动者尽到了工作职责的情况下，用人单位遭受的损失不应当由其承担。但是，因为劳动者故意或者重大过失的行为而造成用人单位损失的，应当由劳动者承担赔偿责任。这样既避免了用人单位转移经营风险，也促使劳动者在工作过程中更尽心尽责，符合权责相一致的原则。因此，结合双方的过错程度、李某收入情况等因素，酌情确认李某赔偿40万元。

二审法院对一审法院认定予以维持。

案例评析

大成律师认为，本案系劳动合同损害赔偿纠纷，主要争议焦点在于员工应否承担赔偿责任及赔偿金额。具体而言包括：员工李某是否存在违规操作行为，甲公司是否产生了实际损失，员工李某应否向甲公司承担赔偿责任，赔偿金额如何确定。

1. 公司规章制度无明确规定，但员工未按业内常规操作期货账户，是否属于违规行为？

李某作为甲公司的期货交易主管，在操作公司海外客户的期货交易账户时，多次未按业内常规操作，且事先也未向公司领导请示，仅仅通过邮件附件向公司提交每日详细交易清单，其中显示期货买卖方向，而在邮件主文中只涉及交易金额汇总，不涉及期货买卖方向，这是否属于违规操作、故意隐瞒的行为。大成律师认为，业内常规操作虽然应买卖对冲，但我国法律法规对国内公司在国际市场如何操作期货并没有相应规定，公司也没有明确的规章制度要求李某如何进行操作，更没有要求李某在进行期货交易操作前必须请示公司领导，且李某多次未按业内常规操作后公司并未制止，表明公司认可李某的非常规操作，至于公司辩解公司对李某的操作并不知情，只能表明公司存在管理问题，而非李某故意隐瞒。由于期货交易专业性高，就李某是否存在违规事实，双方均未向法院提供专家证人，法院也难以从专业角度予以认定。最终，法院以李某已经签署的认责认罚的《情况说明》认定李某存在违规行为，但是同时认定公司没有尽到管理义务，也有责任。

2. 客户期货交易账户账面亏损是否属于实际损失？甲公司是否产生了实际损失？

一审中，甲公司向法院提供了其向客户国内关联公司支付赔偿金1164485.99美元的结算业务委托书，大成律师认为，在李某离开甲公司后，客户的期货账户不再由其控制，该账户交易是否平仓不确定，因此，公司主张客户期货交易账户账面亏损证据不足，即使有亏损也与李某无关；而公司提交的赔付证据形成于仲裁裁决之后，表明公司提起仲裁时损失并不存在，这是公司为了诉讼而制作的材料，且公司并没有向客户行使抗辩权，结算业务委托书也不是银行汇款单，因此公司主张其实际赔偿1164485.99美元证据不足。但是，无论仲裁委还是法院，均未就该部分事实作出详细论述，仅因李某签字的《情况说明》构成自认证据，故案件的所有审理程序，直接以李某签字的《情况说明》认定李某给公司造成的损失数额。

3. 员工李某是否应当向甲公司承担赔偿责任？

大成律师认为，员工李某没有违反公司的规章制度，且公司并无实际损失产生充分证据。同时，根据2017年修订的《期货交易管理条例》规定，甲公司没有从事与期货相关的业务资质。根据《劳动合同法》第九十条规定，本案所涉情形不属于法律规定劳动者需要承担赔偿责任的范畴，公司没有证据证明李某违反了事先签订的劳动合同，因为劳动合同系倒签，所以李某不应承担赔偿责任。但因李某签字的《情况说明》中已经写明自己存在故意隐瞒行为，修改交易头寸，以及造成损失金额，并愿意接受公司处理。故法院最终均认定李某需要向公司承担赔偿责任。

4. 员工李某向甲公司承担赔偿责任的金额是多少？

大成律师认为，如果损失真实存在，也是由于公司违法经营及管理不当造成，而李某仅获得少量的工资，要求李某赔偿数百万元人民币，对劳动者是不公平的。虽然最终仲裁委、法院以《情况说明》中载明的金额认定了公司损失数额，但对于李某应当承担多少赔偿责任，仲裁委、法院采纳了大成律师的辩论观点，均认定由弱势的劳动者李某承担全部的赔偿责任系公司转嫁本应由公司承担的经营风险，对于劳动者是不公平的，应当结合劳动者的收入以及用人单位和劳动者双方的过错综合认定劳动者应当承担的赔偿金额，最终二审法院认定李某赔偿40万元，约为用人单位主张赔偿金额的5%。

李某2019年9月入职甲公司后，公司没有和李某签订书面劳动合同，而是于2020年8月倒签劳动合同。大成律师了解该事实后，建议李某可以同时提起双倍工资赔偿之诉，以争取与用人单位调解，且可以抵减劳动者最终可能要向用人单位承担的损害赔偿金额。最终，因该双倍工资赔偿之诉进入二审程序，本案二审主审法院组织双方当事人就该两案件一并调解，虽然公司最终没有同意调解。但是，该双倍工资赔偿之诉获得法院支持，李某获赔工资差额156170.68元。

在甲公司提起的损失赔偿之诉和李某提起的双倍工资之诉均经过二审判决并生效后，在大成律师协助下，甲公司和李某签订协议，在李某向公司支付243829.32元后，视为双方债权债务关系履行完毕，不再存在任何争议和纠纷。

最终，本案甲公司向李某提起的100多万美元的巨额索赔，以李某向公司支付20多万元告终。

类案观点

关于公司向员工索赔的相关问题，我们检索到以下案例，以供读者参考。

案例一：《熊某某诉乙公司劳动合同纠纷一案二审民事判决书》[上海市第一中级人民法院（2014）沪一中民三（民）终字第386号①]

一审法院认为，劳动者在履行职务行为过程中给用人单位造成的损失，劳动者是否应当承担赔偿责任，则应当综合考量劳动关系的特殊性和劳动者的过错程度予以确定。被告在之前的股指期货交易中亦存在违规操作行为，然原告未予指正，原告作为基金公司在被告股指期货交易过程中，未尽到监督、管理职责，亦存在管理疏漏。原告按股指期货40手主张其损失及要求被告赔偿全部损失488400元的请求，依据不足，本院不予支持。综合本案具体情况，本院酌定被告赔偿原告经济损失45000元（为原告主张损失的9.21%）。

二审法院认为，在劳动关系中，劳动合同的订立和履行，均应当遵循合法、公平的原则。劳动者在履行劳动合同过程中，因违反劳动合同或用人单位规章制度给单位造成损失的，应当承担一定的赔偿责任。至于具体的赔偿数额，原审法院在综合考虑双方所在行业的特殊性、熊某某的过错程度及乙公司监管时的过失，酌情判决熊某某赔偿乙公司经济损失45000元，并无不当。驳回上诉，维持原判。

案例二：《丙公司与李某某劳动争议一审民事判决书》[湖北省宜城市人民法院（2019）鄂0684民初1666号②]

法院认为，参照劳动部《工资支付暂行规定》第十六条规定，因劳动者本人原因给用人单位造成经济损失的，用人单位可以按照劳动合同的约定要求其赔偿经济损失。被告李某某若违反上述法律、规章的规定，造成原告丙公司经济损失的，可以予以赔偿。本案中，原告丙公司要求被告李某某赔偿该公司的经济损失，没有提供相应证据证明，其主张的经济损失是案外人的

---

① 中国裁判文书网，https：//wenshu.court.gov.cn/website/wenshu/181107ANFZ0BXSK4/index.html?docId=83706a6b7143448db2b14dfc68008cb8，最后访问日期：2022年9月6日。

② 中国裁判文书网，https：//wenshu.court.gov.cn/website/wenshu/181107ANFZ0BXSK4/index.html?docId=86bfb375d2a04da4b504ab0300afc7a3，最后访问日期：2022年9月6日。

经济损失，而不是该公司的经济损失。因此，原告丙公司要求被告李某某赔偿其经济损失的诉讼请求，没有事实和法律依据，本院不予支持。

案例三：《何某与丁公司劳动合同纠纷上诉案》［上海市第二中级人民法院（2015）沪二中民三（民）终字第302号①］

原审法院认为，劳动者通过提供劳动为用人单位创造物质财富，企业作为劳动成果的享有者，在承受利益的同时也应承担一定的经营风险。再则劳动者在劳动过程中毕竟始终接受着用人单位的指导监督，因此何某在工作中出现的重大问题除其本人的主要原因之外，丁公司对何某在销售及管理上也存在疏忽，没有将规章制度真正贯彻落实执行，没有及时发现其违约违规行为，并及时监督纠正，对导致重大损失也有一定的责任。考虑到何某因此已经被扣发了奖金及原、被告双方各自应承担的责任等原因，按照今日美元对人民币汇率，对于赔偿金额原审法院将根据实际情况予以酌定。原审法院判决：何某赔偿丁公司经济损失450000元（为原告主张损失的83.6%）。二审驳回上诉，维持原判。

合规指引

在日常履职中，若员工给公司造成巨额损失，公司往往会向员工提起损害赔偿之诉。因此，员工应注意以下几个方面：

1. 员工在和公司签订劳动合同时，应当对赔偿约定予以关注，对公司出示的规章制度、劳动手册等相关规定中关于员工损失赔偿责任的内容也应予以关注，以免在公司发生损失时，遭到公司巨额索赔。

2. 员工应当对公司规章制度中规定的员工请示、告知等履职程序的内容予以关注，并严格遵守。劳动者在为公司提供劳动过程中，应当按照公司规定履行职责，不应当越权、隐瞒；若存在越权、隐瞒行为，一旦公司产生损失，极有可能成为公司认为员工存在违规、应向公司承担赔偿责任的依据。

3. 若员工因过失行为被公司处罚，员工在和公司沟通全过程中应当注意保留录音、录像、文字等证据材料，并且慎重签署所谓认责认罚文件，以免

---

① 中国裁判文书网，https://wenshu.court.gov.cn/website/wenshu/181107ANFZ0BXSK4/index.html? docId=85174a5bc05c47a2894bd61fa27f8f84，最后访问日期：2022年9月6日。

被公司"套路"。

4. 员工在委托律师介入案件时，应当告知承办律师所有案件事实细节，包括劳动合同的签订、公司规章制度的公示、员工履职义务、具体履职过程等，以便承办律师厘清办案思路，结合案件情况，综合判断，制定诉讼策略，尽可能实现诉讼利益最大化，如本案中大成律师及时提起双倍工资之诉，作为反制公司的筹码，最终也抵减了劳动者需向用人单位承担的赔偿金额。

008 劳动合同中约定了天价"入职补偿款"，劳动者入职后短期内即离职，可否要求用人单位按约支付入职补偿款[①]

案例要旨

聘任合同中虽然约定了较高金额的入职补偿款，但劳动者离职时是否一定要按照合同的约定支付，还应根据实际情况来具体分析。入职补偿款的金额确定应当符合公平原则和诚信原则的要求，也要和劳动者的实际损失及公司的获益程度成正比。本案中，祝某在甲公司工作期间经常旷工，未尽到勤勉和忠实义务，且在甲公司工作时间仅有 8 个月，未能给甲公司带来应有的收益。但考虑到祝某是因甲公司的原因才从原单位离职，因此，根据公平原则，应酌情对聘任合同约定的入职补偿款予以调减。

案情介绍[②]

2017 年 2 月，祝某和甲公司签订《总经理聘任合同》，合同中未注明祝某的服务期限。因祝某系从事业单位辞职来甲公司工作，故在聘任合同中明确约定了甲公司应支付祝某 400 万元的入职补偿款。祝某在甲公司工作到 2017 年 8 月底便不再上班，并于 2017 年 9 月提起劳动仲裁，要求公司支付

---

① 苗静，北京大成（杭州）律师事务所律师。

② 2019 浙民再 433 号，中国裁判文书网，https://wenshu.court.gov.cn/website/wenshu/181107ANFZ0BXSK4/index.html?docId=163e9a68aab848f4a221ab90009b9f4c，最后访问日期：2022 年 9 月 2 日。

400万元入职补偿款以及未支付的剩余工资。劳动仲裁委出具了终止案件审理的证明后，祝某正式向一审法院提起诉讼，请求法院依法判决公司支付补偿款及未付工资合计448万元。一审法院经审理后并未完全支持祝某的请求，祝某再次向二审法院提起上诉，诉称一审法院补偿款计算方式有误，要求全额支付400万元入职补偿款。2018年11月，二审法院作出判决，撤销一审判决，并判令甲公司支付祝某入职补偿款400万元以及部分剩余工资。甲公司不服判决，提出再审。再审中，浙江省高院撤销了二审判决，甲公司于判决生效之日起十日内支付给祝某补偿款200万元。

裁判观点

本案再审主要争议焦点为甲公司应支付给祝某入职补偿款的金额、甲公司欠付祝某的工资金额。

关于甲公司应支付给祝某补偿款金额的问题。双方《总经理聘任合同》约定合同有效期为2017年1月1日至2022年12月31日，甲公司因工作需要招聘祝某从事总经理岗位工作，甲公司实行不定时工作制，平均每周休息二天。还约定对祝某从原单位辞职来甲公司工作，甲公司给予祝某400万元补偿。虽然双方约定的400万元补偿是甲公司对祝某从原单位辞职来甲公司工作的补偿，没有直接约定甲公司支付补偿款金额与祝某在甲公司工作时间有关，但根据双方约定的合同期限及甲公司招聘祝某来甲公司担任总经理职务等内容，祝某辞职后在甲公司至少应当工作6年。另外，虽然双方《总经理聘任合同》约定甲公司实行不定时工作制，但同时约定平均每周休息二天，并没有约定祝某可以不来甲公司上班。而祝某已明确承认2017年8月底后没有去甲公司上班，这并不是祝某所称的其工作时间实行"不定时工作制"，职责为总经理，从事的工作需要经常外联、出差等处理外部事务的意思。因此，祝某2017年8月底之后没有去甲公司上班的事实清楚，且祝某亦没有充分证据证明其2017年8月底后不去上班系甲公司原因所致，一审判决认定祝某构成"自行离职"，认定事实并无不当。二审判决认为甲公司对祝某实行不定时工作制，且未能提交有效的考勤文件证实祝某存在旷工等行为违反公司规章制度，也未证明其因劳动者原因双方劳动关系已经解除或终止，难以认定祝某自行离职，认定事实错误，应予以纠正。由于甲公司原审中已明确表示不可能继续履行合同，而祝某亦表示"如果合同无法继续履行，也没办法，但要求甲公司支付祝某应得的费用"，因此，双方已同意解除合同。祝某在甲公司实际工作仅短短 8 个月的情况下，请求甲公司按约定支付 400 万元补偿款，有违诚信和公平。二审判决甲公司支付给祝某补偿款 400 万元不当，本院予以纠正。但考虑到双方约定 400 万元补偿的重要原因是祝某从原单位辞职来甲公司工作，一审判决仅仅依据祝某在甲公司的实际工作期限确定其补偿款金额，对祝某也欠合理性，本院亦不予认可。因此，本院再审根据本案实际情况，酌情确定由甲公司支付给祝某 200 万元补偿款。

案例评析

在代理此案的再审阶段以后，大成律师认真分析案卷材料，积极调取相关证据并提出如下代理意见（仅列举其中的两个方面）。

1. 补偿金的给付仍应遵循公平原则和诚信原则。二审法院认为《总经理聘任合同》中对补偿款的约定是双方当事人真实意思表示，应认定为合法有效，且合同中并未直接约定甲公司支付补偿款金额与祝某的工作年限有关，故双方当事人应依照该合同约定履行。甲公司与祝某签订的聘任合同约定 400 万元补偿的出发点是祝某到甲公司工作 6 年，并期待祝某凭借其能力为甲公司带来经济效益，而非为了让祝某离开原单位，但祝某在甲公司实际上仅仅工作了 8 个月的时间，没有给甲公司带来收益，甲公司没有实现合同目的，并且劳动合同不能继续履行的过错方在祝某而不在公司，机械地判决 400 万元补偿，违背公平原则和诚信原则。

2. 祝某是劳动合同不能继续履行的过错方。虽然祝某一直辩解是因为公司没有向他足额支付工资才离职，但是公司的做法是每月给员工先发一部分工资，年终再给员工全部补足，这也符合一般民营企业的工资发放习惯。通过市场监督管理局、国家知识产权局、人社局及各种网络媒体对祝某的个人情况进行调查和了解发现，祝某在公司任职期间还到竞争对手处任职并投资设立了竞争对手的下属子公司。祝某的此种行为不仅违反了双方签订的《总经理聘任合同》的约定，也违反了《公司法》对董事、监事、高级管理人员的忠实和勤勉的义务。并且祝某在职期间多次缺勤、无故旷工。因此，祝某是劳动合同不能继续履行的过错方，甲公司并没有过错，在此种情况下，不应由甲公司支付祝某天价入职补偿款。

最终，本案在再审阶段改判，再审法院酌情认定甲公司向祝某支付补偿款 200 万元。

合规指引

与一般劳动者相比，高级管理人员具有高学历、高职位、高薪酬等特点，并掌握着用人单位的核心技术信息、人员信息和商业信息，往往能收集和掌握核心证据，应诉能力较强。高级管理人员的特殊性已经弱化了劳动者对用人单位的隶属性，甚至在某些情况下，高级管理人员可能处于相对强势地位。因此，企业应高度重视对高级管理人员劳动关系的管理，否则一旦发生争议，用人单位将处于不利地位。对于本案中涉及的高级管理人员的入职补偿款及劳动合同解除问题，应注意以下几个法律风险点：

1. 用人单位如与高级管理人员约定支付其诸如入职补偿金、人才引进费等费用时，应同时明确"入职补偿金"的给付条件，包括但不限于高级管理人员的服务年限、工作成果等要素，使其与高级管理人员给公司带来的利益相匹配，避免高级管理人员入职不久就离职或入职后表现不佳时，反而还要求单位支付入职补偿金，违背用人单位设立补偿款的真实目的。

2. 因高级管理人员身居要职，其义务及纪律条款不同于普通员工，建议为其定制劳动合同条款，在其中明确约定高级管理人员的职业道德、勤勉义务、忠实义务及反舞弊、反不正当竞争等条款，并明确高级管理人员违反上述义务时应承担的责任。

3. 高级管理人员作为企业的管理者，基于其身份特征及工作内容，是否当然适用公司的考勤制度存在一定的争议，单位如果以高级管理人员旷工为由扣工资或解除劳动合同，首先需要确保该考勤制度经过了民主程序，并进行了公示，最好在高级管理人员入职时就提前告知其应遵守公司的考勤制度，并由其签字确认。

4. 不论是高级管理人员还是普通员工，也不论是因用人单位原因还是劳动者的原因解除劳动合同，单位均应及时出具《解除劳动关系通知书》等书面文件，并固定好与劳动者离职相关的证据，方便日后举证。

009 劳动者给用人单位造成损害时，是否需要承担赔偿责任以及承担的责任比例[①]

案例要旨

劳动者在履行职务过程中因故意或者重大过失致用人单位损失的，应当承担相应赔偿责任。确定劳动者赔偿比例应对用人单位内部管理制度的规定、劳动者客观过错程度及用人单位是否存在管理上的疏漏等方面进行综合认定。

案情介绍[②]

甲公司是从事房产代理销售的公司。2018 年 4 月 6 日，陈某与甲公司签订《劳动合同》，约定：陈某在甲公司从事置业顾问岗位工作；甲公司、陈某任何一方违反《劳动合同法》或本合同规定，给对方造成经济损失的，应当根据后果和责任大小，向对方支付赔偿金。陈某违反劳动法律、法规和甲公司规章制度规定解除劳动合同或者违反劳动合同中约定的事项，给甲公司造成经济损失的，应当依法承担赔偿责任。陈某已知晓甲公司的规章制度，包括但不限于置业顾问销售提成管理规定等，并承诺遵守。

在劳动合同签订后，陈某到甲公司代理的某楼盘项目销售部工作。陈某作为置业顾问，熟知甲公司制定的规章制度："开展业务过程中，向客户随意承诺、虚假承诺，被开发商或终端客户投诉，对公司造成重大损失或影响的，开展业务过程中，未经许可向客户作出超范围承诺，被开发商或终端客户投诉，对公司造成重大损失或影响的，视情节轻重程度，甲公司可并行或单独选择扣款 2000 元、扣发所有未发放的提成、由此产生的经济损失由当事人承担等处罚。"该项制度经过了多数职工代表和甲公司工会同意。

[①] 冯婷婷，北京大成（成都）律师事务所律师。
[②] （2020）川 01 民终 9001 号，中国裁判文书网，https://wenshu.court.gov.cn/website/wenshu/181107ANFZ0BXSK4/index.html？docId=c6a0764002974c76a972ac2900331089，最后访问日期：2022 年 9 月 6 日。

陈某知悉公司相关制度内容，但仍在 2018 年 12 月 25 日擅自带客户看工程抵款房源，并最终促成该房屋成交。在陈某严重违纪行为发生后，甲公司 2018 年 12 月 30 日召开项目现场会议，重申并再次强调了置业顾问不得推荐、销售工程抵款房，否则公司有权采取罚款并辞退、扣发所有未发放的提成，以及开发商对代理公司进行处罚将由当事置业顾问全部承担。陈某参会并现场签字确认。

因陈某的严重违纪行为，导致甲公司于 2019 年 1 月 4 日被项目开发商乙公司处罚，开发商作出《关于甲公司违规销售工程抵款房予以处罚的通报》，载明：陈某在带客户现场看房过程中，擅自与该项目抵款方取得联系并确认房屋出售价格，最终促成了该房成交，开发商决定处罚甲公司，由甲公司全额承担该项目售楼部 2018 年 12 月水电费。

在甲公司再三强调相关规则制度的情形下，陈某仍在 2019 年 1 月 9 日擅自协助购买抵款房的客户办理了房屋网上备案变更登记，由此导致甲公司被乙公司处罚 10 万元。2019 年 1 月 30 日，乙公司作出《关于对在销售过程中的严重违规行为予以处罚的函》，载明：陈某未经乙公司同意并履行相关审批手续，擅自操作该套抵款房进行网上备案工作，对乙公司的权益造成严重损害。根据《项目销售代理合同》中附件《黄线风险》的相关约定，决定处以甲公司 10 万元罚款，并要求甲公司对陈某予以辞退。

此外，陈某发生以上违规情形后，从 2019 年 2 月 26 日起处于连续缺勤状态，根据《劳动合同》第八条的约定，连续旷工三天的，甲公司有权解除合同。

2019 年 6 月 12 日，乙公司向甲公司出具收据两份。第一份收据摘要载明，根据《关于对在销售过程中的严重违规行为予以处罚的函》处以罚款，收据金额为 100000 元。第二份收据摘要载明，根据《关于甲公司违规销售工程抵款房予以处罚的通报》处罚 2018 年 12 月水电费，收据金额为 42084 元。

2019 年 3 月 12 日，陈某、甲公司均提出了劳动争议仲裁申请。陈某请求：1. 解除陈某与甲公司之间的劳动合同；2. 甲公司支付未发放佣金 111302 元。甲公司请求：1. 解除陈某与甲公司之间劳动合同；2. 陈某赔偿对甲公司造成的损失 142084 元；3. 陈某返还利用工作之便获得的应由甲公司所有的收入 56000 元。同年 6 月 10 日，劳动仲裁委作出《仲裁裁决书》，裁决：确认陈某与甲公司之间劳动关系已解除，甲公司支付陈某提成工资 106666 元，驳回陈某其他仲裁请求，驳回甲公司所有仲裁请求。甲公司不服，遂起诉至法院。

甲公司向一审法院提起诉讼，请求：1. 甲公司无须向陈某支付提成工资106666元；2. 陈某承担因违纪而造成的甲公司所受处罚142084元。

一审法院经审理认为，甲公司规章制度中的《代理运营中心红线/黄线规定》虽经民主程序制定，但因销售人员劳动报酬构成中绝大部分为销售提成，该规定中扣发所有未领提成的处罚措施将使销售人员在违反规定后基本无法取得劳动报酬，未保障劳动者获取劳动报酬的权利，违反了《劳动合同法》第四条的规定。《私下进行工程抵款房销售的处罚制度》制定过程不符合《劳动合同法》第四条第二款规定，甲公司需向陈某支付提成工资106666元。因甲公司提交的证据不足以证明乙公司确实在代理费中抵扣了处罚金额，不足以证明陈某的违规行为遭受了损失，对甲公司要求陈某承担损失的主张不予支持。

一审法院判决：1. 陈某与甲公司之间劳动关系解除；2. 甲公司向陈某支付提成工资106666元；3. 陈某无须向甲公司返还56000元；4. 驳回甲公司其他诉讼请求。

甲公司不服一审判决，提起上诉，请求：1. 撤销一审判决；2. 改判甲公司无须向陈某支付提成工资106666元；3. 改判陈某承担因严重违纪而造成的甲公司所受赔偿处罚142084元。

二审审理过程中，甲公司提交了发票、银行回单、付款审批表、代理费结算汇总表等证据证明乙公司确实在代理费中抵扣了处罚金额。

裁判观点

二审法院认为，本案争议焦点有二：一是就乙公司对甲公司的惩罚性赔款陈某是否应当承担责任；二是甲公司是否应当支付陈某提成款。

就第一个争议焦点问题，二审法院认为：甲公司是从事房产代理销售的公司，根据该公司制定的《代理运营中心红线/黄线规定》，其目的是规制销售人员在销售房产过程中的违背执业道德的行为。该规定将"炒房、炒号、收取回扣、贩卖信息、泄露机密、虚假承诺、伪造欺骗"等行为列举为执业红线的禁止性规定，并规定对"凡是违反了职业道德的行为，公司处罚将重于开发商，若造成的经济损失（无论金额大小），均由当事人个人承担，直属领导、直属部门负责人将承担连带责任。若公司已经代为承担的,公司有权追偿"。本案中陈某系甲公司销售人员,却在履行职务过程中向客户推荐抵款房源。该房源不属于开发商委托销售的范围,而是同属同一楼盘的开发商抵偿给建设单位的房源。属同一楼盘的抵款房源与开发商委托销售房源之间天然存在竞争关系。作为受开发商委托销售的甲公司的销售人员,其明知或应知利用职务便利推荐抵款房源显然属于明显违反职业道德的行为。2018年12月25日陈某带客户参观抵款房源后,当月30日,即5日后,甲公司专门重申禁止置业顾问个人代理销售抵款房源的行为,陈某在该《私下进行工程抵款房销售的处罚制度》签字予以认可,但其却在2019年1月9日利用自己销售人员的权限进行网上备案将抵款房购房人变更为新的买受人,即利用销售人员身份,使得客户购买抵款房源交易目的完全实现。因陈某销售抵款房源事件发生,乙公司分别在2019年1月4日和1月30日向甲公司出具《关于甲公司违规销售工程抵款房予以处罚的通报》《关于对在销售过程中的严重违规行为予以处罚的函》。该两份材料分别对陈某先后促成抵款房交易和擅自进行网上备案变更两个行为,要求甲公司承担2018年12月项目售楼部的水电费用和处以10万元罚款。经结算,甲公司因陈某违规销售行为遭受经济损失142084元。对于劳动者在履行职务过程中因故意或者重大过失致用人单位损失的,应当承担相应赔偿责任。《工资支付暂行规定》第十六条规定,因劳动者本人原因给用人单位造成经济损失的,用人单位可按照劳动合同的约定要求其赔偿经济损失。经济损失的赔偿,可从劳动者本人的工资中扣除。但每月扣除的部分不得超过劳动者当月工资的20%。若扣除后的剩余工资部分低于当月最低工资标准,则按最低工资标准支付。陈某与甲公司签订的《劳动合同》第十条明确约定,因违反公司管理制度解除劳动的,造成损失的应当依法承担赔偿责任。同时甲公司的内部管理制度《代理运营中心红线/黄线规定》也明确规定对违反职业道德的行为承担赔偿责任后有权追偿。综合考虑陈某主客观过错程度,其在履行职务过程中已经明知销售抵款房源是违背职业道德的行为且在甲公司重申管理制度时,仍然利用工作权限进行抵款房的网上备案登记。另外甲公司对陈某可独立操作网上备案存在管理上的疏漏,考虑陈某已经被甲公司辞退,10万元罚款尚有另一员工原因所致,故对甲公司因陈某擅自销售抵款房源造成的经济损失142084元,酌情由陈某承担65%

的赔偿责任，即 92354.60 元。

就第二个争议焦点问题，二审法院认为：虽甲公司的内部管理制度《代理运营中心红线/黄线规定》对违背职业道德的行为，甲公司有权视情节轻重并行或者单独选择采用扣发未发放的提成款、降级或辞退、由此产生的经济损失由当事人承担等方式进行处罚。但如对陈某违规销售抵款房源的行为，同时并用扣发所有提成款和赔偿经济损失的处罚措施，不符合损失填平的原则，显属加重对劳动者的处罚，也有转移用人单位用工风险之虞。根据甲公司该内部管理制度"可并行或单独选择下列各项执行"，在已经并行适用辞职和赔偿经济损失的执行措施后，不宜再并处扣发陈某销售提成款。

综上所述，二审法院认为，甲公司上诉请求部分成立。二审法院判决：1. 维持一审法院第一项、第二项、第三项判决；2. 撤销一审法院第四项判决；3. 陈某向甲公司赔偿损失 92354.60 元；4. 驳回甲公司其他诉讼请求。

案例评析

大成律师认为，本案的主要争议焦点为劳动者严重违纪给用人单位造成损害的责任承担。确定劳动者对用人单位的赔偿责任，不单纯适用过错责任原则。应综合考虑劳动者的工作岗位、职责、收入水平、过错程度等因素，既考虑公司与劳动者各自承担风险的能力，也兼顾公司和劳动者之间利益的平衡。遵循损失填平原则，酌情分配承担责任的比例。

类案观点

关于"劳动者给用人单位造成损害时，是否需要承担赔偿责任以及承担的责任比例"的相关问题，我们检索到以下案例，供读者参考。

案例一：《陈某某、丙公司侵权责任纠纷二审民事判决书》[江西省赣州市中级人民法院（2020）赣 07 民终 1250 号[①]]

陈某某与丙公司已经建立事实上的劳动关系。陈某某作为公司财务人员，

---

① 中国裁判文书网，https://wenshu.court.gov.cn/website/wenshu/181107ANFZ0BXSK4/index.html?docId=7fb4361d9c1644eeace4abca0039e8b9，最后访问日期：2022 年 9 月 6 日。

因职务行为受第三人的诈骗，给用人单位造成损失，依照《劳动合同法》《工资支付暂行规定》的相关规定以及陈某某签署的考评方案的约定，公司有权要求陈某某对该损失承担赔偿责任。……关于过错的认定及赔偿责任的确定。劳动者因履行职务对用人单位造成损失的赔偿责任，因双方之间存在劳动关系，不应单纯适用过错责任原则，而应当综合考虑双方劳动合同的约定及双方的过错程度，既考虑到公司与劳动者各自承担风险的能力，也兼顾到公司和劳动者之间利益的平衡。用人单位应当建立完备的规章制度特别是财务制度，加强风险防范，防止劳动者的行为对公司造成财产损失。劳动者在履行职务中也应尽到岗位职责，负有谨慎注意义务，避免造成公司财产损失。

案例二：《李某某、丁公司劳动争议二审民事判决书》[四川省成都市中级人民法院（2018）川01民终14263号①]

本案中，丁公司就其已支付给案外人侯某某的赔偿款能否要求李某某赔偿损失的问题，李某某与案外人发生交通事故，其负事故的全部责任，丁公司对此亦承担了相应的赔偿责任，故李某某的行为给丁公司造成损失的事实是客观存在的。……对于李某某是否应对丁公司承担赔偿责任的问题，根据《工资支付暂行规定》第十六条"因劳动者本人原因给用人单位造成经济损失的，用人单位可按照劳动合同的约定要求其赔偿经济损失。经济损失的赔偿，可从劳动者本人的工资中扣除。但每月扣除的部分不得超过劳动者当月工资的20%。若扣除后的剩余工资部分低于当地月最低工资标准，则按最低工资标准支付"的规定，因劳动者本人原因给用人单位造成经济损失的，用人单位可按照劳动合同的约定要求其赔偿经济损失……本案中，因李某某的行为给丁公司造成的损失是客观存在的，且丁公司与李某某所签《劳动合同补充条款》第二条明确约定李某某知悉并同意遵守丁公司适用的丁公司制定施行的《人事规章制度》，该规章制度李某某是知晓的。丁公司向案外人支付的赔偿款确符合因李某某本人的原因给丁公司造成经济损失的情形，李某某应对给丁公司所造成的损失承担赔偿责任。综合考虑运输行业的特殊性、经营风险分摊的公平性、李某某实际收入等因素，一审法院判决李某某按照70%的

---

① 中国裁判文书网，https://wenshu.court.gov.cn/website/wenshu/181107ANFZ0BXSK4/index.html? docId=dbeed215be2140928adbaa84016452ab，最后访问日期：2022年9月6日。

比例对给丁公司所造成的损失承担赔偿责任并无不当，本院予以确认。

案例三：《戊公司与陈某劳动争议二审民事判决书》［江苏省南京市中级人民法院（2017）苏 01 民终 9584 号①］

《工资支付暂行规定》第十六条规定，因劳动者本人原因给用人单位造成经济损失的，用人单位可按照劳动合同的约定要求其赔偿经济损失。陈某与戊公司签订的劳动合同第八条第三款约定，强制或劝诱客户投保，向客户提供虚假资料或误导性宣传说明，曲解保险条款、投保规则从而影响客户投保选择，属于陈某严重违反戊公司规章制度行为，戊公司可以随时解除本合同。陈某行为给戊公司造成经济损失的，陈某负有赔偿责任……二审法院认为，一审法院认定该 252000 元属于因陈某的违规行为给戊公司造成的损失，并无不当，本院予以确认。一审法院在综合考虑戊公司的损失数额、陈某的过错程度以及对劳动者责任限制原则等因素的情形下，酌定陈某应当赔偿戊公司损失 150000 元，无明显不妥之处，二审法院予以维持。

案例四：《己公司与喻某某劳动争议二审民事判决书》［浙江省杭州市中级人民法院（2016）浙 01 民终 4062 号②］

关于喻某某是否承担赔偿责任的问题。本案系劳动争议，应当适用劳动法律的规定。目前，《劳动法》《劳动合同法》就劳动者过错履职造成单位财产损失的法律责任未作规定。相关劳动法律法规、规范性文件等，仅《工资支付暂行规定》第十六条有规定："因劳动者本人原因给用人单位造成经济损失的，用人单位可按照劳动合同的约定要求其赔偿经济损失。经济损失的赔偿，可从劳动者本人的工资中扣除。但每月扣除的部分不得超过劳动者当月工资的 20%。若扣除后的剩余工资部分低于当地月最低工资标准，则按最低工资标准支付。"……一审法院认为，劳动法律规范为民事法律规范的特别法，在特别法没有规定的情况下，本案可以适用民法的一般归责原则，但应兼顾劳动关系的特殊性。劳动者只有在履职过程中存在故意或重大过失造成单位重大财产损失的，才应当承担赔偿责任，但在赔偿数额上，应平衡双方

---

① 中国裁判文书网，https://wenshu.court.gov.cn/website/wenshu/181107ANFZ0BXSK4/index.html?docId=2bfb0f63d77546e59296a880015435e5，最后访问日期：2022 年 9 月 6 日。

② 中国裁判文书网，https://wenshu.court.gov.cn/website/wenshu/181107ANFZ0BXSK4/index.html?docId=1bf977d591264175996323ce9ec378e2，最后访问日期：2022 年 9 月 6 日。

的权利义务，综合考量过错程度、劳动者的收入情况等因素……二审法院认为，本案中，喻某某作为持有会计从业资格证的财务工作人员，在明知己公司用款审批流程的情况下，未遵循相应的财务管理制度，未按照正常财务审批流程擅自汇款，具有重大过失，且造成己公司650000元的损失，根据上述《劳动合同法》第三十九条的规定，己公司可以与其解除劳动合同。双方劳动合同中并未就劳动者因故意或重大过失造成公司损害如何处理作出约定，故而不能适用《工资支付暂行规定》第十六条的规定，原审法院结合双方的过错程度、喻某某的劳动报酬情况、损失情况等酌定喻某某赔偿100000元的处理妥当，本院予以维持。

合规指引

1. 用人单位应建立良好的证据意识。在该类案件中，用人单位需证明劳动者存在违规行为的事实以及证明劳动者违规行为给用人单位造成的损失。所以用人单位应做好证据存留工作，保留劳动者签收劳动合同、规章制度的原始文件，保留用人单位向劳动者公示规章制度的证据，保留可证明用人单位具体损失数额的证据，以完成用人单位的举证证明义务。

2. 用人单位通过扣发劳动者工资或处以罚款的方式弥补劳动者给用人单位造成的损失需要有合理合法的依据。用人单位需在劳动合同约定及内部规章制度规定，劳动者违反用人单位规章制度或合同约定给用人单位造成损失应承担的赔偿责任或违约责任。用人单位内部规章制度应按照法律的规定经过民主程序及公示程序，并及时安排劳动者学习、签收。

3. 劳动合同及规章制度中不得约定或规定责任一律由劳动者承担，完全免除用人单位的经营风险，将风险完全转嫁于劳动者身上，排除用人单位的义务，加重劳动者的赔偿责任。否则，将会被认定违反《劳动合同法》第二十六条而归于无效。

4. 用人单位应完善自身管理制度，加强风险防范，防止劳动者的行为对用人单位造成财产损失。劳动者在履行职务中也应尽到岗位职责，负有谨慎注意义务，避免造成公司财产损失。

010 设立中的子公司可以与劳动者订立书面劳动合同，并作为劳动关系的用人单位吗[①]

案例要旨

我国现行法律尚未明确规定母公司作为发起人为设立中的子公司招聘员工，子公司在筹备阶段的实际用工关系该如何认定，发起人是否应当承担等同于用人单位的全部法定义务。参照《劳动合同法》第九十三条规定的不具有经营资格招用劳动者的法定保护待遇仅包含"劳动报酬、经济补偿、赔偿金"，没有规定包含未签劳动合同二倍工资差额。同时，对于母公司以设立中子公司筹备组名义与劳动者签订劳动合同，根据《最高人民法院关于适用〈中华人民共和国公司法〉若干问题的规定（三）》第三条规定，亦不是当然无效，应为效力待定合同，设立中子公司一旦成立，即为有效合同。

案情介绍[②]

2016年6月7日，甲公司通过邮件向杨某发送《聘用通知书》及附件，内容为："经研究，决定聘用您为公司乙度假区项目筹备组成员，您的劳动合同期限为1年，试用期2个月。薪酬待遇情况见《补充说明》。"

2016年6月20日，杨某报到后在《补充说明》上签名确认，内容为："由于乙公司暂未成立，因此杨某作为乙公司筹备组成员，工资关系暂由甲公司代发，代发薪资期间按每月12000元预发生活补贴……乙公司正式成立后，杨某的工资关系转入乙公司，届时工资按照乙公司薪酬体系正常发放并由乙公司对前期预发生活补贴月份进行清算。如果乙公司未能成立，但甲公司其他

[①] 史正春、黄诗斯，北京大成（成都）律师事务所律师。

[②] （2018）川01民终8330号，中国裁判文书网，https://wenshu.court.gov.cn/website/wenshu/181107ANFZ0BXSK4/index.html?docId=564a46f8960b4612920daaa00164c11e，最后访问日期：2022年9月6日。

所属公司有用人需求且双方同意，杨某可到该公司相应岗位任职，届时薪资按照新就职公司及对应岗位薪酬体系执行，并对前期预发生活费月份按时间维度及税前 40 万元/年标准补充结算；甲公司其他所属公司没有用人需求或双方未达成一致意见的，甲公司与杨某解除劳动合同，并按杨某在岗时间维度及税前 40 万元/年标准（其中绩效薪酬根据考核结果据实核算）补充结算薪酬。"

2016 年 6 月 20 日，甲公司以乙度假区项目筹备组名义与杨某签订《劳动合同》，约定：合同期限为 2016 年 6 月 20 日至 2017 年 6 月 19 日，岗位筹备组成员，月基本工资 12000 元，在绩效考核后及时发放上年度绩效薪酬，待乙项目公司成立后或不再组建乙项目公司，该合同自动终止。

2017 年 3 月 1 日，杨某通过微信向甲公司申请离职。此后，甲公司以杨某未办理离职手续提出解除劳动合同，研究决定予以开除处理。

2017 年 5 月 11 日，杨某以乙度假区项目筹备组不具备用工主体资格，其签署的《劳动合同》属于无效合同为由申请仲裁，要求甲公司支付 2016 年 7 月 20 日至 2017 年 3 月 15 日未订立书面劳动合同二倍工资差额部分 261109 元。该委裁决甲公司支付上述费用。该裁决书送达后，甲公司不服，向一审法院提起诉讼。

裁判观点

一审法院认为，根据双方所举《聘任通知书》和《补充说明》内容判断，杨某非常清楚其工作关系将根据乙公司成立与否，分不同情况区别处理，并认可甲公司预发生活补贴为暂时代发薪酬，由此证明甲公司应是以发起人身份为设立中的子公司招聘储备员工，杨某并不是直接与甲公司建立劳动关系被委派至乙公司筹备组工作。我国现行法律尚未明确规定母公司作为发起人为设立中的子公司招聘员工，在筹备阶段的实际用工关系该如何认定，发起人是否应当承担等同于用人单位的全部法定义务，参照《劳动合同法》第九十三条规定的不具有经营资格招用劳动者的法定保护待遇仅包含"劳动报酬、经济补偿、赔偿金"，没有规定包含未签劳动合同二倍工资差额。同时，对于甲公司以设立中子公司筹备组名义与杨某签订劳动合同，根据《最高人民法院关于适用〈中华人民共和国公司法〉若干问题的规定（三）》第三条规定，亦不是当然无效，应为效力待定合同，设立中公司一旦成立，即为有效合同。杨某自认以乙公司副总经理岗位招聘入职，应不是底层或中层员工，从本案证据反映与甲公司就入职薪酬、岗位等具备谈判条件，非常清楚上述情况，在本案诉讼中却回避甲公司作为发起人予以招聘的事实，回避甲公司已使用设立中子公司筹备组名义签订劳动合同的事实，主张甲公司作为普通情况下的用人单位，承担以自己名义为设立中子公司签订劳动合同的义务，进而诉请未签订劳动合同二倍工资，不仅目前缺乏明确法律依据，也不符合结果公平，故对于杨某本项请求，一审法院不予支持。

二审法院认为，本案一、二审诉讼中，双方对于杨某与甲公司之间自2016年6月20日建立劳动关系均没有异议。首先，双方提交的《聘用通知书》《补充说明》《关于〈解除杨某劳动合同的情况通报〉的复函》以及《甲公司关于成立乙度假区项目筹备组的通知》的情况均可对此作出认定，故，杨某与甲公司建立劳动关系，本院予以确认。其次，从《聘用通知书》《补充说明》中约定的内容来看，双方在其中约定了杨某的工作任务系作为乙公司筹备组成员、约定了在乙公司成立前的工资报酬发放形式以及未成立乙公司后的解决方案。因此，该协议属于《劳动合同法》第十五条当中规定的以完成一定工作任务为期限的合同，即任务劳动合同。最后，依据该合同中"代乙公司发放生活补贴""乙公司正式成立后，杨某工资关系转入乙公司"等约定，还应认定为甲公司以乙公司发起人的身份与杨某就杨某与乙公司设立后建立劳动关系所达成的预约。一审法院认定杨某并不是直接与甲公司建立劳动关系不当，本院予以纠正。

关于未签订书面劳动合同的二倍工资问题。根据本院前述认定，本案系甲公司与杨某建立劳动关系。双方之间签订的《补充协议》中，约定了主要的工作任务、薪酬报酬结算标准、社会保险、合同解除方式，虽未明确该合同为劳动合同，但已经具备劳动合同的主要要件，应认定为甲公司与杨某签订书面劳动合同。杨某主张双方没有签订书面劳动合同，没有事实和法律依据，本院不予支持。

案例评析

本案系公司设立过程中常见的劳动纠纷，主要争议焦点为设立中的法人是否具有独立的民事主体资格，是否具备签署劳动合同的主体资格。

具体而言，本案中杨某认为，设立中的法人乙公司不具有独立的民事主体资格，因而不具备用工主体资格，双方签署的《劳动合同》属于无效合同。一审法院认为设立中的法人乙公司具有独立的民事主体资格，杨某与乙公司签订的《劳动合同》效力待定，进而否定杨某直接与甲公司建立劳动关系。二审法院首先避开杨某与乙公司签订的《劳动合同》，回避设立中的法人是否具有独立的民事主体资格这一问题，转而以甲公司与杨某之间的《聘用通知书》《补充说明》等资料，依据原劳动和社会保障部发布的《关于确立劳动关系有关事项的通知》相关规定认定杨某与甲公司建立劳动关系，签署了书面的任务劳动合同。然后，二审法院补充说明乙公司筹备事宜的约定构成甲方投资公司以发起人身份就设立后的乙公司与杨某建立劳动关系的预约。

二审法院的论证逻辑，巧妙地回避了当时设立中的法人主体资格的立法空白，在原有法律框架下形成逻辑自洽，体现了二审法官对公司法、劳动法等法律规范的熟练掌握与高超的运用技巧。但一审法院抓住设立中的法人是否具有独立的民事主体资格这一争议焦点，认定杨某与乙公司签订的《劳动合同》效力待定，在法律没有规定的情况下参照最相类似的法律关系进行处理。

值得注意的是，《民法典》的编纂和施行为本案的争议焦点的认定提供了新的思路。《民法典》第七十五条第一款规定："设立人为设立法人从事的民事活动，其法律后果由法人承受；法人未成立的，其法律后果由设立人承受，设立人为二人以上的，享有连带债权，承担连带债务。"依据该条，对于设立中的法人，其享有独立的民事主体资格。结合本案，应当认定乙公司有权签订劳动合同，杨某与乙公司建立劳动关系，杨某无权主张未签订劳动合同的二倍工资差额。同时，由于乙公司最终未能成立，本案其他法律后果由设立人甲公司承担。

@ 合规指引

时下，设立法人已是一项日常普通的事务。《民法典》赋予设立中的法人独立的民事主体资格，享有部分民事权利，有利于企业设立过程中纠纷的化解，进一步起到定分止争的社会及法律效果。

同时，对于大型企业或集团公司而言，在设立子公司的过程中应当提前考虑所招聘人员的劳动关系归属及衔接问题。可以采用母公司招聘并签订协议的方式对劳动关系进行确定，待子公司成立后完成劳动关系的转换衔接。如采用设立中的子公司名义进行招聘等民事法律行为，也应当采取书面方式进行，同时在协议中明确公司未设立时双方权利义务的安排。

011 劳动者与用人单位约定，一方单方终止劳动合同应向对方偿付违约金的条款是否有效[①]

案例要旨

案涉劳动合同约定，劳动者正式入职后前三年，如一方未到合同履行期限无故终止本合同，应向对方偿付违约金。由于劳动者与用人单位之间存在劳动关系，故均应受劳动法律法规的调整。依照《劳动合同法》第二十五条的规定，除了劳动者违反服务期、保密义务及竞业限制义务外，用人单位不得与劳动者约定违约金，故上述劳动合同中有关于终止劳动合同的违约金条款，违反了《劳动合同法》的强制性规定应属于无效约定。

劳动合同中约定的用人单位与劳动者之间互相承担违约责任的条款，即用人单位应向劳动者支付违约金的条款与劳动者应向用人单位支付违约金的条款属于同一条款、混同表述，两者互为条件，属于双务约定，故上述条款违反法律强制性规定属于无效条款。

---

① 原峰，北京大成（广州）律师事务所律师。

案情介绍[①]

实际控制人拟以股权受让的方式成为乙公司的新股东，遂在正式受让股权前即以其个人名义邀请詹某担任乙公司的副厂长，詹某基于对该实控人的信任和诚意，放弃了已经工作了19年的原用人单位累积的福利待遇和因主动辞职无法获得的补偿金，与实际控制人签署了一份《聘请合同》。《聘请合同》中约定了工资标准，以及"除本合同另有约定外，乙方正式入职后，任何一方均不得单方终止本合同。前三年如一方未到合同履行期限终止本合同，应向对方偿付违约金贰佰万元"。此后，詹某入职乙公司，并与乙公司又签署了两份内容基本相同的《聘请合同》。

入职不到两年，乙公司因经营管理不善再次将股权和实际控制权转让给新的股东，新的股东接手管理后，解除了与詹某的劳动关系。詹某提起劳动仲裁，要求乙公司赔偿违约金。

劳动仲裁裁决驳回该项请求。裁决后詹某不服提起诉讼，一审法院、二审法院均驳回该项请求。詹某又向广东省高级人民法院申请再审，再审受理后驳回再审申请。詹某又向东莞市人民检察院提出抗诉申请，东莞市人民检察院作出不支持监督申请决定书。

裁判观点

仲裁委认为，《劳动合同法》第二十五条规定，除劳动者违反服务期、竞业限制约定的情形外，用人单位不得与劳动者约定由劳动者承担违约金。对照本案，即使双方在《聘请合同》中对违约金作了明确约定，因约定违反上述法律的强制性规定而对詹某无效，另外，双方约定违约金的合意明显指向

[①] （2016）粤1972民初1692号，中国裁判文书网，https://wenshu.court.gov.cn/website/wenshu/181107ANFZ0BXSK4/index.html?docId=6c71079f94f44f0ebdbea89500993329，最后访问日期：2022年9月7日。

（2016）粤19民终9434号，中国裁判文书网，https://wenshu.court.gov.cn/website/wenshu/181107ANFZ0BXSK4/index.html?docId=73ccfb5744e647eeb61ba7c400f5175c，最后访问日期：2022年9月7日。

（2017）粤民申8324号，中国裁判文书网，https://wenshu.court.gov.cn/website/wenshu/181107ANFZ0BXSK4/index.html?docId=a422c8a1806c4d84b1bfa86300a45a4b，最后访问日期：2022年9月7日。

合同权利义务的对等性，对乙公司的约定虽未违反法律规定，鉴于约定对詹某无效，乙公司不可能承诺自己单方向詹某承担违约金责任，故本庭视该违约金约定由于未达成合意，对乙公司没有约束力。因此，对詹某提出要求支付违约金的请求，本庭不予支持。

  法院认为，案涉《聘请合同》约定"除本合同另有约定外，乙方正式入职后，任何一方均不得单方终止本合同。前三年如一方未到合同履行期限无故终止本合同，应向对方偿付违约金贰佰万元"，但该《聘请合同》内容包含工资、工作内容、工作期限等内容，性质应为劳动合同，且詹某与甲公司亦确认双方为劳动关系，因此，双方的法律关系应受劳动法律法规的调整，根据《劳动合同法》第二十五条的规定，除了劳动者违反服务期、保密义务及竞业限制义务外，用人单位不得与劳动者约定违约金。因此，上述《聘请合同》中约定詹某应支付甲公司违约金的条款违反了《劳动合同法》的规定，应属于无效约定，而《聘请合同》中关于甲公司应支付詹某违约金的条款与詹某应支付甲公司违约金的条款属于同一条款，两者相互依存，互为条件，故"除本合同另有约定外，乙方正式入职后，任何一方均不得单方终止本合同。前三年如一方未到合同履行期限无故终止本合同，应向对方偿付违约金贰佰万元……"的条款应属于无效条款。综合上述两点考虑，詹某据此请求甲公司支付违约金贰佰万元，于法无据，不予支持。

案例评析

  该案大成律师自2015年11月5日接受劳动者委托代理，历经了劳动仲裁、诉讼一审、诉讼二审、再审、抗诉，耗时近三年，最终以劳动者败诉结案。其中经历了广东省高级人民法院于2017年8月1日出台的《广东省高级人民法院关于审理劳动争议案件疑难问题的解答》（粤高法〔2017〕147号）[1]，但该文件并未在本案中适用。大成律师对该案的部分裁判观点持保留

---

[1] 法信网，https://www.faxin.cn/lib/dffl/DfflContent.aspx?gid=B969585&libid=&userinput=%E5%B9%BF%E4%B8%9C%E7%9C%81%E9%AB%98%E7%BA%A7%E4%BA%BA%E6%B0%91%E6%B3%95%E9%99%A2%E2%E5%85%B3%E4%BA%8E%E5%AE%A1%E7%90%86%E5%8A%B3%E5%8A%A8%E4%BA%89%E8%AE%AE%E6%A1%88%E4%BB%B6%E7%96%91%E9%9A%BE%E9%97%AE%E9%A2%98%E7%9A%84%E8%A7%A3%E7%AD%94，最后访问日期：2022年9月7日。

意见,《聘请合同》对违约金的约定虽然在同一条款中,但采用分开两段单独表述的方式,是否可以被认定为"同一条款、混同表述、互为条件",不同的裁判者可能会有不同的看法。但无论如何,该案历经法律赋予的全部救济程序后,最终结果尘埃落定。《劳动合同法》第二十五条只是对用人单位要求劳动者支付违约金作出限制,并未禁止劳动者主张违约金。因此,在法律法规未对违反劳动合同的违约金性质和适用条件作出其他规定的情况下,劳动者可以同时主张违约金、经济补偿金,劳动者依据劳动合同的约定要求用人单位支付解除劳动合同的违约金的,予以支持。

本案中双方的争议具有一定的代表性,对广东省内的用人单位与劳动者之间如何约定违约金、如何适用《劳动合同法》第二十五条违约金条款具有指导性意义,也为职业经理人如何保障自身合法权益提出了新的参考。

合规指引

劳动纠纷相比物权、债权等民事纠纷来说,特殊性在于当事双方主体地位不完全平等。本案最终的生效判决在广东省内对职业经理人特别是高端人才与用人单位之间如何就劳动合同通用条款之外的特殊约定给出了很好的指引,双方可以从各自的角度出发,约定不同的条件,但是在该条款的表现形式上,建议分开不同的条款独立表述,并且不应当将互为承担违约责任作为交互的条件,避免产生歧义。

当然,大成律师也再一次强调,企业用工要合法合规,劳动合同、岗位职责、考勤、工资发放等要严格按照法律、法规和用工市场的政策执行,不仅保护劳动者的合法权益,也保护企业的合法权益。

012 用人单位无正当理由调岗调薪，劳动者主张用人单位补发原岗位工资差额及福利待遇能被支持吗[①]

案例要旨

在劳动者没有任何证据证明就调整工作岗位、降低薪酬和福利待遇等事项向用人单位提出过异议的情况下，对于《最高人民法院关于审理劳动争议案件适用法律若干问题的解释（四）》第十一条[②]的理解与适用，应从立法本意出发，用人单位应举证证明"劳动合同的变更具有合法理由"，用人单位无法举证的情况下，不能视为双方就职务调整及调薪达成了一致，调薪行为应为无效。

案情介绍[③]

委托人何某某，受聘担任甲公司（下称用人单位）安全总监职务，根据劳动合同约定执行不定时工作制，合同中未约定薪酬标准，根据实际领取情况，税后月平均工资为34525元，并享受交通补贴每月4100元。2017年5月24日，用人单位下发《免职通知》，在没有给出任何说明的前提下，单方面宣布免除何某某安全总监职务，但没有为其安排新职务，其后用人单位于次月开始逐月扣减何某某的工资至2018年11月仅按昆明市最低工资标准1670元发放，并停发交通补贴。

2017年11月30日，用人单位以"何某某未经公司同意擅自以第三方公司筹建负责人的身份参加某论坛会议以及未经请假审批擅自离岗"等理由，单方面解除劳动合同。

经何某某委托，大成律师提起劳动仲裁，仲裁请求为：1. 要求用人单位

[①] 余坤、虞洁莹，北京大成（昆明）律师事务所律师。
[②] 该解释目前已失效，该条对应《最高人民法院关于审理劳动争议案件适用法律问题的解释（一）》第四十三条。
[③] （2018）云0111民初3270号、（2018）云01民终9091号，本案例根据作者代理的案件改编。

补发 2017 年 6 月至 12 月扣发的工资 179531.1 元；2. 要求用人单位补发欠发的交通补贴 24600 元；3. 要求用人单位支付违法解除劳动合同的经济赔偿金 79455 元。

本案经过了仲裁、一审以及二审程序，成功为委托人争取到欠发的工资以及交通补贴。

裁判观点

本案的主要争议焦点有二：一是用人单位是否存在违法免职行为？是否应按照安全总监的标准向何某某补发工资及交通补贴？二是用人单位是否存在违法解除行为，是否应支付违法解除劳动合同经济赔偿金？

本案仲裁及一审均驳回了委托人的全部仲裁请求，二审则撤销了一审判决，改判用人单位支付何某某工资 122675 元以及交通补贴 24600 元。

二审裁判观点：《最高人民法院关于审理劳动争议案件适用法律若干问题的解释（四）》第十一条仅适用于劳动合同的变更具有合法理由的情形，本案中，用人单位未举证证明其单方变更劳动合同具有合法理由，故不能视为双方对劳动合同变更及调薪达成一致，用人单位的调薪行为应无效。

案例评析

本案争议关键点在于，在劳动者没有任何证据证明就调整工作岗位、降低薪酬和福利待遇等事项向用人单位提出过异议的情况下，如何理解及适用《最高人民法院关于审理劳动争议案件适用法律若干问题的解释（四）》第十一条？

本案中，用人单位于 2017 年 5 月 24 日下发《免职通知》，在没有给出任何说明的前提下，单方面宣布免除何某某安全总监职务，亦没有为其安排新职务，其后用人单位于次月开始逐月扣减何某某的工资至 2018 年 11 月仅按昆明市最低工资标准 1670 元发放，并停发交通补贴。而何某某虽口头向相关领导和人事部门表达了对免职和降薪的不满，但的确没有任何证据可以证明其本人对变更工作岗位和调整薪酬、福利待遇提出过异议。为此案件仲裁、一审阶段，仲裁员及承办法官均认为，根据《最高人民法院关于审理劳动争议案件适用法律若干问题的解释（四）》第十一条规定"变更劳动合同未采用书面形式，但已经实际履行了口头变更的劳动合同超过一个月，且变更后的劳动合同内容不违反法律、行政法规、国家政策以及公序良俗，当事人以未采用书面形式为由主张劳动合同变更无效的，人民法院不予支持"，用人单位单方对何某某岗位、劳动报酬及福利待遇进行变更，虽未与劳动者协商一致，亦未采用书面形式，但双方已实际履行变更后的劳动合同超过一个月，同时何某某亦未提交证据证实其向用人单位提出过异议。因此，驳回了何某某要求补发工资及交通补贴的请求。

大成律师认为，《最高人民法院关于审理劳动争议案件适用法律若干问题的解释（四）》第十一条规定的立法本意是劳动者和用人单位双方已经就变更劳动合同事宜进行过口头协商并达成一致，且劳动合同的变更不违反法律、行政法规、国家政策、公序良俗以及公平、公正、诚实信用等基本原则。在此种情况下，如当事人事后又以未采用书面形式为由主张劳动合同变更无效的，人民法院才不予支持。而不能简单、生硬地以一个月为限，只要当事人在一个月内没有提出异议或没有证据证明提出异议即视为对变更事项的接受。

同时，本案的用人单位在免职、降薪、解除劳动合同过程中存在以下问题，足以证明其免职、降薪是未经协商的单方违法行为，不能以双方已实际履行变更后的劳动合同超过一个月，同时何某某亦未提交证据证实其向用人单位提出过异议为由，而支持或助长用人单位的违法免职和降薪行为。

首先，用人单位自认为与何某某就免职问题，事先没有任何口头协商，甚至何某某事前对其被免职的情况一无所知。免职通知中仅载明"何某某不再担任该公司安全总监职务"，没有说明免职理由，更没有说明免职后给何某某安排何种职务。仲裁、一审、二审庭审中，用人单位称免职原因系"不能胜任工作，不能达到安全总监职位要求"但又未提供任何证据证明口述的免职理由。因此，用人单位主张的免职理由以及免职后何某某视同普通级别员工领取薪酬待遇的理由均不能成立。

其次，用人单位就交通补贴问题有专门文件规定，明确不同级别员工享受不同级别的交通补贴。而用人单位在2017年5月24日对何某某免职后，于7月仍然按安全总监级别的4100元/月标准向何某某发放交通补贴。对此，用人单位认为是财务造表错误导致却又从未要求何某某予以返还。因此，用人单位认为何某某被免职后，就不能再享受安全总监级别交通补贴的理由亦不能成立。

最终，二审判决采信了大成律师的观点，从立法本意出发认为："第十一条仅适用于劳动合同的变更具有合法理由的情形，在本案中，用人单位未举示证据证明其单方变更劳动合同具有合法理由，故不能视为双方就职务调整及调薪达成了一致。综上，用人单位的调薪行为应为无效，应向何某某补发2017年6月至12月的工资，及2017年7月至2017年12月的交通补贴。"

合规指引

用人单位调整劳动者的工作岗位，属于变更劳动合同的行为，在劳动合同履行过程中会对劳动者的权益产生重大影响。

首先，用人单位对于调岗应当具有正当性、合理性、必要性，用人单位虽然享有用工经营自主权，为了保证在市场竞争中的地位，更好地生存和发展，可以优化自身结构，调整业务模式。但是也要考虑到劳动者的利益，不能具有针对性和歧视性，不能惩罚侮辱员工，应当尽量降低对员工造成的影响，特别是调整后的工作岗位的性质和薪资。

其次，用人单位调岗要有相应的法律依据和事实依据，比如双方在劳动合同的约定以及规章制度的规定。

最后，用人单位调岗，必须和劳动者进行充分沟通，保留协商的证据，如录音录像、谈话笔录、书面通知书等。

因此，基于上述，若用人单位确因生产经营需要，在善意和合理的情况下，有权根据劳动合同的约定进行调整。

三、劳动报酬与工时休假

013 用人单位实际支付的工资中包含了加班工资且劳动者从未提出异议，劳动者能否再主张加班工资[①]

案例要旨

保安的工作时间具有一定的特殊性，按照每天 12 小时计算劳动者加班时间不符合生活常识，且劳动者在工作期间领取工资从未提出异议，在解除劳动关系后再主张加班工资的，法院不予支持。

案情介绍[②]

用人单位为物业管理服务公司，劳动者于 2018 年 1 月 11 日入职该单位，从事停车场安保工作。保安岗位共 2 名员工，每天两班倒轮流上班。劳动者在工作期间多次与用人单位因劳动时间和劳动纪律发生矛盾，2021 年 4 月 15 日，劳动者以用人单位未满足其休假要求、未提供合理劳动条件为由提出解除劳动关系。

劳动者提起劳动仲裁，请求：1. 用人单位支付 2018 年 1 月 11 日至 2021 年 2 月 28 日的加班工资 192738 元；2. 医疗费 1319 元；3. 赔偿金 64659 元等。

劳动仲裁裁决用人单位应当支付劳动者医疗费 1319 元，驳回劳动者其他仲裁请求。裁决后劳动者不服提起诉讼，一审法院判决用人单位应当支付劳

[①] 原峰，北京大成（广州）律师事务所律师。
[②] （2021）粤 0605 民初 21553 号、（2022）粤 06 民终 1358 号，本案例根据作者代理的案件改编。

动者 2019 年 4 月至 2021 年 4 月的加班工资 91900.25 元、医疗费 1319 元。一审判决后双方均不服，上诉到二审法院，二审法院判决撤销一审判决第一项（2019 年 4 月至 2021 年 4 月的加班工资 91900.25 元）。

裁判观点

仲裁委认为，关于加班工资 192738 元问题。申请人主张"被申请人未足额发放 2018 年 1 月 11 日至 2021 年 2 月 28 日的加班工资 192738 元"。申请人在 2021 年 4 月 7 日申请劳动仲裁，根据《广东省工资支付条例》第十六条规定，用人单位的工资支付台账应当至少保存两年，故被申请人已没有保存 2019 年 4 月 7 日之前的工资支付台账的义务，而申请人在本案中提交的证据未能有效证明在 2019 年 4 月 7 日之前被申请人没有按法律规定的标准支付加班工资，故申请人请求被申请人支付 2019 年 4 月 7 日之前的加班工资，本委不予支持。

对于申请人请求的 2019 年 4 月 7 日至 2021 年 2 月的加班工资。申请人正常工作时间工资为 1720 元/月。根据《最高人民法院关于审理劳动争议案件适用法律若干问题的解释（三）》第九条[1]的规定，劳动者对加班事实的主张承担举证责任。申请人在庭审过程中确认"加班后有调休过，具体的调休情况记不清楚"。本案中，申请人仅列举其加班天数，未能提供充分证据证明其具体加班情况，应当承担举证不能的法律后果。

即使按照申请人主张每月的出勤天数及当月的月工资情况，经过核算，被申请人也足额支付了加班工资给申请人。故申请人请求被申请人支付 2019 年 4 月 7 日至 2021 年 2 月的加班工资，本委不予支持。综上所述，申请人要求被申请人支付加班工资 192738 元的仲裁请求缺乏事实和法律依据，本委对该仲裁请求不予支持。

一审法院认为，关于原告主张 2019 年 1 月 11 日至 2021 年 4 月 15 日加班工资问题。根据《广东省工资支付条例》第十六条之规定，用人单位编制工资支付台账应当至少保存两年。劳动者于 2021 年 4 月申请劳动仲裁，用人单位应对 2019 年 4 月至 2021 年 4 月的工资支付台账负有保管义务。劳动者主张

---

[1] 该解释目前已失效，该条对应《最高人民法院关于审理劳动争议案件适用法律问题的解释（一）》第四十二条。

2019年4月以前的加班工资，已经超过工资支付台账的保管期限，且原告未能提交与考勤对应的工资明细证据证明被告存在未足额支付加班费的事实，本院不予支持。

而2019年4月至2021年4月的加班工资，原告主张每月21.75个工作日每天加班4小时，扣除每月休息4天外每年56个休息日及11天法定节假日、5天年休假加班12小时，被告未能举证证实原告在2021年1月1日实际出勤低于12小时，本院对原告主张的加班事实及时长予以采信，而2021年1月1日起则调整为每天10小时。综合本院查明的事实，经核算，原告在2019年4月14日至2020年12月存在工作日加班1783.50小时，休息日加班961.56小时，法定节假日加班216小时。本院结合工资条中双方约定正常工作时间工资为3200元/月，核定被告应支付加班工资96480.75元予原告。

针对上述加班工资，原告举证的工资条中显示被告每月均有支付加班工资213元或640元不等。但未能举证原告签名确认的工资台账证实已足额支付其他加班工资，故本院推定被告每月已支付213元加班工资予原告，即共计4580.5元，扣减后被告尚应支付加班工资91900.25元予原告。至于2021年1月至4月的加班工资，原告已在工资条上签名确认可推知双方同意以1720元/月为基数计算加班工资且被告已足额支付，故本院不予支持。

关于2018年1月11日至2021年4月15日加班工资的问题，二审法院作出如下认定：

首先，关于加班费的计算基数。一审期间劳动者提交的工资汇总显示基本工资为3200元，出勤天数30天，但结合双方一、二审期间的陈述及劳动者二审上诉状的内容，劳动者在上诉状中明确其于2018年1月7日与用人单位签订入职工作岗位及待遇协议，约定工作时间12小时轮岗，月休4天，基本工资为3200元/月，也就是双方约定该3200元系对应12小时轮岗月休4天的工资，双方并未对正常工作时间的工资标准进行约定，故应该按照佛山市最低工资标准1720元/月计算加班费，原审法院以3200元为基数计算加班费错误，本院予以纠正。

其次，关于加班时间。即使按照劳动者的主张其为两班倒，每班时间是12小时，但综合考虑到吃饭等生活因素，原审法院按照12小时计算劳动者的工作时间不符合生活常识，本院酌定劳动者每天上班时间为10小时。结合劳动者的实收工资，经核算，用人单位已经足额支付了加班工资给劳动者。

💡 案例评析

大成律师在二审阶段接受用人单位委托后，立即向一审法院申请阅卷，发现双方在仲裁阶段和一审诉讼阶段都提交了大量的证据，但大部分是间接证据，均无法直接证明各自的诉求或观点，鉴于劳动争议案件中用人单位的举证责任更重，且用人单位作为小微企业本身的合规管理就不规范，本案在一审结果已经认定劳动者有加班工作的情况下，二审如果继续从现有证据中答辩，很难获得法官的采信和支持。

此外，劳动者在仲裁阶段提出的诉求和一审诉讼阶段提出的诉求不完全一致，仲裁裁决的结果是驳回劳动者提出的 8 项多达 34 万元的仲裁请求，而一审判决确认用人单位需要支付 2019 年 4 月至 2021 年 4 月的加班工资 91900.25 元。针对一审判决结果，大成律师仔细审查案件材料、仲裁阶段各方确认的无争议的事实、一审阶段各方的答辩意见，起草了上诉状提交给法院。

本案中，用人单位并未建立完整的工资台账以及考勤记录等制度，用人单位提交的考勤记录、工资条仅有很小一部分是有劳动者签字确认的，导致本案对于证据的审查和认定难度极大，大成律师在仔细研判全案材料后，认为二审法官可能关注的焦点问题为：1. 限于保安工作岗位的特殊性，两班倒的工作安排是否存在加班，如果存在，如何计算加班时间；2. 劳动者的基本工资是多少，已经支付的工资中是否已经包含加班工资。

大成律师指导委托人调查并补充了四组证据，以此证明案件事实为：劳动者的月基本工资、区域内保安岗位的劳动用工市场通用的薪酬待遇标准、劳动者在工作时间屡屡玩手机、旷工、与他人闲聊、擅离职守等，同时结合双方在发生争议以前劳动者领取工资未提出异议，且其主张按照基本工资金额缴纳社保，以及保安相对于其他工作岗位在工作职责、工作时间、工作地点安排的特殊性进行了充分的论证，最终取得了二审改判驳回劳动者对加班费诉求的结果。具体分析如下：

1. 法律层面的答辩

保安、门卫等特殊岗位劳动者，其工作性质具有特殊性。在本案中劳动者超出法定工作时间 8 小时的部分是加班还是值班？

所谓加班，是指要从事与本职工作相关联的内容，而值班本身更多的是留守，能在第一时间联络到相关人员以便于处理突发事件等情况。在值班时，值班人员可以看看电视、玩玩手机，甚至可以睡觉。公司可根据内部制度对值班给予一定补贴，但性质并不等同于加班工资。本案中劳动者仅是在工作场所待满了 12 个小时，但并不能说明其 12 个小时都处于工作状态。因此，这种情况下不宜认定为加班。如广东省高院（2020）粤民申 8285 号民事裁定书[①]认为，本案中丁某某系值班员，在岗时间较长、劳动强度不大，考虑行业和岗位工资支付惯例，对丁某某每周 6 天值班超出 8 小时外的加班费均不予支持，仅支持休息日及法定节假日 8 小时内的加班费用。从前述案例可以看出，在广东地区，值守类工作不被定义为加班。

2. 事实层面的答辩

首先，双方未对正常工作时间的工资标准进行约定，无法确定加班费的计算基数，不能简单以实发工资金额作为平均工资的计算基数。在综合全案的证据基础上仍需参考区域劳动用工的市场规律和通用的工资标准。其次，对工作时间的计算不能简单机械地套用法定的 8 小时工作制，要考虑到岗位的特殊性、劳动者实质的劳动状态和成果。最后，对于加班工资的计算要综合岗位性质、用工强度进行判定，要符合生活常识并具有合理性。

在本案中，如果按照劳动者提出的加班工资的金额，反向计算其月平均工资将高达近 9000 元/月，这严重背离了佛山地区劳动用工市场规律，甚至整个广东省内的在企业从事保安工作的人员也不可能达到如此高额的月平均工资，而企业也无法补偿支付一个保安岗位每年高达 5 万多元的加班工资。

此外，大成律师还对劳动者的历史涉讼情况进行了调查，发现其在近六年时间内与不同的用人单位发生过多宗诉讼案件，以此从侧面向法官证明该劳动者存在不诚信陈述。

3. 证据层面的答辩

首先，对于基本工资的证据分析。劳动者在庭审中自述，其在一审的诉

[①] 中国裁判文书网，https：//wenshu.court.gov.cn/website/wenshu/181107ANFZ0BXSK4/index.html？docId=UA9Qs1v6yJUGxoBZeYPrWM3hmt7IUf5NbhovhP3/Y7nl1p12h9d5lJO3qNaLMqsJJPaLIGLmaOUrup0NzQD85iRZBo0PZ84VE2ZGVPilrnqRSd2na+3jAT4k8fT0DA75，最后访问日期：2023 年 6 月 26 日。

讼请求中主张失业保险金为 12384 元，平均工资计算基数为 1720 元/月，却在二审答辩中提出以 3200 元/月为基数重新计算失业保险金。大成律师抓住此细节的漏洞反驳其主张的基本工资标准。此外，在劳动者提起仲裁前，其签字确认的工资条载明基本工资为 1720 元，每个月实发的工资金额为 4300 元左右，也符合佛山地区目前劳动用工市场的基本规律。如果劳动者认为其长期加班工作、公司拖欠其加班工资的话，早就应向公司提出支付加班工资的要求，而不是在其离职后才以劳动仲裁、诉讼的方式提出。故法官对"申请人的基本工资为 1720 元/月"予以采信。

其次，对于加班时长的证据分析。用人单位安排的保安工作岗位是两班倒，工作时间分别是 6 点至 18 点、20 点至 6 点。14 点至 16 点是午饭和休息时间。我方利用劳动者在二审庭审中的自述（确认有午饭时间，会由家人送饭和休息），主张劳动者实际有效的工作时间为 8 小时至 10 小时，用人单位已充分保障了劳动者的休息时间，进一步结合签字确认的工资条载明的实发工资组成，说明实发的工资中已经包括合理的加班工资。

@ 合规指引

在法律实务中，很多小微企业对劳动用工的不规范导致难以提供对诉求或者主张的观点有直接证明力的证据。律师在面对此类案件时不应当仅仅局限于案件本身的事实或者证据，应当尝试并勇于跳出"此山中"，拓展到区域的劳动用工市场用工习惯和规律，"回过头来"审视案件，从外围找证据、从市场找证据，同时结合劳动者岗位的工作特点、劳动者过往的工作表现、对过往无异议的事实和行为视同已经确认的证据，拨开迷雾才能见到"真面目"，进而作出一语破的、综合有效的答辩意见。

本案最终的生效判决在广东省佛山市区域具有一定的指导性，可以为众多中小微企业招用保安、司机等特殊岗位员工的劳动用工合规性起到很好的示范作用，进一步指引企业在与该类岗位员工签署和履行劳动合同中做到合法合规。

014 计件工资制度下，用人单位是否还应支付加班工资[①]

案例要旨

劳动法具有社会法属性，对于触及劳动标准的案件，任何违反强制性规定的行为都不为法律所允许。存在此类法律"硬伤"的案件，从基本面上已无法走向"赢"局。因此，"赢"也不再是唯一且仅有的解决方案。基于此，大成律师应从诉争视角"跳脱"出来，关注并着力解决事件的主要矛盾，基于既定事实重新锚定应诉方向及目标，从而能在一定程度上化解现有"僵局"，力争"少输"。

案情介绍[②]

上海某工厂（下称公司）与案涉97名员工均签署了书面劳动合同，建立了劳动关系（但部分员工的社保缴纳在关联公司，这也给和解的后期执行增加了因难）。鉴于海外订单锐减，公司原决定安排部分员工暂时迁往浙江工厂工作，以平衡关联单位之间的生产及用工需求，并履行了意见征询程序。但，案涉员工不愿接受该等安排，并提出"买断工龄"以便另行择业的主张。

2021年某月起，公司迫于无奈宣布案涉员工全面停工停产。随后不久，案涉员工近百人提起劳动仲裁，先是主张经济补偿，但被告知劳动关系尚未解除的无法提出此类诉请；随后员工调整仲裁策略，将诉求变更为加班费，即主张每周工作六天，且工作日有延时加班，要求公司支付所有案涉员工劳动合同存续期间的加班工资，共计逾千万元。若员工加班费诉请得到支持，可能进一步引起其他纠葛。

大成律师接受委托后，与公司沟通了解到，工厂生产受订单季节性影响，每季度生产任务及工作量不等，确实存在一周工作六天及平日延时加班的情

[①] 罗欣、肖娟、张茜，北京大成（上海）律师事务所律师。
[②] 本案例根据作者代理的案件改编。

况。但公司表示，正是考虑到工作特性，历年来都在计件工资的核发上有所考量，以合同约定的基本工资为基准，员工实际获发金额足以覆盖加班工资，故整体上，公司从未存在刻意拖欠加班工资的恶意或故意。

💡 案例评析

就本案，相关争议焦点简单明确，即是否存在加班事实以及公司是否足额支付了加班工资。

1. 关于加班事实。就日常工作情况，员工已提供部分考勤数据并进行了初步举证，故加班事实的举证责任则主要转由公司承担。为便于厂内员工的工时统计，公司事实上执行了考勤管理并存有延长工作时间及休息日加班的考勤记录。

2. 关于加班工资的支付。案涉的大部分员工执行计件工资制及综合工时制管理。对于该部分员工，公司为便于薪酬统计及管理，未设定劳动定额，而是实际支付高额的计件工资（其认为计件工资总额减去基本工资的差额足以覆盖所谓"加班工资"），但未列明"加班工资"的具体数值，因此双方对于工资构成尤其是加班工资部分存在极大分歧。

办案亮点

1. 明辨说理，赢得裁审人员共情。员工称已提交了其能够掌握的全部考勤证据，但有关记录仅有几个月，且实际上属于员工自行制作（因为制作该等记录的"组长"也提起了仲裁），未有公司签章或高级管理人员的签字。节选的考勤记录逻辑上并不足以证明加班事实的必然存在（因为综合工时有调剂工作时间额度的功能）。但考虑到庭审调查过程中，双方对于员工大体的班次安排已经进行过确认，大成律师遂提出，双方对于加班事实并无异议，但关键争点在于已付加班费用部分是否足额，进一步提出由员工释明其主张之加班费金额的计算逻辑，并强调按照公司的计算方法足以覆盖员工主张的计时成本，以此佐证公司已履行加班工资支付义务。

该等观点在一定程度上获得了仲裁员的理解，但鉴于案涉员工人数较多，仲裁员基于案件事实，倾向于采取审慎意见。大成律师对本案的基本预估是，员工能够获得支持的加班诉请在 200 万元左右，但问题在于，公司支付加班费并未解决劳动关系问题（员工所提出的加班费实际上就是为了替换经济补偿），员工目前的对立状态已经无法继续工作，即使公司支付加班费，后期也必然面临群体性停工的风险。基于此，大成律师决定调整应诉策略，向仲裁员提出"一揽子"和解方案，以协商解除劳动关系为前提进行和解及支付。经大成律师持续沟通，调解金额仍有600万元至700万元。

2. 抓住案件痛点，妥善管理客户预期。面对存在"硬伤"的案件，如何引导公司止损是此类案件的工作重心。经分析案件发生的背景及缘由，并通过与公司多次直面沟通，大成律师了解到，公司的"痛点"并不仅在加班工资之争议，主要还是员工的安置问题（援引公司创始人的观点"不是我不想他们继续工作，而是他们自己不想干了。员工不想干了就采取群体性策略，然后企业就出钱，那我以后怎么管"）。大成律师一方面承认公司方面的合理顾虑，另一方面考虑到案件本身的情况，如果引发连环诉讼，可能产生更高的花费和更坏的示范效应。公司没有克扣加班费的恶意，但确实在管理流程中有所疏漏，孤注一掷不是个好办法。如果公司真实的顾虑是别的员工会效仿，大成律师建议，调解方案以员工撤销加班费诉请为前提，按照员工工龄谈经济补偿（由此削弱其他员工的效仿动机）。

最终，经过公司的授权及仲裁方面的斡旋，案件以300余万元和解。

合规指引

追索加班加点工资，一直是劳动法纠纷的常见诉争。在某些行业，企业与劳动者往往在行业惯例的"熏陶"下，将加班加点视作行业普遍现象。企业希望通过劳动者付出劳动或时间提高生产率，劳动者也变相通过加班加点来提高整体收入，由此导致加班费的含义和计算逐渐"模糊"，包干工资也由此产生。近年来劳动者维权意识升高，以往容易忽略的加班费、休息休假权利问题，又重新被劳动者关注和提及，由此导致此类问题一旦爆发，就可能给予公司人事管理沉重一击。本案就是鲜明的范例。

用人单位应有所警醒，历史遗留问题尤其是与劳动基准相关联之问题，将是人力资源管理最大的合规"隐患"。根据现有口径，倾向性认为员工可追索之加班费属于劳动报酬，其可追索在职期间的全部加班费。因此，若在加班工资方面留有"剪不断理还乱"的争议，对于个案，应当断则断，即时处理；若涉及群体，则在必要时应引入谈判工具或专业人员，组织协商沟通，以免引发"井喷式"爆发，对公司可持续运营造成不可逆转的破坏。

此外，需要提请注意的是，包干工资作为加班时间的一次性对价，不是根据具体加班时间精准核算，其本身是否符合工资支付的劳动基准，尚有待商榷。实务中，包干工资的说法也在相当程度上受到了地方裁审人员及劳动部门的质疑。因此，即使实行包干工资制，加班行为仍应受到劳动法的约束。对于用人单位，应注意保留劳动者对有关计算模式的确认，并保证折算后小时工资标准不得低于当地最低工资水平。当然，最为合规的方式仍是遵守现有加班工资计算规则，尽量拆解工资结构，明确加班费的计算基数，同时，区分不同工时制度模式进行加班工时的核算，例如计件工资制度下，在完成计件定额工作任务后，对于延长工时部分，以法定工作时间计件单价为基数按相应比例计算加班工资；而在综合工时下，则是比照综合计算周期内的总实际工作时间，超过部分按照比例依法计算。

015 金融行业的奖金递延发放制度是否具备合法性，劳动合同解除后劳动者是否有权主张递延奖金[①]

案例要旨

递延奖金的发放与递延风险相关，对于未届发放期，是否存在递延风险尚未确定，相应的递延奖金能否足额发放亦未能确定，故仅应对已经到了发放期限的递延奖金是否应予发放进行审查。对于已届发放期限的绩效工资，用人单位应当及时向劳动者支付；对于未到发放期限的递延奖金，则不予处理。

---

① 杨畅、李芳芳，北京大成（广州）律师事务所律师。

案情介绍[①]

吴某曾任职某商业银行分行客户经理，双方于2019年12月23日解除劳动合同，吴某离职后提起劳动仲裁申请，要求某分行支付2017年度至2019年度未发放的绩效工资118248.16元。与一般劳动关系项下奖金的性质不同，吴某的该部分绩效工资性质为递延奖金，故本案涉及奖金递延发放是否具备合法性的问题。

本案劳动仲裁、一审程序都是用人单位自行处理，审理机关均未采纳用人单位主张的奖金应当递延发放的观点，要求用人单位一次性付清劳动者全部奖金。大成律师在此情形下接到用人单位的委托，调整诉讼思路、一一强化证据，尽可能避免将该笔奖金与一般劳动关系项下奖金的性质混淆，二审取得胜诉结果。

裁判观点

一审法院认为，关于某分行向吴某支付2017年度至2019年度绩效工资的时间问题。某分行在仲裁时主张"递延金"即为"绩效工资"，40%绩效工资递延发放，是依据《某商业银行薪酬递延支付管理办法（2017年修订）》（下称《管理办法》），为了应对因吴某所完成的业务后续如发生不良的情况，用于抵扣损失的，且该规定也符合中国银监会《商业银行稳健薪酬监管指引》（下称《监管指引》）的要求。本案中，吴某已经与某分行解除劳动关系，且某分行没有证据证明吴某在职期间"业绩存在违法违纪情况、不符合监管要求或出现重大风险问题"的情况，应当向其支付递延金。鉴于某分行在仲裁时依据《管理办法》提出不予支付的抗辩意见以及《管理办法》中有关撤销账户和仲裁委认定的应支付绩效工资的情况存在矛盾，一审法院认为某分行的理由不成立，应当一次性向吴某支付2017年度至2019年度绩效工资。

二审法院认为，关于绩效工资的发放，双方均确认递延金即绩效工资，《管理办法》第九条明确规定了"当年计提的递延金在考核期结束后，按核定

[①]（2021）粤01民终10181号，本案例根据作者代理的案件改编。

的年度递延金发放金额，从第二年起分三年等额返还"。递延金的发放与递延风险相关，对于未届发放期，是否存在递延风险尚未确定，相应的递延金能否足额发放亦未能确定，故本院仅对已经到了发放期限的递延金是否应予发放进行审查，对于未到发放期限的递延金，本院不予处理，现某分行没有证据证实在 2020 年年底之前发生了递延风险需要扣发的情形，故某分行应当将 2020 年年底之前到期的绩效工资（递延金）向吴某发放。某分行主张 2017 年年度递延金于 2019 年开始分 3 年等额发放，2018 年年度递延金于 2020 年开始分 3 年等额发放。2019 年年度递延金于 2021 年开始分 3 年等额发放，吴某予以确认。因此对于已届发放期限的绩效工资，某分行应当及时向吴某支付。

案例评析

本案属于金融行业递延奖金发放的典型案例。递延奖金是金融行业及相关监管机构普遍认可的、用于防范金融风险的绩效奖金发放方式。具体来说，一个项目的奖金会在完成后或者阶段性完成后才分批次递延发出，并且在风险发生时还可能要员工退还，这样的奖金发放方式与劳动法传统意义上的奖金发放存在明显区别，因此在实践中，不乏裁判人员会认定奖金递延发放不合法，最终认定用人单位应当一次性发放的情况。劳动仲裁、一审也是以劳动法传统意义上的奖金发放方式（明确发放期限、不得退还）的思路来审理，并作出案涉金融机构应当一次性支付全部奖金的裁决和判决结果。在此情况下，律师接到了用人单位的委托。

大成律师在了解用人单位的诉求为递延发放奖金后，检索了大量递延奖金的案例、银监会和证监会发出的公文以及学界对递延奖金合法性的论证文章，并将其整理成清晰的图文并茂的参考意见提交二审法官，引导法官审判思路，尽可能避免将该笔奖金与一般劳动关系项下奖金的性质混淆。为了便于法官理解并引导法官从某商业银行角度理解案件，大成律师将递延奖金的发放过程通过可视化图表的方式完整地呈现出来，法官由此清楚地了解了整个递延奖金的发放情况，这也成为法院最终采纳用人单位观点的重要支撑。

在收到一审判决的时候，大成律师注意到，一审法官在陈述自己观点的时候，引用了某商业银行在调解过程中的表态作为某商业银行对己方不利事实的认可，这种做法显然有违相关司法解释的规定；同时，经与当事人沟通，一审法院在庭审过程中组织调解，但没有任何文字记录。于是大成律师在上诉状起草过程中就以此为主要突破点，尝试将一审法院依此认定的、所谓某商业银行无法明确绩效工资发放时间的事实推翻。最终二审法院并未采纳一审法院的上述观点和因此认定的事实。

另外，由于案件前期两个阶段都是用人单位自行处理，并无律师介入，因此用人单位在证据组织方面存在许多遗漏，所提交的证据大部分为部门规章或者用人单位规章制度等文件，关于双方过往履行递延奖金政策的事实的证据几乎都未提交，因此大成律师在与用人单位多次沟通之后，重新组织并提交了相关证据，在二审庭审过程中，对方当事人确认了相关证据的真实性，最终法院均予以采纳。

综上，在大成律师的努力之下，二审程序中审判人员对于金融行业的递延奖金有了进一步清晰的了解，作出符合行业政策和行业习惯的判决结果。这一判决结果对于金融行业递延奖金相关案件的审理有重要的参考价值。

合规指引

递延奖金作为奖金的一种，在劳动者权利受到侵害时应该赋予其提起仲裁、诉讼的权利。但由于递延奖金的发放方式与劳动法传统意义上的奖金发放存在明显区别，司法部门在行使裁判权时，应在一定程度上保留用人单位的自主权，而不是完全通过司法权介入，干涉用人单位的经营与管理。当然该自主权并非没有限制，金融机构自主制定递延奖金制度时，除需严格依据外部监管规则外，还需要从递延奖金的性质出发，妥善自主设置本机构递延规则。从避免递延奖金争议出发，大成律师对金融机构提出以下建议：

1. 对员工劳动合同、规章制度、竞业限制和保密协议、奖惩制度等进行全面梳理，制度与约定之间形成闭环。对员工严重违反劳动纪律、规章制度应予处罚的情形，以及应当解除劳动关系的情形根据行业特征进行细化。

2. 对薪酬制度中递延奖金的阻却条件进行明确规定，如劳动关系终结、发生风险事件、员工违反竞业限制、保密义务或受到行政处罚等。

3. 设置项目风险准备金制度，明确岗位权责，并就风险事件进行明确界定，细分相关流程中各个节点及行为本身的责任有无及大小。

4. 完善递延奖金的领取流程，员工应在领取后签字确认无异议，或在员工离职时与其签署《离职交接单》，写明没有应结清而未结清的款项，确认双方无任何争议；制定递延奖金制度时，应遵循民主制定、内容合法以及有效公示三个要件。

016 劳动者因个人原因自愿辞职后，能否又以其他理由向用人单位主张经济补偿[①]

案例要旨

劳动者无法举证证明用人单位存在强迫安排其加班的情形，又不能举证证明其所患疾病与劳动内容、加班事实之间存在必然因果关系，且劳动者系自愿提出辞职，在离职时，用人单位已经足额支付了加班工资等劳动报酬，法院对劳动者主张用人单位应当向其支付离职经济补偿的诉求，不予支持。

案情介绍[②]

1996 年 2 月，王某到甲公司从事酿酒操作工作。2008 年 1 月 1 日，王某与甲公司签订《无固定期限劳动合同》，约定王某在甲公司下属车间从事酿酒操作工岗位。2016 年 12 月 26 日至 2018 年 3 月，王某担任该车间副组长兼班组考勤员。2019 年 4 月 29 日，王某以长期严重加班对身体造成伤害，不再胜任现有工作为由，向甲公司提交《辞职报告》。2019 年 5 月 6 日，甲公司同意与王某解除劳动合同，并向王某出具了《解除劳动合同证明书》，载明：甲公

[①] 黄华、李亚兰，北京大成（成都）律师事务所律师。
[②] （2020）川 1502 民初 5 号，本案例根据作者代理的案件改编。

司同意王某辞职申请，于 2019 年 5 月 6 日解除双方劳动关系。2019 年 8 月，王某申请劳动仲裁，要求甲公司支付经济补偿金 190161.47 元。仲裁裁决驳回王某全部仲裁请求，王某不服，诉至人民法院。

裁判观点

王某既不能举证证明甲公司存在强迫安排其加班的情形，又不能举证证明其在离职前向甲公司提出过拒绝加班的意思表示，也不能举证证明其诊断证明的疾病与劳动内容、加班事实之间存在必然因果关系，且甲公司在王某离职时，已经足额支付了工资、加班工资和奖金等劳动报酬，王某在领取加班工资后也未提出异议，其自称完不成任务量也不会扣除正常工资，因此，王某不能证明甲公司存在强迫其加班劳动的违法情形，进而根据王某系自愿提出辞职的客观事实，并不符合《劳动合同法》第四十六条关于经济补偿的规定，法院对其要求甲公司支付经济补偿的诉讼请求不予支持。

案例评析

2020 年 2 月 24 日，大成律师接受委托后前往甲公司对接该案并收集相关资料。经充分研究相关材料以及诉讼资料，结合现行法律法规，针对本案所涉问题作出如下分析：

首先，王某的诉讼请求是要求支付离职经济补偿。甲公司提供的王某的《辞职报告》《员工辞职申请表》可以证实，王某是因自身原因向甲公司申请辞职的，即劳动者提出解除劳动合同。根据《劳动合同法》第四十六条的规定，劳动者提出解除劳动合同，应符合第三十八条的规定，用人单位才应当支付劳动者经济补偿。《劳动合同法》第三十八条规定的情形有：（1）未按照劳动合同约定提供劳动保护或者劳动条件的；（2）未及时足额支付劳动报酬的；（3）未依法为劳动者缴纳社会保险的；（4）用人单位的规章制度违反法律、法规的规定，损害劳动者权益的；（5）劳动合同无效或者部分无效的；（6）法律、行政法规规定劳动者可以解除劳动合同的其他情形；（7）用人单位以暴力、威胁或者非法限制人身自由的手段强迫劳动者劳动的，或者用人单位违章指挥、强令冒险作业危及劳动者人身安全的。根据甲公司提供的材料以及与甲公司的沟通情况，甲公司不存在《劳动合同法》第三十八条规定的劳动者可以解除劳动合同的情形，因此王某的诉讼请求没有法律依据。

其次，本案的重点是甲公司是否存在应向劳动者支付经济补偿的情形。实践中，因加班问题引发的劳动争议案件的处理，重点在于用人单位是否强迫劳动者加班以及加班工资是否足额支付。根据《劳动法》第九十条的规定，用人单位违反本法规定，延长劳动者工作时间的，由劳动行政部门给予警告，责令改正，并可以处以罚款。《劳动法》《劳动合同法》并未规定用人单位延长劳动者工作时间超过劳动法的限定的，劳动者享有解除劳动合同的权利。因此，律师在办理案件过程中紧紧围绕原告诉讼请求所依据法律规定和事实进行应对，不会与原告在工作时长问题上进行纠缠。

再次，从王某所提供的证据进行分析，王某的证据并不能证明其所主张的诉讼请求，王某自身疾病与工作之间的因果关系无法确定，本案亦未经过人社部门的工伤认定前置程序。

最后，大成律师认为，本案系劳动者以自身原因提出的辞职，根据法律规定，只有用人单位存在《劳动合同法》第三十八条规定的情形，才应当支付经济补偿。王某提出的诉讼请求没有法律依据。

@ 合规指引

《劳动合同法实施条例》第十八条规定的劳动者可以与用人单位解除劳动合同的情形中，并非所有用人单位违反法律、行政法规强制性规定劳动者均有权解除劳动合同，而应是用人单位违反法律、行政法规强制性规定的行为损害了劳动者权益的，劳动者才有权解除劳动合同。本案中，并无证据显示甲公司存在强迫加班行为或对其不加班行为会采取惩罚措施的事实，且王某已经领取了相应的加班工资，故应认定王某的加班行为是自愿的。在本身依法有权选择拒绝加班的情形下，劳动者同意加班并领取加班工资，不足以认定用人单位已违反了法律、行政法规的强制性规定，也难谓损害了劳动者的权益。劳动者又以此为由提出解除劳动合同，有违诚信原则。在此情况下，王某提出解除劳动合同的行为并不符合《劳动合同法》《劳动合同法实施条例》规定的因劳动合同解除并由用人单位支付经济补偿的条件。

因此，劳动者主动辞职只有符合法定情形，主张经济补偿才能获得法院支持。用人单位应当树立证据意识，并将所有涉及劳动者履行或解除劳动合同的证据进行留存，以更好地完成用人单位的举证证明义务，避免在诉讼中处于不利地位。

而对于劳动者而言，如其认为用人单位违法延长工作时间，可依法向相关劳动行政部门投诉、举报，且可以拒绝加班。与用人单位解除劳动关系后，如用人单位未足额支付加班费，可以要求用人单位支付加班费。如用人单位违法解除劳动关系，可主张赔偿金。依据《劳动合同法》第三十八条解除劳动关系的，可主张经济补偿金。主张加班费、经济补偿、赔偿金，应在劳动关系解除后一年内向劳动争议仲裁委员会提起仲裁。

017 劳动合同约定的工时制度与劳动者实际工作时间不一致，劳动者主张加班工资，其加班时间如何认定[①]

案例要旨

劳动合同约定的工时制度，与劳动者实际工作时间不一致，劳动者主张加班工资的，应当就加班事实承担举证责任。如劳动者对具体加班时间未能举证证明的，则法院对劳动者主张加班工资的诉求，不予支持。

案情介绍[②]

委托人甲公司（下称用工单位），系一家以混凝土生产、加工、运输为主的建工企业。2017年12月，用工单位因公司上市，需要缩减劳务派遣人员，原劳务派遣的驾驶员转为劳务外包（约300人），随即通过部门开会通知等方式向派遣员工告知上述事项。在与劳务派遣公司办理解除手续并与劳务外包公司签署新的劳动合同后，有部分驾驶员担心转到劳务外包公司后原工资福

---

① 余坤、桂镜扬，北京大成（昆明）律师事务所律师。
② （2018）云0111民初4154号、（2018）云01民终8796号、（2019）云民申2116号，本案例根据作者代理的案件改编。

利待遇降低，提起了劳动争议仲裁。以吕某某为例，其请求支付违法解除劳动合同的经济补偿金、未签订无固定期限劳动合同的工资差额、加班工资，以及补交养老保险费。

本案经过了仲裁、一审、二审以及再审程序，最终仅支持了为申请人补交养老保险费，驳回了申请人的其他全部请求。

裁判观点

本案的主要争议焦点是吕某某主张的加班费是否应予以支持。

法院认为，关于加班工资。《最高人民法院关于审理劳动争议案件适用法律若干问题的解释（三）》第九条①规定："劳动者主张加班费的，应当就加班事实的存在承担举证责任。但劳动者有证据证明用人单位掌握加班事实存在的证据，用人单位不提供的，由用人单位承担不利后果。"本案中，原告主张加班的证据为证人证言，证人陈述上班时间为上一天休一天，上班24小时中包括待岗时间，由被告用工单位包吃住，报酬发放形式为底薪+开车趟数+通信津贴。原告并未对具体加班时间进行举证，本院亦无法认定原告的加班时间。

案例评析

本案争议关键点在于，劳动合同约定的工时制度，与劳动者实际工作时间不一致的情况下，劳动者认为存在加班的情形并主张支付巨额加班工资，作为用人单位一方在举证责任上，做到证据翔实、充分，最终证明劳动者不存在加班的情形，无须支付加班工资。

本案中，劳动者主张了巨额的加班工资，认为混凝土搅拌车驾驶员工作时间为"上一天休一天"，没有周末双休，除春节假期放假外，遇法定节假日也正常工作；在上班当天需24小时待命，均处于工作时间；认为用工单位规章制度要求驾驶员在工作日需要负责车辆装料、维修、清洁等工作，不仅是出车运输等，认为驾驶员在工作日的活动受到限制。

---

① 该解释目前已失效，该条对应《最高人民法院关于审理劳动争议案件适用法律问题的解释（一）》第四十二条。

案件中对用工单位不利的因素：1. 派遣员工与劳务派遣单位签署的《劳动合同》中均约定工时制度为"标准工时制"；2. 用工单位的规章制度规定混凝土驾驶员实行综合计时倒班工作制；3. 用工单位没有办理过不定时工作制和综合计算工时工作制的审批备案。

针对上述不利因素大成律师首先到用工单位调查了解混凝土驾驶员的工作内容、工作环境，并向其他驾驶员询问了解相关情况，并对用工单位安排的驾驶员住宿区、生活区等进行了拍照取证。

大成律师认为：首先，根据驾驶员的工作内容和工作性质，搅拌车驾驶员统一执行综合计时倒班工作制，即工作一天休息一天，平均每周工作日为四天、休息日为三天，该工作制度充分保障了驾驶员的休息时间，不存在休息日和工作当天加班的事实。用工单位没有办理特殊工时制度审批、备案属于行政管理范畴，不属于本案审理的范围。其次，驾驶员工作地点安排有职工宿舍，在出车时间以外均处于休息状态，并且可以自由安排休息时间，驾驶员并没有24小时都在从事劳动。根据用工单位的相关规章制度，驾驶员知悉被执行的综合计时倒班工作制和加班申请审批制度。再根据驾驶员出车统计表记录，其工作时间也没有超过法律规定的标准，可以证明不存在吕某某主张的加班事实。

最终，仲裁委、法院均以无法认定劳动者的加班时间，也无加班的事实依据，没有支持加班工资。

合规指引

本案的主要纠纷在于劳动合同约定的工时制度与员工实际工作时间不一致时，加班时间如何认定。

《劳动法》第三十六条规定"国家实行劳动者每日工作时间不超过八小时、平均每周工作时间不超过四十四小时的工时制度"。《劳动部关于印发〈关于企业实行不定时工作制和综合计算工时工作制的审批办法〉的通知》（劳部发〔1994〕503号）第六条规定"对于实行不定时工作制和综合计算工时工作制等其他工作和休息办法的职工，企业应根据《中华人民共和国劳动法》第一章、第四章有关规定，在保障职工身体健康并充分听取职工意见的基础上，采用集中工作、集中休息、轮休调休、弹性工作时间等适当方式，确保职工的休息休假权利和生产、工作任务的完成"。

因此，劳动合同中约定为标准工时制的劳动者每周工作时间超过 40 小时部分为加班时间。如在此基础上因工作任务需要，而调整工作时间的，一般有以下几种情形：第一，对休息日进行调整，安排周末工作，平时安排休息；第二，每周每天均要工作，但是每天工作时间少于 8 小时；第三，不区分工作日和休息日，每周连续工作几天，再连续休息几天。笔者认为，以上对标准工时制的劳动者适当调整的工时制度是否认定为加班，应看每周工作时间是否超过 40 小时。如果超过 40 小时，则超过的部分应当认定为加班时间。

关于综合计算工时工作制加班时间的认定。劳动者执行综合计算工时工作制其平均日工作时间和平均周工作时间应与法定标准工作时间基本相同。也就是说，在综合计算周期内，某一具体日（或周）的实际工作时间可以超过 8 小时（或 40 小时），但综合计算周期内总的实际工作时间不应超过法定标准工作时间，超过部分应视为延长工作时间。另外，如果法定节假日工作的，不管整个周期内的工作时间总和是否超过法定标准工作时间，仍应按照 300% 的标准支付加班工资。

总体来看，加班纠纷历来是双方发生争议的主要原因，用人单位一方面要保障劳动者的休息权和劳动报酬权；另一方面也要促进企业依法规范用工，以平衡双方权益。用人单位无论是执行标准工时制、综合计算工时制还是不定时工作制的，都应当结合劳动者的工作性质和岗位特点，合理安排工作时间，以保障劳动者依法享有的休息权。

018 劳动者提供加盖单位公章的"形式上真实"的绩效考核文件能否作为主张业务提成的依据[①]

案例要旨

业务提成就性质来说，系工资之外的一种奖励性收入，应属用人单位根据自身经营激励等需要可自主决定的用于支付劳动者的奖励性报酬，常适用于用人单位的业务人员。对于主要负责人事、行政工作的劳动者，因其实际具有接触公司相关印章的客观条件，即使其能提供加盖公章的绩效考核文件，如果用人单位能够证明文件存在多处矛盾以及有悖常理的内容，则认为该文件并非劳动者与用人单位之间真实的意思表示，不能作为劳动者主张奖励性收入的依据。

案情介绍[②]

徐某于2011年4月11日进入甲公司工作。2013年8月1日，甲公司以徐某不能胜任本职工作为由，与徐某解除了劳动合同。2013年8月9日，徐某提起劳动仲裁，要求甲公司按《薪酬体制》及《业务/项目提成表》文件所示支付其业务提成、未签订劳动合同二倍工资差额（2012年10月1日至2013年8月1日）、欠发工资、违法解除劳动合同赔偿金并补缴社保等。徐某提供的加盖甲公司公章的《薪酬体制》《业务/项目提成表》，公司印章虽为真实，但仲裁委员会认为该等文件并非公司的真实意思表示，对此不予采信，驳回徐某提出的业务提成请求，并且以徐某从事人事工作，应知晓未签订劳动合同后果为由，驳回二倍工资差额的请求。

徐某不服该仲裁裁决，向法院提起诉讼。一审法院、二审法院经审理，对徐某提出的业务提成请求均予驳回。

[①] 张奇元，北京大成（上海）律师事务所律师。
[②] （2014）浦民一（民）初字第5092号、（2015）沪一中民三（民）终字第637号，本案例根据作者代理的案件改编。

裁判观点

本案的争议焦点主要在于徐某所提供的两份文件，即《薪酬体制》以及《业务/项目提成表》是否真实、有效。

仅从书证的形式真实性上看，文件上加盖的公司印章确是真实的，但是否就应据此认为，文件所示内容就是公司的真实意思表示呢？而只有在真实意思表示的前提下产生的合意，才具有相应的拘束力。本案的关键就在于文件形式虽然真实，但其内容明显存在诸多有悖常理之处。

首先，双方对原告的工作岗位存在争议。对此，从被告提供的相关证据来看，原告在职期间，承担了员工招聘、入职手续办理、劳动合同签订、保管、离职交接、物品采购以及公司邮箱、网站管理等职责，实际从事的主要是人事、行政职责，与被告所主张的原告系办公室主任岗位相匹配。而对于关于其系投资三部经理的主张，原告虽提供了相关参与项目的证据，然从证据内容来看，原告所从事的主要系联系、沟通等工作，无法反映其系以业务人员身份参与具体的业务工作。同时，原告在仲裁中也陈述公司并无投资三部，在本案中也确认公司也无投资一部、投资二部，故在被告对此予以否认的情况下，原告主张其系投资三部经理的意见本院难以采纳。本院确认原告系从事人事、行政工作即办公室主任一职。

其次，业务提成实际系工资之外的一种奖励性收入，应属用人单位根据自身经营激励等需要可自主决定的用于支付员工的奖励性报酬，常见于用人单位的业务人员。且被告处员工绩效考核管理办法也规定，业务一线人员享受相应的业绩提成，人事行政财务等部门人员，由公司按年终公司收益给予其他部门发放年终奖金，员工业务奖励提成的个人所得税由自己负责承担。可见，被告处业务提成系针对业务人员，且提成为税前收入。根据前述本院阐明的事实，原告实际为人事、行政人员，并非业务人员，根据该规定，并不享受业务提成。

再次，从《薪酬体制》所载明的内容来看，如原告所述，该份文件如系真实，应为双方之间的约定，现该份文件载明适用范围为公司职员徐某（投资三部经理），而被告处实际并无投资三部，现投资三部显示在双方约定适用范围中，有悖常理；同时，该文件显示"以下办法适用于劳动合同期内"，根据原告所述，双方在2013年4月才签订劳动合同，之前并无劳动合同，而该份文件系 2012 年 9 月由被告法定代表人制定交与原告，此时尚无劳动合同，存在矛盾之处。该份文件载明：收入整体构成（税后）＝基本年薪（月收入＋年底年薪补足）＋项目提成，项目提成＝公司参与运营的项目全部业务收入×10%，且原告表示该提成约定的含义即是只要是公司的业务收入，无论原告是否参与以及参与贡献大小，原告均享有其中 10% 的提成；对于原告来说，其仅系被告处负责人事、行政工作的人员，其也未提供证据证明对公司曾做出特别重大贡献，故该约定不仅远远高于被告处负责具体业务的人员应享受的提成，也有违一般常理。

此外，该份文件还载明项目奖，主要针对外界人士通过公司内部员工介绍项目，公司给予在项目结束时根据实际收益结果的 50% 给予项目提供者一次性奖励；从上述项目奖针对的主体来看，与原告并无关联，如该份《薪酬体制》系双方之间约定，将与原告无关的项目奖作为项目提成项下一项约定也不符合常理。

最后，原告在被告处主要负责人事、行政工作，也曾代表公司与员工签订劳动合同，且其确认平时可以打开被告法定代表人办公室、进入该办公室，原告实际具有接触公司相关印章的客观条件；同时，被告就原告所述《薪酬体制》及《业务/项目提成表》系被告法定代表人制作并交与原告之事实申请测谎，但因原告不能有效配合相关机构进行测试，导致测谎无法进行。综上，原告所提供的《薪酬体制》虽然加盖了被告公司的公章，但存在多处矛盾以及有悖常理的内容，故本院难以认定原告所提供的《薪酬体制》系原、被告之间真实意思表示，本院对该证据不予采信；同理，本院对于原告提供的《业务/项目提成表》亦不予采信；现原告基于《薪酬体制》以及《业务/项目提成表》要求被告支付 2011 年 4 月 11 日至 2013 年 8 月 1 日的提成的请求，本院不予支持。

案例评析

大成律师认为，本案系劳动人事纠纷，争议的焦点在于徐某的岗位职责以及其出具的加盖甲公司公章的《薪酬体制》及《业务/项目提成表》的真实有效性。

1. 徐某主张从事的岗位与其实际工作岗位不一致

劳动者所从事的工作内容应在劳动者与用人单位签订的劳动合同中进行约定，但实践中，往往存在劳动者实际从事的工作岗位或工作内容，与劳动合同约定不一致的情形，或双方对工作岗位未进行明确约定的情形。劳动者可能主张其所从事的岗位，与其实际从事工作岗位不一致，进而要求享有其他岗位对应的奖励性报酬。如本案中，徐某主张其在甲公司处工作身兼多职，负责办理招聘、统筹办理业务回款、处理公司后勤全面管理工作，提供多份业务合同并强调参与甲公司诸多项目业务，以期法院认可其获得"公司参与运营项目的全部业务收入的10%"的合理性。对此，大成律师认为，用人单位可以从以下几个角度对劳动者实际从事的岗位进行论证：

（1）提供劳动者在职期间经手的文件、处理事务的相关证明材料。本案中，甲公司提供了徐某经手处理的其他员工离职交接单、机动车维修结算清单、租车结算单、代为签署的办公室租赁合同、公司各岗位职责等证据材料以证明徐某为甲公司办公室主任，实际从事的主要是人事、行政工作；提供徐某在项目现场签约时的照片，以证明徐某称其所谓的参与项目业务，实则系安排会务、午餐、拍照等辅助性、文秘性的工作，并非项目主办业务人员，未负责具体项目业务。

（2）劳动者学历专业及历史工作经验与其主张工作岗位的匹配性。本案中，徐某所学专业为新闻类专业，而甲公司是金融类企业，从事项目业务的人员一般需具备金融、法律、财务专业知识及行业经验，从徐某所学专业和历史工作经验来看，均与其主张从事的项目经理任职资质不相匹配。

此外，本案徐某为证明其为投资部经理，提供了业务合同等资料，但这恰恰证明了徐某在甲公司承担的是"档案管理"行政类岗位职能，整理保管公司书面及电子文件是他的工作职责所在，接触相关业务合同资料，甚至公章，具有相当便利性。

2. 私盖公章的绩效考核文件的效力问题

本案徐某提供加盖公章的《薪酬体制》及《业务/项目提成表》作为计算其业务提成的唯一依据。结合徐某岗位性质及其接触公司相关印章的客观便利条件，大成律师认为，徐某提供的《薪酬体制》及《业务/项目提成表》上的公章均为其在未经公司同意的情况下，私自加盖的。在实务中，对于劳动者未经公司同意私自加盖公章，用人单位可以从以下几个角度对文件的效力提出反证：

（1）劳动者具备接触、获取公司印章的便利条件。本案中，保管公章、名章的保险箱由徐某购买，且保险箱的使用方法是由徐某传授给甲公司法定代表人。该保险箱虽存放于法定代表人办公室，但徐某熟知保险箱钥匙的存放位置及保险箱开启方法，并结合有关记录显示，徐某多次于下班后出入法定代表人办公室，由此可合理认为，徐某完全具备盗用公章的客观条件。此外，徐某在工作中也曾携带公章外出办理事项，且部分工作文件，特别是人事方面的文件，经确认后大多交由徐某盖章，其具备私盖公章的便利条件。

（2）从文件内容出发，通过论证文件所载内容与公司其他规章制度、公司实际运营情况的差异，寻找文件无法自洽、矛盾、有悖常理之处，进而对文件的真实性加以反驳。本案中，徐某提供的《薪酬体制》中，所载部门和职务均为虚构，甲公司并未设立相关部门和岗位；文件所载适用的劳动合同期间，又与其主张的"劳动合同系倒签"自相矛盾；文件所载提成办法与公司颁布且实际对其他员工适用的《薪酬管理办法》不符。最终法院对徐某提供的《薪酬体制》及《业务/项目提成表》未予采信。

合规指引

本案凸显的问题是，用人单位对公司印章管理方面的疏漏，致使原告有了私自用印的可乘之机，"制作"出形式真实的文件，使得用人单位陷入被动之中。所以说，印章管理对公司而言是丝毫不能松懈的日常管理工作。鉴于此，公司应在以下几个方面加强规范化管理。

1. 公司印章须专人保管

公司印章由专人保管，便于公章使用不当时公司内部责任的追查。建议由公司行政人员专管公章，避免与对外业务关系的人员身份混淆同一，造成难以监控其用章手续的正当性或合理性。

2. 使用印章需书面申请，并建立台账

印章使用应履行审批程序，经负有审批权人批准，并由印章保管人员对拟用印文件与批准件的一致性审查后，方能用印；而且对于每次印章使用，都应填写用印登记表,将用印所涉人员、事项统一登记录入登记表中。

3. 以印章加签名的形式落款为原则

对于公司所用印的文件,特别是对内文件,应以印章加相关人员签名的形式落款呈现,而且签名的效力高于印章。如此一来,可以有效地甄别用印之人,即签署文件之人,是否为有权之人,如未被充分授权,即使印章真实,也不能产生预期的法律效力。

四、社会保险、公积金与福利待遇

019 用人单位未买社会保险，劳动者能否解除劳动合同并要求用人单位支付经济补偿[①]

案例要旨

1. 未签订劳动合同二倍工资的问题。后续劳动合同的签订，并不能否定或替代前期双方未签订劳动合同的事实存在，用人单位以此为由不予支付二倍工资，无法律依据。用人单位超过1年未与劳动者订立书面劳动合同，仲裁时效期间自满一年的当日计算，劳动者申请主张权利并未超过一年仲裁时效。

2. 加班工资的举证责任问题。劳动者提供了钉钉考勤和微信截图，作为其主张加班费的证据，形成了初步证据。在履行双方签订的劳动合同过程中，用人单位依照其规章制度和劳动合同约定对劳动者的行为有义务和责任进行管理。现用人单位不提供指纹考勤和钉钉考勤记录，其应当承担举证不能的法律后果。

3. 解除劳动合同经济补偿的问题。离职内容可印证劳动者主张，即因用人单位欠缴劳动者社会保险费双方产生争议而离职，劳动者主张解除劳动合同经济补偿符合法律规定。

案情介绍[②]

陈某于2016年9月22日入职甲公司，从事客服工作，双方未签订书面劳

[①] 王雪平，北京大成（乌鲁木齐）律师事务所律师。
[②] （2019）新01民终2009号，本案例根据作者代理的案件改编。

动合同；公司未支付周末加班工资；2018年1月1日，陈某与甲公司签订了期限至2019年12月31日的书面劳动合同。2018年6月因甲公司未缴纳社会保险费双方发生争议。离职时，甲公司未向陈某出具解除劳动关系证明书，扣发了陈某2018年5月工资1646.22元及6月的9天的工资975.4元。

2018年7月20日陈某申请劳动仲裁，请求：1. 支付欠发的工资及未足额支付工资的赔偿金；2. 支付未签订劳动合同二倍工资差额37582.5元；3. 支付加班工资35503.4元；4. 支付未缴纳社会保险解除劳动合同经济补偿金8485.7元；5. 缴纳2016年9月至2017年12月的养老、失业保险等社会保险及利息，赔偿未缴纳医疗、生育保险的损失；6. 出具解除劳动关系证明书，并办理社保转移手续。

仲裁委裁决：甲公司支付陈某拖欠2018年6月9天的工资975.4元和拖欠工资经济赔偿金487.7元（975.4元×25%×2）及补缴社保、出具解除或终止劳动合同（关系）证明书的请求，驳回了其他的仲裁请求。

双方对仲裁裁决均不服，起诉至法院，一审法院支持了欠发工资、未签订劳动合同的二倍工资、未缴纳社会保险解除劳动合同经济补偿金的请求；驳回加班工资、拖欠工资经济赔偿金、补缴社会保险费的请求。双方均上诉至二审法院，二审法院除维持一审支持的部分外，变更解除劳动合同经济补偿金8255.34元为8485.8元；撤销一审法院驳回陈某要求支付加班工资的诉讼请求，判决甲公司支付双休日加班工资31602.2元。

裁判观点

二审法院认为：

1. 未签订劳动合同二倍工资的问题。《劳动合同法》明确规定，用人单位自用工之日起超过一个月不满一年未与劳动者订立书面劳动合同的，应当向劳动者每月支付二倍的工资。陈某2016年9月22日入职甲公司，双方并未签订劳动合同。2018年1月1日甲公司与陈某签订期限至2019年12月31日的书面劳动合同，上述合同的签订，并不能否定或替代2016年9月22日至2017年12月31日双方未签订劳动合同的事实存在，因此，甲公司以2018年1月1日已与陈某签订书面劳动合同不予支付二倍工资的上诉理由，无法律依据，本院不予支持。另外，甲公司超过一年未与陈某订立书面劳动合同，仲裁时效期间自满一年的当日即2017年11月23日计算，陈某2018年7月20

日向仲裁委申请主张权利并未超过一年仲裁时效,甲公司上诉认为陈某主张二倍工资已超过仲裁时效的理由不能成立,本院不予支持。

2. 加班工资的举证责任问题。《最高人民法院关于审理劳动争议案件适用法律若干问题的解释(三)》第九条①规定:"劳动者主张加班费的,应当就加班事实的存在承担举证责任。但劳动者有证据证明用人单位掌握加班事实存在的证据,用人单位不提供的,由用人单位承担不利后果。"本案中,陈某提供了39张钉钉考勤和微信截图,证明其双休日存在加班事实。甲公司作为用人单位,在履行双方签订的劳动合同过程中,依照其规章制度和劳动合同约定对劳动者的行为有义务和责任进行管理,其中包括在岗情况考勤,甲公司法定代表人王某亦认可其公司在不同期间对员工实行指纹考勤和钉钉考勤管理,现甲公司不提供指纹考勤和钉钉考勤记录,其应当承担举证不能的法律后果。因此,本院采纳陈某的主张即双休日存在加班事实。经本院核实,陈某2016年9月22日至2018年6月9日存在81天双休日加班事实,甲公司应支付加班工资。《劳动法》第四十四条第二项规定:"休息日安排劳动者工作又不能安排补休的,支付不低于工资的百分之二百的工资报酬。"甲公司提供的工资表载明内容系其自认事实,该工资表并未显示计薪天数,故本院依照劳动和社会保障部《关于职工全年月平均工作时间和工资折算问题的通知》规定的 21.75 天为月计薪天数,故甲公司应支付陈某加班工资为 31602.2 元(4242.9 元/月÷21.75 天×81 天×200%)。

3. 解除劳动合同经济补偿的问题。2018 年 6 月 9 日陈某离职交接,离职内容显示甲公司当日将欠缴的社会保险费以折合现金的方式支付给了陈某,可印证陈某主张,即因甲公司欠缴其社会保险费双方产生争议而离职。据此,陈某主张解除劳动合同经济补偿金符合法律规定,甲公司不予支付的上诉理由无事实依据,本院不予支持。陈某离职前 12 个月平均工资为 4242.9 元,甲公司应支付陈某解除劳动合同经济补偿为 8485.8 元(4242.9 元×2 个月),一审法院计算有误,本院予以纠正。

---

① 该解释目前已失效,该条对应《最高人民法院关于审理劳动争议案件适用法律问题的解释(一)》第四十二条。

💡 案例评析

大成律师在本案中代理劳动者一方,本案系劳动争议纠纷,一个案件中包含了多个劳动争议问题:1. 未签订书面劳动合同二倍工资的问题;2. 加班工资的举证责任问题;3. 未缴纳社会保险解除劳动合同经济补偿金的问题;4. 未足额支付工资及赔偿金的问题;5. 仲裁时效等。每个争议都可以成为一个独立之诉。

1. 未签订书面劳动合同二倍工资的问题

未签订劳动合同目前有三种情况:第一种情况是,自用工之日起至仲裁之日一直未签订书面劳动合同;第二种情况是,在合同履行过程中签订了劳动合同,但自用工之日至签订书面劳动合同之前没有劳动合同;第三种情况是,双方补齐了自用工之日的劳动合同。

第一种情况,根据法律规定如果在仲裁时效内是适用《劳动合同法》第八十二条的。

第二种情况,即本案中的情形,法院认为2018年1月1日甲公司与陈某签订期限至2019年12月31日的书面劳动合同,并不能否定或替代2016年9月22日至2017年12月31日双方未签订劳动合同的事实存在,陈某提出仲裁时,并未超过一年的仲裁时效,依然适用《劳动合同法》第八十二条规定。

第三种情况,自用工之日起已经全部补齐劳动合同,是否适用《劳动合同法》第八十二条的规定?劳动合同能不能补签,补签几年前的劳动合同,笔迹会不会被鉴定出来,合同是否是有效的?在[(2021)新民申570号]李某与乙公司劳动争议再审审查与审判监督民事裁定书中,新疆高院认为,李某主张未签订劳动合同二倍工资无事实及法律依据。李某认可其在受伤后与乙公司补签劳动合同的事实。作为完全民事行为能力人,李某在劳动合同上签字的行为,属于接受"延伸合同期至其入职时"的处理方式,视为双方自始签订了劳动合同。李某再主张未签订劳动合同二倍工资,没有事实及法律依据。

2. 加班工资的举证责任问题

主张加班工资的劳动者有责任按照"谁主张谁举证"的原则,就加班事实的存在提供证据，或者就属于用人单位掌握管理的相关证据，要求用人单位提供证据。加班工资的举证责任在于劳动者，但考勤一般由用人单位掌握，劳动者通常拿不到，类似钉钉考勤和微信截图等电子证据能不能证明加班的事实？有的案件法院支持了加班费，有的没有支持。

在本案中，劳动者同样是以钉钉考勤、微信截屏打印件作为证据，为什么二审会支持加班费，而仲裁、一审都没有支持。在仲裁阶段，仲裁委认为陈某提交的一组证据全是打印件而未予认可加班费的事实。一审法院则认为陈某"仅提供了部分月份的加班记录，且其知晓甲公司每月向其发放的工资中包含加班工资的事实，其未就自己主张的此加班费仅是延长工作时间的加班费的事实提交证据加以证明，故认定，甲公司已向陈某发放了加班工资，其再要求支付加班工资无事实及法律依据，不予支持"。劳动者已经提交了钉钉考勤截屏，可以证实周六是正常上班的。而且，公司法定代表人当庭电话中也认可是用钉钉进行考勤的，周六有加班。一审法院对钉钉考勤记录的打印件的真实性未作判定，并且认为发放的工资中包含加班工资，劳动者没有证据证明加班工资中仅延长工作时间的加班费，是将延长工作时间的加班费与周六加班的加班费混淆在了一起，认为已经发放了加班工资。

二审法院查明甲公司通过钉钉软件对员工进行考勤，且每月考勤结果在钉钉考勤中予以公布。遂以陈某提供了39张钉钉考勤和微信截图，证明其双休日存在加班事实，而公司法定代表人也认可使用钉钉考勤和指纹考勤，而单位未提供考勤等证据应当承担举证不能的法律后果，从而支持了加班工资。

综上，仅凭软件打卡记录或者微信截图，没有其他证据相互佐证，对于此类证明加班费的证据的真实性，司法机关还是持谨慎态度的。

3. 未缴纳社会保险解除劳动合同经济补偿金的问题

经常有人咨询：劳动者不愿意交社保，单位把社会保险的钱打到工资里，可以不？根据《劳动法》第七十二条规定，用人单位和劳动者必须依法参加社会保险，缴纳社会保险费。劳动者参加社会保险是用人单位的一项法定基本义务，用人单位与劳动者签订的放弃缴纳社会保险的协议、承诺书等应属无效。

本案中甲公司将欠缴的社会保险费以折合现金的方式支付给了陈某，法院认为陈某系因甲公司欠缴社会保险费双方产生争议而离职，继而支持解除劳动合同经济补偿金。那么反过来想，法院能不能以劳动者反悔违反了诚实信用原则，而不支持经济补偿金。

缴纳社会保险是用人单位的法定义务，补缴社保的利息就该由用人单位承担吗？现实中有的劳动者本人不愿意交社会保险，签订了自愿放弃社会保险的承诺书或者用人单位将社会保险金额折现给劳动者，后劳动者又申请仲裁要求补缴社保及利息。利息有时比社保本金都高，有单位就觉得很冤，单位不是故意不交社保的，利息损失该由单位承担吗？利息损失是不是劳动者自行扩大的损失？依法参加社会保险不仅是用人单位的法定义务，也是劳动者的法定义务。劳动者不愿缴纳社会保险，用人单位能不能直接与劳动者解除劳动合同？如果不能直接解除劳动合同，社会保险的利息会一直产生。那么，用人单位如何避免类似的损失？用人单位可以在《员工手册》或者规章制度中规定"不愿意缴纳社会保险"或者"在规定的期限内未能提交办理社会保险需要的材料"等作为录用或解除劳动关系的条件。

不管法院是否支持解除劳动合同的经济补偿金，只要认定系劳动关系，用人单位是要补缴未缴纳的社会保险的，缴纳社会保险是用人单位的法定义务，用人单位还是要合法依规地运营、管理。

合规指引

本案汇集了多个劳动争议，标的虽然不大，但案情可谓复杂。大成律师从劳动仲裁至一审、二审全程代理劳动者参加诉讼，从仲裁只支持劳动者请求金额1463.1元，到一审支持48459.46元，再到二审支持80296.12元，远远超过了劳动者的预期。

根据本案的代理经验我们建议：

1. 加强用人单位制度建设，人性化地管理，人性化地处理劳动争议，避免"我的企业我任性"。

用人单位在平时的经营过程中就应严格按照国家劳动法的相关规定规范用工，才能避免解除劳动合同时的赔偿风险。第一，要建立健全劳动规章制度；第二，规章制度要合法依规；第三，规章制度要具有可操作性，能用于日常的管理；第四，奖惩制度有据可查，要能适用日常工作，落纸为据。

2. 解除劳动合同依据合法，才是胜诉的保证

本案支持劳动者因用人单位未缴纳社会保险而解除劳动合同的经济补偿，其依据是用人单位制作的《辞职交接情况》。用人单位以为未缴社保的，双方协商私下补偿就可以了结纠纷，但缴纳社会保险是员工和用人单位的法定义务，用人单位还有代扣代缴的义务。用人单位提供的证据内容不合法，必然败诉。

3. 用人单位不仅要合法用工，还要考虑社会大的环境对劳动用工的影响

劳动争议案件与普通的民事案件不同，劳动争议案件具有一定的社会性和行政性，从法院对争议双方的倾向性、到用人单位承担的社会责任、到和谐劳动关系的建设等都会对个案产生影响，用人单位要努力构建和谐劳动关系。

五、规章制度与民主管理

020 劳动者"泡病假",未按规定办理请假手续即休假,用人单位解除劳动合同合法吗[①]

案例要旨

用人单位制定的《员工手册》经过职工代表大会讨论,并予以公示,对全体员工具有约束力。申请人因健康原因需要请休病假,无可厚非,但是应当履行有效的请假手续。经用人单位多次提醒催促,劳动者均未能按照《员工手册》规定提交完善的请假资料,用人单位按照《员工手册》的相关规定,解除与劳动者的劳动合同,没有违反法律、法规的规定。

案情介绍[②]

2008年5月20日,申请人李某某与被申请人甲公司签订劳动合同,任销售部高级销售经理,工作地点为某市区域,工资为税前3100元/月。双方劳动关系持续到2016年5月30日,申请人与被申请人签订无固定期限劳动合同,约定:乙方享受国家或甲方规定的各种假期待遇,详细参照国家、地区相关规定以及《员工手册》。乙方享受假期,应按照甲方制定的假期制度履行必要的请假手续。乙方的假期种类、假期时间、假期工资及请假手续等相关事项,甲方按照其相关规章制度执行。根据申请人已签收的《员工手册》第5.2条,员工有下列情形之一的,视为旷工:没有按照公司规定事先递交书面

[①] 黄华、李亚兰,北京大成(成都)律师事务所律师。
[②] 成劳人仲案(2019)01179号,本案例根据作者代理的案件改编。

申请或虽然递交但未经公司书面批准而缺勤或离岗的。第 6.1 条，病假：员工应在休假开始三天内，向人力资源部提交指定医院开具的病假单原件、出具的诊断证明、病历和治疗费收据等原件，并且通过员工自助系统申请（明确病假原因及休假时间，提交前述指定医院出具的病假证明材料等复印件）。如不能前往公司提交原件，须邮寄到公司。未办理请假手续或未获得批准的，一律视作旷工处理。第 6.12 条，假期审批权限：员工请假应事先申请，并提供有关证明文件，得到授权主管的书面批准或经员工自助系统确认，且提供的相应文件经人力资源部审核后，方为完成请假申请手续。对于不符合公司政策的请假，人力资源部有权取消或以其他类型的假别代替；如临时有事需请假而无法自行申请者，应请代理人及时代办请假手续。员工未请假或请假未经批准而缺勤者，或以不实理由或虚开证明请假，其缺勤日数一概以旷工记，并将根据公司规定予以相应的纪律处分，直至解除劳动关系。第 7.4 条，年休假的公司规定：员工休假前，原则上应提前以相应的请假天数向公司提出申请，并事先得到授权主管的书面批准或经员工自助系统确认后，方为完成请假申请手续，方可休假。第 13.3.4 条，解除劳动关系：连续十二个自然月内旷工累计两（含）次，或连续旷工三（含）个工作日以上者，视为严重违反用人单位的规章制度，公司有权立即解除劳动关系且不支付任何形式的补偿以及奖金。

  申请人于 2019 年 1 月 4 日因颈椎病申请病假，时间为一个月，其提供的请假材料附件仅为四川省人民医院门诊疾病诊断证明书和门诊病历，无其他材料。公司负责人在 1 月 4 日驳回申请，要求其"参照员工手册中的相应要求提供手续材料原件到人事"。2019 年 2 月 2 日，申请人再次提交 2019 年 1 月 4 日至 2019 年 2 月 3 日的病假申请，公司负责人于 2 月 14 日驳回申请，提示其"据员工手册病假申请第 6.1 条要求，你的病假申请资料及手续不齐，请在 2019 年 2 月 15 日前补充完成如下处理，否则无法予以病假审批，将按事假或旷工处理：补充挂号发票，医疗费收据，病情检查报告扫描件后，提起在线请假申请"。2019 年 2 月 18 日，被申请人通过邮寄快递的方式向申请人发出《补充请假手续及请假资料的通知函》，再次要求申请人在 2 月 20 日前补充请假手续；另 2019 年 2 月 11 日至 2 月 15 日未返岗上班也未提交任何请假手续。若需请假，请在收到本通知函 24 小时内办理请假手续。并提醒申请人"未办理请假手续或未经批准的,一律视作旷工处理"。申请人直到2019年3月6日才申请2019年2月11日至2月15日的年假,而此时已经超过公司通知期限和实际休假期限,属于事后请假,已过审批时限。

2019年3月18日,公司依据《员工手册》第13.3.4条解除其与申请人的劳动关系,并向申请人留存于公司的多个联系地址发送解除通知。申请人不服,提起劳动仲裁,要求被申请人支付欠发2019年2月、3月工资9742.4元,支付违法解除劳动合同赔偿金274848元。后追加被申请人的母公司,要求其承担补充清偿责任。

裁判观点

企业的规章制度是企业有序化运行的体制框架,是约束企业各种生产要素的行为以及企业本身行为的一种准则。被申请人的《员工手册》经过职工代表大会讨论,予以公示,对全体员工具有约束力。申请人因健康原因需要请休病假,无可厚非。但是应当履行有效的请假手续。被申请人单位的《员工手册》规定了申请病假的流程和应当提交的病假资料,申请人未能充分提交。经被申请人多次提醒催促,申请人均未能提交完善的请假资料。2019年2月11日至2月15日,申请人再次休假五天,却没有在休假之前先提出享受年休假的申请,再次违反公司规章制度。被申请人按照员工制度的相关规定,解除与申请人的劳动合同,没有违反法律、法规的规定,申请人要求被申请人支付违反解除劳动合同的赔偿金,依据不足,仲裁裁决驳回了申请人的仲裁请求。

案例评析

本案办案亮点有两个:一是关于案件本身的法律关系问题;二是大成律师为"泡病假员工"提供全程解决方案的专业能力。

1. 员工患病,在规定的医疗期内,用人单位不得依照《劳动合同法》第四十条、第四十一条的规定解除劳动合同。但是如果员工据此不服从公司请假管理或"泡病假",严重影响公司正常的劳动人事管理,公司如何合法地解除劳动合同?

大成律师认为,患病并不等同于"需要停止工作治病休息",也并不等于

"需要享受医疗期"，因此劳动者患病时即使符合享受医疗期待遇的条件，但是仍应按照法律法规及单位规章制度的规定向用人单位递交病假条，履行请假的程序义务，使得权利义务相统一，以便更好地维护劳动者自身权益。若用人单位规章制度规定员工请假未获批准或未按规定办理请假手续构成旷工，且用人单位有权解除劳动关系的，劳动者未按规章制度履行请假手续即休假，用人单位以严重违反公司规章制度为由解除与劳动者的劳动合同符合法律规定，无须向原告支付经济补偿金。

2. 对于存在不按规定请假、"泡病假"的员工，公司如何处理能够防范用工风险？一旦发现员工有故意、恶意请病假、"泡病假"的现象，律师可以提前全程介入，收集证据、固定证据、草拟法律文书能够起到极为关键的作用，为将来合法解除劳动合同后对簿公堂提供强有力的支持。

本案中，用人单位在2018年10月底发现员工以颈椎病为由开始请病假，起初按照医疗期的规定，同意了该员工的请假申请，然而，该员工一直从四川省骨科医院按周取得病情证明（建议全休一周），持续请假长达2个月。到2019年1月，该员工又换到四川省人民医院就诊，并取得全休一个月的病情证明，并且在请假时，只提供了门诊疾病诊断证明书和门诊病历，无挂号资料、治疗检验资料，公司人事书面告知员工补充请假资料时，员工以各种理由拒绝提供。由此引发了公司关注，认为该员工可能存在"泡病假"的情况。由于该员工有11年的工龄，老员工的请假情况在公司内部关注度较高，且员工的种种行为疑似有法律专业人士在背后提供咨询服务，既不踩红线做过分违规的行为，又故意不配合公司请假管理制度逼迫公司解除劳动关系。用人单位经过咨询律师后决定委托大成律师全程介入处理，避免单位用工违法。

大成律师接受委托后，为用人单位起草和修改了各类补充请假手续的通知文件，在员工反复提供同样请假材料但拒不补充完整请假材料的情况下，多次草拟通知补充材料，同时为了核实四川省人民医院病情证明的真实性，还前往医院进行调查。在员工主张生病不方便提交资料的情况下，要求员工通过快递方式将资料送到公司，并组织公司员工前往医院收集病历资料，查看病情严重程度。鉴于员工请假材料不齐未获批准，大成律师建议用人单位停发了2019年1月、2月病假期间的工资，以免员工主张单位通过发放病假工资的形式认可其请假手续合法。2019年2月春节后，员工再次提交了四川省人民医院出具的全休 1 个月的门诊疾病诊断证明书，依然没有完整提交病历材料，在多次书面催促后，依然不提供，声明：病假就这样了，随便了，要么公司直接说条件走人。2019 年 3 月公司做 2 月考勤统计时发现该员工在春节后的第一周并未请假，鉴于员工在医疗期的特殊情形，律师再次建议公司发出通知要求员工补充该周的请假材料。结果该员工又提出春节后一周申请休年假，申请年假需提前审批。经过综合分析，律师草拟了解除劳动关系通知，以 2019 年 1 月 4 日至 2 月 3 日的病假申请未获批准，构成旷工，2019 年 2 月 11 日至 2 月 15 日缺勤未按规定提前办理请假手续，构成旷工，上述两个行为严重违反用人单位规章制度为由，解除劳动合同。

事后，劳动者提起仲裁，直指公司违法解除劳动合同，要求支付赔偿金。在仲裁阶段，律师根据前期介入中取得的大量证据，有针对性地进行取舍和举证，只着重举证 2019 年 1 月至 3 月员工与公司之间的各项请假往来证据。通过大量证据显示申请人 2019 年 1 月 4 日至 2 月 3 日请病假，但请假资料不齐，经多次催促仍不提交补充资料，故请假未得到批准；2019 年 2 月 11 日至 2 月 15 日未到岗上班，未提交请假申请，公司 2 月 18 日提醒尽快提交请假（病假）材料，但申请人直到 3 月 6 日又申请年假，属于事后请假，已过审批时限。申请人的行为已构成《员工手册》严重违反公司规章制度的情形。劳动仲裁委最终采纳了律师的意见，驳回了申请人的全部请求。

本案由于员工法律意识较高，刻意利用劳动法的知识"泡病假"，且意在迫使公司做出违法解除劳动合同的行为。律师与公司人事在处理本案时均面临极大的压力，正是由于律师在前期未形成仲裁时就先行介入了员工请假流程，在流程中根据规章制度、医疗期规定和劳动法规定，采取合法方式催告员工完善请假手续，并在员工各种刁难、不配合时，及时为公司提出建议化解风险，在固定证据时考虑前后请假审批尺度不一致的问题，充分进行了补证，最终形成了一条完整的证据链条，并据此解除劳动合同，相关事实和理由得到了劳动仲裁委的认可，公司对该案的处理结果也极为满意，有力遏制了公司部分老员工不服从管理、刻意违规的不良风气。

大成律师在本案的处理过程中，展现了律师不仅可以在仲裁、诉讼中为公司提供专业代理，还可以全程参与公司疑难问题的处理，为公司提供专业法律咨询意见、排忧解难，在刚出现劳动争议苗头时就介入，为公司合法合规处理劳动争议，为将来仲裁、诉讼提供强力支持。

@ 合规指引

用人单位内部为了对员工实施规范化管理，往往根据实际情况制定内部规章制度。用人单位内部经过公示且已经向劳动者告知的规章制度，劳动者应当予以遵守。劳动者若严重违反公司规章制度，用人单位有权解除劳动合同，且无须支付经济补偿。实务中，劳动者未依照用人单位规章制度办理请假手续后擅自休假的情况屡见不鲜，一般企业都会设置比较严格的病假申请规范，如员工需要预先或在病假结束后几日内，提交就诊医院具有执业资格的医师出具的正式诊断证明及医院就诊资料。病假证明中应当包括就诊患者姓名、就诊科室、病情诊断和病假天数，且应当由出具病假证明的医师签字或签章并加盖医院公章。此外，规章制度中还可以规定请假的流程和不按规定请假的后果。对于员工未提交或提交的请假材料不符合上述基本规定的，公司可要求其限期提交、补正。经催告不予提交的，可视作旷工处理。当用人单位以旷工为由与员工解除劳动合同关系，应注意以下几个法律风险点：

1. 在规章制度中明确请假手续、审批程序、审批权限等；同时明确未按规定进行请假而擅自不到岗属于旷工，连续旷工属于严重违反公司规章制度，公司可依据《劳动合同法》第三十九条解除劳动合同。

2. 规章制度应经过民主程序制定并向劳动者公示。《最高人民法院关于审理劳动争议案件适用法律问题的解释（一）》第五十条规定："用人单位根据劳动合同法第四条规定，通过民主程序制定的规章制度，不违反国家法律、行政法规及政策规定，并已向劳动者公示的，可以作为确定双方权利义务的依据。用人单位制定的内部规章制度与集体合同或者劳动合同约定的内容不一致，劳动者请求优先适用合同约定的，人民法院应予支持。"

3. 固定证据证明劳动者的旷工行为，建议要求员工以书面形式请假。即使员工没有按照规定方式或程序请假，特别是口头请假、相关人员没有权限批准等情况，用人单位应当在发现员工擅自离岗后第一时间与员工联系，且应当通过电子邮件、电话录音、书面通知等方式将员工旷工行为固定下来。对于"泡病假"、假生病的情形，用人单位需要认真核实相关请假资料，必要时可以到医院核对情况，或者陪同劳动者到第三方医院进行复检。

4. 解除劳动合同的通知必须送达劳动者本人。用人单位应当以快递、电子邮件等方式将解除劳动的通知送达劳动者本人以证明用人单位已履行通知义务。

021 法律法规对特殊用人单位的劳动者任免辞职有特别规定的，劳动者辞职应如何处理[①]

案例要旨

相关法律法规对用人单位中高层管理人员的离职有特别规定，劳动者辞职应遵守该特别规定。行政法规授权中国证监会对证券交易所财务部门负责人的任免进行特殊规定。原告以辞职之方式解除其与被告的劳动合同，被告需要按照上述规定进行报批，证监会的审批同意系原、被告劳动合同解除的程序要件，证监会审批之前原、被告系继续履行处在顺延期间的劳动合同，证监会审批之后，原告的辞职申请始发生解除劳动合同的法律效力。

案情介绍[②]

张某于2007年5月入职某交易所，担任财务负责人。双方曾签订2007年6月11日至2007年12月31日，2008年1月1日至2009年3月31日的聘用合同和2009年4月1日至2011年3月31日的劳动合同。《劳动合同》中约定：张某的工作地点为A市。"正在接受纪律审查尚未作出结论的"劳动合同期限顺延至该情形消失。2010年4月起，上级纪检监察机关将张某的相关问题交由证监会审查，该委于2011年9月将该问题处理完毕。

张某于2011年4月18日提交辞职申请，交易所根据规定向证监会报批。

[①] 付勇，北京大成律师事务所律师。
[②] （2016）京0102民初7126号、（2016）京02民终10201号、（2017）京民申2224号，本案例根据作者代理的案件改编。

2011年8月26日，由于证监会仍然未作出批复（张某仍然在纪律审查中），交易所暂时安排张某在B市某教育中心工作。2011年9月19日，证监会人事教育部综合处电话通知张某的离职有关事宜已经批复同意，随后交易所开始办理原告相关的离职手续。张某工资发放、社保缴纳至2011年10月。

自2011年11月起，张某数次与交易所沟通工作和工资问题，张某不认可交易所答复的解除劳动合同的时间，后于2015年7月14日提出了仲裁申请，并于2016年3月7日提起诉讼，诉讼请求为：1.确认劳动关系于2015年3月20日解除；2.请求支付2011年11月、12月工资；3.2012年1月至2015年3月的基本生活费；4.2011年4月1日至2015年3月期间未签订劳动合同的二倍工资差额；5.解除劳动关系的赔偿金。

裁判观点

一审法院认定本案的争议焦点：一是交易所与张某解除劳动关系的原因；二是解除劳动关系的时间；三是张某至B市某教育中心工作的性质。

关于第一个争议焦点：原、被告间的劳动关系因原告辞职而解除。首先，原、被告间劳动合同于2011年4月1日发生顺延。原、被告签订的2009年4月1日至2011年3月31日的劳动合同第十三条约定："正在接受纪律审查尚未作出结论的"劳动合同期限顺延至该情形消失。该约定系劳动合同双方的真实意思表示，不违反法律、法规的相关规定，为有效条款，原、被告应当按照该条款的约定履行相应的权利义务。根据该合同之约定，若发生"正在接受纪律审查尚未作出结论"这一客观事实，即产生劳动合同期限顺延的法律后果，而该客观事实之发生并不以当事人主观上是否知晓为要件。根据证监会出具的说明，2010年4月起，上级纪检监察机关将原告的相关问题交由证监会监督管理委员会审查，该委于2011年9月将原告所涉及的相关问题处理完毕，即在原、被告劳动合同期限届满前，发生了引起劳动合同期限顺延的客观事实，且该情形至劳动合同期满尚未消失，故原、被告间于2011年3月31日届满的劳动合同于2011年4月1日开始顺延。原告于2011年4月18日提出辞职申请，被告单位领导签批同意原告辞职申请等在后发生的行为并不能改变劳动合同已经发生顺延的法律性质和法律后果，原告在劳动合同已经顺延的情况下提出辞职系解除已经在顺延期间的劳动合同。其次，原、被告间劳动合同的解除需符合法律、法规的相关要求，原告的辞职申请需经证监会批准后发生解除劳动合同的法律效力。《劳动合同法》第三十七条规定：劳动者提前三十日以书面形式通知用人单位，可以解除劳动合同。《合同法》第九十六条规定：法律、行政法规规定解除合同应当办理批准、登记等手续的，依照其规定。劳动合同作为合同的一种，解除应符合上述法律的相关规定。《期货交易管理条例》第十三条规定："期货交易所办理下列事项，应当经国务院期货监督管理机构批准：（一）制定或者修改章程、交易规则；（二）上市、中止、取消或者恢复交易品种；（三）国务院期货监督管理机构规定的其他事项。国务院期货监督管理机构批准期货交易所上市新的交易品种，应当征求国务院有关部门的意见。"《期货交易所管理办法》规定，中国证监会依法对期货交易所实行集中统一的监督管理。期货交易所任免中层管理人员，应当在决定之日起 10 日内向中国证监会报告。《关于实行证券期货交易所、中国证券登记结算公司中层干部任职备案制度的通知》（证监党办字〔2008〕11号）规定：各证券期货交易所中层干部的任免，报证监会党委组织部备案，其中财务、人事部门主要负责人任免，报证监会党委组织部批准。《期货交易所管理办法》《关于实行证券期货交易所、中国证券登记结算公司中层干部任职备案制度的通知》之规定属于《期货交易管理条例》第十三条规定的范围，即行政法规授权中国证监会对证券交易所财务部门负责人的任免进行特殊规定。原告以辞职之方式解除其与被告的劳动合同，被告需要按照上述规定进行报批，证监会的审批同意系原、被告劳动合同解除的程序要件，证监会审批之前原、被告系继续履行处在顺延期间的劳动合同，证监会审批之后，原告的辞职申请始发生解除劳动合同的法律效力。其后，被告为原告办理离职相关手续，双方的劳动合同关系因原告的辞职而解除。最后，原、被告自 2011 年 11 月起的数次沟通均发生在劳动关系解除之后，原告主张原、被告劳动关系因被告通过复函的方式表达了劳动关系解除的意思，属于被告违法解除劳动合同，无事实及法律依据，本院不予采纳。

对于第二个争议焦点：原、被告间的劳动合同于 2011 年 10 月 31 日解除。原告于 2011 年 4 月 18 日提出辞职，被告根据法律、行政法规之规定向证监会报批，于 2011 年 9 月 19 日获批，其后，被告公司为原告办理离职手续，工资发放至 2011 年 10 月 31 日，社保缴纳至该日，被告开具的《A 市单位退工证明》上亦载明原告的劳动合同于 2011 年 10 月 31 日解除。上述期间不违反有关法律规定，未超过合理期限，亦未损害原告的合法权益。在此期间，原告并未撤回其辞职的意思表示，被告亦同意原告的辞职申请，原、被告对劳动关系的解除达成合意且有相应预期。原告虽举证称 2011 年 11 月、12 月仍然与被告存在劳动关系，但本院经审理后对原告的主张不予采纳，本院综合原、被告提交之证据认定原、被告间劳动合同于 2011 年 10 月 31 日解除。

关于第三个争议焦点：原告经被告安排至被告下属的 B 市某教育中心工作系履行尚在顺延期间的劳动合同，并非建立新的劳动关系。首先，原、被告间的劳动合同于 2011 年 4 月 1 日开始顺延，原、被告间的劳动关系尚在存续期间，不符合重新建立劳动关系的条件。原告主张被告驳回了原告的辞职申请，无事实及法律依据，本院不予采信。其次，原、被告未达成新建劳动关系的合意。被告于 2011 年 8 月 26 日制作的《关于张某同志工作安排及待遇等有关事项的请示》中明确载明建议在证监会批复前对原告的工作和待遇进行安排，被告在此后的历次"复函"中也明确表示在证监会尚未批复之前，交易所考虑到原告家属在 B 市等实际情况，暂时安排原告在 B 市某教育中心工作。综上，被告在证监会批复期间安排原告至 B 市某教育中心工作，原告亦前往工作，为双方对劳动合同内容的变更，并非重新建立劳动关系。

综上，法院认为双方劳动关系因张某辞职于 2011 年 10 月 31 日解除，交易所不存在违法解除劳动合同的情形，对张某的诉讼请求不予支持。

案例评析

员工提前 30 天辞职，劳动关系不必然于其提出辞职 30 天后解除。本案中，张某的职位是交易所的财务负责人，属于中高层管理人员。《期货交易管理条例》《期货交易所管理办法》及相关法律法规对包括财务负责人在内的期货交易所中高层管理人员的任免有特别规定，因此员工辞职应符合上述规定的条件及程序。首先，张某的辞职申请需经证监会批准后发生解除劳动合同的法律效力。其次，双方劳动关系因证监会纪律审查于 2011 年 4 月 1 日发生顺延，并于证监会作出结论、相应情形消失时终止。

合规指引

本案涉及员工提出解除劳动合同的程序性和实体性争议问题。值得注意的是，办案中由于交易所未在法定期限内提起诉讼，根据法律规定，视为同意仲裁裁决，应按照仲裁裁决的内容向原告履行支付义务。因此，公司在经营过程中遇到解除劳动合同这类纠纷时，为避免仲裁裁决的不利后果对己方发生效力，应当尽早向专业律师寻求帮助，并先行起诉。

022 员工违反公司反腐败政策向供应商借款，用人单位是否有权解除劳动合同[①]

案例要旨

员工任职期间签收《员工手册》，可以认定员工知悉《员工手册》的相关规定，《员工手册》可以作为本案定案的依据。《员工手册》规定，公司对任何形式的腐败行为均采取零容忍态度，代表公司行事的任何个人在开展业务时均不得收受或提供贿赂、回扣、贷款或从事其他腐败行为。因此，公司以上述理由解除双方的劳动关系并无不妥。

案情介绍[②]

员工违规于在职期间向供应商借款，严重违反《劳动合同》、规章制度、劳动纪律与职业操守，甲公司依法与其解除劳动关系。员工提起劳动仲裁，要求仲裁委确认公司解除劳动合同违法，支付违法解除劳动合同的赔偿金以及律师费。

[①] 林琳，北京大成（深圳）律师事务所律师。
[②] （2018）粤 0305 民初 142 号，本案例根据作者代理的案件改编。

裁判观点

仲裁委认为，根据员工与公司签订的无固定期限劳动合同第五条第二项约定，员工确认在签订合同时已收到《员工手册》并已阅读和充分理解其中的规章制度，承诺严格遵守并愿意承担因其违规行为而遭受的处分。

员工任职期间分别签收《员工手册》的第2版和第3版，因此可以认定申请人知悉《员工手册》的相关规定，《员工手册》可以作为本案定案的依据。《员工手册》"了解您在公司应承担的责任"部分中第1.3.3条规定，公司对任何形式的腐败行为均采取零容忍态度，代表公司行事的任何个人在开展业务时均不得收受或提供贿赂、回扣、贷款或从事其他腐败行为。

因此，公司以上述理由解除双方的劳动关系并无不妥，员工在本案中诉求，本委不予支持。

员工对劳动仲裁裁决不服，向深圳市南山区人民法院提起一审诉讼。最终，员工于开庭前一天向法院申请撤诉，法院准许，本案以员工撤诉结案。

案例评析

大成律师认为，本案主要争议的焦点为公司解除劳动合同是否合法？本案在大成律师与公司共同协作、努力下，最终争取到劳动仲裁认定公司解除合法、一审阶段以员工撤诉为终局的良好结果。大成律师总结办案亮点如下：

1. 对关键证据面谈录音进行翻译、梳理，提出录音证据司法鉴定的申请。

员工与公司的面谈录音证据是本案的关键证据，员工在录音中承认向供应商借款的事实，但员工的代理律师在仲裁庭审中却不承认录音的真实性，大成律师在一审中提出录音证据司法鉴定的申请。由于完全英文录音，大成律师寻求有翻译资质的公司进行翻译，使其符合法律要求的证据形式，且由于录音时间长，大成律师单独为其制作专门的举证说明，将重点语句摘取、分析、说明。

2. 强调员工作为采购员，其职业道德尤其重要。

由于采购员工作有很强的专业性，不是一项简单的事务性岗位，在公司生产经营上作用巨大，故采购员的职业道德尤其重要，如对政府采购人员的采购行为及职业道德有专门的法律法规进行约束。

强调公司高度重视并防止员工腐败问题的发生，坚决零容忍。公司努力为消费者提供物美价廉的产品，在采购环节中对供应商的评估严格，故一直要求公司采购员必须恪守职业道德，不得存在任何腐败、接受供应商提供利益的行为，避免影响到评估供应商的真实客观性，从而影响公司的产品质量及商誉。良好的商誉是公司的生命线。

3. 积极维护公司合法的诉讼权益。

由于员工的代理律师在仲裁庭审中不认可员工存在借款行为，大成律师在一审阶段，结合证据，积极提出录音证据司法鉴定的申请、责令员工本人出庭申请、人民法院调查取证申请、证人出庭作证申请、关于组成合议庭审理的建议等。

4. 与公司密切配合工作。

大成律师就此案积极与公司负责此案的人员沟通，在员工提起仲裁后、公司提交证据前后、开庭前后均多次召开会议沟通、总结、复盘。

@ 合规指引

廉洁，是每个劳动者在职业活动中最基本的行为要求、劳动纪律和职业操守，是劳动合同的附随义务，又是劳动者对社会所承担的道德、责任和义务。如员工在工作中发生腐败问题，大成律师对用人单位有如下法律风险管理建议：

1. 在员工发生违纪违规行为之后，尽快组织调查小组对事件进行调查与协调。外聘顾问积极参与相关事务处理。

2. 处理员工违纪事件时注意保留证据，例如面谈录音、发给员工通知的快递回执、员工的意见反馈等。

3. 在诉讼中，证明员工违规违纪的事实证据需要形成证据链，并积极向仲裁员、法官说明行为严重性。

4. 如涉及电子证据，为了保证证据的效力，建议聘请中立、专业的第三方取证机构，例如公证处、版权协会的电子数据固化机构等进行相关事务处理。

023 劳动者多次违纪，但单一违纪情形均不足以达到应当解除劳动合同的程度，用人单位可否根据规章制度累积处分并最终解除劳动合同[1]

案例要旨

劳动者对公司用人制度有意见应当通过正当渠道申诉主张，其擅自闯入会议室的行为应当视为破坏公司管理秩序，对其给予书面警告处分并无不当；劳动者不服从调岗决定，可通过正当途径申诉，拒不执行公司的调岗决定不符合公司规章制度，在向其书面敦促后其仍拒绝报到的情况下由公司作出书面警告处分亦无不当；公司配发电脑后在员工工作电脑中存储的工作信息应当服从公司的管理规定，劳动者擅自删除工作信息导致公司生产受到影响，公司作出书面警告处分仍无不当。劳动者在 12 个月内受到两次以上书面警告处分，公司依照《员工手册》解除劳动合同符合法律规定。

案情介绍[2]

1994 年 8 月，史某进入甲公司处工作，双方于 2009 年 1 月 1 日签订一份无固定期限劳动合同，史某担任车间计划员。2013 年 10 月 28 日，因史某绩效改进不合格，甲公司作出调岗决定，并书面通知史某要求其于 2013 年 10 月 31 日早晨 8 点正式到岗报到。史某未到岗，且因不满调岗一事对公司管理人员多次进行恐吓威胁、用下流粗俗的言语侮辱诋毁公司管理者及公司声誉，并在 2013 年 10 月 31 日擅自闯入公司会议室对开会人员用粗俗语言大声辱骂

---

[1] 陈建华，北京大成（常州）律师事务所律师。

[2] （2014）新民初字第 568 号，中国裁判文书网，https：//wenshu.court.gov.cn/website/wenshu/181107ANFZ0BXSK4/index.html？docId=c62002f912ee4a81bb408afed3244f98，最后访问日期：2022 年 9 月 8 日。

（2014）常民终字第 1382 号，中国裁判文书网，https：//wenshu.court.gov.cr/website/wenshu/181107ANFZ0BXSK4/index.html？docId=373d29dd51964b44af4caaef00ff3c51，最后访问日期：2022 年 9 月 8 日。

和喧哗，甲公司以恐吓威胁、辱骂同事等事由，对其作出严重书面警告一次。甲公司针对史某未到新岗位报到情况，再次通知史某到岗。根据公司规定，员工调整岗位应交接工作，交还公司发放的工作电脑，但史某在交还电脑时故意将电脑中存储的生产信息清空，2013年11月4日，甲公司以史某恶意删除电脑中的公司资料、严重损坏公司的财物为由，对其作出书面警告一次。2013年11月4日，甲公司以史某无正当理由拒绝至新岗位报到且经书面提醒后仍拒绝到岗为由，给予书面警告一次。同日，甲公司依据《员工手册》的规定，以史某在12个月内，两次书面警告为由，作出对史某解除劳动合同的决定，并将决定书面函告工会。工会给予回复确认。史某拒收该处理决定，并于2013年11月4日、2013年11月6日以快递方式表示对甲公司的上述处理决定不予认可。

史某向仲裁委申请仲裁，提出要求甲公司向其支付经济补偿金和本年度年终奖的仲裁请求。经审理，仲裁委对史某的上述仲裁请求不予支持。

史某不服上述仲裁裁决，向法院提起诉讼。一审法院判决驳回史某要求甲公司支付经济补偿金和年终奖的诉讼请求。

史某不服一审判决，提起上诉。后史某向法院撤回上诉。

裁判观点

法院认为：用人单位应当依法建立和完善规章制度，保障劳动者享有劳动权利和履行劳动义务。对于用人单位依法制订实施的规章制度，劳动者应当遵守履行，服从用工管理。劳动者严重违反用人单位劳动纪律或用人单位规章制度的，单位有权解除劳动合同。本案中，甲公司通过民主程序依法制定《员工手册》，其内容合法，应当由史某在内的所有甲公司员工共同遵守执行。第一，史某对公司用人制度有意见应当通过正当渠道申诉主张，其擅自闯入会议室的行为应当视为破坏公司管理秩序，该书面警告处分并无不当；第二，史某不服调岗决定，亦可通过正当途径申诉，拒不执行公司的调岗决定不符合公司规章制度，在其书面敦促后仍拒绝报到的情况下由公司作出书面警告处分亦无不当；第三，公司配发电脑后在员工工作电脑中存储的工作信息应当服从公司的管理规定，现史某擅自删除工作信息导致公司生产受到影响，公司作出书面警告处分仍无不当。

综上，史某在12个月内受到两次以上书面警告处分，公司依照《员工手册》之规定解除劳动合同符合法律规定。同时，甲公司解除合同的程序亦符合法律规定。对于史某主张的年终奖，不符合公司的规章制度，不能得到法律保护。由此，史某要求甲公司支付经济补偿金及年终奖的诉讼请求本院不予支持。

案例评析

大成律师认为，本案系解除劳动合同经济补偿金纠纷，主要争议的焦点为劳动者存在多次违纪行为，但单一违纪情形均不足以达到应当解除劳动合同的程度，用人单位对其多次违纪行为根据累积方式进行处分，并解除劳动合同，是否符合法律规定。

《劳动法》第三条第二款规定，劳动者应当完成劳动任务，提高职业技能，执行劳动安全卫生规程，遵守劳动纪律和职业道德。根据《劳动法》第二十五条、第二十八条以及《劳动合同法》第三十九条、第四十六条，劳动者严重违反劳动纪律或者用人单位规章制度的，用人单位可以解除劳动合同，无须向劳动者支付经济补偿金。

在本案中，用人单位的《员工手册》依法通过民主程序制定，内容合法。规章制度中能否规定对于劳动者的多起违纪行为进行累积处分，即将两项或两项以上违纪程度较低的行为累积处以更严厉的处分？《劳动合同法》第四条仅规定了规章制度生效的基础条件，但鉴于用工实际的多样性，在立法层面客观上无法对累积处分问题进行规定。大成律师认为，规章制度属于企业经营管理自主权范畴，企业有权根据自身实际设计制定制度的具体内容，只要制度本身满足法律规定的程序性要求，且内容不违反法律强制性规定，应当认定为合法有效，在有效告知劳动者的前提下可以作为案件审理的根据。史某在工作过程中不服从调岗，并以违纪形式予以对抗，虽然其拒不到岗、大声喧哗和清空工作电脑等行为均未严重到应当立即解除劳动合同的程度，但确实已经严重影响企业正常生产管理秩序，具有处分的必要性。在用人单位规章制度中明确，12个月内累计两次书面警告的，可以解除劳动合同，故本案的争议点在于用人单位对史某作出的三次书面警告是否具有事实根据，用人单位对史某进行累积式处分是否具有合理性。

根据用人单位的举证，包括相关的录音证据、谈话记录、绩效考核等书证，用人单位对史某进行调岗，是基于史某绩效改进不合格的情况，史某对于进行绩效改进的事实没有异议。根据法律规定，对于不胜任工作的劳动者，用人单位可以对其进行培训或调整其岗位。故本案中，用人单位对史某进行调岗具有合法性，且新岗位并未超出史某的技能范围，也未明显降低其工资收入，史某应当服从管理。即使史某不同意调岗决定，也应当通过正常的申诉途径表达自己的意见。但史某采取的做法却是拒不到岗、辱骂同事、在公司内大声喧哗和故意删除工作电脑存储信息，严重破坏公司管理秩序，并且分别触犯公司规章制度的相关规定，用人单位据此对其分别作出三份书面警告处分，均有事实根据。鉴于用人单位规章制度的特别规定，史某在12个月内受到三份书面警告，符合解除劳动合同的条件，用人单位解除与其的劳动合同，不违反法律规定，处分适当。

合规指引

企业用工实践中，少数劳动者存在"大错不犯、小错不断"的"踩红线"行为。虽然存在违纪行为，但单次违纪的性质和后果并不严重，对于这类"刺头"劳动者，用人单位即使想解除劳动关系，却面临制度中欠缺依据的现实问题，可能导致违法解除。本案给用人单位提供了一个可以借鉴的做法，也就是累积处分方式，当劳动者违纪次数达到一定条件，用人单位可以解除其劳动合同。

在上述案件中，甲公司全程根据律师的建议处理该事项，进而使公司在处理过程中，取证充分，程序合法，保障了企业管理的有序进行，并在后续的仲裁、诉讼过程中始终处于有利位置。

建议用人单位应重视公司规章制度的作用，合理设定违纪处分类型和违纪情形，并通过民主程序让其合法生效。在和员工发生具体争议时，应及时向专业律师咨询，保持沟通，根据专业意见处理，确保处理过程合理，程序合法，进而最大限度地维护公司的权益。

024 劳动者提供虚假报销材料但并未从中获利，用人单位可依据规章制度解除劳动关系[①]

案例要旨

杨某身为区域经理，参加了有娱乐性质的餐饮活动，批准了与该活动相关的费用报销，虽个人并未从中获利，但其行为符合严重违反公司规章制度可依法解除劳动合同的情形。杨某庭审中陈述知晓公司《员工手册》，且对制定程序没有异议，故公司解除与杨某的劳动合同符合法律、规章制度的规定及劳动合同的约定，不应支付其违法解除劳动合同赔偿金。

案情介绍[②]

2009年12月1日，杨某与甲公司签订劳动合同，约定合同期限至2015年11月30日，杨某从事医药代表工作。该公司《专业互动政策指南》中规定，不得向参会者提供餐饮、音乐会等任何形式的娱乐活动。《员工手册》中规定，故意用假发票或假的支持性文件申请报销，公司有权解除劳动合同。2014年11月21日，公司举办会议期间，杨某参加了带有娱乐表演的用餐活动，在明知用餐人数与报销人数不符的情况下批准了与该用餐活动相关的费用报销，公司经调查核实有关情况后，对杨某作出解除劳动合同的决定。杨某诉至法院，要求公司支付违法解除劳动合同赔偿金。

裁判观点

杨某身为区域经理，参加了有娱乐性质的餐饮活动，并批准了与该活动相关的费用报销，虽个人并未从中获利，但其行为符合严重违反公司规章制度依法解除劳动合同的情形。杨某庭审中陈述知晓公司《员工手册》，且对制

---

① 刘晓娜、董晓琳，北京大成（沈阳）律师事务所律师。
② （2015）沈和民四初字第1078号、（2016）辽01民终4313号，本案例根据作者代理的案件改编。

定程序没有异议，故公司解除与杨某的劳动合同符合法律、规章制度的规定及劳动合同的约定，不应支付其违法解除劳动合同赔偿金。一审法院驳回杨某诉讼请求。宣判后，杨某不服，提出上诉。二审判决驳回上诉，维持原判。

案例评析

本案的主要争议焦点为：伪造报销票据，单位解除劳动关系是否构成违法解除？

本案的关键点是：杨某身为区域经理，参加了有娱乐性质的餐饮活动，且在明知用餐人数与报销人数不符的情况下，批准了与该用餐活动相关的费用报销，虽杨某个人并未从中获利，但其行为违反了公司的《行为准则》和《违规行为报告准则》。公司作为跨国药企，非常重视企业经营过程的合规管理，严格遵守反商业贿赂规定，坚决杜绝员工在销售过程中有商业贿赂之类的行为发生，所以在《行为准则》和《违规行为报告准则》中明确规定，举行学术研讨会等餐标每人不得超过 300 元。杨某作为区域经理，没有严格执行公司的餐标标准，对公司的合规经营带来巨大的隐患；同时，公司明确规定不允许参加有娱乐性质的聚餐和商务招待，也是企业合规经营要求，是公司预防商业贿赂的一种措施。作为公司区域销售经理的杨某的行为不仅违背诚信履职的职业道德，也影响了公司的合规经营。

现实生活中，劳动者进行虚假报销的情形多种多样，有员工虚拟报销事实进行报销、多张发票连号等；有报销基础事实真实，但发票开出单位不存在、发票金额与实际发生数额不一致、发票对应的明细单虚假等；有发票真实，但违反报销制度，如购买违规物品、报销事由与发票不一致等。而其中报销基础事实是否真实，是一个重要的考量因素。在用人单位能够充分举证证明报销基础事实虚假的情况下，即便劳动者提出诸如报销已被批准、报销款已经支付、持发票冲抵等主张，但该等主张不足以消除虚假报销的严重违纪性质，司法机关一般都会支持解除劳动合同。

本案为 2017 年沈阳市中级人民法院发布劳动争议典型案例之四，法院认为本案对员工如何诚信履职具有指导意义。

合规指引

用人单位应对员工进行合规教育，告知员工合规经营对公司的重要意义，一旦提供虚假发票做账，可能导致公司被税务机关处罚，时刻告诫员工应遵守公司的规章制度，不能为了个人的销售业绩而违反公司的各项规章制度。公司应当加强对员工报销的审批管理，在批准报销相关费用前，对发票及报销事实文件、报销细目严加审核，企业可通过审核发票号码、登录国家税务总局全国增值税发票查验平台网站等方式对劳动者提交发票的真伪进行初步核验。此外，由于虚假报销类案件具有高隐蔽性的特征，为减少违法解除劳动关系的法律风险，建议公司在解雇前通过多渠道调查的方式获取员工虚假报销的证据，并就虚假报销形成完整的证据链。

025 实行不定时工作制不考勤的员工，用人单位依据进出办公区域的刷卡记录认定员工旷工并解除劳动关系，是否合法[①]

案例要旨

不定时工作制是指因工作性质、特点或工作职责的限制，无法按标准工作时间衡量或是需要机动作业的职工所采用的，劳动者每个工作日没有固定的上下班时间限制的工作时间制度。用人单位与员工之间实行不定时工作制，工作时间虽不固定，但通常情况下应为每天八小时的工作，员工不进入办公区域刷卡且未履行请假手续，属于旷工行为。员工旷工行为应为严重违反用人单位规章制度的行为，用人单位据此解除双方劳动合同的行为并无不当。

---

① 刘晓娜、朱雅姝，北京大成（沈阳）律师事务所律师。

案情介绍[1]

甲公司与邹某于2013年4月8日签订一份《劳动合同》，约定合同期限为3年，试用期为6个月（自2013年4月8日至2016年4月7日）。邹某从2013年8月12日开始旷工，甲公司依据《员工手册》和《劳动合同》的相关规定，于2013年8月22日作出《解除劳动合同通知》，且该通知书已送达给邹某，邹某已签字确认并了解了解除通知书所阐述的内容。之后，邹某申请劳动仲裁，要求撤销甲公司作出的《解除劳动合同通知》，恢复劳动关系。

大成律师代理本案后，在仲裁第一次开庭前向公司收集了邹某的门禁打卡记录、出入公司大门的照片、《员工手册》及签收页、工资条、劳动合同、解除劳动合同通知书。

仲裁开庭时邹某对公司认定旷工的反驳意见是：第一，公司没有任何考勤制度，《员工手册》只规定了旷工的处理规定，没有规定用门禁系统进行考勤，故门禁系统不能作为考勤依据；第二，是否旷工，公司应当举证证明；第三，邹某向法庭提供了工厂俯瞰图，证明可以进入公司的是三个门，只有一个门需要刷门禁系统，其他的门不需要，他是跟同事的车进入厂区的，无须刷卡；第四，他从不在公司的食堂吃饭，都是在某食堂交钱购买；第五，对于解除通知签字行为不是对内容的认可，是因为不签字，公司不会将解除通知书交付给他，所以才签字的；第六，邹某陈述《员工手册》中规定，如果解除劳动合同，公司人力资源部应当向其出示证据，现人力资源部没有向其出示证据，那么旷工的证据应当向仲裁庭举证。

甲公司进行了二次举证。证据为：8月12日至8月22日的往来邮箱，证明不仅没有门禁出入记录，也没有工作记录。

另外，需要说明的是：邹某庭审时在回答仲裁员提问时，自认其每天乘坐公司的通勤车上班，早八晚五按时上班。劳动合同中，规定了邹某需要请假。

仲裁委认定旷工成立，甲公司解除劳动合同行为合法，驳回邹某的仲裁

---

[1] （2015）沈中民五终字第786号，中国裁判文书网，https://wenshu.court.gov.cn/website/wenshu/181107ANFZ0BXSK4/index.html?docId=93458adaf413447ba05c47a30d09b08f，最后访问日期：2022年9月8日。

请求。

邹某不服仲裁裁决，向法院提起诉讼，诉讼时邹某发现其与公司《劳动合同》约定执行不定时工作制，故邹某的诉讼理由变更为因为自己是不定时工作制，故不需要考勤，也无须坐班，自己可以随意选择工作时间和工作地点。

一审诉讼期间，本律师将邹某仲裁时的开庭笔录作为证据，提交法庭，证明邹某需要坐班，而不是可以随意安排自己的工作时间及工作地点。一审驳回邹某的诉讼请求，认定解除劳动合同行为合法。

二审诉讼期间，二审主审法官亲自到甲公司去实地考察，邹某是否有固定的办公桌。二审驳回上诉，维持原判。

裁判观点

仲裁及法院一审、二审均认定门禁刷卡记录可以作为认定旷工的证据。一审对于邹某提出不定时工作制不需要考勤的主张，认定不符合日常生活规律，不予采信，并认定其于8月12日至8月19日未上班的行为为旷工。

二审法院认为，本案中，被上诉人在一、二审庭审中明确陈述其作出解除与上诉人劳动关系的决定是基于上诉人违反了被上诉人单位《员工守则》第8章及双方签订的《劳动合同》第7.3条及第9条的规定，上诉人签字确认清楚《员工手册》的内容。另上诉人于2013年8月12日至8月19日并无进出办公区域的刷卡记录，更未提交在此期间到岗工作的证据，被上诉人向法院提交的证据也证明上诉人在上述期间确实存在旷工的事实，故一审法院认定上诉人在上述期间存在旷工的事实并无不当。关于上诉人提出其虽未到岗工作，但单位对其实行的是不定时工作制，其在上述期间在家为客户服务，应属于工作的一部分的主张。本院认为，不定时工作制是指因工作性质、特点或工作职责的限制，无法按标准工作时间衡量或是需要机动作业的职工所采用的，劳动者每一工作日没有固定的上下班时间限制的工作时间制度。上诉人与被上诉人之间纵然实行不定时工作制，虽工作时间不固定，但通常情况下应为每天八小时的工作，上诉人在2013年8月12日至8月19日并无进入办公区域刷卡且未履行请假手续。故上诉人的旷工行为应为严重违反被上诉人规章制度的行为，被上诉人据此解除双方劳动合同的行为并无不当，本院对上诉人的上诉主张不予支持。

💡 案例评析

本案的主要争议焦点主要为：没有考勤制度，门禁刷卡记录能否作为确认旷工的证据？不定时工作制是否需要考勤，可否随意安排自己的工作时间及工作地点？

大成律师认为：关于焦点一，公司虽然没有考勤制度，没有将门禁刷卡记录作为考勤的依据，但公司门禁刷卡记录可以作为是否出勤的证据。因为公司管理非常严格，法官也到现场去查验，公司一共有两个大门可以进入厂区，一个是行人进入的通行口，一个是车辆通行的进入口，车辆通常是供应商和经理级别的员工的车辆。员工没有证据证明在没有任何门禁刷卡记录的情况下，他是如何进入办公区的。在仲裁庭审时，员工陈述其每天按时出勤，有时坐公司通勤车，有时坐同事的私家车，自己都是跟随其他同事进入办公区的，所以一周没有刷卡。员工这一主张不能成立。因为进入公司大门需要刷卡，且有保安公司的保安监督，不可能代为刷卡，也不可能跟随他人进入，公司大门的门禁是无法尾随的。另外，员工到公司食堂吃饭、乘坐电梯，去其他办公区，均需要刷门禁卡，所以，只要其出勤了，就会有很多刷卡的痕迹。但是，员工没有任何刷卡痕迹。

关于焦点二，不定时工作制原则上不需要考勤。因为适用不定时工作制是指因生产特点、工作特殊需要或职责范围，无法按标准工作时间衡量、需机动作业而采取不确定工作时间的一种工时制度。《关于企业实行不定时工作制和综合计算工时工作制的审批办法》认为符合下列条件之一的职工，可以实行不定时工作制：企业中的高级管理人员、外勤人员、推销人员、部分值班人员和其他因工作无法按标准工作时间衡量的职工；企业中长途运输人员、出租汽车司机和铁路、港口、仓库的部分装卸人员以及因工作性质特殊，需机动作业的职工；其他因生产特点、工作特殊需要或者职责范围的关系，适合实行不定时工作制的职工。所以，不定时工作制原则上不需要考勤。那员工是否可以随意安排自己的工作时间及工作地点？虽然不需要考勤，但员工也不能随意安排自己的工作时间及工作地点，因为还是需要根据员工的具体岗位特点，由公司来确定基本工作时间和工作地点。比如，高级管理人员，虽然无须考勤，但作为高级管理人员的主要工作时间也应该和公司正常工作时间相对应，不会也不可能公司早九晚五，高级管理人员晚上、凌晨等时间自己工作或者找员工开会。针对本案，员工也没有举出证据证明在未出勤的一周时间里，其有主动工作。

合规指引

企业应具备规范的考勤制度、科学合理的考勤方式。用人单位应当将考勤制度及考勤方式作为劳动合同的附件，经劳动者签收确认或者将含有考勤制度的员工手册交由劳动者签收确认。

除考勤记录外，企业还应当在该员工旷工期间，由其直接主管通过手机短信、邮箱的形式向其发送没有上班的事实邮件，让其对没有上班的理由进行说明，以便固定旷工的证据。

企业存在多种工时制时，应当在《员工手册》中明确阐明不同工时制的作息制度及请假制度等。在案件办理过程中，将公司存在的制度问题及时反馈给公司，在此案件之后，公司立即修改了《员工手册》中关于不定时工作制的工作时间及请假制度。

026 劳动者因猥亵行为被行政拘留，用人单位可否解除劳动合同[①]

案例要旨

员工私自带他人从员工通道进入公司园区已经属于违反规章制度的行为，而其猥亵女网友事件更是引发社会的极大关注，给公司的企业形象带来巨大的负面影响，员工的上述两项行为均已严重违反公司的规章制度，公司解除双方劳动合同的行为符合法律规定，并无不当。

---

① 曾凡新，北京大成（深圳）律师事务所律师。

▷ 案情介绍[1]

甲公司安全保卫部员工私自带女子进入公司园区，后在园区内猥亵该女子，并被见义勇为的大学生打伤。员工的行为严重损害公司声誉及形象，严重违反劳动纪律和公司规章制度，并引发媒体广泛报道，该员工被行政拘留。甲公司依法解除员工劳动合同，后该员工提起劳动仲裁，并因不服仲裁裁决向人民法院提起诉讼，仲裁、一审皆认定甲公司解除劳动合同合法。

裁判观点

法院认为，甲公司提交的《员工奖惩条例》经该公司工会委员会确认系经过民主程序制定并已向员工公示、告知，故该项规章制度可作为甲公司的用工管理依据，对员工具有约束力。

根据证人证言，甲公司已将《关于对员工作出解除劳动合同处分的决定》告知员工。

根据甲公司提交的媒体报道类的证据，甲公司已向媒体通报了员工猥亵女网友事件的处理结果。员工作为该事件的当事人，从各种渠道均能知悉其已被甲公司根据规章制度解除劳动合同的事实，故本院确认甲公司已将解除双方劳动合同的决定通知员工本人。

员工私自带他人从员工通道进入公司园区已经属于违反规章制度的行为，而其猥亵女网友事件更是引发社会的极大关注，给甲公司的企业形象带来巨大的负面影响，员工的上述两项行为均已严重违反公司的规章制度，甲公司解除双方劳动合同的行为符合法律规定，并无不当。

甲公司与员工均未向深圳市中级人民法院提起上诉，最终本案以一审判决生效结案。

---

[1] （2015）深南法粤民初字第1711号，本案例根据作者代理的案件改编。

案例评析

本案主要争议焦点为公司解除劳动合同是否合法。

大成律师总结办案亮点如下：

1. 将媒体的报道作为证据。员工猥亵女子事件发生后，大量媒体均对员工猥亵女子事件进行报道与转发。在网络中，具体点击有关该事件的报道及转载页面，都可见到巨大的浏览量及评论量。大成律师向法官提出，由于网络资源信息保存期较长的特性，该事件对甲公司所产生的负面影响将会一直持续。在庭审中，员工对媒体广泛报道这一事实在庭审质证时亦表示认可。

2. 强调保安岗位职业操守和重要性。员工岗位为保安员，在园区内猥亵女子的行为已严重违反保安岗位的职业操守和要求，大成律师提示法官，可参考《保安服务管理条例》（2010年1月1日施行）、《深圳市保安服务管理办法》（2008年5月1日施行）关于保安职责及职业要求的规定。

3. 强调员工猥亵女子事件对公司的严重负面影响。大成律师提出，员工猥亵女子事件引起了市民对公司园区安全及员工行为管理的质疑及投诉。公司管理层在事件发生后接待媒体记者采访、调查，可见，员工的行为不仅严重损坏公司形象、给公司带来巨大负面社会评价，也给公司带来巨大的公关危机，严重伤害公众对公司的信任感。

合规指引

企业形象、企业品牌，是每家企业赖以生存和发展的基础。树立、维系优质良好的企业形象与品牌，又离不开企业内部每位劳动者的努力与支持。

劳动者严格遵守法律法规规定、遵守劳动纪律、遵守公司规章制度、履行自身职责及职业操守，是劳动者应当积极、主动承担的责任与义务，也是提升企业形象与品牌、营造和谐企业文化的催化剂。

如果员工存在猥亵行为，一旦引发媒体的关注与报道，对企业形象、企业品牌将会造成巨大的、难以估量的影响。对此，大成律师对用人单位有如下法律风险管理建议：

1. 在员工发生违纪违规行为之后，需尽快在公司内部建立、组织调查小组，及时收集、整理与事件有关的资料和信息，对事件进行全面调查。

2. 处理员工违纪事件时注意固定、保留书面证据，例如发给员工通知的快递回执、员工的意见反馈等。

3. 政府部门、公共服务机构等第三方出具的证据证明力较强，应尽量获取这些机构出具的证明材料作为证据。

六、保密与竞业限制（诉讼类）

027 劳动者离职后主张忠诚奖，用人单位则向其主张在职期间违反竞业限制的违约金，谁能被支持[①]

⚙ 案例要旨

用人单位因为劳动者在职期间存在关联交易等不忠诚的行为，认为不符合支付忠诚奖的条件。在此情况下，劳动者在离职后继续向用人单位主张忠诚奖是否应予以支持？用人单位主张劳动者在职期间存在违反竞业限制行为，并要求其支付违约金是否应予以支持？

▷ 案情介绍[②]

本案共涉及两起诉讼纠纷。劳动者系用人单位的高级管理人员并签署了竞业限制协议。用人单位发现劳动者在职期间，利用其亲属成立公司并与用人单位发生业务往来。在用人单位对劳动者进行调查期间，该劳动者提出离职，在此之前因劳动者已经提供服务满十年，用人单位公示其有权获取忠诚奖。劳动者离职后，便向法院提起诉讼，要求用人单位支付其尚未领取的忠诚奖。在收到劳动者起诉书后，针对劳动者在职期间违反竞业限制的义务，

---

① 董晓琳，北京大成（沈阳）律师事务所律师。
② （2019）辽 0103 民初 9893 号，中国裁判文书网，https：//wenshu.court.gov.cn/website/wenshu/181107ANFZ0BXSK4/index.html? docId = 3d0dd6db2db648758dd7ac010029481d，最后访问日期：2022 年 9 月 7 日。
（2020）辽 0103 民初 6547 号，中国裁判文书网，https：//wenshu.court.gov.cn/website/wenshu/181107ANFZ0BXSK4/index.html? docId = 34f5b99d2865428c8783abea00270b96，最后访问日期：2022 年 9 月 7 日。

用人单位向法院起诉，主张支付违反竞业限制的违约金。在两案审理期间，劳动者又提起诉讼要求用人单位支付提成款。

裁判观点

最终达成调解，双方互不承担义务。

案例评析

本案由于劳动者离职后先行向用人单位主张要求其应付而未付的忠诚奖，但用人单位因为劳动者在职期间存在关联交易等不忠诚的行为，认为不符合支付忠诚奖的条件，为此律师制定了诉讼方案。针对劳动者在职期间存在关联交易等不忠诚的行为向劳动者提起了主张竞业限制违约金的诉讼。为了能够达到在诉讼程序中对抗劳动者诉请的目的，使得两个案件的诉讼进度趋同，通过调整诉讼策略，最终在诉讼程序中将三个案件一并通过调解处理完毕，顺利达到了预期效果。

合规指引

本案由于用人单位没有明确的忠诚奖的授予制度，同时也没有取消奖励的制度，导致奖励公布后，用人单位发现劳动者有严重损害用人单位利益的不忠诚行为时还面临需要继续支付忠诚奖的风险。为此建议用人单位要有明确的经过民主程序的奖励制度以保护用人单位的合法权益。

对于在职期间是否存在竞业限制义务的问题，司法实践中有观点认为劳动者在职期间是不存在竞业限制义务的，因此建议用人单位应该具体列明劳动者在职期间违反竞业限制协议行为表象，完善竞业限制协议内容，避免产生诉讼风险。

028 用人单位未在离职时向劳动者告知竞业限制，劳动者是否需要承担履行竞业限制义务[①]

案例要旨

陈某与甲公司签署的《劳动合同》虽然约定了陈某离职一年内需履行竞业限制义务，但甲公司与陈某签署的《离职交接单》中明确将甲公司是否向员工发出《竞业限制补偿金通知》作为确认员工是否需履行竞业限制义务的附加条件，故陈某是否需履行竞业限制义务以公司是否发送《竞业限制补偿金通知》为准。然而甲公司在《离职交接单》中明确表明不向陈某支付竞业限制补偿金，也并未在陈某离职时通过向其发送《竞业限制补偿金通知》的方式要求其履行竞业限制义务。因此，陈某无须履行竞业限制义务。

案情介绍[②]

陈某等五位员工于2017年4月入职甲公司并签订《劳动合同》，其中约定了竞业限制义务及违反竞业限制义务的违约金。2017年9月，陈某离职并入职了与甲公司有竞争业务关系的乙公司，甲公司请求陈某：（1）继续履行竞业限制义务；（2）返还竞业限制补偿金；（3）支付违约金。仲裁裁决陈某无须履行竞业限制义务，需返还甲公司之前已付的竞业限制补偿金；驳回甲公司其他仲裁请求。

陈某等五人不服，诉至法院。

裁判观点

一审法院认为，本案的争议焦点为陈某是否需要履行竞业限制义务。本案中，陈某与甲公司签署的《劳动合同》虽然约定了陈某离职一年内需履行

[①] 付勇，北京大成律师事务所律师。
[②] （2018）京0108民初字45622号，本案例根据作者代理的案件改编。

竞业限制义务，但甲公司与陈某签署的《离职交接单》中明确将甲公司是否向员工发出《竞业限制补偿金通知》作为确认员工是否需履行竞业限制义务的附加条件，故陈某是否需履行竞业限制义务以公司是否发送《竞业限制补偿金通知》为准。然而甲公司在《离职交接单》中明确表明不向陈某支付竞业限制补偿金，也并未在陈某离职时通过向其发送《竞业限制补偿金通知》的方式要求其履行竞业限制义务。因此，陈某无须履行竞业限制义务。鉴于陈某无须履行竞业限制义务，甲公司亦无须向陈某发放竞业限制补偿金。

故一审判决陈某无须履行竞业限制义务，需返还甲公司已支付的竞业限制补偿金；驳回甲公司其他诉讼请求。

案例评析

本案是因竞业限制协议约定事项而产生的劳动争议。本案中，陈某与甲公司签署的《劳动合同》虽然约定了陈某离职一年内需履行竞业限制义务，但甲公司与陈某签署的《离职交接单》中明确将甲公司是否向员工发出《竞业限制补偿金通知》作为确认员工是否需履行竞业限制义务的附加条件，故陈某是否需履行竞业限制义务以公司是否发送《竞业限制补偿金通知》为准。然而甲公司在《离职交接单》中明确表明不向陈某支付竞业限制补偿金，也并未在陈某离职时通过向其发送《竞业限制补偿金通知》的方式要求其履行竞业限制义务。因此，陈某无须履行竞业限制义务。

对于甲公司于 2017 年 11 月 30 日向陈某发送《竞业限制补偿金通知》的行为，法院认为"明显超过了合理期限"，不应认定有效。既然陈某无须履行竞业限制义务，则需返还甲公司已支付的竞业限制补偿金。

合规指引

首先，企业在与员工签订竞业限制协议时，需要明确竞业限制协议生效的要件，如本案中，将《竞业限制补偿金通知》作为竞业限制义务的附加生效要件，未送达此文件则被视为无竞业限制约定。企业应加强相关法律文本及表单的管理与完善，以此应对相关法律风险。

其次，企业在支付竞业限制补偿金时，要注意在合理期间内向员工支付，以免法院对所支付金额的性质作出否认性认定。在本案中，法院认为甲公司于 2017 年 11 月 30 日向陈某发送《竞业限制补偿金通知》并要求其履行竞业限制义务的行为不合常理，违背了基本的诚实信用原则，且甲公司并未举证证明该公司于员工离职两个月有余的时间后才通知其履行竞业限制业务的合理性。因此，公司在向负有竞业限制义务的员工支付竞业限制补偿金时，要注意双方在员工离职时是否有相关约定，以免造成"人财两空"的尴尬局面。

029 用人单位未按约支付竞业限制补偿金，劳动者可否请求解除竞业限制协议[①]

案例要旨

当事人在劳动合同中约定了竞业限制，在劳动合同解除或者终止后，劳动者履行了相关竞业限制义务的，因用人单位原因导致三个月未支付经济补偿，劳动者可以请求解除竞业限制约定。用人单位应按照劳动者在劳动合同解除或者终止前十二个月平均工资的 30% 按月支付经济补偿。

案情介绍[②]

饶某原在甲公司从事相框采购工作，双方签订的劳动合同约定的劳动期

[①] 黄妙、冯锐，北京大成（宁波）律师事务所律师。

[②] （2014）浙甬民一终字第 771 号，中国裁判文书网，https：//wenshu.court.gov.cn/website/wenshu/181107ANFZ0BXSK4/index.html?docId=d4c4bc127a584aeb9fab9902231f1c0f，最后访问日期：2022 年 9 月 7 日。

（2015）甬海民初字第 306 号，中国裁判文书网，https：//wenshu.court.gov.cn/website/wenshu/181107ANFZ0BXSK4/index.html?docId=cb87ca789d0f4f009940b7c1f2e00abb，最后访问日期：2022 年 9 月 7 日。

（2015）浙甬民一终字第 904 号，中国裁判文书网，https：//wenshu.court.gov.cn/website/wenshu/181107ANFZ0BXSK4/index.html?docId=f5f598456ad54a78a1c02d887db5c527，最后访问日期：2022 年 9 月 7 日。

限为 2012 年 7 月 1 日至 2013 年 7 月 1 日，另合同竞业限制条款约定，饶某在离开甲公司两年内不能为其他公司和自己开发与甲公司相同、相似的同类产品，如有违反，需向甲公司赔偿违约金 5 万元。2013 年 3 月，饶某从甲公司辞职。

2014 年 3 月 4 日，甲公司以饶某违反竞业限制约定为由，向法院提起诉讼，要求饶某继续履行竞业限制义务，并支付竞业限制补偿金 50000 元。法院于 2014 年 8 月 19 日判决饶某在 2015 年 3 月 27 日前继续履行竞业限制义务。饶某在收到判决书后于 2014 年 8 月 27 日委托大成黄妙律师、冯锐律师代理该案（该案在上诉后，二审法院作出判决，维持原判）。

2014 年 9 月 9 日，饶某以公证的形式向甲公司快递寄送《解除竞业限制通知函》，以甲公司在员工离职后三个月内未支付竞业限制补偿金为由，通知甲公司于 2014 年 9 月 9 日解除竞业限制的约定。

2014 年 9 月 19 日，饶某提起仲裁，要求确认与甲公司的竞业限制约定于 2014 年 9 月 9 日解除，并要求甲公司支付 2014 年 4 月至 2014 年 8 月饶某履行竞业限制约定期间的竞业限制补偿费 36040 元。劳动争议仲裁委员会于 2015 年 1 月 22 日作出仲裁裁决，裁决甲公司支付饶某竞业限制经济补偿金 32427.48 元；确认饶某与甲公司竞业限制约定于 2014 年 9 月 10 日解除。

甲公司因不服仲裁裁决，认为饶某存在违反竞业限制协议约定的情形，于 2015 年 2 月 16 日向法院提起诉讼，要求法院判决双方竞业限制协议继续履行，甲公司无须支付竞业限制补偿金 32427.48 元，一审法院判决甲公司支付饶某竞业限制补偿金 32427.48 元。甲公司不服，提出上诉，二审法院维持原判。

裁判观点

1. 对于甲公司提起的要求饶某履行竞业限制约定及支付违约金 5 万元的诉讼，一审法院认为，双方签订的竞业限制条款有效，饶某应继续履行相关竞业限制义务；但甲公司未提供饶某违反竞业限制义务的证据，因此针对违约金不予支持。二审法院亦维持原判。

2. 对于饶某提起的要求甲公司支付履行竞业限制约定期间的竞业限制补偿费及确认竞业限制约定已解除的诉讼，一审法院认为，饶某与甲公司双方的竞业限制协议得到生效民事判决书的确认，合法有效，虽然双方之间的竞业限制协议未约定经济补偿金的数额，但饶某履行了竞业限制义务，要求甲公司支付竞业限制补偿金依法有据。甲公司虽提出饶某离职后即违反了竞业限制协议，但未能提供相应的证据予以证明，因此未被法院支持。饶某于2014年9月9日向甲公司邮寄解除竞业限制的通知函，以甲公司在其离职三个月未支付竞业限制补偿金为由要求解除竞业限制，因其提出解除的理由不符合法律规定，且甲公司不予认可，并与生效裁判文书确认的被告在2015年3月27日前继续履行竞业限制义务的内容不一致，故双方之间的竞业限制协议于2014年9月10日未解除，饶某寄送的解除通知函无效。因此法院判决饶某在2015年3月27日前仍需继续履行竞业限制义务，甲公司应支付饶某竞业限制补偿金32427.48元。二审法院认为，双方之间的竞业限制协议合法有效，且上诉人未能证明被上诉人存在违反竞业限制行为，因而，被上诉人要求上诉人向其支付竞业限制的经济补偿，于法有据。因上诉人在一、二审中对被上诉人离职前十二个月的平均工资6358.33元这一事实并无异议，被上诉人未对此提起上诉，亦视为无异议，故原审法院依照被上诉人在仲裁程序中主张的期间（2013年4月至2014年8月）核算出上诉人应向被上诉人支付竞业限制补偿金32427.48元，实无不当。因而驳回甲公司上诉，维持原判。

案例评析

在甲公司与饶某签订的劳动合同中，竞业限制条款并无甲公司应支付饶某竞业限制补偿金的约定，仅要求饶某履行竞业限制约定。甲公司在饶某离职后也未向饶某支付过竞业限制补偿费。《最高人民法院关于审理劳动争议案件适用法律问题的解释（一）》第三十八条规定，当事人在劳动合同或者保密协议中约定了竞业限制和经济补偿，劳动合同解除或者终止后，因用人单位的原因导致三个月未支付经济补偿，劳动者请求解除竞业限制约定的，人民法院应予支持。第三十六条规定，当事人在劳动合同或者保密协议中约定了竞业限制，但未约定解除或者终止劳动合同后给予劳动者经济补偿，劳动者履行了竞业限制义务，要求用人单位按照劳动者在劳动合同解除或者终止前十二个月平均工资的30%按月支付经济补偿的，人民法院应予支持。前款规定的月平均工资的30%低于劳动合同履行地最低工资标准的，按照劳动合同履行地最低工资标准支付。由于甲公司并无证据证明饶某违反竞业限制的约定，因此，饶某完全可以在诉讼中解除与甲公司的竞业限制约定，并要求甲公司支付履行竞业限制期间的竞业限制补偿金。

但因饶某未在诉讼中提出，大成律师接到本案后，立即建议饶某向甲公司寄送书面的解除竞业限制通知函，并另行提起仲裁，要求甲公司支付竞业限制约定解除前的竞业限制补偿金，并确认竞业限制约定已解除。但由于甲公司提起的第一个要求继续履行竞业限制的判决已生效，在饶某提起的第二个诉讼中，法院未支持饶某已解除竞业限制约定的诉请，但支持了饶某要求甲公司支付履行竞业限制协议期间的竞业限制补偿费，为饶某争取了自身的合法权益。

@ 合规指引

近年来，针对竞业限制条款的法律规范始终围绕着企业的技术秘密和劳动者的就业权之间的矛盾不断发展。《最高人民法院关于审理劳动争议案件适用法律问题的解释（一）》就竞业限制作了细化规定，用人单位应注意：劳动者在离职后，若用人单位不准备让员工履行竞业限制约定，需在员工离职时明确告知员工不用履行竞业限制约定，否则员工有权以履行竞业限制义务为由，要求用人单位支付竞业限制补偿金；若用人单位要求员工履行竞业限制约定，则在劳动合同解除或终止后，必须按相关约定及时向履行竞业限制义务的员工支付竞业限制补偿金。如果企业超过三个月不向员工支付补偿金的，员工则有权单方解除竞业限制约定。

反之，员工需注意，若离职时用人单位未通知不履行竞业限制义务的，员工有权要求用人单位支付履行竞业限制期间的竞业限制补偿金；另外，若用人单位超过三个月未支付竞业限制补偿金，员工不想再继续履行竞业限制约定的，需明确通知用人单位解除竞业限制约定，并有权要求用人单位支付员工竞业限制约定有效期间内的补偿金。

同时，依据《民事诉讼法》"当事人对自己提出的主张，有责任提供证据"之规定，未来无论是劳动者还是企业，都需要随时做好证据的留存与固定，以便后续更好地主张相应责任。

030 在职期间竞业限制义务是否有效，劳动者违约是否应当支付违约金[①]

案例要旨

《劳动合同法》明确规定用人单位可以与劳动者约定其负有离职后的竞业限制义务，但对于是否可以约定在职期间的竞业限制义务却无任何法律规定。目前北京市的主流裁判观点认为在职期间劳动者当然负有竞业限制义务。在职期间用人单位与劳动者可以约定竞业限制义务，劳动者违约的需支付违约金，但违约金数额会根据劳动者支付能力、法律并无明文规定等因素综合考量。

案情介绍[②]

劳动者贾某于 2012 年 4 月 1 日入职甲公司，双方签订了期限为五年的《劳动合同》。约定贾某工作岗位是研发部经理（高级技术人员），年薪 24 万元，并享有专项奖励。《劳动合同》也约定贾某应遵守在职期间和离职后的竞业限制义务并享有离职后的竞业限制补偿。贾某如违反在职期间和离职后的竞业限制义务，应向公司支付违约金 100 万元。

在职期间，甲公司投资 200 多万元研发某项目，贾某为该项目的负责人。2014 年 11 月，甲公司发现贾某在职期间为与甲公司有竞争关系的第三方提供服务，并有可能将甲公司研发的技术成果作为第三方的专利进行了申报。甲公司申请劳动仲裁，要求贾某支付 100 万元违约金。

仲裁支持了甲公司的请求，随后贾某不服仲裁裁决向某区法院起诉请求解除竞业限制并无须支付 100 万元违约金。

[①] 金忠、付勇，北京大成律师事务所律师。
[②] （2015）东民初字第 11574 号民事调解书，本案例根据作者代理的案件改编。

裁判观点

本案争议焦点如下：

1. 《劳动合同》约定劳动者承担在职期间竞业限制义务是否有效？
2. 《劳动合同》约定劳动者违反在职期间竞业限制义务违约金是否有效？

仲裁委员会认为，关于贾某是否负有竞业限制义务：《劳动合同法》第二十四条规定"竞业限制的人员限于用人单位的高级管理人员、高级技术人员和其他负有保密义务的人员……"，贾某的岗位为研发部经理，年薪为24万元，属于法律规定的高级技术人员。同时双方劳动合同约定了"未经甲公司同意，在职期间不得直接或间接投资、自营或者为他人经营与甲方同类业务包括但不限于生产和经营生化试剂及仪器、化学发光剂及仪器、POCT试剂及仪器、快速诊断剂及仪器的行业"等条款。综上，贾某负有竞业限制义务。

关于贾某是否从事了违反竞业限制义务的行为，仲裁委员会认为，虽然贾某不清楚为何会在《专利费用减缓证明申请表》有自己的电话，但案外人乙公司显然不会在该表中填写不相关人的电话为减缓缴纳费用增添障碍，同时在甲公司汇款单附言中清晰注明了为"马某专利首付款"，马某是为乙公司代理申报专利公司的联系人。甲公司提供的四份证据可以形成比较完整的证据链，证明案外人乙公司报送的专利和贾某从事的研发项目存在高度的一致性且贾某为该单位服务，同时贾某收取了6970元作为给乙公司申报专利的代理首付款的事实。综上，贾某从事了违反竞业限制义务的行为。

同时，仲裁委员会还认为，双方劳动合同约定了"贾某违反竞业限制义务的，应向甲公司支付违约金，违约金为100万元"的条款，贾某作为负有竞业限制义务的人员，从事了违反竞业限制义务的行为，应按照合同约定向单位支付违约金。综上，甲公司的申请请求仲裁委予以支持。

后贾某不服仲裁裁决向北京市东城区法院起诉。在一审中，贾某考虑到已有的仲裁裁决和原合同中约定的100万元的违约金条款对其不利，担心败诉从而承担违约金，于是主动向甲公司提出和解，向甲公司承认错误并道歉。甲公司考虑到贾某的支付能力有限，且法律对于在职期间的竞业限制违约金并无明确规定，故同意把违约金降到15万元，最终本案以和解结案。

案例评析

本案办案亮点在于如何认定在职期间的竞业限制义务以及违约金。

就竞业限制而言，法律、法规仅规定了适用对象、离职后竞业限制最长期限、离职后竞业限制需支付经济补偿三大限制条件。除此之外，法律并未禁止当事人自由约定在职期间的竞业限制条款。相比其他更倾向于保护劳动者利益的条款，《劳动合同法》竞业限制条款的立法目的更侧重保护用人单位的商业秘密等合法权益，维护公平竞争的市场秩序，更加尊重当事人意思自治及契约自由原则。更进一步，《促进科技成果转化法》明确承认用人单位有权约定在职期间的竞业限制义务。同时，用人单位的高级管理人员、高级技术人员和其他负有保密义务的人员承担在职期间竞业限制义务（无论是否约定）也是诚实信用原则及劳动者对用人单位忠实义务的体现。因此，用人单位与劳动者约定在职期间的竞业限制义务应当合法有效。

就竞业限制违约金而言，《劳动合同法》规定除用人单位与劳动者约定有培训费或竞业限制条款外，不得约定违约金，该条款并未排除约定在职竞业限制违约金。实际上，允许约定在职竞业限制违约金符合《劳动合同法》设立竞业限制制度及违约金制度的立法本意和目的，能够平衡保护用人单位的合法权益和公平竞争的市场秩序。《劳动合同法》明文规定了离职后竞业限制义务和违反离职后竞业限制义务的违约金，举轻以明重，主观恶意及损害结果相对较小的违反离职后竞业限制义务都可以约定违约金责任，主观恶意及损害结果更大的违反在职期间的竞业限制义务当然更加可以约定违约金责任。如将《劳动合同法》理解成仅允许约定离职后的竞业限制违约金却不允许约定在职期间的竞业限制违约金将显失公平，仲裁委员会也采纳了这一观点。

合规指引

为了更好地维护企业利益，企业可以结合实际情况和需要，与核心技术人员或知悉商业秘密的核心员工约定在职期间应当履行竞业限制义务，以及违约情况下员工应当承担的违约责任，且相关违约责任等条款应当详细、具体，以尽可能约束和要求员工尤其是核心员工和高管等在职期间也应忠实尽责地履行劳动者的义务。

当出现在职期间竞业限制争议时，公司可以视案件情况调整违约金数额，并应结合具体案件及当事人支付能力等综合确定。同时，应当注意保留证据以便形成完整的证据链。

031 劳动者违反竞业限制义务，用人单位可否解除劳动合同并收回股权激励[①]

案例要旨

劳动者尤其是用人单位的高级管理人员，不仅应保持劳动者应具备的职业素养，还需履行公司法项下关于高管的忠实勤勉义务。劳动者如在职期间违反竞业限制义务，用人单位可以依据劳动合同以及规章制度的约定认定劳动者构成严重违纪，进而解除劳动合同。鄢某因违反竞业限制义务被公司解除劳动合同，法院认定解除合法。同时，法院认定原告请求支付的 50 万元约定在"乙方获得股份和分红的特别约定"项下，属股东分红，而非包含奖金的年薪，应当另案处理。

案情介绍[②]

甲公司是一家从事体外诊断试剂、检测仪器的研发、生产和销售的高新技术企业。鄢某于 2012 年 1 月 10 日入职甲公司，并签订了劳动合同，劳动合同约定，鄢某担任常务副总经理兼职首席科学家，合同期限至 2018 年 1 月 20 日。合同具体约定如下：

[①] 金忠、付勇、李世雄，北京大成律师事务所律师。
[②] （2016）京 02 民终 2276 号，中国裁判文书网，https://wenshu.court.gov.cn/website/wenshu/181107ANFZ0BXSK4/index.html? docId=e95b581cc34346dc98760637b5365c3b，最后访问日期：2022 年 9 月 7 日。

（1）有关竞业禁止的约定：合同期内，未得到甲公司书面同意前，鄢某不得在与甲公司存在业务竞争和冲突的单位出任其他服务、劳务、雇佣职位，不得在工作时间内从事其他经济经营活动。

鄢某应遵守甲公司的劳动纪律和各项规章制度，包括现有的和甲公司在将来制定和修改的；鄢某有下列情形之一，甲公司可以随时解除本合同而无须给予鄢某任何赔偿或负任何责任：……（3）鄢某未经甲公司许可出任与甲公司存在业务竞争或冲突的单位的其他服务、劳务、雇佣职位以及从事其他经营活动等。

（2）有关工资和股东分红的约定：合同第五项"合同报酬"部分载明：乙方工资为年薪50万元（包括但不限于基本工资、岗位工资、岗位津贴、工龄工资、奖金等）。

合同第六项"鄢某获得股份和分红的特别约定"部分载明：甲公司保证鄢某每年可以获得不低于50万元的分红（鄢某基于甲公司其他股东赠与，获得公司5%的股份），如果鄢某获得的分红金额低于50万元，甲公司承诺另外以奖金的形式给鄢某补足，其他各方对甲公司应发给鄢某的分红或奖金的支付承担连带保证责任。

鄢某在职期间甲公司发现了鄢某存在大量违反竞业禁止义务的行为，包括：

（1）2014年6月鄢某的小舅子李某（无任何生物诊断试剂等专业知识）作为股东，设立了A公司，授权鄢某全权处理该公司对外事宜。鄢某指使下属贾某（研发经理）盗取甲公司的技术为A公司申请专利，具体行为包括和专利公司签订委托合同、交付申请费用、申请暂缓缴费请求等，同时A公司签订协议为某生物医疗科技公司提供服务并收取费用。

（2）2014年11月鄢某以自己的银行卡向B公司汇款，以其名义向C公司订购诊断仪器，然后投放到某机场医院，从事与甲公司有竞争关系的经营活动。

（3）鄢某隐瞒甲公司，在职期间每月收取与甲公司有竞争关系的D公司1000元的工资并为其提供服务。

（4）2013年8月，鄢某公务出差期间，私自与甲公司的经销商E公司合作开发诊断试剂项目（全部为甲公司的产品），并担任项目组长，且在可行性报告中注明是参考了甲公司的生产业务。

2014年12月12日,甲公司以鄢某严重违反劳动合同和《劳动合同法》为由,单方解除了与鄢某的劳动合同。之后,鄢某申请仲裁请求认定甲公司违法解除劳动合同、支付赔偿金、支付2014年50万元奖金。仲裁裁决驳回了鄢某的请求。鄢某持相同诉求向北京市东城区人民法院提起诉讼,北京市东城区人民法院经审理驳回了其诉求。

裁判观点

本案争议焦点如下:

1. 甲公司解除高管劳动合同是否合法?

二审法院认为,结合证据材料,鄢某作为甲公司的高级管理人员,应当切实履行对甲公司的忠实义务,双方在劳动合同中明确约定,鄢某未经许可出任与甲公司存在业务竞争或冲突的单位的其他服务、劳务、雇佣职位以及从事其他经营活动等,甲公司可以随时解除合同而无须给予任何赔偿;且甲公司提交的《员工手册》亦对高级管理人员对公司的忠实和不竞争义务,以及违反上述义务的后果进行了明确规定。

甲公司提交的一系列证据显示,鄢某办公电脑及办公室中存有诸多案外公司从事商业活动的合作合同、案外公司授权鄢某从事相关活动的委托书、鄢某代案外公司申请专利的相关资料、鄢某作为案外公司项目组长的项目计划书等,亦有鄢某通过其个人银行代为支付案外人员或公司专利首付款和订货汇款的相关转账记录。同时,从工商登记记载的情况来看,上述材料中涉及的案外公司在经营范围等方面与甲公司存有一定的竞争关系。鄢某虽对上述证据的证明目的不予认可,但并未就此提供充分、合理的解释,亦未能就其不受公司《员工手册》等规章制度的约束提供充足的证据。故在此情形下,甲公司与鄢某解除劳动合同关系符合双方劳动合同关于解除事项的约定及相关规定,原审判决对于鄢某要求甲公司支付违法解除劳动合同赔偿金的诉讼请求未予支持,并无不当。

2. 鄢某请求支付的50万元是奖金还是股东分红?

二审法院认为,鄢某要求甲公司支付2014年度因未进行分红而应以奖金形式补足的50万元,并称其年薪共计100万元。从劳动合同的内容和形式来看,各方在第五项"合同报酬"一节明确约定年薪50万元(包括但不限于基本工资、岗位工资、岗位津贴、工龄工资、奖金等）；而鄢某所主张的奖金 50 万元依据为第六项"乙方获得股份和分红的特别约定"一节中的相关条款，上述两笔款项分属不同的合同部分，且性质和内涵亦有所不同。因此鄢某要求甲公司给付的 50 万元奖金涉及公司股权和分红以及其他股东，不宜在本案中予以处理。鄢某要求按照年薪 100 万元标准核算 2014 年 11 月 1 日至 12 月 4 日的工资，缺乏依据，二审法院不予支持。

💡 案例评析

本案的办案亮点在于证据固定：

公司的高管是公司最重要的岗位，如果高管做出损害公司的行为，其性质恶劣，对公司利益的损害也比较大，但是高管损害公司行为取证一般都比较困难。而在本案中，大成律师在告知甲公司不要"打草惊蛇"的前提下，通过三个步骤，一步一步、环环相扣地取得了本案的制胜证据。

1. 员工手册民主制定过程的公证：接到甲公司的委托后，大成律师发现甲公司只有一份员工手册的草稿件，且当初制定没有通知过职工。于是，律师"将计就计"，起草了一份详细的《员工手册》，其中对当时耳闻的该高管的违规行为作了严格的规定，告知甲公司通过邮件和所有职工进行民主商讨修改，之后还对员工手册征求意见、修订及公布的整个过程进行了邮件公证。终稿完成后，甲公司组织全体职工参加了《员工手册》的公布和学习会，并安排该高管作为培训的主持人，而大成律师以甲公司法务的身份进行了《员工手册》的讲解，从而确保员工手册的合法性及对高管的有效拘束力。

2. 个人固定资产盘点表，签字认证：考虑到该高管的工作电脑中（公司提供笔记本及台式机）可能存有其违法证据，需要通过公证对其电脑资料进行固定，律师对配备给所有员工（包含该高管在内）的公司财产进行了盘点，并要求员工签字，即能确定该高管使用电脑的所有权是公司的。

3. 谈话录音，同时对电脑资料固定，对办公室文件扣留（关键一步）：在行动日，首先由公司董事长和该高管进行谈话，就制定好的计划向该高管询问了一些其违规行为，并表示如果其承认自己的错误并改正，甲公司既往不咎。但是该高管全盘否认，律师对此次谈话进行了录音（事后证明，本次谈话中，该高管对董事长撒谎且隐瞒了大量事实）。因该高管拒不承认和改正错误，律师和公证人员进入该高管的办公室，对其办公资料进行扣留并对电脑资料进行了公证。而正是通过这一步，我们获取了大量该高管违规的文件。

最终，终审判决通过上述证据，认定该高管严重违反了劳动合同约定，违反了《员工手册》规定，甲公司解除劳动合同的行为合法。

合规指引

1. 公司和高管签订的劳动合同中，务必约定在职期间及离职后的竞业禁止条款，且相关条款应当详细、具体。

2. 公司对于职工的股权激励，建议约定成熟期，逐步兑现，而不宜先全部过户。同时，应当全面约定员工实施损害公司行为的不利后果。本案中，该高管之所以敢于做出诸多损害公司利益的事情，正是因为公司在高管入职后就直接办理了全部赠与股权的工商变更，并且只约定了高管在劳动合同期限内辞职这一种情况下其要返还股权，却没有约定该高管实施损害公司利益的行为时股权如何处置，从而给撤销股权赠与（另案处理）带来了一定难度。

七、劳务派遣

032 当地政策对劳务派遣公司免征社会保险单位缴费部分时，已减免的社会保险费用是否还需要用工单位支付给劳务派遣公司[①]

案例要旨

当地政策对劳务派遣公司免征社会保险单位缴费部分时，劳务派遣公司应按照免征后的实际数额向用工单位收取社会保险费用，用工单位无须向劳务派遣公司支付已免征的社会保险费用。劳务派遣公司违反国家、自治区或统筹地区的规定超出实际发生数额向用工单位收取社会保险费用的，应当向用人单位返还超出部分费用。

案情介绍[②]

原告为用工单位，被告为劳务派遣公司。原告与被告于2019年6月、9月签订两份《劳务派遣合同》，2020年6月续签《劳务派遣协议书》，约定："被告向原告派遣人员到原告公司工作；劳动报酬及费用结算为，派遣人员为原告提供劳务，原告支付劳动报酬，劳动报酬包括岗位工资、各种津贴和个人应缴社会保险费，被告不得克扣原告支付给派遣人员的劳动报酬；岗位工资和各种津贴按原告相关规定执行。社会保险费，缴费基数和缴费比例执行国家、自治区或统筹地区的规定；费用结算为，原告每月28日前将劳务费、

[①] 李曰倩、赵刚，北京大成（银川）律师事务所律师。
[②] （2021）宁0106民初14904号，本案例根据作者代理的案件改编。

企业承担的社会保险费和劳务服务费结算清单发至被告,原告支付给被告的各项费用,被告必须开具正式发票,被告根据原告提供的结算清单及标准编制被派遣人员工资表,每月 30 日前将实发劳务费用以转账方式支付给被派遣人员,被告应每月给原告出具原告上月支付被派遣人员工资及缴纳各项社会保险的证明。"

2020 年,宁夏回族自治区政府相关部门先后联合下发《关于阶段性减免企业社会保险费的通知》等文件。文件规定在一定期限内免征全区中小微企业三项社会保险(养老、失业、工伤)单位缴费部分,被告属于前述免征企业范围。上述文件下发后,在社会保险单位缴费部分免征期间,被告无须承担社会保险单位缴费部分缴纳义务,但被告隐瞒该事项并全额向原告收取已减免的社会保险费用。后原告依据上述文件要求被告返还其已支付的社会保险费用 600 余万元,被告拒绝返还。

裁判观点

法院认为,本案中原告与被告签订了《劳务派遣协议书》,双方建立起劳务派遣合同关系,协议系双方真实意思表示,且不违反法律、行政法规的规定,合法有效,双方均应履行相应的义务。在案涉合同的履行过程中,原告按照《劳务派遣协议书》约定将被告所派遣的工人的工资及社保费用付至被告的账户,由被告向工人发放工资和缴纳各项社保费用。2020 年,自治区政府相关部门先后联合下发《关于阶段性减免企业社会保险费的通知》等文件,规定国家对中小微企业阶段性免征三项社会保险单位缴纳部分。现双方对免交部分的归属发生了争议。根据《合同法》第六十条第一款①规定,当事人应当按照约定全面履行自己的义务。本案中,双方《劳务派遣协议书》约定,被派遣人员的社会保险费,缴纳基数和缴纳比例执行国家、自治区或统筹地区的规定。依据该约定,原告向被告支付该部分费用时可享受阶段性免征。原告支付给被告的应免征的三项社会保险缴费部分 600 余万元,被告应当予以退还。

综上所述,原告主张依法判令被告向原告返还免征社会保险缴费期间的社会保险费用 600 余万元的诉请,符合双方《劳务派遣协议书》约定及相关

---

① 该法律目前已失效,该款对应《民法典》第五百零九条第一款。

规定，法院予以支持。

案例评析

大成律师认为，本案系合同纠纷，主要争议焦点为当事人是否按照合同约定全面履行了自己的义务。具体而言，若用工单位与劳务派遣公司约定"被派遣人员的社会保险费，缴费基数和缴费比例执行国家、自治区或统筹地区的规定"，当国家政策对劳务派遣公司免征被派遣员工的社会保险单位缴费部分时，劳务派遣公司是否可以继续向用工单位全额收取被派遣员工的社会保险单位缴费部分的费用。

结合本案案情，《劳务派遣协议书》约定，被派遣人员的社会保险费，缴费基数和缴费比例执行国家、自治区或统筹地区的规定，用工单位实际为被派遣人员社会保险单位缴费部分的费用承担主体。根据《民法总则》第一百四十二条第一款①规定，有相对人的意思表示的解释，应当按照所使用的词句，结合相关条款、行为的性质和目的、习惯以及诚信原则，确定意思表示的含义。首先，从约定所使用的词句角度来说，按照文义解释，该约定的含义应解释为用工单位按照国家、自治区或统筹地区的规定的缴费基数和缴费比例向劳务派遣公司支付被派遣人员的社会保险费，劳务派遣公司按照国家、自治区或统筹地区的规定的缴费基数和缴费比例为被派遣人员缴纳社会保险费。其次，从行为的性质和目的角度来说，该行为的目的为对被派遣人员的社会保险费用单位缴费部分的缴纳标准进行约定，用工单位作为被派遣人员的社会保险费用单位缴费部分的实际承担者，理应按照国家、自治区或统筹地区的规定的缴费基数和缴费比例承担被派遣人员的社会保险单位缴费部分的费用。最后，从习惯以及诚信原则的角度来说，在通常的劳务派遣关系中，劳务派遣公司虽与被派遣人员建立劳动关系，负有为其缴纳社会保险费用的义务，但通常被派遣人员的社会保险单位缴费部分都是由用工单位来承担，劳务派遣公司仅起到代用工单位缴纳社会保险费用的作用。劳务派遣公司不应在享受国家政策对社会保险单位缴纳部分减免的情况下继续向用工单位全

---

① 该法律目前已失效，该款对应《民法典》第一百四十二条第一款。

额收取相关费用，并将本应为被派遣人员缴纳的社会保险费用据为己有，此行为违背诚实信用原则。

综上所述，若用工单位与劳务派遣公司约定"被派遣人员的社会保险费，缴费基数和缴费比例执行国家、自治区或统筹地区的规定"，当国家政策对劳务派遣公司免征社会保险单位缴费部分时，劳务派遣公司应按照实际发生数额向用工单位收取社会保险费用，而不得继续向用工单位收取全额社会保险费用。

合规指引

一般来说，在劳务派遣关系中，劳务派遣公司虽与被派遣人员建立劳动关系，负有为其缴纳社会保险费用的义务，但通常用工单位才是被派遣人员的社会保险单位缴费部分的实际承担者，劳务派遣公司仅起到代用工单位缴纳社会保险费用的作用。在社会保险费用代缴环节，劳务派遣公司是否据实向用工单位收取社会保险费用并足额为被派遣人员缴纳成为用人单位必须关注的问题。结合本案，律师建议用人单位可以从以下方面注意上述风险：

1. 签订《劳务派遣协议》时对社会保险相关内容进行明确约定

用工单位应当与劳务派遣公司对社会保险承担主体、缴费标准等问题进行明确约定。在劳务派遣关系中，社会保险费实际由用工单位进行支付，劳务派遣公司代为缴纳。双方通常约定"被派遣人员的社会保险费，缴费基数和缴费比例执行国家、自治区或统筹地区的规定"，该约定可进一步细化为"用工单位向劳务派遣公司支付社会保险费时，被派遣人员社会保险费的缴费基数和缴费比例执行国家、自治区或统筹地区的规定。如用工单位向劳务派遣单位支付的社会保险费用超出国家规定或合同约定，劳务派遣单位应当予以返还"。通过上述约定可以明确用工单位向劳务派遣公司支付被派遣人员社会保险费用的缴费标准如何执行。

2. 用工单位应定期检查劳务派遣费用使用情况并及时掌握社会保险政策

当国家政策对劳务派遣公司免征社会保险单位缴费部分时，劳务派遣公司应按照实际发生数额向用工单位收取社会保险费用，而不得继续向用工单位收取全额社会保险费用。在劳务派遣关系存续期间，用工单位应当定期检查劳务派遣公司对劳务派遣费用的使用情况，要求其出具缴费明细、缴费凭证以及缴费依据以供核验。同时用工单位应及时关注相关国家政策及行业动态，及时掌握社会保险费用缴纳标准与减免政策，以监督劳务派遣公司依法、合规履行用工单位义务，同时依法维护自身合法权益。

033 用工单位对劳务外包员工进行管理是否会被认为"假外包、真派遣"①

案例要旨

通说认为，除劳务派遣的硬性标准（用工比例及三性原则）外，管理关系为劳务派遣与劳务外包两者之间最为"显性"的区别，但这也是实务中颇具争议的判定难点。仅以"管理与被管理关系"判断劳动关系的存在容易出现"误伤"的情况，因为现实问题是，真实外包服务下亦不可避免存在适当程度的管理行为。为避免"一刀切"，审判实践中，仍应结合其他判断标准（如组织从属性或经济从属性）综合评定为宜。

案情介绍②

某外资公司总部拟定于某市设立实体公司（下称甲公司）。为解决甲公司设立前用工及展业问题，甲公司总部（下称乙公司）的境外投资方与某人力资源服务公司（下称丙公司）签署了《人力资源服务协议》，由丙公司授权其大陆某关联公司（下称丁公司）为甲公司提供外包服务（丁公司未获有派遣资质），以协助甲公司处理设立前的筹备工作，并参与设立初期部分房产项目的销售工作。

丁公司为甲公司项目考虑，经甄选程序，聘用了7名员工（下称员工

---

① 罗欣、肖娟，北京大成（上海）律师事务所律师。
② 本案例根据作者代理的案件改编。

并与其订立书面劳动合同。丁公司与员工签署的《劳动合同》中明确约定了此后的工作内容与职责范围,包括员工入职后将直接参与甲公司的项目,负责甲公司的设立筹备与指定项目的承接。劳动合同以完成一定工作任务为期限,于签署之日生效,于甲公司指定项目完成时终止。同时,员工亦已知悉,在其供职丁公司期间,其社保缴纳与工资支付交由第三方人事代理公司负责。

但在劳动合同履行一段期限后,员工集体提出离职,并提起劳动仲裁,要求确认其与甲公司之间的劳动关系,同时主张甲公司支付劳动关系存续期间未签订书面劳动合同的双倍工资差额。提起仲裁的员工中包括一名担任市场营销总监的高管,加之其他员工月工资水平亦远高于市场平均工资,案件总标的近300万元。

裁判观点

法院认为,本案争议焦点在于员工与甲公司之间是否存在劳动关系。首先,根据查明的事实,甲公司确实是在员工与案外主体(丁公司)建立劳动关系后方才成立,员工要求与彼时尚未建立的法律实体确立劳动关系,无法律依据亦无合理论据;其次,与丁公司劳动合同履行期间,即便安排第三方代理机构发放工资、缴纳社保,但相关安排已于合同中释明,系属丁公司对合同的履约行为,且相关人事服务并未"突破"现有法律规定;最后,无论从签署劳动合同之始,抑或在后续合同履行期间,员工均未对此等安排提出异议。综上所述,法院认定,员工与甲公司之间不存在劳动关系。

💡 案例评析

大成律师认为,本案对于"假外包、真派遣"类案的研判具有极大参考价值。理论界认为,劳动者与发包方之间更类似于民事法律关系中的"委托关系"或"承揽关系",应与"劳动关系"或"类劳动关系"(如劳务派遣项下的派遣人员与用工单位)严加区分。在劳动关系的认定方面,我国更倾向于"从属论",即从人格从属性与经济从属性形成相关立论。反向推论,则意味着劳务外包关系下,发包方对于劳动者应既无"人格从属性",亦无"经济从属性"。但实务中,不同于普遍认知下的业务外包,劳务外包服务的核心内容是"人",就难免产生工作指示,难以与劳动关系项下的管理相区分。本案中，暂且不论为公司设立使用外包服务是否妥当，单就新设公司的业务开展而言，相关人员不免频繁出入公司办公场所，以公司名义或利用公司品牌效应对外开展营销。但是，相对于公司正式员工，该等外包人员不受工作时间与规章制度的限制，对业务开展的频率与进程安排享有一定自主性。因此，不难看出，若仅从劳动关系认定理论，难以实质性区分劳务外包与"类劳动关系"，因此也造成了具体案件中的实证困难。

本案中，法官已不再局限于从"从属性"抑或"控制性"角度解读外包关系，而是从案件事实出发，认为在外包公司具备适格资质、能够从事外包服务，且在实然状态下与劳动者签订劳动合同并履约的，则使用外包服务的单位与有关劳动者的"类劳动关系"从客观上即已"切断"。尤其在本案中，法官亦关注到了该种用工模式是否运作不当，对劳动者切身利益是否造成了实际损害或侵害。若在当下用工模式未有明显违法违规，且对劳动者履约行为未造成实质性影响的，应倾向于尊重该用工安排，不轻易通过认定劳动关系去"否定"现有用工模式存在的合法性及合理性。

@ 合规指引

为最大限度降低被认定为"假外包"的法律风险，大成律师建议，企业在处理劳务外包项下的管理关系中应注意如下事项：

1. 用工单位应与外包公司签订规范的服务外包协议，明确约定服务内容及范围、交付形式等权利义务之分配，以及双方对外包人员的管理权限。

2. 承包公司应通过劳动合同或签订附属协议的方式，向外包人员明确工资支付、社保缴纳、服务事项以及管理模式等。

3. 若外包协议中未明确管理事项及权责分配，但存在管理之必要，发包公司应注意把握管理尺度，切不可触及敏感"红线"，如要求外包员工签收本公司制度政策，接受本公司考勤、奖惩管理等。

034 无固定期限劳动合同是否适用劳务派遣关系[①]

案例要旨

对于劳务派遣形式这一特殊用工关系，相关的法律及规章仅对劳动合同的订立年限作出明确具体的规定，而未明确规定是否可订立无固定期限劳动合同。因此，用人单位没有与劳动者签订无固定期限劳动合同的法定义务。

案情介绍[②]

黄某于2003年入职甲劳务派遣公司（下称甲公司），后被派往乙代表处任人事专员。

黄某与甲公司、乙代表处签订多份劳动合同以及劳务派遣聘用协议书。

2013年8月20日，黄某以已连续工作满十年，且已经连续签订两次固定期限劳动合同为由向甲公司和乙代表处要求签订无固定期限劳动合同及劳务派遣聘用协议。

2013年12月12日，乙代表处向黄某发出《劳动派遣结束通知》，告知黄某双方劳务派遣关系于2013年12月31日到期。同时，甲公司向黄某发出《不续签劳动合同通知书》。

黄某就乙代表处、甲公司终止劳动合同事宜申请仲裁，要求乙代表处、甲公司支付赔偿金。仲裁委驳回黄某的仲裁请求。

黄某不服劳动仲裁裁决，提起诉讼。一审法院以并无规定派遣公司可以不与被派遣员工签订无固定期限劳动合同为由，判决甲公司向黄某支付赔偿金。

甲公司不服一审判决，提起上诉。二审法院以《劳动合同法》无强制性

[①] 张洁，北京大成（珠海）律师事务所律师。

[②] （2016）粤民申7896号，中国裁判文书网，https://wenshu.court.gov.cn/website/wenshu/181107ANFZ0BXSK4/index.html?docId=7d7a491eb958448eabcfa82e0099e3bc，最后访问日期：2022年9月7日。

规定派遣单位和劳动者必须签订无固定期限劳动合同为由撤销一审判决，驳回黄某全部诉讼请求。

黄某不服二审判决，申请再审。再审法院认为，黄某要求甲公司与其订立无固定期限劳动合同缺乏法律依据，甲公司、乙代表处无须支付赔偿金。驳回黄某的再审申请。

裁判观点

再审法院认为，根据二审查明事实，黄某已在甲公司工作满十年，并与甲公司订立数份劳动合同，但是对于劳务派遣单位是否应与被派遣劳动者订立无固定期限劳动合同的问题，《劳动合同法》第五十八条第二款规定，劳务派遣单位应当与被派遣劳动者订立二年以上的固定期限劳动合同。国家人力资源和社会保障部颁布实施的《劳务派遣暂行规定》第五条亦明确规定，劳务派遣单位应当依法与被派遣劳动者订立二年以上的固定期限劳动合同。故而，对于劳务派遣形式这一特殊用工关系，目前相关的法律及规章在对其劳动合同的订立年限作出明确具体规定的同时，并未明确规定可订立无固定期限劳动合同。因此，黄某要求甲公司与其订立无固定期限劳动合同，缺乏相应的法律依据，二审判决对该请求不予支持，并无不妥。

💡 案例评析

本案涉及的法律适用问题是：在劳务派遣关系中，用人单位、用工单位有无法律上的义务和劳动者签订无固定期限劳动合同。

本案是珠海地区首例因上述问题而发生争议的案件，本案审理时间跨度长，劳动者提起劳动仲裁的时间为2014年，至2017年广东省高级人民法院申请再审的民事裁定书作出时，达三年之久。三年多的时间里，本案完整历经了劳动仲裁、一审、二审以及再审程序，从劳动仲裁委员会到人民法院，从基层法院到高院，裁判者均全面支持了大成律师的观点。

本案主要涉及法律适用问题，尤其是对《劳动合同法》第五十八条的理解。办案律师的主要观点为：

1. 用工单位无义务与劳动者签订无固定期限劳动合同

根据《劳动合同法》第六十二条、第六十三条、第六十四条的规定，用工单位对被派遣劳动者仅需履行以下义务：（1）执行国家劳动标准，提供相应的劳动条件和劳动保护；（2）告知被派遣劳动者的工作要求和劳动报酬；（3）支付加班费、绩效奖金，提供与工作岗位相关的福利待遇；（4）对在岗被派遣劳动者进行工作岗位所必需的培训；（5）连续用工的，实行正常的工资调整机制；（6）用工单位不得将被派遣劳动者再派遣到其他用人单位；（7）保证被派遣劳动者享有同工同酬、参加工作的权利。综上所述，根据法律明确规定，用工单位无签订无固定期限劳动合同的义务。

2. 用人单位无法定义务与劳动者签订无固定期限劳动合同

（1）从《劳动合同法》关于劳务派遣相关法条的字面解释上看，用人单位并没有与劳动者签订无固定期限劳动合同的义务。

《劳动合同法》将劳动合同期限划分为固定期限、无固定期限和以完成一定工作任务为期限三种情形。而在劳务派遣的法律规定中，仅采用了"固定期限"的表述，相关的规定在《劳动合同法》第五十八条第二款"劳务派遣单位应当与被派遣劳动者订立二年以上的固定期限劳动合同，按月支付劳动报酬；被派遣劳动者在无工作期间，劳务派遣单位应当按照所在地人民政府规定的最低工资标准，向其按月支付报酬"。

法律条文的原文是要求劳务派遣单位与被派遣劳动者签订"固定期限劳动合同"。若立法者认为被派遣劳动者在满足《劳动合同法》第十四条第二款规定的条件后，劳务派遣单位应与其签订无固定期限劳动合同的话，上述条文应表述为"劳务派遣单位应当与被派遣劳动者订立二年以上的固定期限劳动合同或在被派遣劳动者符合本法第十四条第二款的规定时，与被派遣劳动者签订无固定期限合同"。大成律师认为现行法律条文的表述并不是立法者的疏忽，而是立法者考虑到劳务派遣用工具有临时性、辅助性、替代性，从而不要求劳务派遣单位与被派遣劳动者签订无固定期限劳动合同。同时，如果立法者同意或者鼓励，甚至法律上要求劳务派遣单位与被派遣劳动者签订无固定期限劳动合同，则客观上可能会鼓励一些实际用工单位为了逃避自己的法律责任而通过劳务派遣单位进行非法劳务派遣行为。因此大成律师相信，考虑到劳务派遣关系本身的性质，劳务派遣单位自身的经济能力以及为了防止非法劳务派遣行为的发生，立法者也不会允许劳务派遣单位与被派遣劳动者签订无固定期限劳动合同。

（2）从《劳动合同法》的章节安排中也可看出，立法者并不要求劳务派遣单位有义务与被派遣劳动者签订无固定期限劳动合同。

《劳动合同法》是将劳务派遣放在第五章进行特别规定的，而关于签订无固定期限劳动合同的规定则被安排在"一般规定"章节之下。大成律师认为，立法者在条文规定上已经采用排他的方式确定了劳务派遣单位不能与被派遣劳动者签订无固定期限劳动合同。

（3）要求劳务派遣公司和被派遣劳动者签订无固定期限劳动合同并不能从实质上保护劳动者的利益。

大成律师认为，类似本案中的公司员工，他们所期待的是被派遣单位良好的工作条件和优厚的工作待遇，而不是甘心与劳务派遣单位签订无固定期限劳动合同后，在没有具体被派遣单位的情况下，从劳务派遣单位领取当地人民政府规定的最低工资报酬。而法律条文中对用工单位并没有规定签订无固定期限劳动合同的法律义务。因此，大成律师认为，要求劳务派遣公司和被派遣劳动者签订无固定期限劳动合同并不能从实质上保护劳动者的利益。

（4）已于 2014 年 3 月 1 日起施行的《劳务派遣暂行规定》中也再次明确重申劳务派遣只能签订二年以上的固定期限劳动合同。

《劳务派遣暂行规定》第五条直接使用了《劳动合同法》第五十八条的原文。人力资源社会保障部于 2013 年 8 月 7 日向社会发布的《劳务派遣若干规定（征求意见稿）》[①] 中第八条规定"劳务派遣单位应当与被派遣劳动者订立二年以上的固定期限劳动合同。经双方协商一致，可以订立无固定期限劳动合同"，但最终定稿的《劳务派遣暂行规定》第五条删减了"经双方协商一致，可以订立无固定期限劳动"的表述，同样直接使用了《劳动合同法》第五十八条的表述。综上可见，人力资源社会保障部认为劳务派遣用工具有临时性、辅助性、替代性，双方不适用签订无固定期限劳动合同，因此使用"二年以上的固定期限劳动合同"的表述。从立法机关本意上讲，劳务派遣只能签订二年以上的固定期限劳动合同。

大成律师的上述观点被劳动仲裁委、二审法院、广东省高级人民法院采纳，并大量直接引用于裁决书、判决书中。本案展现了办案律师对法律条文

---

① 人力资源和社会保障部，http：//www.mohrss.gov.cn/SYrlzyhshbzb/dongtaixinwen/buneiyaowen/201308/t20130809_109793.html，最后访问日期：2023 年 6 月 26 日。

全方位的分析能力。

@ 合规指引

本案裁决后,广东省高级人民法院、广东省劳动人事争议仲裁委员会于2018年7月18日发布《关于印发〈广东省高级人民法院、广东省劳动人事争议仲裁委员会关于劳动人事争议仲裁与诉讼衔接若干意见〉的通知》[1],其中第十七条规定:"符合《劳动合同法》第十四条第二款、第三款规定的情形的,劳务派遣单位应依法与被派遣的劳动者订立无固定期限劳动合同。"

---

[1] 法信网,http://www.faxin.cn/lib/dffl/DfflContent.aspx?gid=B1011565&libid=&userinput=%E5%B9%BF%E4%B8%9C%E7%9C%81%E9%AB%98%E7%BA%A7%E4%BA%BA%E6%B0%91%E6%B3%95%E9%99%A2%E3%80%81%E5%B9%BF%E4%B8%9C%E7%9C%81%E5%8A%B3%E5%8A%A8%E4%BA%BA%E4%BA%8B%E4%BA%89%E8%AE%AE%E4%BB%B2%E8%A3%81%E5%A7%94%E5%91%98%E4%BC%9A%E5%85%B3%E4%BA%8E%E5%8A%B3%E5%8A%A8%E4%BA%BA%E4%BA%8B%E4%BA%89%E8%AE%AE%E4%BB%B2%E8%A3%81%E4%B8%8E%E8%AF%89%E8%AE%BC%E8%A1%94%E6%8E%A5%E8%8B%A5%E5%B9%B2%E6%84%8F%E8%A7%81%E7%81,最后访问日期:2022年9月8日。

八、劳动关系的解除与终止

035 劳动者以手机遗失没有备份为由拒绝履行相应的交接义务，用人单位如何处理[①]

案例要旨

《劳动合同法》第五十条第二款规定，劳动者应当按照双方约定，办理工作交接。客户信息收集系劳动者的工作内容之一，并且客户信息对用人单位而言具备潜在的经济利益。劳动者以手机遗失、没有备份为由拒绝履行相应的交接义务，缺乏依据。

案情介绍[②]

郭某于2018年4月16日入职甲公司，工作岗位为TT别墅电梯销售主管，后郭某与甲公司因劳动合同签订及移交手续产生争议。本案例仅针对郭某是否应当移交客户资料进行说明和分析。

双方仅在微信上沟通确认了工作内容、工作地点、工作时间和休息休假、劳动报酬等事项，但未签订纸质劳动合同。2019年3月22日之前，郭某等人在TT别墅电梯报备群中对客户信息进行报备。2019年3月22日，甲公司在TT销售群中通知"报备的项目今天必须增加到氚云中"之后，郭某等人仍在TT别墅电梯报备群中对客户信息进行报备。2019年9月25日，甲公司在TT

[①] 曾春华，北京大成（厦门）律师事务所律师。

[②] （2020）闽0206民初1660号，中国裁判文书网，https://wenshu.court.gov.cn/website/wenshu/181107ANFZ0BXSK4/index.html?docId=9361714b0ce34a28bee5aca2017273ef，最后访问日期：2022年9月7日。

销售群中再次通知:"今年 2 月份开始到现在的报备线索请大家周五下班前填写完成,我要统一输入氚云系统!有报备过的同事都写。然后发送到我邮箱。请大家重视并抓紧完成,收到回复!"工作期间,郭某有向甲公司进行工作日志汇报,最后一次汇报的时间是 2019 年 10 月 16 日。2019 年 10 月 14 日,郭某与甲公司的法定代表人王某微信聊天时说:"今年九月份的工资你还没发给我,联系了财务宋某某,她说让我问你是什么情况?"王某回答:"该交的报表没交。"郭某说:"我跟何某说过了,10 月 10 日左右会提交,但是我 10 月 3 日手机丢失了,没备份。我手机丢掉的事何某知道的。"……王某说:"我花了一大笔钱让你跑信息,然后告诉我都丢了、没了,就没事了?"

郭某提出劳动争议仲裁请求:1. 确认申请人与被申请人于 2018 年 4 月 16 日至 2019 年 10 月 18 日期间存在劳动关系;2. 被申请人支付 2019 年 9 月 1 日至 2019 年 10 月 18 日期间的工资 12800 元;3. 被申请人支付 2019 年 1 月 1 日至 2019 年 9 月 30 日期间 6 天休息日加班工资 1600 元;4. 被申请人支付 2018 年 5 月 16 日至 2019 年 10 月 18 日期间未签订劳动合同的二倍工资差额 136000元;5. 被申请人支付未提前三十日通知解除劳动关系的一个月工资 8000 元;6. 被申请人支付 2019 年 1 月 1 日至 2019 年 10 月 18 日期间销售提成 4000 元;7. 被申请人补缴 2018 年 4 月至 2019 年 10 月期间的社会保险费。被申请人甲公司提出仲裁反请求:请求裁定被反请求人对于 2019 年 3 月至 2019 年 10 月被反请求人已走访客户(具体名单如附件所列)的详细联系信息(包括但不限于名称、地址、联系人、联系电话、微信等)没有及时提交,按 20% 的成交率、每单成交盈利 5 万元的标准赔偿给反请求人(全部未提交应赔偿额为:210×20%×5=210 万元)。

双方主要争议焦点:1. 双方微信沟通确认的内容是否属于以电子方式签订了书面劳动合同;2. 郭某是否应当移交其在职期间走访的客户名单及详细信息。

甲公司称:拜访客户、收集信息是郭某非常重要的工作内容,郭某也清楚甲公司关于所走访客户完整联系信息备案的要求,且在 2019 年 3 月之前均按规定进行了备案。但从 2019 年 3 月开始,郭某就没有再提供任何有效的信息,给原告造成了严重的损失。同时,郭某没有移交完客户信息,也应视为其未完成约定工作任务,2019 年 3 月 1 日至 10 月 16 日在岗期间甲公司只需发放其最低工资待遇，2019 年 10 月 17 日起郭某未提供劳动，原告无须发放任何工资。郭某未完成信息量，给甲公司造成损失，应当予以抵扣。甲公司一直强调要求业务员报备项目时应把设计师及业主的完整信息增加到氚云系统中。郭某在仲裁庭审过程中确认：甲公司从 2019 年 2 月 18 日开始要求报备完整的客户信息，2019 年 9 月 25 日再次强制要求报备完整客户信息并补充完善之前的客户信息。郭某提供完整信息的不过才 32 家，导致该等客户甲公司均无法及时继续跟进，而未能签成任何业务，给甲公司造成了严重的损失，甲公司有权要求郭某立即书面移交 2019 年 3 月至 2019 年 10 月走访的客户、设计师名单及详细信息（包括但不限于名称、地址、联系人、联系电话、微信等）。

郭某称：郭某于 2019 年 10 月 3 日手机丢失，手机上相关资料没有备份，而且甲公司也已经于 2019 年 10 月 18 日与郭某解除劳动关系，郭某无法提供，也无义务再向甲公司提供 2019 年 3 月至 2019 年 10 月的相关资料。

裁判观点

法院认为，本案中，客户信息收集系郭某的工作内容之一，并且客户信息对甲公司而言具备潜在的经济利益。2019 年 9 月 25 日，甲公司在销售群中明确通知，要求大家将当年 2 月起的报备线索在周五下班前填写完成，便于统一输入氚云系统。郭某的手机遗失，但之前其在 TT 别墅电梯报备群中报备的客户信息还在，仍然可以通过该部分信息提供的线索补充完整的客户信息并与甲公司办理相应的工作交接。郭某以手机遗失、没有备份为由拒绝履行相应的交接义务，缺乏依据，本院依法不予采纳。

案例评析

交接义务是劳动者的法定义务，特别是业务人员，其拜访客户的信息，对于用人单位有重要的商业价值，如果劳动者拒不交接，用人单位该如何维权？

本案中，在劳动仲裁时因立案人员认为"要求书面提交客户信息"不属于仲裁受理范围，用人单位方仅保留了未移交客户信息的赔偿请求，但还是坚持请求仲裁委员会对交接事宜涉及的基本事实进行了审查、认定，从而先固定了案件相关事实。

一审时，考虑到对于员工不予交接时的法律后果在《劳动法》《劳动合同法》中均未作出相应规定，根据《工资支付暂行规定》第十六条"因劳动者本人原因给用人单位造成经济损失的，用人单位可按照劳动合同的约定要求其赔偿经济损失"的规定，则需有劳动合同的约定。本案中，双方并没有签订书面劳动合同，且用人单位一时无法举证其所遭受的损失。于是，一审时用人单位改为根据《劳动合同法》第五十条第二款"劳动者应当按照双方约定，办理工作交接"的规定坚持要求劳动者交接对应客户信息，此请求得到了法院的支持。随后，劳动者因未履行该交接义务被列入失信被执行人员名单。案件进行执行程序后，劳动者向执行局提供了完整的客户信息。用人单位根据劳动者移交的客户信息分别同相应客户进行接洽，一方面看看是否仍有业务机会，另一方面沟通取得相应的损失证据，以进行下一步维权。

@ 合规指引

用人单位劳动用工后，如一直未与劳动者签订书面劳动合同，不仅需要依法向劳动者支付二倍的工资，还会导致因为对劳动者通常应用的约束条款缺失而使自身合法权益缺乏保障。本案例中，如果用人单位及时与劳动者签订劳动合同，则无须承担未签订书面劳动合同的二倍工资差额。而且如果在劳动合同中约定员工不予交接造成损失的赔偿方案，用人单位便可以直接对员工不交接完整客户信息的违法行为进行索赔。因此，建议用人单位在劳动行政部门劳动合同示范文本的基础上，根据自身的实际情况编制劳动合同文本，并在员工入职的第一时间与员工签订有效的劳动合同。

036 劳动者成立公司与用人单位进行交易，用人单位应如何处理[1]

案例要旨

劳动者及用人单位的合法权益均应受法律保护。本案中，劳动者及妻子成立公司与用人单位进行内部交易，严重违反公司规章制度，用人单位据此解除劳动合同属于合法解除。

案情介绍[2]

王某及其妻子在职期间设立并经营甲公司和乙公司，为王某的用人单位丙公司供货，涉及交易金额1000余万元。甲、乙两公司存在为丙公司供应假冒伪劣产品的情形。

丙公司于2019年12月1日颁布实施《员工守则》，经过了民主和公示程序，广泛征求了全体员工的意见，针对公司日常管理的各个方面进行了补充修订，并依据相关规定于2020年9月20日解除与王某的劳动合同。

随后，王某以丙公司违法解除劳动合同为由向人民法院提起诉讼，请求判决丙公司向其支付违法解除劳动合同赔偿金。

裁判观点

法院认为，王某系丙公司职工，双方合法权益均应受法律保护。根据《最高人民法院关于审理劳动争议案件适用法律问题的解释（一）》第四十四条规定："因用人单位作出的开除、除名、辞退、解除劳动合同、减少劳动报酬、计算劳动者工作年限等决定而发生的劳动争议，用人单位负举证责任。"本案中，根据丙公司提交的证据，2019年版《员工守则》系丙公司通

---

[1] 王文涛，北京大成（青岛）律师事务所律师。
[2] （2021）鲁0214民初3779号，中国裁判文书网，https://wenshu.court.gov.en/website/wenshu/181107ANFZ0BXSK4/index.html? docId = 7ed7605c26d642298724ad89017ce437，最后访问日期：2022年9月7日。

过民主程序制定的规章制度，不违反国家法律、行政法规及政策规定，并已向劳动者公示，可以作为确定双方权利义务的依据。王某违反该《员工守则》第八十六条的规定，于该《员工守则》实施后，仍继续持有其他公司90%的股份，丙公司依据《员工守则》的规定解除与王某的劳动合同，属于合法解除，故对王某主张的丙公司违法解除劳动合同，本院不予支持。对王某主张的解除劳动合同赔偿金，本院亦不予支持。王某主张其只是甲公司的挂名股东，不参与该公司的经营，但其未提交证据予以证明，应当承担举证不能的不利后果，故对王某的该主张，本院不予采信。

案例评析

在规章制度的民主程序和公示程序存在瑕疵、劳动者对违纪事实完全否认、违纪证据难以锁定的情况下，律师通过梳理大量的证据材料、挖掘证据的关联性、利用对方在庭审中的自认等方法，最终影响法官的内心判断，认定劳动者存在严重违反规章制度的行为，用人单位解除劳动合同合法，具有一定的典型性。

合规指引

建议用人单位在制定规章制度时一方面要保证内容合法、合理、可操作，另一方面要保证规章制度的制定经过了民主程序，并向劳动者公示。此外，用人单位要注意留存民主程序和公示程序的相关证据，避免仲裁员/法官认定规章制度不能作为裁判依据。

而在发现劳动者存在违纪行为时，用人单位应注意核实是否已掌握劳动者违纪的相关证据。若尚未掌握，用人单位需先进行相关证据的收集，并及时将证据保留存档，为可能发生的损害赔偿或劳动合同纠纷等提供充足的证据支持。

037 用人单位因客观情况发生重大变化与劳动者解除劳动合同，被认定违法解除后劳动合同应否继续履行[①]

案例要旨

"劳动合同订立时所依据的客观情况发生重大变化"，指劳动合同订立后发生了用人单位和劳动者订立合同时无法预见的变化，致使双方订立的劳动合同全部或者主要条款无法履行，或者若继续履行将出现成本过高等显失公平的状况，致使劳动合同目的难以实现。本案中，用人单位以此为由解除劳动合同不符合该解除事由的法定情形，系违法解除。违法解除情形下劳动合同是否应继续履行，应考察用人单位与劳动者是否就劳动合同内容变更进行协商、用人单位是否继续开展员工涉及的相关业务、员工之前提供对外服务是否系用人单位设立该岗位的必要条件等因素综合判断。法院认定用人单位违法解除劳动合同，但仍认可该劳动合同客观上无法继续履行。

案情介绍[②]

曹某与甲公司分别于 2010 年和 2012 年签订两份劳动合同，自 2012 年 6 月 18 日起签订无固定期限的书面《劳动合同书》，该合同第 2.1 条约定："乙方（即曹某）在北京从事专业专技工作。乙方须服从甲方的管理和工作安排，按照甲方确定的岗位责任按质按量完成甲方指派的工作任务。"第 2.2 条约定："甲方可根据生产经营需要或基于乙方的能力及表现及健康状况等合理调整乙方的职务、工作部门、工作岗位和/或安排其从事其他工种，或在本市范

[①] 张立杰、翁飞，北京大成律师事务所律师。
[②] （2019）京 0105 民初 17926 号，中国裁判文书网，https://wenshu.court.gov.cn/website/wenshu/181107ANFZ0BXSK4/index.html?docId=c86c58df8e494cbcb61aaca7000ad3e3，最后访问日期：2022 年 9 月 7 日。
（2021）京 03 民终 7140 号，中国裁判文书网，https://wenshu.court.gov.cn/website/wenshu/181107ANFZ0BXSK4/index.html?docId=2d8c6b1db7224a1992fead52000b11f9，最后访问日期：2022 年 9 月 7 日。

围内变更乙方的工作地点，乙方应遵从甲方的有关安排。"第 8.5 条约定："有下列情形之一的，甲方可解除本合同，但需提前三十日以书面形式通知乙方或支付一个月的工资代替提前通知：……（3）本合同订立时所依据的客观情况发生重大变化（包括但不限于甲方住所迁移、被兼并、甲方的资产转移、甲方业务的出售，以及/或因生产经营需要进行的组织结构、经营条件、经营方式或发展战略调整等），致使本合同无法履行，经双方协商不能就变更本合同达成协议的。"曹某月基本工资为 57386.61 元，其正常提供劳动至 2017 年 12 月 14 日，曹某每年应休法定年休假 15 天，甲公司福利年休假 9 天，其 2017 年未休年休假。2017 年 12 月 14 日，甲公司向曹某发送《解除劳动合同的通知》，内容显示："劳动合同订立时所依据的客观情况发生重大变化，致使劳动合同无法履行，经用人单位与劳动者协商，未能就变更劳动合同内容达成协议，现公司不得不解除与你在 2012 年 6 月 18 日签署的劳动合同，公司将按规定支付你法定赔偿金（员工离职完成交接手续后次月支付）。合同解除生效日期：2017 年 12 月 15 日。"曹某不服甲公司解除劳动合同的决定，先后提起仲裁及诉讼。

裁判观点

本案争议焦点如下：

1. 本案情形是否属于"劳动合同订立时所依据的客观情况发生重大变化"，进而甲公司以此理由解除劳动合同是否合法？

法院认为，与争议事项有关的证据属于用人单位掌握管理的，用人单位应当提供；用人单位不提供的，应当承担不利后果。本案中，甲公司以"劳动合同订立时所依据的客观情况发生重大变化，致使劳动合同无法履行，经用人单位与劳动者协商，未能就变更劳动合同内容达成协议"为由，解除与曹某的劳动合同关系。但"劳动合同订立时所依据的客观情况发生重大变化"，指劳动合同订立后发生了用人单位和劳动者订立合同时无法预见的变化，致使双方订立的劳动合同全部或者主要条款无法履行，或者若继续履行将出现成本过高等显失公平的状况，致使劳动合同目的难以实现。一般包括：（1）地震、火灾、水灾等自然灾害形成的不可抗力；（2）受法律、法规、政策变化导致用人单位迁移、资产转移或者停产、转产、转（改）制等重大变化的；（3）特许经营性质的用人单位经营范围等发生变化的。而本案中，甲公司所主张的"许可业务不存在"并不属于"劳动合同订立时所依据的客观情况发生重大变化"之情形，故甲公司以此为由解除与曹某的劳动关系，不符合《劳动合同法》规定的合法解除情形，属于违法解除。

2. 若甲公司系违法解除，劳动合同是否应继续履行？

结合甲公司所提交的电子邮件可知，甲公司最迟自 2017 年 1 月即与曹某协商沟通调整工作岗位事宜，曹某亦于 2017 年 1 月至 2017 年 12 月期间，应聘过该公司亚太地区市场开发经理等职位，这说明曹某于 2017 年 1 月即知晓其在北京的工作岗位的调整计划，且双方就曹某工作岗位调整进行了较长时间的沟通、协商，但最终并未达成一致意见。曹某亦认可甲公司已经不再开展新的许可业务，而维持现有客户关系的技术服务并非甲公司专门在北京设立工作岗位的必要条件，故综合本案相关情况，应当认定双方的劳动合同客观上已经无法履行，故甲公司与曹某于 2012 年 6 月 18 日所签的《劳动合同书》无须继续履行，曹某的相关权利可另案主张。因双方无须继续履行劳动合同，故曹某要求甲公司支付 2017 年 12 月 15 日至 2018 年 4 月 27 日期间的工资损失，于法无据，对甲公司要求不支付上述期间工资损失的诉讼请求，法院予以支持。

需要说明的是，尽管甲公司在发送《解除劳动合同通知书》后，又于 2018 年 3 月 15 日及 2018 年 3 月 31 日两次向曹某发送《返岗通知书》，要求曹某到张家港报到，曹某均予以拒绝，但法院已经认定甲公司所发《解除劳动合同通知书》中的解除事由并不成立，其行为构成违法解除，且该行为均发生于本案诉讼之前，不论《返岗通知书》内容是否具有合法性及合理性，双方最终并未就岗位调整达成一致意见，故该行为不影响甲公司在本案中提出要求不恢复与曹某之间劳动关系之诉请。

💡 案例评析

1. 一审及二审法院判决改判仲裁结果。大成律师在仲裁阶段及法院审理阶段均代理公司。仲裁阶段仲裁委裁决甲公司败诉，劳动合同继续履行。其后一审及二审法院判决劳动合同无须继续履行，达到了客户的预期。律师在法院认定劳动合同系违法解除的情况下，据理力争，详细论述案涉劳动合同客观上无法继续履行的事实及法律依据，最终被法院支持。

2. 援用地方指导性文件进行释法说理。法院审理阶段，大成律师援引了《北京市高级人民法院、北京市劳动人事争议仲裁委员会关于审理劳动争议案件法律适用问题的解答》[①] 就法律法规不明确之处进行了细化说明，劳动合同确实无法继续履行主要有以下情形：（1）用人单位被依法宣告破产、吊销营业执照、责令关闭、撤销，或者用人单位决定提前解散的；（2）劳动者在仲裁或者诉讼过程中达到法定退休年龄的；（3）劳动合同在仲裁或者诉讼过程中到期终止且不存在《劳动合同法》第十四条规定应当订立无固定期限劳动合同情形的；（4）劳动者原岗位对用人单位的正常业务开展具有较强的不可替代性和唯一性（如总经理、财务负责人等），且劳动者原岗位已被他人替代，双方不能就新岗位达成一致意见的；（5）劳动者已入职新单位的；（6）仲裁或诉讼过程中，用人单位向劳动者送达复工通知，要求劳动者继续工作，但劳动者拒绝的；（7）其他明显不具备继续履行劳动合同条件的。劳动者原岗位已被他人替代的，用人单位仅以此为由进行抗辩，不宜认定为"劳动合同确实无法继续履行的"情形。

3. 提交终审法院法官的学术文章加强论证。大成律师每年参与北京市劳动和社会保障法学会组织的"劳动人事争议案例研讨会"。2019年8月该研讨会的会议资料刊载北京市第三中级人民法院法官的相关文章。大成律师将该文章有关观点提交法院参考，达到了加强说理的良好效果。

合规指引

1. 用人单位援引"劳动合同订立时所依据的客观情况发生重大变化"应尤为慎重，轻易不要使用。

为了避免某些用人单位依据"客观情况发生重大变化"为由随意与劳动

[①] 法信网，http://www.faxin.cn/lib/dffl/DfflContent.aspx?gid=B930964&libid=&userinput=%E5%8C%97%E4%BA%AC%E5%B8%82%E9%AB%98%E7%BA%A7%E4%BA%BA%E6%B0%91%E6%B3%95%E9%99%A2%E3%80%81%E5%8C%97%E4%BA%AC%E5%B8%82%E5%8A%B3%E5%8A%A8%E4%BA%BA%E4%BA%8B%E4%BA%89%E8%AE%AE%E4%BB%B2%E8%A3%81%E5%A7%94%E5%91%98%E4%BC%9A%E5%85%B3%E4%BA%8E%E5%AE%A1%E7%90%86%E5%8A%B3%E5%8A%A8%E4%BA%89%E8%AE%AE%E6%A1%88%E4%BB%B6%E6%B3%95%E5%BE%8B%E9%80%82%E7%94%A8%E9%97%AE%E9%A2%98%E7%9A%84%E8%A7%A3%E7%AD%94，最后访问日期：2022年9月8日。

者解除劳动合同,《劳动合同法》对用人单位据此解除劳动合同作出了程序上的约束,即由用人单位与劳动者根据变化后的客观情况,就变更劳动合同进行协商,如果劳动者不同意变更劳动合同,原劳动合同所确立的劳动关系没有存续的必要,用人单位方可与劳动者解除劳动合同。

2. 用人单位违法解除或终止劳动合同后,对"劳动合同确实无法继续履行"应继续进行证据补强。

劳动合同确实无法继续履行主要有以下情形:(1)用人单位被依法宣告破产、吊销营业执照、责令关闭、撤销,或者用人单位决定提前解散的;(2)劳动者在仲裁或者诉讼过程中达到法定退休年龄的;(3)劳动合同在仲裁或者诉讼过程中到期终止且不存在《劳动合同法》第十四条规定应当订立无固定期限劳动合同情形的;(4)劳动者原岗位对用人单位的正常业务开展具有较强的不可替代性和唯一性(如总经理、财务负责人等),且劳动者原岗位已被他人替代,双方不能就新岗位达成一致意见的;(5)劳动者已入职新单位的;(6)仲裁或诉讼过程中,用人单位向劳动者送达复工通知,要求劳动者继续工作,但劳动者拒绝的;(7)其他明显不具备继续履行劳动合同条件的。用人单位违法解除或终止劳动合同后,对"劳动合同确实无法继续履行"应继续进行证据补强,合理利用《北京市高级人民法院、北京市劳动人事争议仲裁委员会关于审理劳动争议案件法律适用问题的解答》等指导性文件的规定进行证据的补强。比如,"仲裁或诉讼过程中,用人单位向劳动者送达复工通知,要求劳动者继续工作"。

038 劳动者有性骚扰行为,用人单位是否可以解除劳动合同[①]

案例要旨

性骚扰是一种法律规定的侵害他人人身权利,并且应当承担法律责任的行为。在工作场所,用人单位应当预防和制止对职工的性骚扰。用人单位是

[①] 张春生,北京大成(石家庄)律师事务所律师。

否有相关的规章制度，是否有合理的预防、受理投诉、调查处置等措施，不仅是用人单位是否履行法定义务的具体体现，也是用人单位解除劳动关系的重要支撑。《劳动合同法》第三十九条规定："劳动者有下列情形之一的，用人单位可以解除劳动合同：（一）在试用期间被证明不符合录用条件的；（二）严重违反用人单位的规章制度的；（三）严重失职，营私舞弊，给用人单位造成重大损害的；（四）劳动者同时与其他用人单位建立劳动关系，对完成本单位的工作任务造成严重影响，或者经用人单位提出，拒不改正的；（五）因本法第二十六条第一款第一项规定的情形致使劳动合同无效的；（六）被依法追究刑事责任的。"根据上述法律规定，员工违背他人意愿，以言语、文字、图像、肢体行为等方式对他人实施性骚扰行为，构成严重违反用人单位规章制度的，用人单位可依据法定程序解除双方劳动合同。

▶ 案情介绍①

2019年5月1日，李某入职到甲公司A分公司，双方签订劳动合同期限至2021年4月30日。2019年8月A分公司下属的营销部成立，后李某经A分公司安排至A分公司下属的营销部工作，劳动合同主体由A分公司变更为A分公司下属营销部，李某在营销部担任营运经理。

2020年6月10日上午11时左右，李某对营销部同事刘某（女）实施不当的肢体行为，7月24日，刘某将李某对自己实施不当肢体行为的事实向营销部负责人进行投诉。营销部经调取监控录像，确认李某存在上述不当肢体行为，经征求工会意见并依据《员工手册（纪律守则）》通过EMS（邮政特快专递）向李某送达了解除劳动关系通知。

2020年8月25日，李某提出劳动仲裁申请，请求裁决：撤销用人单位解除劳动合同的决定，恢复双方劳动关系。

2020年9月25日，劳动仲裁委作出裁决：驳回李某的仲裁请求。

裁判观点

本案的争议焦点是用人单位是否属于依法解除劳动合同。

---

① （2020）冀0102民初8699号，本案例根据作者代理的案件改编。

本委认为，劳动者严重违反用人单位规章制度的，用人单位可以解除劳动合同。本案中，申请人的行为已构成严重违反用人单位的规章制度，被申请人依据已向申请人公示的《员工手册（纪律守则）》，对申请人作出解除劳动合同的处理决定，且已事先征得工会同意，并无不妥，故申请人要求撤销被申请人作出的与申请人解除劳动合同处理决定，并要求恢复双方劳动关系的仲裁请求，没有事实及法律依据，本委不予支持。

案例评析

用人单位对性骚扰行为的认定，采取合理的预防、受理投诉、调查处置等措施与《民法典》关于禁止性骚扰的规定高度契合，是《民法典》内容在企业员工管理及劳动法领域的具体呈现。

用人单位解除劳动合同时需注意，虽然《劳动合同法》规定了用人单位可依法解除劳动合同的法定情形，用人单位在解除劳动合同时仍需注意：

首先，用人单位应当依法建立和完善企业规章制度，将直接涉及劳动者切身利益的规章制度和重大事项决定公示，或者告知劳动者。

其次，确有证据材料证明劳动者严重违反规章制度。

最后，用人单位单方解除劳动合同的，应当事先将理由通知工会，按照法定程序依法解除劳动合同。

需要特别注意的是，严重违反用人单位规章制度的情形需要在规章制度中明确列明，避免因对"严重违反"理解产生分歧，或因不属于"严重违反"而得不到解除合法性的支持。

合规指引

预防和治理性骚扰问题是包括公司企业在内的所有社会主体应尽的社会责任。从公司企业的日常运营角度，预防和治理性骚扰有利于健康向上的工作环境的建设；从公司企业的长期发展角度，性骚扰行为对于公司的声誉会带来极其恶劣的影响，尤其是依赖企业信用、商誉的银行、保险、教育、培训等企业，一旦发生性骚扰事件，可能会对公司企业发展带来难以估量的损失。

公司企业预防和治理性骚扰问题可以考虑完善以下方面的工作：

首先，规章制度的建设。依法制定完善的规章制度是公司企业进行运营管理，保护员工和自身合法权益的权利，也是公司企业的应尽义务。公司企业应当将预防和治理性骚扰制度明确化、规范化。如在入职培训的同时宣示本单位态度，告知救济途径，完成培训、教育、警示义务，明确责任、处理方式等。

其次，用人单位在员工招聘、管理时，除了必要的资质、学历、健康状况、工作经历要求外，应当对品质道德方面提出相应的规范性要求，如不得从事吸毒、破坏他人家庭、性骚扰等违法犯罪或不道德行为；在劳动合同中，将对本公司企业职员、客户、服务对象进行性骚扰的行为作为严重违反单位规章制度，并可予以处罚、解除劳动关系的条件。督促和教育员工尊重性别平等，宣示对性骚扰行为坚决抵制的态度。

再次，办公环境的设置。公开透明的办公环境、设施安置有助于预防干预性骚扰问题的发生，同时有利于问题的处理及事后的调查取证。

最后，用人单位以性骚扰行为严重违反公司企业规章制度为由解除双方劳动关系时，务必谨记须提供充分、真实、完整的证据材料。

039 劳动者多次私自处理客户投诉，用人单位能否解除劳动合同[①]

案例要旨

用人单位的《员工手册》经过民主程序制定并向劳动者告知，该《员工手册》对劳动者具有约束力。劳动者客观上实施了严重违反《员工手册》的行为，用人单位据此解除劳动合同并履行了通知工会的程序，符合法律规定，无须支付违法解除劳动合同赔偿金。

---

① 马伯元、郑静静，北京大成（南京）律师事务所律师。

案情介绍[1]

2015年3月，邱某某与甲公司签订劳动合同，约定邱某某从事普工工作。2020年5月，甲公司调查发现邱某某在2019年多次私自处理客户投诉。同年6月，甲公司在听取邱某某陈述工会意见后，依据《员工手册》规定与其解除劳动合同。2020年7月，邱某某提起劳动争议仲裁申请，仲裁委应其要求作出不再受理此案决定后，邱某某于同年8月向一审法院提起诉讼，要求确认其在关联企业乙公司工作期间与甲公司存在劳动关系，并要求支付前述工作期间未签订书面劳动合同二倍工资差额、违法解除劳动合同赔偿金、带薪年休假工资等。

经过审理，一审法院判决甲公司向邱某某支付带薪年休假工资，驳回邱某某的其他诉讼请求。邱某某不服一审判决提起上诉，二审法院判决驳回上诉，维持原判。

裁判观点

法院认为本案争议焦点为：1. 甲公司是否构成违法解除劳动合同，是否应据此支付违法解除劳动合同赔偿金？2. 甲公司是否应当支付未签订书面劳动合同二倍工资差额？

关于第一个争议焦点，法院认为：甲公司提供了《员工手册》制定协商会议纪要、会议签到表、签收确认书，可以证明《员工手册》经过民主程序制定并向邱某某送达，且邱某某未对《员工手册》的制定程序及内容提出异议，该《员工手册》对其具有约束力。邱某某自行书写的报告中充分阐述了其私自处理客户投诉的行为及影响，其未提供证据证明上述报告系受胁迫书写，可以证明邱某某确实存在《员工手册》规定的严重违纪行为。甲公司据此与邱某某解除劳动合同并履行了通知工会的程序，符合法律规定，无须支付违法解除劳动合同赔偿金。

关于第二个争议焦点，法院认为：尽管法院认定甲公司与乙公司属于关联企业，但关联企业合并计算工作年限仅限于支付经济补偿或赔偿金的情

---

[1] （2020）苏0118民初2613号、（2021）苏01民终10398号，本案例根据作者代理的案件改编。

形,不包括支付未签订书面劳动合同二倍工资差额的情形。况且,邱某某称其在 2014 年 3 月 9 日至 2015 年 3 月 8 日期间与乙公司存在劳动关系,故其向甲公司主张上述期间未签订书面劳动合同二倍工资差额,缺乏事实和法律依据。

💡 案例评析

1. 关于私自处理客户投诉的行为定性问题

本案中,造成客户投诉的主要责任不在邱某某,表面看来邱某某处理客户投诉不仅未损害用人单位的合法权益,甚至维护了用人单位的声誉。大成律师从劳动者对用人单位具有忠诚义务、劳动者应当具备诚实守信品质着手,强调邱某某为了个人及部门业绩考核不受影响,私自补发材料并纠缠客户取消投诉,实质上属于擅自变更工作方法、以虚假信息欺瞒公司,行为性质恶劣,影响企业健康发展,且有违诚实守信的社会主义核心价值观。用人单位依据《员工手册》规定认定上述行为属于严重违纪情形,公平合理。

2. 劳动者违纪行为给用人单位造成损失的定位

本案中,邱某某补发的各类配件经济价值不高,如果以直接经济损失为落脚点,很可能导致承办法官无法认同将上述行为认定为严重违纪情形的合理性。大成律师从用人单位的产品质量管理、品牌建设及客户美誉度等方面切入,强调邱某某作为资深员工多次实施违纪行为,造成用人单位无法准确了解客户对产品质量和售后服务质量的真实评价,从而导致就质量和服务存在的问题无法对相关操作人员及负责人进行教育和整改,无法从源头上维护和提高产品品质,导致客户对企业产品质量管理、品牌建设丧失信心。因此,案涉违纪行为实质上破坏了企业生产、仓储物流、财务核算、售后服务等管理制度,如此定位可以使承办法官更直观地理解此类违纪行为造成的损失不局限于直接经济损失,而是严重危及企业的生存与发展,从而使其认可用人单位解除劳动合同的必要性。

3. 利用对方证人出庭作证的机会,弥补本方证据不足

本案中,邱某某申请了三位证人出庭作证,拟证明用人单位《员工手册》制定不合法,以及其不存在违纪行为等。大成律师通过证人发问环节,使承

办法官了解到在用人单位劳动者私自处理客户投诉属于违纪行为是众所周知的事实，另确认了邱某某及该系列案件中另外两名劳动者关于违纪情况说明的签名为本人书写，弥补了用人单位在劳动者客观存在违纪行为方面证据的不足。

@ 合规指引

1. 对劳动者违纪行为处罚依据的适用，应当更加慎重

本案中，用人单位认为劳动者私自处理客户投诉构成严重违纪，可以解除劳动合同，应当适用《员工手册》"隐瞒或提供虚假信息以欺骗公司"的规定，但用人单位在征求工会意见及作出解除劳动合同的决定时，却以劳动者违反公司门禁、财务等流程及私用公司财物掩盖过错等理由解除劳动合同，极大地增加了被认定为违法解除劳动合同的法律风险。

2. 对于劳动者违纪事实及时取证，并固定证据

本案中，用人单位能够提交的关于劳动者邱某某严重违纪行为的证据不足，但在事件调查过程中收集的邱某某书写的关于违纪情况的报告，在很大程度上弥补了这一不足。然而，在该系列案件中，因用人单位提供的另两名劳动者违纪情况说明的签字被鉴定为非本人所写，导致诉讼中用人单位未能完成劳动者存在违纪行为的举证义务。

3. 非因本人原因导致劳动者工作单位调动的，应及时支付经济补偿

劳动者非因本人原因从原用人单位被安排到新用人单位工作，原用人单位未支付经济补偿，新用人单位向劳动者提出解除、终止劳动合同，或者劳动者依据《劳动合同法》第三十八条规定与新用人单位解除劳动合同，在计算支付经济补偿或赔偿金的工作年限时，劳动者请求把在原用人单位的工作年限合并计算为新用人单位工作年限的，人民法院应予支持。本案中，乙公司与甲公司被法院认定为关联企业，劳动者从乙公司调动至甲公司工作时，原用人单位乙公司未支付经济补偿。如果甲公司被认定为违法解除劳动合同，在计算赔偿金时则面临合并计算工作年限而导致的较大经济损失。

4. 重视对劳动者应休带薪年休假的管理

对于因限电等原因可能导致劳动者无法正常提供劳动，在用人单位正常支付工资的情况下，可及时与劳动者协商，安排休带薪年休假，通过正当途

径减少用工成本。

040 劳动者拒绝接受公司合理的工作安排并消极怠工，用人单位如何举证①

案例要旨

在劳动者具有违规违纪行为的情况下，用人单位可行使用工自主权，对劳动者的岗位进行合理的调整。劳动者作为公司员工理应服从合理的调岗安排，在新的岗位上为公司贡献应有的力量，但其拒绝接受公司合理的工作安排并消极怠工，公司根据规章制度的规定解除员工的劳动合同，属于合法解除劳动合同。

案情介绍②

甲公司与蔺某签订无固定期限劳动合同约定，蔺某从事的工作岗位为经理。后甲公司多名员工陆续收到投诉蔺某的电话及邮件。投诉内容涉及蔺某不良私生活的情况及不雅图片，在甲公司内部造成了极其恶劣的影响。甲公司决定免除蔺某设计部经理职务，安排蔺某从事某项目机械专业设计工作，但蔺某以各种理由拖延或拒绝工作任务。

2020年5月20日，甲公司向蔺某发出函件。在函件中，将蔺某前期消极怠工的事实予以总结，并书面提示蔺某将有可能被解除劳动合同且不支付经济补偿金。

2020年6月9日至2020年6月19日期间，甲公司每日以邮件方式安排蔺某从事审核加工涉及图纸、参加工作会议、提交工作日报等工作，并要求蔺某

---

① 张洁，北京大成（珠海）律师事务所律师。
② （2021）粤04民终2423号，中国裁判文书网，https://wenshu.court.gov.cn/website/wenshu/181107ANFZ0BXSK4/index.html?docId=c4a5c4bf77f447f1b182adf801138203，最后访问日期：2022年9月7日。

在指定时间内通过邮件方式回复,但蔺某并未向甲公司提交任何工作成果。

2020年6月19日,甲公司以蔺某长期消极怠工,不服从工作安排,严重违反公司规章制度为由,与蔺某解除劳动合同。

蔺某认为甲公司违法解除,申请仲裁要求甲公司支付赔偿金。仲裁委员会驳回蔺某的仲裁请求。蔺某不服劳动仲裁裁决,提起诉讼。一审、二审法院均认定甲公司合法解除,判决无须向蔺某支付赔偿金。

裁判观点

二审法院认定:如一审所述,甲公司提交的《违纪管理办法》系经过民主程序制订并经工会表决通过,且该办法第3.4条关于"消极怠工、不服从公司工作安排的,情况严重将予以解除劳动合同并无须支付经济补偿金"的规定,并未违反法律法规的强制性规定,具有合理性,可以作为用人单位解除劳动合同的制度依据。综合全案事实和证据,本院认为,虽然甲公司与蔺某签订的劳动合同约定工作岗位为经理,但在劳动者具有违规违纪行为的情况下,用人单位可行使用工自主权,对劳动者的岗位进行合理的调整。蔺某在具有违规违纪行为的情况下,已明显不符合担任部门经理这一管理职务的条件,故甲公司免去其设计部经理职务具有合理性。甲公司将蔺某调整为机械工程师岗位并不具有明显的侮辱性,且其工资收入与之前相比没有明显降低,蔺某作为公司员工理应服从公司合理的调岗安排,在新的岗位上为公司贡献应有的力量,但其拒绝接受公司合理的工作安排并消极怠工,甲公司根据上述规章制度的规定解除与蔺某的劳动合同,属于合法解除劳动合同,无须支付赔偿金。

案例评析

本案的难点在于员工消极怠工的证据收集和固定。办案律师接受甲公司委托后,在劳动争议出现前安排了如下工作:

1. 充分给予蔺某解释及改正的机会。针对前期的消极怠工情况,通过书面形式总结了蔺某消极怠工的事实,并提示蔺某消极怠工的行为可能导致的后果,要求蔺某立即改正;并告知蔺某对公司认定的消极怠工的事实可提出异议。

2. 工作安排及工作成果可量化处理。在向蔺某送达函件后，安排公司通过邮件方式每日向蔺某发出明确的工作安排，并要求蔺某在指定时间内完成。上述工作安排持续两周。

3. 诉讼中紧抓案件重点，不在细节上与蔺某过分纠缠。蔺某在仲裁及诉讼阶段均提出公司违法调岗在先，员工拒绝工作在后。办案律师提出两点：

（1）蔺某存在违规违纪的情形，公司有权调整岗位。且调整岗位后的工资水平与原岗位基本相当，不具有侮辱性。

（2）员工在收到调岗决定后未提书面异议，并已实际履行超过一个月。根据《最高人民法院关于审理劳动争议案件适用法律若干问题的解释（四）》第十一条①：“变更劳动合同未采用书面形式，但已经实际履行了口头变更的劳动合同超过一个月，且变更后的劳动合同内容不违反法律、行政法规、国家政策以及公序良俗，当事人以未采用书面形式为由主张劳动合同变更无效的，人民法院不予支持。"应认定为员工接受调岗决定。同时，紧抓蔺某长期存在消极怠工的事实，强调公司解除劳动合同的合法性，最终得到仲裁委、一审法院、二审法院的一致认可。

本案体现了办案律师对案件事实的证据收集能力以及案件争议焦点的精准把控能力。

合规指引

《劳动合同法》第三十九条第二项规定，劳动者严重违反用人单位的规章制度的，用人单位有权解除劳动合同。因此，如企业拟解除长期消极怠工员工的劳动合同，首先，须制定相应的规章制度并通过民主程序。其次，在员工出现消极怠工情况后，企业应当及时安排对员工消极怠工行为的证据固定及收集工作安排，并需注重在一个时间区间内（如10个工作日）的持续性收集工作，以及对工作的可量化安排。注意听取员工对公司安排的工作内容、员工对公司要求的完成时间是否合理的意见。

---

① 该解释目前已失效，该条对应《最高人民法院关于审理劳动争议案件适用法律问题的解释（一）》第四十三条。

041 总公司撤销分公司，分公司的劳动者能否要求总公司继续履行劳动合同[①]

案例要旨

公司依法撤销分公司，分公司依法终止与员工的劳动合同。分公司向员工支付了解除劳动合同经济补偿及未提前一个月通知解除劳动合同额外支付的一个月工资，已承担对员工终止劳动合同的民事责任。

案情介绍[②]

甲公司因乙分公司撤销与员工终止劳动合同，后员工提起劳动仲裁、一审和二审诉讼，要求总公司继续履行劳动合同，并支付恢复劳动关系的工资、补缴社会保险费等。仲裁委、法院均认为公司依法终止劳动合同。

裁判观点

深圳市中级人民法院审理本案后认为，《劳动合同法实施条例》第四条前款规定，劳动合同法规定的用人单位设立的分支机构，依法取得营业执照或者登记证书的，可以作为用人单位与劳动者订立劳动合同。《劳动合同法》第四十四条第五项规定，用人单位被吊销营业执照、责令关闭、撤销或者用人单位决定提前解散的，劳动合同终止。

本案中，甲公司依法撤销乙分公司，乙分公司依法终止与员工的劳动合同。乙分公司向员工支付了解除劳动合同经济补偿及未提前一个月通知解除劳动合同额外支付的一个月工资，已承担对员工终止劳动合同的民事责任。员工上诉主张由总公司继续履行其与乙分公司的劳动合同，没有事实依据及法律依据，本院不予支持。

[①] 于亦佳，北京大成（深圳）律师事务所律师。
[②] （2021）粤 03 民终 2344 号，中国裁判文书网，https：//wenshu.court.gov.cn/website/wenshu/181107ANFZ0BXSK4/index.html? docId＝4a05c60422f246c68485ae2200988e78，最后访问日期：2022 年 9 月 7 日。

案例评析

大成律师认为，本案主要争议焦点为甲公司撤销乙分公司，是否属于《劳动合同法》第四十四条第五项"用人单位被吊销营业执照、责令关闭、撤销或者用人单位决定提前解散的"情形？甲公司因此终止与员工的劳动合同是否合法？

本案经过积极举证、应诉答辩，仲裁委、法院均认为甲公司依法终止劳动合同，未支持员工诉求。大成律师总结办案亮点如下：

1. 提供充分证据证明乙分公司撤销和终止劳动合同程序合法。甲公司将此前召开员工说明会的录音证据，形成文字整理版本，使其符合法律要求的证据形式，也方便仲裁委、法院了解案情。为证明甲公司作出董事会决议、股东决议合法，大成律师申请调取公司企业内档、提交甲公司章程，证明甲公司系按照过往的合法流程作出决议。同时，尽管在仲裁阶段公司仍未完成注销流程，但甲公司仍将提交工商部门的注销申请书作为证据一同提交，进一步证明甲公司的终止流程合法。

2. 强调劳动合同主观、客观均不能继续履行。乙分公司的终止存在客观原因，即原有的经营业务被总公司吸收合并。并且，员工在收到终止劳动合同通知书和公司最终付款以来，长达近一年未提出任何异议。

3. 结合仲裁委此前处理过的类似案例办理本案。在仲裁阶段制作《申请劳动仲裁委调查取证申请书》，向仲裁委申请调取此前同一仲裁委处理的该公司其他员工类似案件的案卷，方便仲裁委查清案件事实。

4. 避免了对其他同样被终止劳动合同的员工提出同样诉求。如果该案公司败诉，将引发此前同样因公司终止劳动合同的其他22名员工提起同样的诉求，对公司造成较大影响。因此，获得此案胜诉对公司意义重大。

合规指引

总公司决议撤销分公司，在有事实、制度和法律依据的情况下，可以依法终止与分公司劳动者的劳动合同。对此，大成律师对用人单位有如下法律风险管理建议：

1. 因分公司撤销终止劳动合同，尽快成立专项小组处理，注意提前做好劳动部门的报备工作。

2. 因终止劳动合同产生的相关证据，注意做好证据留存工作，比如终止劳动合同通知书的快递、员工说明会的录音或录像等。

3. 在处理大批量员工劳动合同终止问题时，需注意积极、平稳应对，避免引发群体性事件。

042 特殊岗位的劳动者隐瞒吸毒史，用人单位能否解除劳动合同[①]

案例要旨

合同履行过程中，发现公交车驾驶员有吸毒史的，属于因劳动合同订立时所依据的客观情形发生重大变化，导致原劳动合同无法履行的情形。用人单位以此为由与员工解除劳动合同，符合法律规定，但应向员工支付解除劳动合同的经济补偿。

案情介绍[②]

1998年4月9日，李某因吸毒被公安局强制戒毒3个月。自2011年6月28日起，李某入职甲公司，一直担任公交车驾驶员。在入职时，李某向甲公司递交《入职登记表》作出无违法记录保证，隐瞒了有吸毒史的事实。2014年，全市公交运输企业将从业人员全部录入系统，甲公司了解到李某有吸毒史，但鉴于李某在工作中表现良好，并未解除双方的劳动关系，并于2018年

---

① 靳军，北京大成（深圳）律师事务所律师。
② （2020）粤0310民初547号，中国裁判文书网，https：//wenshu.court.gov.cn/website/wenshu/181107ANFZ0BXSK4/index.html?docId=46c806d90fb64c268349ad0500a425ce，最后访问日期：2022年9月7日。

7月1日与李某签订无固定期限劳动合同。2019年6月19日，公交派出所向甲公司发送告知函，告知甲公司李某在异常人员名单中，人员验证类型为：部级涉毒。2019年7月26日，甲公司根据《城市公共汽车和电车客运管理规定》第二十七条"公共交通的运营企业聘用的从事城市公共汽车客运的驾驶员应当具备无吸毒记录的条件"，以及市公共交通管理局《关于切实加强公交行业司乘人员从业审查工作的通知》"对已聘用司乘人员要做好定期审查，审查结果不符合《城市公共汽车和电车客运管理规定》要求的人员不得予以录用"的规定，以李某被公安部门查处有吸毒史为由，向李某发出解除劳动合同通知书，解除了与李某的劳动关系。2019年8月9日，李某申请劳动仲裁，主张甲公司违法解除劳动合同并要求支付经济赔偿金。

裁判观点

本案的争议焦点为：甲公司解除与李某的劳动关系是否属于违法解除。

仲裁裁决认为，甲公司依据相关的规章制度对李某作出辞退处理，并按规定通知工会，事实清楚，合法有据。李某请求甲公司支付违法解除劳动合同的赔偿金，缺乏事实依据，不予支持。

一审法院认为，首先，李某未违反甲公司规章制度。第一，李某在2011年5月所填写的入职申请表系甲公司提供的格式文本，甲公司也未就吸毒史对李某进行特别提示、询问及审查，该申请表无法证明李某刻意隐瞒了其吸毒史这一事实。第二，公交派出所在发现李某有吸毒史之后，对李某所在的车队开展走访，要求企业落实安全生产主体责任，该事实与李某关于甲公司已经知晓其吸毒史的主张相互印证。根据公交派出所回函中的文字表述可以推定公司对李某存在吸毒史的情况是清楚知晓的。第三，甲公司在知晓李某有吸毒史的情况下，仍在2014年7月1日续签劳动合同，2018年7月1日与李某签订无固定期限的劳动合同。第四，李某无法预测其行为可能违反甲公司以后制定的规章制度及劳动纪律，故甲公司不能以2017年所制定的规章制度对李某2011年入职时的行为进行认定并作出处罚。

其次，甲公司以李某有吸毒史为由解除劳动合同并无不当。第一，甲公司作为公共交通的运营单位，其所运营的交通公交系危险系数较高的中、大型客运车辆，其所承载的对象是不特定的社会公众，需担负更为严苛的社会公共安全责任，则对其所招聘的驾驶人员的要求必定严于普通驾驶岗位。驾驶员除具备相符驾驶资格这一基本条件外，更为重要的是不得有有碍安全驾驶的违法行为、不良行为或者其他潜在的安全隐患，这是公交公司维护社会公众利益的行业特殊性所必然决定的。第二，《城市公共汽车和电车客运管理规定》已经明确规定，公共交通的运营企业聘用的从事城市公共汽车客运的驾驶员应当具备无吸毒记录的条件。本案中，甲公司以李某有吸毒史为由，解除劳动合同并无不当，不构成违法解除劳动合同。

最后，甲公司应支付经济补偿金。李某在入职及在合同履行过程中，并不存在违反公司规章制度和劳动纪律的情况，但根据现行的行政法规，甲公司无法聘用李某继续从事驾驶员的工作，甲公司应当按照《劳动合同法》第四十六条的规定，向李某支付解除劳动关系的经济补偿金。

二审法院认为，本案中李某在职期间不存在违反规章制度的行为，但不符合交通运输部2017年第5号令《城市公共汽车和电车客运管理规定》及公安部门向一审法院的回函，且甲公司是在接到公安机关的告知函之后才与李某解除劳动合同。因此，本案属于因劳动合同订立时所依据的客观情形发生重大变化，导致原劳动合同无法履行的情形，甲公司以李某有吸毒史为由与其解除劳动合同符合法律规定，但应向李某支付解除劳动合同的经济补偿。

案例评析

本案中代理人的诉讼思路是通过论证因李某有吸毒史不符合公交行业司乘人员从业标准，违反相关法律法规，从而说明甲公司是合法解除劳动合同的。二审法院最终以"因劳动合同订立时所依据的客观情形发生重大变化，导致原劳动合同无法履行"为由判决甲公司属于合法解除，无须向李某支付违法解除劳动合同的赔偿金，但须支付解除劳动合同的经济补偿金。该判决平衡了劳动者与用人单位之间的利益，既对李某多年来的工作给予了补偿，又减少了公司的经济损失。该结果取得了很好的社会效果，双方对判决结果都予以认同。

@ 合规指引

本案中，公交公司属于维护社会公众利益的特殊行业，担负着更为严苛的社会公共安全责任。公交公司应按照法律法规及上级主管部门的规定，严格审查从业人员是否符合从业要求。无论用人单位还是员工都不能存在侥幸心理，对于不符合从业要求的人员，应及时作出处理。

用人单位在与劳动者订立劳动关系时，除要求劳动者如实说明外，还应主动审查劳动者是否具备从业要求。根据《劳动合同法》第二十六条的规定："下列劳动合同无效或者部分无效：（一）以欺诈、胁迫的手段或者乘人之危，使对方在违背真实意思的情况下订立或者变更劳动合同……"如劳动者就从业要求作出虚假就业履历、资质或承诺，且用人单位基于此与其订立劳动合同的，用人单位有权单方面解除劳动合同。在履行劳动合同过程中，用人单位应注意以下几点法律风险：

1. 有明确、具体、合理的从业要求或招聘条件，并确保劳动者知悉前述条件。用人单位在列举从业要求时，应尽可能详尽、具体地列举，并进行特别提示、询问，避免使用"重大""严重"等模糊性词语。同时，建议请劳动者对从业要求作出书面承诺。

2. 新签、续签劳动合同时，应主动审查劳动者是否具备从业要求。用人单位应当结合自身主体特殊性，用已有条件对劳动者进行严格审查，如劳动者的民事行为能力、年龄、执业资格、从业资格、原劳动合同关系、竞业限制义务、被追究刑事责任、受行业处罚等情形。

3. 如发现劳动者不符合从业要求的，应当收集、保存好劳动者提供的虚假履历、证件、证书、承诺的证据。

4. 在发现劳动者不符合从业要求后，用人单位应在合理的期限内单方面解除劳动合同。用人单位应尽快审查并作出决定，如单方面解除劳动合同的，应当通知工会，听取工会的意见，再将解除劳动合同通知送达劳动者本人。

043 劳动者违背忠诚义务，未向公司披露可能触及公司或公司客户利益的重要信息，用人单位能否解除劳动合同[①]

案例要旨

劳动合同是人身信赖极强的合同，忠诚义务系劳动合同之主义务，而非附随义务。若劳动者陷入利益冲突或其已经意识到有陷入利益冲突之虞但却未能及时、审慎披露的，无论后果，其若未能履行应尽的忠诚义务，违反诚实信用原则，为谋私利不惜以欺诈手段规避正常监管流程进而伤害到用人单位基于劳动关系的最根本利益——信任。无论后果如何，其行为足具可谴责性和处罚性，在员工严重违反忠诚义务的情况下，用人单位解除其劳动合同合法合理。

案情介绍[②]

乙公司拟定于上海设立实体（下称甲公司）。为解决甲公司设立前用工及展业问题，乙公司与某人力资源服务公司（下称丙公司）签署了《人力资源服务协议》，由丙公司授权其大陆某关联公司（下称丁公司）为甲公司提供外包服务，以协助甲公司处理设立前的筹备工作，并参与设立初期部分销售工作。

丁公司为甲公司项目考虑，经甄选程序，聘用了员工并与其订立书面劳动合同。双方签署的《劳动合同》中明确约定了此后的工作内容与职责范围，包括员工入职后将直接参与甲公司的项目，负责甲公司的设立筹备与指定项目的承接。《劳动合同》亦约定，员工应遵守职业操守，不得提供误导性，虚假和不正确的信息，造成遗漏重大事实，不得接受客户给予的报酬或财务，也不得参与与公司及公司业主利益冲突的活动等义务。

[①] 罗欣、肖娟，北京大成（上海）律师事务所律师。
[②] 本案例根据作者代理的案件改编。

劳动合同履行过程中，公司经调查发现员工存在如下利益冲突行为：1. 通过自己控股的或控制的公司与甲公司开展业务，收取甲公司支付的佣金及市场活动经费补贴；2. 员工安排其母亲与甲公司进行交易，借此获取超额销售佣金；3. 尝试说服团队成员代理销售非甲公司的项目；4. 任职期间同时担任其他公司的监事和经理。后丁公司以员工严重违反公司的无利益冲突政策以及严重违反职业操守，对公司及客户造成重大损害为由解除了与其的劳动关系，员工遂诉请要求恢复劳动关系，继续履行劳动合同。

裁判观点

法院定案观点如下：首先，员工作为丁公司外派至甲公司的业务总监，其应当知晓自己的工作职责。且作为管理人员的员工，对公司负有忠诚、勤勉的义务。在涉及有可能触及丁公司及其客户甲公司利益之事项时，员工应及时向甲公司进行详细、完整地披露，尽到忠实告知义务，避免甲公司的利益遭受损失。其次，就本案而言，甲公司内部销售团队人员的销售提成与其委托的代理公司销售的佣金存在明显的差异，员工作为业务总监，对此差异应当明确知晓。而员工持有甲公司代理商50%的股份，明显属于可能触及甲公司利益之事项，员工应对此尽到忠实告知义务。最后，员工未向甲公司披露可能触及公司利益的重要信息，违背了劳动者忠诚履职的义务，亦有违劳动者最基本的职业操守。综上所述，法院认定，丁公司以此为由解除与员工的劳动合同并无不当，并不予支持员工主张恢复劳动关系之请求。

案例评析

大成律师认为，本案对于"违反利益冲突规范解除劳动合同"类案的研判具有一定典范意义。

长期以来，对于劳动法当中的利益冲突管制及处理事务往往存有三点"刻板印象"：

1. 利益冲突行为之约束效力全源自规章制度或合同约定（即所谓"有约定从约定"），若规章制度或合同约定缺位，则不应视为违纪行为（参照"法无明文规定不为罪"处理）；

2. 利益冲突行为若没有产生损害后果，其本身往往属于"中立"或"轻微"事件，其可谴责性或可处分性有待商榷；

3. 利益冲突行为本身不适宜作为一种违纪行为，其只是一种"中间状态"或"触发点"，往往会最终转化为渎职、侵占、侵害商业秘密、滥用公司资源等违纪行为，故相关制约应针对这些最终行为展开。

前述"刻板印象"虽有合理之处，但其对利益冲突行为本身的可谴责性或可处罚性可能过于"纵容"，在很多情况下反而导致用人单位遭遇不公对待，破坏诚信和合规的企业文化。

利益冲突案件当中，无论是基于劳动合同的明示义务，抑或作为一名劳动者所负有的作为默示义务的忠诚义务，员工均不应以违规行为损害用人单位之合法权益。利益冲突行为所侵害的客体表面上是雇主的知情权或收益权，但根基在于动摇或丧失了雇主的信任——这是人身信赖合同的履约基础，违反了劳动者的忠诚义务，进而导致对员工的纪律措施，乃至劳动关系的解除。利益冲突约束机制所要达成的目的并非要求员工在结果层面作出公正的处理，其规制方法往往是程序导向的：一方面要避免利益冲突态势的形成（特别是杜绝在主观恶意驱使下主动形成的利益冲突），另一方面要在利益冲突不期而至之时，审慎地经由披露程序将选择交与用人单位。

本案中，法官也是从雇主知情权、经由披露程序的选择权角度解读了利益冲突行为：第一，认定了员工在涉及有可能触及公司利益之事项时，应当向公司进行详细、完整地披露，尽到告知义务；第二，认为员工于入职信息中填写了曾于甲公司代理商的工作经历，但并未披露其持有甲公司代理商的股份以及其与该公司法定代表人系母女关系之重要信息，构成利益冲突行为（可见信息披露范围和程度亦为案件审查要素）；第三，亦认定利益冲突行为违反了劳动者的忠诚义务，有违劳动者最基本的职业操守，用人单位有权解除劳动合同。

@ 合规指引

大成律师建议，企业在处理员工违反利益冲突政策的案件时应注意如下事项：

1. 用人单位应制定完善的利益冲突政策，明确约定利益冲突情形、员工信息披露义务、信息披露范围及程度。

2. 在劳务外包的用工形式下，应将使用外包服务的单位（即最终用户）的利益纳入外包公司的利益冲突规范调整范围内。

3. 劳动合同履行过程中留意员工违反利益冲突政策的取证和证据保存。

044 劳动者不服从用人单位合理调整坚持在原工作地点打卡是否构成旷工[①]

案例要旨

用人单位对劳动者工作地点进行合法合理调整后，劳动者拒绝在新工作地点提供劳动，经用人单位再三催促仍拒绝到岗，用人单位基于劳动者旷工的事实依据及规章制度作出解除劳动合同决定，于法有据。

案情介绍[②]

叶某提出仲裁申请称，其于2003年1月1日入职甲公司处，岗位为销售，每月平均工资为6764元。2019年8月29日，甲公司无法定依据和理由违法单方辞退叶某，并向申请人开具《解除劳动合同通知书》。叶某认为甲公司的辞退行为违法，不仅无相应证据和事实，亦无法律和有效的规章依据，违反法律规定的条件和程序，违法解除劳动合同，依法应予双倍赔偿，叶某于2003年1月至2019年8月在甲公司处工作，工作年限为16年7个月，叶某月平均工资为6764元，代扣社保554元，叶某提出仲裁请求：裁决甲公司向叶某支付违法解除劳动合同赔偿金人民币247656元。

甲公司辩称：叶某连续旷工一个多月，严重违反了规章制度，甲公司系

---

① 曾春华，北京大成（厦门）律师事务所律师。

② （2019）闽0212民初5612号，中国裁判文书网，https://wenshu.court.gov.cn/website/wenshu/181107ANFZ0BXSK4/index.html？docId=431ddc81f0b54ec69173abd6009aa4c8，最后访问日期：2022年9月7日，（2020）闽02民终2824号。

依法解除与叶某的劳动合同，无须支付叶某赔偿金。甲公司是负责福建市场销售及运营管理的企业。叶某自 2003 年进入甲公司一直从事销售工作。叶某与甲公司劳动合同明确约定："乙方同意在甲方安排的工作地点从事销售工作，合同期内甲方因工作需要调动工作，乙方同意调动。"而且此前，叶某也因业务的需要先后在厦门市外的多地市工作。因三明大区需要对餐饮销售渠道比较熟悉的业务人员，叶某这方面的工作经验丰富。故 7 月 2 日公司党委与叶某谈话沟通时，一并提了工作调动的事情，叶某并未提出异议。2019 年 7 月 22 日，甲公司人力部门制作了正式调动通知书，告知叶某应于 2019 年 7 月 29 日前到三明大区报到，并在 2019 年 7 月 24 日，用 EMS 快递把通知书邮寄给叶某。7 月 23 日起，叶某便开始不到岗上班（所属主管未上报，为仲裁应诉，甲公司去调取同安大区的考勤材料时才知悉），快递也拒绝签收。7 月 29 日三明大区反馈叶某没有前来报到。甲公司人力部给叶某发信息解释并提醒，甲公司人力部人员本以为叶某作为一名老员工同时作为一名党员，能够认识错误、调整心理状态。然而，几周过去后，叶某仍未纠正错误、持续旷工。2019 年 8 月 22 日，甲公司只好用微信再把正式通知及公司相关的考勤制度发给叶某，再次敦促其到三明大区报到上班，并把《上班通知》及公司相关的考勤制度通过 EMS 邮寄给叶某。叶某仍然不予理会。为此，2019 年 8 月 28 日，甲公司通过研究讨论，决定依据有关法律法规和公司的规章制度解除与叶某的劳动关系。甲公司马上将该决定上报给了公司工会委员会，并取得了工会委员会的同意。2019 年 8 月 29 日，甲公司通过 EMS 邮件向叶某送达了《解除劳动合同通知书》。综上，甲公司解除与叶某的劳动合同合情合理合法，无须支付叶某任何赔偿金。

裁判观点

本院认为，本案的争议焦点为甲公司解除与叶某的劳动合同是否违法。用人单位与叶某签订的《劳动合同》约定叶某在用人单位处从事销售岗位的工作，在合同履行期间内，用人单位因需要调动工作，叶某同意调动。合同中，双方并未约定具体的工作地点，叶某从事的是销售岗位的工作，用人单位将叶某的工作地点从厦门调整到三明，应属于合理区域范围的调动。事实上，叶某入职用人单位处后，前后也经历了多次工作调动，工作地点的变动涵盖了厦门、漳州、泉州等地。用人单位作出解除与叶某之间的劳动关系在实体和程序上均未违法。从实体看，叶某存在旷工的事实。叶某举证照片拟证明其在上班，然而，该组照片并无法直接证明叶某在从事工作内容的事实，也恰恰侧面反映了叶某未按照用人单位的安排至指定地点报到工作。叶某在用人单位人力行政部门的再三催促下仍拒绝到岗，用人单位基于叶某旷工的事实依据公司规章制度作出解除劳动合同决定，于法有据。从程序看，用人单位作出解除劳动合同通知之前报所在工会通过，程序合法。

案例评析

　　调整员工工作地点是许多用人单位都会遇到的。当用人单位提出调整，员工不同意时，可能面临哪些法律问题呢？用人单位该如何妥善处理这些问题呢？借由本案的处理，现对几个相关问题分析如下：

　　1. 用人单位是否有权单方调岗？《就业促进法》第八条规定，用人单位依法享有自主用人的权利。用人单位作为市场主体，根据自身生产经营需要对劳动者的工作岗位、工作地点进行适当调整，是行使用工自主权的重要内容，对其正常生产经营不可或缺。基于前述法律规定及双方劳动合同的约定，结合用人单位的业务需要以及销售岗位的特点，再辅以历次调整工作地点的事实，用人单位有权适当调整被告工作地点。

　　2. 叶某是否构成旷工？《劳动法》第三条第二款明确规定，劳动者应当完成劳动任务。本案中，叶某自2019年7月23日起未到用人单位签到并接受用人单位的工作安排，未履行或完成任何劳动任务，显然违反了前述法律规定，应属于旷工。

　　3. 用人单位与叶某解除劳动合同是否合法？本案中，用人单位的规章制度已经民主程序通过，并在用人单位OA系统中进行公告，合法有效。用人单位规章制度中明确规定：连续旷工三天属于严重违反规章制度，用人单位依法可以据此解除劳动合同；且用人单位在解除之前又专门将相应制度发给叶某，督促其改正错误到岗工作，叶某仍不予理会。因此，在征得用人单位工会同意后，用人单位解除与叶某的劳动合同合法。

合规指引

用人单位应当高度重视劳动合同签订工作，应根据自身情况，在法律许可的限度内，对用人单位的必要用工管理权利进行充分约定。比如，事先评估可能在哪些情况下会对劳动者的责任区域进行变动，变动的大致范围，并与劳动者协商好将该等内容写入劳动合同中。

用人单位还应高度重视规章制度建设，根据自身情况制订合法、合理、可操作的规章制度。特别是，劳动用工中，劳动者可能出现的违规行为的约束和处分措施，务必科学、细致规定，并根据《劳动合同法》第四条规定通过民主程序制定，并让劳动者充分知悉。

处理问题员工要有理、有节。对于劳动者出现的问题，要及时沟通、指正，给其适当改进机会。这样做一方面能充分体现用人单位以人为本和人性化管理，另一方面也能在后续劳动争议纠纷处理中更大程度地获得裁判人员对用人单位处分方案的支持。

045 公章失控期间，劳动者未获授权私自盖章签订的劳动合同解除协议是否有效[①]

案例要旨

人民法院在审理案件时，应当主要审查签约人于盖章之时有无代表权或代理权，从而根据代表或代理的相关规则来确定合同的效力。因此，无代表权或代理权人加盖的公章，即便是真公章，也不能产生合同有效的预期效果，应认定协议书无效。

---

① 曹越，北京大成（青岛）律师事务所律师。

▷ 案情介绍[1]

在股权收购的背景下，2020年4月6日，甲公司股东决定免除时任总经理王某的董事职务，并委派张某为董事长，黄某为副董事长。2020年4月10日，新任董事长张某、副董事长黄某到公司进行工作交接时遭到王某的强烈阻挠。双方发生冲突后，王某向全体员工宣布放假。当天，公司召开董事会，决议免除王某的总经理职务。2020年4月13日，甲公司原董事长通过电子邮件向公司员工发送4月6日股东会决议及4月10日通知书，要求全体员工尊重公司行政决定，坚持工作岗位，维持公司的正常运营，服从董事长张某的工作安排。

因王某被免除职务后一直拒绝进行工作交接、返还公司印章，甲公司无奈于2020年4月10日、13日、14日、16日先后4次向区公安局环保产业园治安派出所报警，要求王某返还公章并进行工作交接。

2020年4月14日，王某在未得到甲公司任何授权的情况下，私自与甲公司全体员工签署《支付协议书》并加盖公章。协议书的主要内容为双方解除劳动合同，甲公司向员工支付经济补偿金、加班费、社保及公积金差额等，涉及金额共计3000余万元。

2020年4月15日上午，在环保产业园管理委员会的多次协调下，王某将公章返还给甲公司。

2020年4月15日下午，甲公司得知王某在公章失控期间与全体员工签订《支付协议书》后，第一时间向全体员工声明王某未经授权与员工签署协议的行为违反法律规定和公司章程规定，协议无效。但员工认为，王某是否越权属于甲公司内部管理不善的问题，相应的法律后果应由甲公司自行承担，员工有权选择是否履行案涉《支付协议书》。

---

[1] （2020）鲁0282民初10715号，中国裁判文书网，https://wenshu.court.gov.cn/website/wenshu/181107ANFZ0BXSK4/index.html?docId=0f12a0d9cfc045feb2ebad22009baa62，最后访问日期：2022年9月7日。

（2021）鲁02民终2186号，中国裁判文书网，https://wenshu.court.gov.cn/website/wenshu/181107ANFZ0BXSK4/index.html?docId=dc27ee1b32b547bf9a9fad2b008a8371，最后访问日期：2022年9月7日。

随后，甲公司近百名员工申请仲裁，要求甲公司履行案涉《支付协议书》。经过双方沟通，部分员工主动申请撤诉，剩余员工仍要求甲公司按照《支付协议书》的内容支付经济补偿金及加班费差额，并在仲裁请求被驳回后起诉至青岛市即墨区人民法院，后续上诉至青岛市中级人民法院。

裁判观点

根据查明的事实及本案诉讼当事人的诉辩、陈述和证据的质证与认定，关于原告要求被告履行《支付协议书》内容向其支付经济补偿金的诉讼请求。2020年4月6日，被告原股东按照公司章程决定免去王某董事职务，委派张某为公司董事长、黄某为副董事长，张某为公司法人代表。2020年4月10日，被告新董事召开第一次董事会，形成决议决定免去王某总经理职务，结合2020年4月14日王某在派出所询问笔录中称："2020年4月13日张某拿着董事会成员变更通知给我看，通知上写着我被免去董事和总经理职务。"可以看出王某对于被免除董事及总经理职务是知情的，其在2020年4月13日安排相关人员计算员工补偿，4月14日由律师做好《支付协议书》，4月15日早上在《支付协议书》上加盖被告公章的行为是在明知被免除总经理职务、利用掌管公章的便利、未向新任董事会汇报的情况下发生的，该行为并非被告公司的真实意思表示。另外，结合被告处职工于某等人在派出所所作笔录，其亦认可，2020年4月10日被告处突然放假，4月15日早上，被告处职工上班即拿到了盖有被告印章的《支付协议书》，协议书上的金额系用铅笔填写，由职工将金额用签字笔填写后将铅笔字迹擦掉。当天下午，被告处即召开全体职工会议宣布了公司股权转让、董事会人员变更以及王某被免职等事项。根据《劳动合同法》第三十三条"用人单位变更名称、法定代表人、主要负责人或者投资人等事项，不影响劳动合同的履行"的规定，被告处股权的变更并不影响被告与原告劳动合同的履行，且协议签订后原告等仍在被告处工作，该《支付协议书》的订立并非双方经过协商的真实意思表示，因此，关于该《支付协议书》的效力，本院不予确认。

案例评析

与普通的劳动争议案件相比，本案具有以下特点：

1. 典型性

本案的判决结果为当事人挽回了巨额经济损失，最大限度地维护了企业的合法权益，使企业避免进入破产程序，得到当事人的充分肯定。

同时，本案的判决结果也取得了良好的法律效果和社会效果，体现了社会各界大力弘扬社会主义核心价值观、优化营商环境的信心和决心。

2. 代表性

（1）涉及人数众多，属于群体性劳动争议案件。该特点对代理律师及审判人员提出了更高的要求，即必须在弘扬社会主义核心价值观的基础上，准确理解和适用法律，定分止争，维护社会稳定，以取得良好的法律效果和社会效果。

（2）区别于传统的劳动争议，属于跨法律部门的劳动争议案件。本案的争议焦点涉及公章失控、协议效力等多元法律领域问题，这也对劳动法专业律师提出了新要求。

3. 新颖性

随着经济社会的日益发展，传统的劳动法律业务已无法满足当前日益复杂的跨法律部门交叉法律服务需求，逐步趋向于"劳动法+X法"二元法律领域交叉甚至"劳动法+X法+Y法+……"多元法律领域交叉等新类型。劳动法与其他部门法融合从而为企业规避各类风险，正在逐渐成为劳动法专业律师业务的新方向。

以本案涉及的"劳动法+公司法+合同法"为例，就包括有关企业日常经营及风险防范、企业改制、并购重组、破产清算、兼并、停产转产、搬迁安置、员工股权激励及高管聘用中公司法、合同法与劳动法的冲突等多项法律服务业务。

合规指引

印章具有极强的对外效力，法律在交易便捷原则下一定程度上保护相对人的信赖，因此公司在某一特定的文件上加盖印章，一般即可推定为公司真实意思表示，如推翻印章效力，公司须承担较重的举证责任。因此，印章管理至关重要。针对该案存在的情形，公司废弃、重刻印章的，应及时在相关机关备案并依法进行公示；发现伪造、假冒、变造本公司印章的，立即采取应对措施，并向有关部门报告和/或报案；如印章遗失或者被盗抢，必须在第一时间向公安机关报案，并取得报案证明，同时可视情况在当地乃至全国性报纸上刊登声明。最后，各公司应定期检查印章的保管和使用情况，发现问题后及时采取相应措施。

046 因公司撤销保安队，用人单位解聘保安未提前三十日通知劳动者是否构成违法解除[①]

案例要旨

用人单位未依法提前三十日通知，也未额外支付一个月工资，在解除劳动合同的书面通知中也没有作出说明，就与劳动者解除合同，该行为不符合提前支付这一条件，属于违法解除。

劳动者主张加班费的，应当就加班事实的存在承担举证责任。员工举证值班记录表用以证明存在加班事实，但值班与加班存在区别，加班是有偿劳动，值班是无偿劳动。认定加班还是值班，主要看劳动者是否继续在原来的岗位上工作，或者是否有具体的生产或经营任务。

案情介绍[②]

马某于 2016 年 8 月 27 日入职甲公司，从事保安工作。2018 年 6 月 25 日，因经营需要，甲公司撤销内设保安机构保安队，改为由外聘的保安公司

[①] 颜源、唐玲，北京大成（重庆）律师事务所律师。

[②] （2018）渝 0116 民初 11871 号，中国裁判文书网，https://wenshu.court.gov.cn/website/wenshu/181107ANFZ0BXSK4/index.html?docId=f57e7ddffa1241738f4eaa6400d9b75d，最后访问日期：2022 年 9 月 7 日。

（2019）渝 05 民终 4036 号，中国裁判文书网，https://wenshu.court.gov.cn/website/wenshu/181107ANFZ0BXSK4/index.html?docId=f7468565867e41d9a61baaff0099d72a，最后访问日期：2022 年 9 月 7 日。

提供安保服务。经与马某在内的原 6 名保安队员协商岗位调整无果，在通知工会后，同年 7 月 12 日，甲公司向马某等 6 名保安队员均发出解除劳动合同通知书，解除了双方的劳动关系。解除前，甲公司未向马某等 6 名员工支付额外应支付的一个月工资。马某等 6 名员工于 2018 年 8 月 6 日申请劳动仲裁，要求甲公司向其支付违法解除赔偿金、在职期间的加班费及未休年休假待遇等。仲裁委经审理后仅支持了马某等 6 名员工关于年休假待遇的请求，员工不服，遂向当地法院提起诉讼。后该案经一审法院审理，支持了马某关于赔偿金的请求，驳回了加班费的主张。一审判决后，双方均不服遂提起上诉，最终二审法院维持了原判。

裁判观点

本案的主要争议焦点有二：一是关于甲公司是否违法解除劳动合同；二是甲公司是否应支付马某劳动关系存续期间的加班工资。

就第一个争议焦点问题，二审法院认为：甲公司撤销内设保安机构，存在客观情况发生重大变化，甲公司就劳动合同内容的变更与马某协商未果，甲公司可以根据《劳动合同法》第四十条第三项规定，解除与马某的劳动合同。但甲公司既未提前三十日以书面形式通知马某，也未额外支付马某一个月工资就解除与马某的劳动合同，其解除行为系违法解除劳动合同。一审法院关于甲公司系违法解除劳动合同，应当支付马某违法解除劳动合同赔偿金的认定正确，本院予以支持。

就第二个争议焦点问题，二审法院认为：《最高人民法院关于审理劳动争议案件适用法律若干问题的解释（三）》第九条①规定，劳动者主张加班费的，应当就加班事实的存在承担举证责任。一审庭审中，马某举示了《保卫值班交接记录》，以证明存在加班事实。但值班与加班存在区别，加班是有偿劳动，值班是无偿劳动。认定加班还是值班，主要看劳动者是否继续在原来的岗位上工作，或者是否有具体的生产或经营任务。马某作为保安人员，其工作具有特殊性，即马某在值班期间，虽需要进行巡查，并不必然按照平时工作时间的内容和强度进行工作。所以，马某以《保卫值班交接记录》证明

---

① 该解释目前已失效，该条对应《最高人民法院关于审理劳动争议案件适用法律问题的解释（一）》第四十二条。

其加班事实证据不足，本院对其该主张不予支持。

综上，一审判决认定事实清楚，法律适用正确，对马某、甲公司的上诉请求均不予支持。

案例评析

大成律师认为，本案主要涉及对《劳动合同法》第四十条规定的理解和运用，以及保安作为普遍存在超时工作的一类人员，由于工作的特殊性，其主张加班费时实务中应如何处理。

1. 关于《劳动合同法》第四十条规定的理解和运用问题

法院最终虽支持了员工关于违法解除赔偿金的主张，但在代理该案件过程中，我们提出了甲公司虽未严格按照《劳动合同法》第四十条规定的"提前三十日以书面形式通知劳动者本人或者额外支付劳动者一个月工资"进行解除，但该行为仅应认定为程序瑕疵的代理观点。大成律师认为，依据《劳动合同法》第四十条规定须额外支付的该一个月工资并非劳动报酬，其性质应为补偿性款项，并非与劳动者因付出劳动而应获得的工资报酬相同。依据《重庆市职工权益保障条例》第十四条第二款"职工应当按照双方约定，办理工作交接。用人单位依照本条例有关规定应当向职工支付经济补偿的，在办结工作交接时支付"，大成律师认为，该一个月的工资报酬可以在员工办理完工作交接时将该笔款项与经济补偿一并发放。同时，《劳动合同法》设置违法解除赔偿金的制度也主要是对用人单位肆意解除劳动关系的惩罚，其主要功能在于稳定劳动关系，保障员工的就业权利，用人单位是否为违法解除劳动关系应当重点考察解除劳动关系的根本事由及解除权行使的前提是否符合法律规定。在该案中，甲公司在解除前已依法积极开展了大量的协调工作以保障员工权利，只是因员工拒不配合故协商未果，迫于无奈才行使合同解除权，其解除行为本身并不违法。但法院仍然按照条文的规定，否定了公司解除行为的合法性。通过类案检索我们发现，对于此类案件实务中的裁判观点实际并不统一，比如湖北省武汉市中级人民法院就对此作出过此种情况下用人单位的解除行为仅为程序瑕疵，并不构成违法解除的判决，且重庆市第五中级人民法院也有类似裁判观点的判决。

2. 关于保安人员主张加班费的问题

保安岗位存在超过 8 个小时工作时长的现象非常普遍。本案员工一方提供了《保卫值班交接记录》这一有力证据以证明存在加班的事实。而用人单位主要利用了加班费的举证规则，证明用人单位并未安排加班，即便另外有安排加班，用人单位也已经支付了加班费以证明甲公司严格按照劳动法相关规定履行了支付加班费的义务。结合保安工作内容的特殊性以及保安岗亭内设可以休息、睡眠的床铺等设施的情况，甲公司向法庭提出为员工提供了相关休息场所，保安人员晚上的工作内容、工作强度明显较正常工作时的内容、强度有较大差异，以及其夜间值班工作与正常加班存在实质性区别的观点。对员工举示的其中一份关键性证据《保卫值班交接记录》，明晰其为"值班"记录而非"加班"记录，并充分论证"值班"与"加班"的区别，最终让两级法院采信了用人单位的观点，驳回了员工加班费的诉讼请求。

类案观点

本案关于用人单位因客观情况发生重大变化，未提前三十天通知员工本人也未提前向员工支付一个月工资即通知解除的行为性质的认定，我们检索到以下案例，以供读者参考。

案例一：《王某、乙公司劳动争议二审民事判决书》［湖北省武汉市中级人民法院（2017）鄂 01 民终 3744 号］

《劳动合同法》第四十条第三项规定，劳动合同订立时所依据的客观情况发生重大变化，致使劳动合同无法履行，经用人单位与劳动者协商，未能就变更劳动合同内容达成协议的，用人单位提前三十日以书面形式通知劳动者本人或者额外支付劳动者一个月工资后，可以解除劳动合同。此种情形下，根据《劳动合同法》第四十六条第三项"用人单位依照本法第四十条规定解除劳动合同的应当向劳动者支付经济补偿"的规定，用人单位应当向劳动者支付经济补偿金。本案中，乙公司白沙洲厂区因政策性原因关停，不再有王某的工作岗位，乙公司就劳动合同内容的变更与王某进行协商未果，乙公司可以解除与王某的劳动合同，但应该支付经济补偿金。虽然乙公司未按法律规定，提前三十日通知王某本人，也未额外支付一个月工资，但这种解除劳动合同过程中的瑕疵行为，并不导致认定乙公司构成违法解除劳动合同。故，王某要求乙公司支付违法解除劳动合同赔偿金，无事实与法律依据，本院不予支持。一审法院判令乙公司向王某支付经济补偿金，处理结果正确，本院予以维持。

案例二：《丙劳务公司、丁公司与王某劳动合同纠纷二审民事判决书》
［重庆市第五中级人民法院（2014）渝五中法民终字第01726号］

丙劳务公司与丁公司签订的《专职消防工作业务承包》合同期满，丙劳务公司不再存在其与王某签订劳动合同时约定的岗位，该情况属于《劳动合同法》第四十条第三项规定的"劳动合同订立时所依据的客观情况发生重大变化，致使劳动合同无法履行"。丙劳务公司解除与王某劳动合同，未提前三十日通知王某，此种行为并不构成程序违法，进一步而言，亦不构成违法解除劳动合同。因为此种行为仅是程序瑕疵，劳动合同法已赋予了劳动者其他权利消除这种瑕疵，即可以将解除合同的时间延迟至预告期（三十日）满或者由用人单位额外支付劳动者一个月工资。

@ 合规指引

1. 用人单位主动解除与员工的劳动关系时，应当严格遵守劳动法律规定的解除条件、解除程序，每个环节均要落实到位，否则一个环节处置不当，都将功亏一篑，而且即使案件进入诉讼程序，也要完成相关内容，该提前支付的工资、经济补偿金都必须支付，不能等待案件结束再办理，否则将承担重大不利后果。

2. 用人单位依据《劳动合同法》第四十条规定需即时解除与员工的劳动关系时，建议可在送达给劳动者的解除劳动合同通知书中将一个月工资和经济补偿金的金额体现出来。在本案中，如果在丙劳务公司的解除劳动合同通知书中有该两项内容的体现，案件的结果可能又会有所改变。

3. 对保安岗等存在极为普遍的超时工作现象的岗位，为避免员工主张高额加班工资，建议用人单位在工资单项目中体现加班费，在入职时向员工明确工资中包含加班费的情况以避免日后发生争议。同时，用人单位应通过民主程序建立完善的规章制度，告知员工明确的加班时间、加班费的计算方式，强化加班制度审批和管理、明确加班安排人的管理权限，以避免员工延长上班时间均被认定为加班；合理利用值班规则，在考勤和发放工资时让员工签字确认上班天数和工资金额，避免日后发生争议。

047 公司撤销部门，劳动者不服从公司调岗安排，用人单位是否可以解除劳动合同①

案例要旨

公司因业务发展需要，撤销模具制造部门，对部门全体员工的岗位进行调整，不具有针对性，新岗位需要使用原部门的模具，与原岗位工作内容存在一定关联性，公司也未降低员工工资待遇，属于因生产经营需要行使用工自主权，员工应服从公司的工作安排。

案情介绍②

甲公司因业务发展需要，决定撤销模具制造部门，对该部门全体员工86人的岗位进行调整，甲公司与员工黄某前后就调岗协调沟通近10个月，黄某多次不服从公司调岗安排，严重违反就业规则、劳动纪律，公司与黄某解除劳动合同。黄某提起劳动仲裁，要求甲公司支付违法解除劳动合同的赔偿金，未获仲裁支持。黄某不服仲裁裁决，向人民法院提起诉讼，一审、二审判决均维持仲裁结果。

裁判观点

首先，公司因生产经营需要进行调岗，调岗涉及员工总数86人，协商调岗时间长达近10个月，故调岗对黄某不存在针对性。

---

① 彭聪，北京大成（深圳）律师事务所律师。
② （2020）粤19民终5215号，中国裁判文书网，https://wenshu.court.gov.cn/website/wenshu/181107ANFZ0BXSK4/index.html?docId=17eddf065f854b9e9006ac94006daac8，最后访问日期：2022年9月7日。

其次，甲公司向黄某发出的三份《调岗通知书》中承诺调岗后的工资待遇与原岗位一致，即调岗后，黄某的工资水平与原岗位相当。

最后，甲公司将黄某从金型部调岗至制造部，都属于一线生产部门，不存在贬低黄某人格尊严的主观恶意，不存在侮辱性。

故，甲公司对黄某的调岗合法合理，不具有针对性和侮辱性，黄某不服从工作安排，甲公司解除劳动合同合法，无须支付赔偿金。

案例评析

大成律师认为，本案主要争议焦点为甲公司解除劳动合同是否合法。

本案在大成律师与甲公司共同协作、努力下，最终争取劳动仲裁认定公司解除劳动合同合法，一审、二审维持仲裁结果。大成律师总结办案亮点如下：

1. 对调岗过程提供全程指导

甲公司因部门撤销，调岗涉及员工较多，大成律师提示甲公司调岗需具备合理性，即调岗是基于甲公司生产经营需要、调岗后黄某工资水平与原岗位基本相当、不具有侮辱性和惩罚性、黄某有能力胜任新岗位工作等。

2. 邀请当地劳动主管部门、街道办、工会成员等参与调岗面谈

因部门撤销涉及岗位调整的员工较多，甲公司邀请所在地劳动行政主管部门、街道办、工会组织成员参与调岗协商面谈，在相关部门、工会指导下，甲公司与黄某就调岗事宜充分协商，对协商过程有录音、拍照和会议记录，协商过程公开、公正。

3. 甲公司调岗需具备合理性

甲公司给黄某安排的新岗位与原岗位均属于一线生产岗位，新岗位也与模具制造有关，且明确调岗后工资待遇不变，调岗具备合理性。

4. 提示甲公司收集和固定黄某不服从调岗安排的证据

黄某多次不服从调岗安排，严重违反甲公司规章制度、劳动纪律，是本案的关键。大成律师对甲公司的调岗通知书提出修改建议，并提示甲公司保存和固定向黄某送达调岗通知等文书的证据，如对现场宣读情况进行录音、在公告栏张贴并拍照等。

合规指引

公司合理的调岗和工作安排，员工应当遵守。员工如果不服从公司合理的调岗、工作安排，大成律师对公司有如下法律风险管理建议：

1. 劳动合同或规章制度应有关于员工服从工作安排的约定、规定，以及不服从工作安排的处理。

2. 规章制度需经过民主程序讨论制定，向员工公示告知。

3. 公司对员工调岗或安排工作需具备合理性、可操作性，并保存相关沟通记录。

4. 调岗涉及员工较多时，公司可邀请劳动主管部门、工会成员参与公司组织的面谈会议。

5. 员工如出现不服从工作安排的情况，公司需积极沟通，了解情况；如员工无正当理由一味拒绝工作安排，公司可依据规章制度对员工进行处分，处分内容应向员工告知。

048 高管严重失职，用人单位是否有权根据高管工作表现调整其薪酬[①]

案例要旨

用人单位在高级管理人员发生严重决策错误的前提下，可以行使用工自主权。同时用人单位可以根据双方确定的薪酬激励方案，即适用对象、用人单位的经营状况、高级管理人员的表现调整其薪酬，甚至不向其发放超额利润分享奖等待遇。

---

① 江点序，北京大成（广州）律师事务所律师。

案情介绍[①]

赵某与甲公司建立劳动关系并签订劳动合同，担任职务为副总裁。此后，赵某被甲公司派往某市分公司从事技术及管理工作。2018年，因赵某在甲公司项目投资决策中出现严重错误，甲公司决定暂停赵某履行高级副总裁的职责，改为负责债务清收工作，并适当下调其薪资待遇。最终，甲公司董事会决定免去赵某董事以及高级副总裁的职务。不久，赵某办理了离职交接手续。

赵某离职后申请劳动仲裁，要求甲公司向其支付工资津贴、年终奖、超额利润分享奖、未休年休假工资、经济补偿金等共计1000余万元。

大成律师接受甲公司的委托代理本案后认为，本案的争议焦点为甲公司是否有用工自主权，根据赵某在工作上的表现，调整赵某的薪酬。此外，作为甲公司的高级管理人员，赵某出现严重决策错误后，还有无权利享受超额利润分享奖等待遇。

裁判观点

二审中级人民法院最终判决甲公司仅需支付赵某工资、超额利润分享奖、未休年休假工资等111万元。

案例评析

本案专业性强，涉案金额较大，案情疑难复杂，本案并非普通的劳动报酬或涉及经济补偿的劳动争议案件。赵某的诉求总金额高达1000余万元，其中要求甲公司支付超额利润高达600余万元，赵某也并非普通员工，而是甲公司的前高管人员，其清楚知悉并掌握着甲公司所有的规章制度，并与甲公司的高层有平等对话的实力。因此本案较为疑难复杂、专业性强，总计1000余万元的诉讼请求也对甲公司带来极大的影响，若败诉很可能会对甲公司的声誉、运营等产生不利的影响。本案要求承办律师必须具备过硬的劳动法基础，大成律师代理本案后，通过研究案情、查询相关案例和收集相关证据，

[①] （2020）粤01民终1078号、1079号，本案例根据作者代理的案件改编。

确定了举证思路和证据清单，最终凭借认真的工作态度和敬业的服务精神，顺利完成了各项应诉准备工作，最终达到了客户的预期效果。

目前，涉及高管的劳动争议不断增多，其产生既有制度层面的问题，也有操作层面的问题，更有观念层面的问题。对公司高级管理人员的管理是用人单位人力资源管理的重要组成部分，也是用人单位防范纠纷、避免用工风险的重要内容。一些公司没有制度或制度不健全，管理的重点放在下边，对高层没有建立相应的管理制度，出现制度盲区，缺少对高管的管理约束是导致公司与高管产生争议时处于不利局面的重要原因。

因此，针对公司的高级管理人员，企业要摒弃"规章制度只约束普通劳动者，不约束高管"的观念。特别是一些家族化、亲情化公司或者中小企业没有设置监事会或监事人员，在股东和董事之间缺乏必要的制衡，对此，应强化对高管人员在执行公司职务时的监督，避免滥用职权，从而减少纠纷。此外，公司应建立关于高管奖惩机制的合理规范，激励高管更好地为公司服务，也能有效地约束高管的行为。

合规指引

在公司法场景下，高级管理人员包括公司的经理、副经理、财务负责人、上市公司董事会秘书和公司章程规定的其他人员。虽然在劳动法场景下，未有对高级管理人员作出明确规定，但企业可以参考公司法及公司章程的规定来确定公司的高级管理人员。高级管理人员与普通工作人员的薪酬有较大的差异，一般来讲，高级管理人员的薪酬构成包括：基本工资、津贴补贴、股票期权、奖金等。其中奖金形式多种多样，包括绩效奖金、风险奖金以及本案当中的超额利润分享奖，等等。对于高级管理人员的薪酬，我们有如下法律风险管理建议：

1. 公司应当制定具体、明确的薪酬制度方案，对于方案当中的适用人员、考核的标准和程序、发放的情形、不予发放的情形、发放的金额、发放的时间、异议的提出和复核等作出规定，并对该制度履行民主程序和公示告知程序。

2. 薪酬制度应当合理、公平以及可量化。

3. 注重沟通反馈和证据保存意识，由于高管的文化水平高，在工作中也更容易了解企业的各项经营情况，维权意识、维权能力以及证据保存意识更强，公司应当规范劳动用工管理。

049 用人单位生产线停产，协商调岗期间劳动者申请休病假但未按规定履行请假手续，用人单位可否解除劳动合同[①]

案例要旨

《劳动合同法》第四十二条第三项规定，劳动者处于医疗期内的，用人单位不得解除劳动合同。适用该规定时应当以劳动者向用人单位提供其患病的有效证明、用人单位明确知悉为前提。如用人单位与劳动者解除劳动合同时，劳动者既未向用人单位提出异议，也未提交患病的有效证明，事后劳动者主张用人单位违法解除劳动合同并要求用人单位承担赔偿责任的，应不予支持。

案情介绍[②]

甲公司曾是国内知名方便面生产企业。因经营不善以及市场竞争激烈导致市场份额下滑，最终甲公司股东决定停止甲公司的产品生产工作，并进行经济性裁员。后甲公司召开停产及协商解除劳动合同全体员工沟通大会，并成功与近 300 名员工协商一致解除劳动合同。

温某时任甲公司主管生产的副厂长，由于甲公司再无生产工作需要管理，甲公司拟用《劳动合同法》第四十条第三项规定与温某解除劳动合同。

甲公司两次向温某寄送了《劳动合同协商函》，并向温某提供其他工作岗位，供其选择并指定是否同意接受其他岗位的回复时间。温某收到了《劳动合同协商函》，但拒绝甲公司的提议。

---

① 张洁，北京大成（珠海）律师事务所律师。
② （2020）粤 04 民终 1805 号，中国裁判文书网，https：//wenshu.court.gov.cn/website/wenshu/181107ANFZ0BXSK4/index.html？docId=05ade5a340b14003b5e2ac410034c478，最后访问日期：2022 年 9 月 7 日。

温某申请休病假自 2019 年 4 月 4 日至 2019 年 4 月 17 日。2019 年 4 月 18 日上午，温某病假期满后返回甲公司上班。甲公司在温某上班后即向温某送达了《劳动合同解除通知函》及《劳动合同协商函》，温某当场签收，并未提出其属于因病接受治疗或需要休息期间。后温某于 2019 年 4 月 18 日下午返回公司，称其有请病假的权利，但直至当日下班后，温某并未按甲公司规章制度规定通过甲公司系统提交病假申请及病假单。后温某以医疗期内甲公司违法解除劳动合同为由申请劳动仲裁，要求甲公司支付经济赔偿金、医疗费、医疗期工资等。

本案历经劳动仲裁、一审、二审，裁判者均认定甲公司系合法解除劳动合同。

裁判观点

首先，甲公司因经营范围发生重大变化致使劳动合同无法履行，甲公司多次与温某进行协商，提出其他工作岗位供温某选择，但温某均予以拒绝。在此情形下，甲公司以双方未能就变更劳动合同内容达成协议而单方面解除劳动合同，并支付了经济补偿金、代通知金，符合法律规定。其次，2019 年 4 月 18 日，温某病假期满返回公司上班后，甲公司向温某送达了《劳动合同解除通知函》，温某未在签收解除函前出示病假单且提出请病假的要求，在此情形下，甲公司依据劳动合同法第四十条第三项解除劳动合同并无不当。因此，驳回了温某的全部诉讼请求。

案例评析

1. 大型裁员项目中准备多种解除劳动合同的理由，并根据实际情况调整。

本案中，甲公司委托大成律师进行经济性裁员项目工作。大成律师指导公司开展全体员工大会，并与近 300 名员工以协商一致的形式解除了劳动合同。对于温某，大成律师判断属于客观情况发生重大变化的情形，指导甲公司依据《劳动合同法》第四十条第三项解除劳动合同。

大成律师在开展本次经济性裁员项目工作时，准备了多种与员工解除劳动合同的情形和理由，并根据员工的实际情况进行调整，在处理本案时得以选择最贴合具体事实的解除劳动合同理由。

2. 行使单方解除权前，充分与员工沟通、协商，并固定证明材料。

在前期准备中，公司充分与员工进行沟通、协商，对于不同意协商一致解除劳动合同的员工，公司也尽可能提供其他工作岗位，供员工选择。在协商过程中，承包律师指导公司一步步留存好协商的证明材料，包括：（1）员工大会签到表；（2）员工大会视频；（3）第一次《劳动合同协商函》、EMS 邮寄单、EMS 签收记录；（4）第二次《劳动合同协商函》、EMS 邮寄单、EMS 拒收回单；（5）《劳动合同解除通知函》《送达劳动合同解除通知函》的视频、录音。法院最终依据上述证据认定公司已经履行与员工协商的程序，进而认定公司合法解除劳动合同。

3. 及时、果断把握员工旧病假申请时间已结束、新病假尚未开始申请的时间节点，与员工解除劳动合同。

《劳动合同法》第四十二条规定，员工处于医疗期内时，用人单位不得以《劳动合同法》第四十条解除劳动合同。员工正是利用该条款，试图给公司解聘制造障碍。

大成律师及时、果断地把握住员工旧病假结束、新病假尚未开始申请的时间节点，向员工送达《劳动合同解除通知函》。否则一旦员工继续申请病假，则公司的工作将陷入极大被动。

在后续的诉讼过程中，大成律师提出，认定劳动合同解除时间时应适用民法上关于解除权的行使规则，即通知到达即发生法律效力。因此，公司在 4 月 18 日上午向劳动者送达解除通知并经劳动者签收时，双方的劳动合同即告解除。法院对该观点予以采纳。

合规指引

病假管理是许多用人单位非常关注的问题。一方面，由于用人单位并非专业医疗机构，对于劳动者的病情难以作出判断，影响用人单位对此类员工的工资待遇、休息休假、合同延续等问题的处理；另一方面，现行法律对患病的劳动者给予较大保护力度，用人单位稍有不当便容易陷入违法境地。为此，用人单位可从以下方面构建对企业病假员工的管理制度：

1. 用人单位应当制定病假管理制度。在制度上对员工休病假所需的审批流程、资料、病假期间的工资待遇等问题作出规定。同时需注意规章制度制定及修改的民主、公示程序，确保对员工有约束力。

2. 及时与医疗机构核实员工提交的病休资料真实性。如对相关材料存疑，可通过要求员工进行合理解释、走访医疗机构等方式，判断真伪。如发现员工提供虚假病休证明材料，则结合规章制度中的严重违纪行为对其作出相应处分。

3. 实践中，不少用人单位均要求员工在指定医疗机构就医。如员工未严格按照要求就医的，我们认为用人单位应当秉承宽容、理解的态度，不宜以员工未在指定机构就医而不予批准病假，乃至对其进行处罚。

4. 对于患有严重疾病或长期病休的员工，用人单位应当对其进行专门管理、跟进。注意对不符合年休假条件的长期病休员工，可以不给予年休假待遇；病休期间结束后应当及时要求员工返岗。

5. 针对员工在医疗期满后不能从事原工作，也不能从事用人单位另行安排工作的员工，用人单位可以按照劳动合同法之规定给予 N+1 补偿，与之解除劳动合同。需注意，对于是否"胜任工作"，用人单位在作出判断时，需要与当地司法实践相结合。

050 基金从业人员要求基金公司赔偿未开具离职证明的高额损失，能否得到支持[①]

案例要旨

当事人对自己提出的诉请所依据的事实或者反驳对方诉请所依据的事实有责任提供证据加以证明。应当对因未取得离职证明而无法入职新用人单位的损害事实，以及因此产生的收入损失承担举证责任。因员工提交的证据不足以证明其实际损失以及实际损失与未开具离职证明之间的因果关系，员工应当对此承担举证不能的不利后果。

[①] 李芳芳、杨畅，北京大成（广州）律师事务所律师。

案情介绍[①]

冯某于2017年2月至2018年1月在甲公司工作，任职管理人员，其离职后于2018年12月提起劳动仲裁，要求甲公司支付奖金、因未及时开具离职证明造成的收入损失100余万元等，仲裁请求金额共计400余万元。

甲公司委托大成律师代理本案，仲裁裁决驳回冯某的全部仲裁请求，冯某不服仲裁裁决向广州市某区人民法院提起一审诉讼，最终双方在一审调解结案，调解结果为甲公司向冯某一次性支付50万元，调解金额远远低于冯某主张的400余万元。

裁判观点

仲裁委认为，本案争议焦点有二：一是甲公司未及时开具离职证明是否给冯某造成收入损失，二者之间是否具有因果关系；二是甲公司是否应当向冯某支付奖金。

就第一个争议焦点问题，仲裁委认为，冯某于2018年1月第一次收到新用人单位的录用通知书，但提交证据显示其2018年11月、2018年12月才书面向甲公司催告要求其出具终止劳动合同证明，在长达十个月的时间内都没有催告甲公司出具离职证明，实在不合常理。而且冯某于2018年12月拿到《离职证明》后入职新用人单位，新用人单位因冯某缺乏离职证明资料而等待其入职的时间长达约一年，不符合一般用人单位用工管理规范。另外，冯某申请劳动仲裁时间为2018年12月24日，系已取得《离职证明》办理新公司入职手续之后，冯某作为本案第三方新用人单位的高级管理人员，该单位出具相关的证明，证明力较弱，且未有其他证据予以佐证，不足以证明冯某存在无法入职的实际损害事实，故仲裁委对冯某的主张不予采信，根据《最高人民法院关于民事诉讼证据的若干规定》第二条的规定，对冯某要求甲公司赔偿收入损失的仲裁请求，不予支持。

就第二个争议焦点问题，仲裁委认为，冯某离职后依据所在部门下属人员的奖金发放情况予以主张其奖金，缺乏事实依据，且甲公司对冯某提交的

---

① 本案例根据作者代理的案件改编。

相关证据，因无单位盖章，不予认可。根据《劳动争议调解仲裁法》第六条的规定，申请人应当对此承担举证不能的不利后果。因此，仲裁委对冯某要求甲公司支付奖金的仲裁请求，不予支持。

综上所述，劳动仲裁裁决驳回冯某的全部仲裁请求。

案例评析

1. 本案专业性强、案情疑难复杂，举证时间较为紧迫

本案并非普通的追索劳动报酬或涉及违法解除的劳动争议案件，冯某的诉求总金额高达400余万元，其中要求甲公司赔偿未开具离职证明的损失高达102万元，冯某也并非普通员工，而是甲公司的前高管人员，其知悉并掌握着甲公司所有的规章制度。因此本案较为疑难复杂、专业性强，总计400余万元的赔偿也对甲公司带来相当大的压力，本案要求承办律师必须具备过硬的劳动法基础，并且因为本案在春节前收到应诉通知，举证时间较为紧迫，需要承办律师尽快研究案情、查询相关案例和收集相关证据，以确定举证思路和证据清单。大成律师凭借认真的工作态度和敬业的服务精神，顺利完成了各项应诉准备工作，最终达到了客户的预期效果。

2. 本案具有典型性，为广东首例基金从业人员要求基金公司赔偿未开具离职证明的高额损失赔偿纠纷

大成律师通过与委托人进行深入沟通发现基金行业一个特殊之处，不论是基金公司还是基金从业人员，都受行业协会的管制。基金从业人员在入职时，基金公司必须为其在行业协会的网站即中国证券投资基金协会的网站做基金从业登记处理，在离职时，基金公司也要在行业协会的网站为其做离职备案处理。虽然甲公司没有及时为其开具离职证明，但从行业协会的网站上可以查询到甲公司已为其做离职备案处理，并且能够清楚地看到离职日期，足以证明冯某已经从甲公司处离职。大成律师结合基金行业的特性发现了几乎等同于离职证明的离职备案处理结果这一关键性证据。

3. 大成律师充分挖掘有利证据，巧用公证，削弱对方证据的证明力从而影响仲裁员的自由心证

虽然大成律师找到了基金行业协会网站的离职备案处理结果，但是冯某

提供了新用人单位多次发出的录用通知书（并且录用通知书强调要提供甲公司的离职证明），并主张其拿到甲公司迟延十个月开具的离职证明以后才得以入职新用人单位，以充分证明甲公司未及时开具证明给其造成的收入损失。

大成律师苦于无法否认新用人单位录用通知书的真实性，于是尝试浏览冯某新用人单位的官方网站看能否有所突破，最终在其新用人单位官网的组织架构图中发现冯某任职执行总裁，所任职务级别非常高，并且其所任岗位与录用通知书上的职位明显不符。虽然无法完全否认新用人单位出具的录用通知书的真实性，但是在2018年2月至12月10日长达10个月时间内，冯某从未向甲公司提及要入职新用人单位事宜，也未以入职新用人单位为由催促甲公司开具离职证明，因此有充分的理由怀疑冯某在入职新用人单位后利用职权便利倒签录用通知书，从而来向甲公司索赔。

在发现了基金行业协会网站的离职备案处理结果和冯某在新用人单位任职执行总裁两项有利证据以后，大成律师建议委托人及时办理网页证据公证，以做好保全证据工作，增强证据的公信力。

最终仲裁委充分采信大成律师的主张，对劳动者提供的录用通知书产生了质疑，并且认为新用人单位等待劳动者入职长达约一年时间不符合一般用人单位用工管理规范，冯某提供的证据证明力较弱，不足以证明其存在无法入职的实际损害事实。在冯某充分举证且仲裁请求金额高达400万余元的不利局面下，大成律师通过证明未开具离职证明并没有给冯某造成损失从而让仲裁委认定甲公司无须承担任何赔偿责任。

综上，本案专业性强、案情复杂、承办难度极大。大成律师凭借过硬的专业基础，充分挖掘有利证据并据理力争，成功说服了仲裁员采信我方的观点，从而促成双方在一审达成对委托人相当有利的调解结果。经过大成律师的努力，委托人达到了预期目标，大成律师也因此获得了委托人的高度赞誉。

@ 合规指引

《劳动合同法》第五十条规定："用人单位应当在解除或者终止劳动合同

时出具解除或者终止劳动合同的证明,并在十五日内为劳动者办理档案和社会保险关系转移手续……"第八十九条规定:"用人单位违反本法规定未向劳动者出具解除或者终止劳动合同的书面证明,由劳动行政部门责令改正;给劳动者造成损害的,应当承担赔偿责任。"

用人单位有及时为劳动者开具离职证明的法定义务,因此在员工离职的情况下,用人单位应当及时为离职员工开具离职证明。但是因个别原因用人单位未及时开具离职证明的,对于劳动者主张的赔偿收入损失的诉求,大成律师认为必须同时符合如下条件才能成立:(1)用人单位没有及时开具离职证明;(2)用人单位没有及时开具离职证明的行为违反法律规定;(3)确实存在其他公司录用劳动者的事实,且用人单位没有及时开具离职证明给劳动者造成收入损失;(4)用人单位主观上对不及时开具离职证明具有过错。

在用人单位确实没有及时开具离职证明的情况下,通过否定劳动者存在实际损失、实际损失与未开具离职证明之间不具有因果关系进行抗辩,可以尽量降低法律风险。

051 劳动者违反岗位职责,用人单位可否依据《员工手册》的相关规定对其进行处罚,直至解除劳动合同[①]

案例要旨

在劳动者违反岗位职责、存在工作失职情形的情况下,用人单位可依据《员工手册》的相关规定对其进行处罚,直至解除劳动合同。劳动者以其不应承担相关事故责任为由主张用人单位违法解除劳动合同、要求用人单位支付违法解除劳动合同赔偿金的,应予以驳回。

---

① 王文涛,北京大成(青岛)律师事务所律师。

案情介绍[①]

孙某于 2015 年 3 月 26 日入职甲公司处任工程部经理职务。孙某在职期间，甲公司一直按规定为其交纳社会保险。因孙某在工作过程中存在严重失职行为，双方于 2017 年 8 月 16 日解除劳动合同关系。

随后，孙某以甲公司违法解除劳动合同、未支付工伤医疗费及未休年休假工资等为由申请仲裁，请求裁决甲公司向其支付各项费用共计 14 万余元。

裁判观点

甲公司依据《员工手册》"半年内累计三次含以上疏于职守"之规定解除与孙某之间的劳动合同关系，符合《劳动合同法》第三十九条之规定，并无不当，故不予支持孙某要求甲公司支付违法解除劳动合同赔偿金的仲裁请求。

案例评析

在实务中，依据《员工手册》解除劳动合同的最常见情形为《劳动合同法》第三十九条第二项之规定"劳动者有下列情形之一的，用人单位可以解除劳动合同：……（二）严重违反用人单位的规章制度的……"而依据《员工手册》的相关规定、以劳动者违反岗位职责为由解除劳动合同的则较为少见。该类案件的难点主要在于如何锁定劳动者的岗位职责、如何证明劳动者存在工作失职情形、如何将劳动者的失职行为与《员工手册》的相关规定进行衔接等。

合规指引

法律在倾向性赋予劳动者更多解除权的同时，也相应地给用人单位解除劳动合同设计了一些渠道和方式。但在实践中，很多用人单位因不能正确运用《劳动合同法》赋予的权利，从而引发了诸多不必要的劳动争议。因此，按照《劳动合同法》过失性解除的规定解除劳动合同的，该类案件主要应当

---

① 青劳人仲案字（2018）第 170 号，本案例根据作者代理的案件改编。

在证据和程序两方面做好应对：

1. 用人单位和经办人员要有较强的证据意识，针对每个岗位制定明晰的工作内容和职责要求，在作出可能影响劳动者权益的决定、文件时，提前做好证据准备；同时，规章制度必须经过民主和公示程序并告知劳动者。

2. 违纪处罚决定应当及时、有效地向劳动者送达并注意留存相关证据。

052 用人单位未及时申请办理《外国人就业证》延期手续，导致劳动合同终止的，外国人诉请用人单位支付违法解除劳动合同经济赔偿金的，能否支持[①]

案例要旨

参照《外国人在中国就业管理规定》的相关规定，用人单位聘用外国人须为该外国人申请就业许可，经获准并取得《中华人民共和国外国人就业许可证书》后方可聘用，且聘用外国人的用人单位有义务为外国人办理《外国人就业证》延期手续。唐某的《外国人就业证》的有效期至 2016 年 12 月 21 日，甲公司未依法为唐某申请办理《外国人就业证》的延期审批手续，导致唐某与甲公司之间的劳动合同因唐某丧失在我国的就业资格而终止，甲公司终止与唐某劳动合同的行为违法。

案情介绍[②]

唐某为澳大利亚籍人员。唐某于 2010 年 7 月 1 日入职甲公司，任财务总

---

① 付勇、李世雄，北京大成律师事务所律师。

② （2017）京 0115 民初 23137 号，中国裁判文书网，https：//wenshu.court.gov.cn/website/wenshu/181107ANFZ0BXSK4/index.html? docId = 9ab89edab3e74478944ba8d700129595，最后访问日期：2022 年 9 月 7 日。

（2018）京 02 民终 1661 号，中国裁判文书网，https：//wenshu.court.gov.cn/website/wenshu/181107ANFZ0BXSK4/index.html? docId=748482c3f2b74a1f8520a8c20010bb12，最后访问日期：2022 年 9 月 7 日。

监。甲公司与唐某分别签订了起止期限为 2010 年 7 月 1 日至 2012 年 6 月 30 日、2012 年 7 月 1 日至 2014 年 6 月 30 日及自 2014 年 7 月 1 日起生效的无固定期限劳动合同，双方在上述三份劳动合同中约定的唐某工作岗位均为高级管理人员。甲公司在 2010 年 7 月 1 日以财务总监的职业或身份，为唐某办理了有效期为一年的《外国人就业证》。之后，唐某的《外国人就业证》每年延期一次。2015 年 12 月 9 日，甲公司再次以财务总监的职业或身份为唐某办理了《外国人就业证》，该证的有效期至 2016 年 12 月 21 日。

自 2016 年 11 月起，唐某多次书面催促甲公司办理其《外国人就业证》、工作签证延期的相关材料，但甲公司一直未为其办理。2016 年 12 月 2 日，甲公司出具《复函》，其上载明："根据《外国人在中国就业管理规定》中的相关规定，公司不再续办你的《外国人就业证》，公司与你签订的劳动合同在你的《外国人就业证》到期日（即 2016 年 12 月 21 日）终止。"

甲公司主张其公司在《外国人就业证》到期前，已经安排员工到外国人就业管理部门为其办理《外国人就业证》延期手续，但外国人就业管理部门以唐某不属于国内急需的专业人员为由，未批准延期申请。唐某认为，甲公司无正当理由拒不为唐某办理就业证续期，并解除与其劳动合同的行为属于违法解除劳动合同。根据《劳动合同法》第四十八条、第八十七条的规定，应向其支付违法解除劳动合同的赔偿金，因此向仲裁委提起仲裁申请。仲裁委裁决甲公司支付唐某违法解除劳动合同经济赔偿金。甲公司不服，诉至法院。

裁判观点

法院认为本案的争议焦点有三：一是双方约定为无固定期限劳动合同的条款是否有效；二是甲公司与唐某之间的劳动合同是解除还是终止；三是甲公司是否在终止劳动合同前为唐某申请办理《外国人就业证》延期手续。

关于双方约定为无固定期限劳动合同的条款是否有效。参照《外国人在中国就业管理规定》的规定，用人单位与被聘用的外国人应依法订立劳动合同。劳动合同的期限最长不得超过五年。劳动合同期限届满即行终止；被聘用的外国人与用人单位签订的劳动合同期满时，其就业证即行失效。如需续订，该用人单位应在原合同期满前三十日内，向劳动行政部门提出延长聘用时间的申请，经批准并办理就业证延期手续。本案中，甲公司与唐某签订了自 2014 年 7 月 1 日生效的无固定期限劳动合同，虽然双方在该劳动合同中关于合同期限的约定违反《外国人在中国就业管理规定》中的相关规定，但根据《劳动合同法》的规定，违反法律、行政法规强制性规定的劳动合同无效或者部分无效，而《外国人在中国就业管理规定》为国务院部门规章，故甲公司与唐某签订的无固定期限劳动合同并不会因违反《外国人在中国就业管理规定》而无效。

关于甲公司与唐某之间的劳动合同是解除还是终止。参照《外国人在中国就业管理规定》中的相关规定，用人单位聘用外国人须为该外国人申请就业许可，经获准并取得《中华人民共和国外国人就业许可证书》后方可聘用，而唐某的《外国人就业证》的有效期至 2016 年 12 月 21 日，其《外国人就业证》未获得外国人就业管理部门的延期审批，由此直接导致了唐某与甲公司之间的劳动合同因唐某丧失在我国的就业资格而终止。

关于甲公司是否在终止劳动合同前为唐某申请办理《外国人就业证》延期手续。参照《外国人在中国就业管理规定》的规定，为外国人办理《外国人就业证》延期手续是聘用外国人的用人单位的义务。甲公司主张其公司在唐某的《外国人就业证》到期前，已安排员工到外国人就业管理部门为唐某办理《外国人就业证》延期手续，但外国人就业管理部门以唐某不属于国内急需的专业人员为由，未批准唐某《外国人就业证》的延期申请。当事人对自己提出的诉讼请求所依据的事实或者反驳对方诉讼请求所依据的事实，应当提供证据加以证明。在作出判决前，当事人未能提供证据或者证据不足以证明其事实主张的，由负有举证证明责任的当事人承担不利的后果。甲公司提交的证据不足以证明甲公司在其与唐某之间的劳动合同终止之前曾就唐某《外国人就业证》延期事宜向外国人就业管理部门提出过延期申请，甲公司应承担举证不能的法律后果，故本院认定甲公司在其与唐某终止劳动合同前未为唐某申请办理《外国人就业证》延期手续。

本院认为，用人单位违反法律规定解除或者终止劳动合同的，应当依照法律规定的经济补偿标准的二倍向劳动者支付赔偿金。本案中，甲公司以"根据《外国人在中国就业管理规定》中的相关规定，公司不再续办你的《外国人就业证》"为由与唐某终止了劳动合同。从甲公司的上述表态来看，甲公司已明确表示不为唐某续办《外国人就业证》，且根据本院认定的事实，甲公司在其与唐某终止劳动合同前未为唐某申请办理《外国人就业证》延期手续。另外，甲公司曾于 2015 年 12 月 9 日以财务总监的职业或身份为唐某办理了有效期至 2016 年 12 月 21 日的《外国人就业证》，而在上述期间外国人在我国境内工作的引进和评价标准并未发生变化，唐某的工作岗位亦未发生变化，故甲公司关于外国人就业管理部门以唐某的职业原因不批准唐某的《外国人就业证》延期申请的主张明显不可信。上述情况下，虽然甲公司与唐某的劳动合同的终止的直接原因系唐某丧失在我国的就业资格，但根本原因却为甲公司未依法为唐某申请办理《外国人就业证》的延期审批手续，结合甲公司通知唐某终止劳动合同时已明确表示不为唐某续办《外国人就业证》的事实，本院认定甲公司与唐某终止劳动合同的行为违法。

综上，法院认为，双方签订的无固定期限劳动合同不因违反《外国人在中国就业管理规定》而无效。甲公司系违法终止劳动合同，应支付违法终止劳动合同赔偿金。

案例评析

本案的争议焦点主要包括：一是双方约定为无固定期限劳动合同的条款是否有效；二是甲公司与唐某之间的劳动合同是解除还是终止；三是甲公司是否在终止劳动合同前为唐某申请办理《外国人就业证》延期手续。

1. 唐某与甲公司签订的劳动合同合法有效，劳动合同有效期限应为五年

《外国人在中国就业管理规定》第十七条规定："用人单位与被聘用的外国人应依法订立劳动合同。劳动合同的期限最长不得超过五年。劳动合同期限届满即行终止，但按本规定第十八条的规定履行审批手续后可以续订。"

甲公司与唐某签订的起始日期为 2014 年 7 月 1 日的无固定期限劳动合同，系双方第三次签订的劳动合同（之前均是 2 年期限的劳动合同），而且约定的工作岗位为公司高级管理人员，显然双方签约时达成了长期合作的共识。《劳动合同》明确约定系根据《劳动法》《劳动合同法》《外国人在中国就业管理规定》等法律法规订立，按照诚实信用及有利于劳动者的原则，该无固定期限劳动合同的有效期应是 5 年。

2. 甲公司作为用人单位负有办理就业证年检延期的法定义务

《外国人在中国就业管理规定》第二十六条第一款明确规定，劳动行政部

门对就业证实行年检。用人单位聘用外国人就业每满一年，应在期满前三十日内到劳动行政部门发证机关为被聘用的外国人办理就业证年检手续。逾期未办的，就业证自行失效。因此，甲公司作为用人单位负有在就业证期满30日内办理就业证年检延期手续的义务。

3. 甲公司所称无法延期是因为唐某本人不符合就业证延期条件，没有事实和法律依据

甲公司存在拒绝为唐某办理就业证延期的事实。唐某提供的函件证据表明，自2016年11月起，其不断书面催促甲公司办理就业证延期事宜，但甲公司一直怠于办理。甲公司于2016年12月2日出具的《复函》显示："根据《外国人在中国就业管理规定》中的相关规定，公司不再续办你的《外国人就业证》，公司与你签订的劳动合同在你的《外国人就业证》到期日（即2016年12月21日）终止。"表明其在无正当理由的情况下，明确拒绝为唐某办理就业许可证延期。甲公司曾委托员工赴外国人就业服务中心咨询，其员工在庭审中亦明确承认未向外国人就业服务中心提交《就业延期申请表》，直接表明甲公司并未履行办理延期手续的义务，甲公司也未提供任何证据证明外国人就业服务中心不予审批。

合规指引

随着中国经济的发展和对外开放程度的提高，来华工作的外国人的人数也日渐增多，外国员工劳动关系建立及解除是员工和用人单位均需重视的内容。

目前，我国针对外国人来华就业实行许可制，用人单位聘用的外国人应当为其办理就业许可证，双方才能建立劳动关系。

对外国员工而言，外国人在中国就业应当持有就业证。根据《外国人在中国就业管理规定》第八条，在中国就业的外国人应持Z字签证入境，入境后取得《外国人就业证》和外国人居留证件，方可在中国境内就业。可见，外国人未持就业证在中国就业违反中国法律规定，为公司提供劳动也不当然与该公司形成劳动关系，无法依据中国劳动法相关规定主张权利。

对用人单位而言，《外国人在中国就业管理规定》规定用人单位聘用外国

人应签署期限不超过五年的劳动合同。但依据上述案例可以看出，若用人单位与外国人签署了无固定期限劳动合同，该合同不会被认定为无效合同。

我们建议，公司在与外国人签署劳动合同时，签订固定期限劳动合同而非无固定期限劳动合同。公司若之后不愿意再继续聘用外国员工，劳动合同期满则合法终止，以免因未申请就业证延期终止劳动合同而被认定为违法终止。

若双方签署了无固定期限劳动合同，如果因用人单位未及时为外国员工办理就业证续期而导致劳动合同被确认无效的，用人单位可能需要承担相应的赔偿责任。若确非因用人单位原因导致就业证无法续期的，用人单位应留存好为外国员工办理就业证续期的相关过程性文件，以免因举证不能而承担对己方不利的后果。

053 双方均无法证明劳动者离职的原因，能否视为双方协商一致解除劳动合同①

案例要旨

用人单位不能证明劳动者主动申请离职，劳动者也不能证明用人单位违法解除劳动合同的，可以视为经双方协商一致解除劳动合同，用人单位应支付经济补偿金。

案情介绍②

王某、江某系夫妻关系，二人同在甲公司任职，王某任综合部副部长，

---

① 黄华、李亚兰，北京大成（成都）律师事务所律师。
② （2018）川0112民初6485号，中国裁判文书网，https://wenshu.court.gov.cn/website/wenshu/181107ANFZ0BXSK4/index.html?docId=c65e465aedb14faeb84eabd60183ca59，最后访问日期：2022年9月6日。
（2018）川0112民初6496号，中国裁判文书网，https://wenshu.court.gov.cn/website/wenshu/181107ANFZ0BXSK4/index.html?docId=6c9ab27527574609bd89abd60183ca2b，最后访问日期：2022年9月6日。

工作职责包括制作工资、公积金、社保、考勤等工作，并在离职前一段时间内曾经保管过甲公司公章。2017年9月14日，王某因利用职权之便擅自上调江某与王某自己的公积金、社保缴纳基数，被甲公司处以"在集团范围内通报批评，并调离现岗位处理"的处罚，同日，江某被甲公司免去甲公司总工程师职务。2017年9月15日，王某和江某进行了工作交接。2017年9月25日，江某在王某和自己的《员工离职审批表》中签字，甲公司综合部部长田某为江某和王某的《员工离职审批表》填写离职原因为"个人原因，申请离职"。

2018年6月28日，二人申请劳动仲裁，并提交加盖公司印章、以"单位解除劳动合同"为理由的解除劳动关系证明。仲裁阶段，甲公司委托某司法鉴定中心对两证明落款处的印章印文进行鉴定，鉴定结果为两份证明印章印文均系公司公章盖印形成，落款处盖章形成于打印字迹之后。仲裁裁决甲公司支付二人经济补偿金及年休假工资共计156804.85元。该公司不服仲裁结果，委托大成律师代理本案。

裁判观点

仲裁委认为，江某案件中，一审法院认定江某系具有完全民事行为能力的成年人，对自己行为的法律后果具有完全的认知能力，其于2017年9月25日向甲公司提交离职审批表，应当认定其具有主动要求解除劳动关系的意思表示，双方的劳动关系因江某主动申请而解除，故甲公司无须向江某支付经济补偿金。

而在王某案件中，虽然一审法院认为王某的离职审批表是其丈夫所签，没有证据证明系王某委托江某代签，甲公司在未加核实的情况下，直接认定王某系主动离职，理由不充分。但也因为大成律师提出的解除劳动关系证明的格式、用语不符合正式公文行文标准且经司法鉴定正文部分的印文形成于打印字迹之前与常理不符等原因未予采信王某提交的解除劳动关系证明上的"单位解除劳动关系"的离职原因。最终以双方均无法证明王某的离职原因，视为双方协商一致解除劳动合同为由判令甲公司支付经济补偿金，较劳动仲裁直接认定离职原因为甲公司单方解除劳动合同有较大改善。也即，虽然甲公司依法仍需向王某支付经济补偿金，但该等经济补偿金的支付是由于证据的缺失，事实无法查明，法律法规为平衡用人单位和劳动者利益关系而作出用人单位承担不利后果的选择，并非用人单位作出了损害劳动者权益的行为而应承担的后果。

案例评析

因为历经两次司法鉴定，本案历时三年，大成律师在认真研究了劳动者方提供的关键证据——两份加盖有公司印章的解除劳动关系证明，决定从两个方面进行分析论证：

1. 两份证明的公章和文字存在矛盾。两份证明除在落款处加盖有公司印章外，在正文中也盖有公司印章，但仲裁阶段甲公司并未对正文印章申请鉴定，甲公司委托大成律师代理一审后，大成律师发现其中的蹊跷之处：一般而言，公章会盖在落款处，盖在正文中间的极为少见，也不符合公章的常规使用习惯，再结合王某离职前曾经保管过公章、有私盖公章的可能性，大成律师推测王某可能利用职务便利保存有加盖甲公司印章的空白纸张，然后在空白盖章纸张上打印了两份证明。根据该证明存在文号与甲公司其他文件重复、文件落款时间的前后顺序与文号先后顺序存在矛盾、正文中加盖公章等问题，大成律师向法院申请对两份证明进行印章印文鉴定和打印形成时间鉴定。最终的鉴定结果为两份证明覆盖正文部分的印章印文系形成于打印字迹之前，这与一般公司先打印文字后盖章的正常操作流程存在重大矛盾，较难解释这种"先章后文"做法的合理动机。从而能够证明王某有可能利用职务便利保存盖有公司印章的空白纸张，然后在离职时用以私自制作有利于自己的证明的重大嫌疑。即便文件上的印章真实，也不能据此认定这是甲公司的真实意思表示。

2. 两份证明的文字内容存在矛盾。两份证明列举了可解除劳动合同的原因，包括单位改制、单位解除劳动合同、单位开除、单位终止劳动合同（劳动合同期满）、单位依照《劳动合同法》第三十六条、单位依照《劳动合同法》第三十九条、单位依照《劳动法》第四十条、单位依照《劳动合同法》第四十一条、劳动者依照《劳动合同法》第三十八条等。而两份证明上最终选择的解除原因项为"单位解除劳动合同"，没有选择其他用人单位需要支付经济补偿的选项，违背了正常的逻辑。因为根据《劳动合同法》第四十六条的规定，单位按照《劳动合同法》第三十六条、第四十条、第四十一条解除劳动合同时，均需要支付劳动者经济补偿。而如果只是因为"单位解除劳动合同"，并不能直接认定单位应当支付经济补偿，尚需其他证据来证明用人单位解除是否合法。因此，大成律师主张两份证明中的解除理由"单位解除劳动合同"，并不能证明甲公司解除劳动合同不合法且需要支付经济补偿，劳动者提供的其他证据也无法证明甲公司解除劳动合同的真实原因，结合甲公司举证劳动者自己在离职审批表上签字确认以"个人原因"离职，所以甲公司无需支付经济补偿。

大成律师从劳动者提供的关键证据入手，通过分析逻辑错误并申请司法鉴定，向法官展示关键证据的矛盾之处，同时提交劳动者签字的离职申请等有利证据，充分论证了我方的诉讼主张。最终一审法官采纳了律师的观点，认为劳动者提供的证明不论从格式还是用语上都不符合正式公文的行文标准，与甲公司制作的其他公文存在较大差异，证明正文部分的公章形成于打印字迹之前与常理不符，离职审批表的劳动者签字时间早于证明落款时间，前后矛盾不符常理，不能证明是甲公司原因与劳动者解除劳动合同，最终改判仲裁结论，判决金额远低于仲裁裁决结果。

合规指引

公章是公司对外最有效的凭证之一，且具有很强的集合性。一般而言，文本上加盖了公司印章，基于公示的公信力和对抗效力，便可推定具备公司意思表示的法律效力，如果公司缺乏行之有效的公章管理制度，导致相关人员私自加盖印章，将可能对公司造成不利后果。

对此，大成律师建议公司应重视公章使用与管理，妥善保管好公章，规范公章用印制度，设置盖章登记本。如公章由公司特定人员加盖，所有拟盖章文件应上传系统或发送邮件备查，以及不对空白文本加盖公章，重要合同建议加盖公章时还需要法定代表人签字，以归避相关法律风险。

054 用人单位工厂搬迁，劳动者拒绝前往新工作地点工作，用人单位可否解除劳动合同[①]

案例要旨

员工签订的劳动合同中，明确了具体的工作地点，但企业因政府原因导致搬迁，将导致工作地点的变更。作为员工，工作地点的变更会导致路程时间发生变化，可能对部分员工产生较大的影响。作为企业方，该搬迁并非自身原因造成，为了能够继续经营还需要投入巨额的资金建造厂房，更为重要的是，要求经济补偿金员工的诉求若得到法院的支持，势必导致其他员工纷纷效仿，公司将因无力支付巨额补偿陷入危局。劳动合同内容的变更，是否必须双方协商一致，鉴于劳动合同的特殊性，若不影响员工的核心利益，员工是否应当遵守企业的管理。如何平衡企业与员工的利益，是本案的关键。

案情介绍[②]

甲公司因政府收储土地而需在常州市新北区内进行整体搬迁（新旧公司相距约10公里），涉及上千名员工。为弥补搬迁给员工工作造成的不便，甲公司采取发放交通补贴、提供电瓶车充电房、提供员工宿舍、安排班车等一系列人性化措施，希望员工前往新工厂上班。但党某（下称员工）以劳动合同工作地址（劳动合同约定的是具体地址"××路×××号"）变更需双方协商一致为由，一直未去新工厂上班。后甲公司以严重违反规章制度为由解雇了员工，员工不服起诉甲公司要求支付违法解除的赔偿金。

裁判观点

法院认为，企业整体搬迁是否认定为客观情况发生重大变化，需要根据

[①] 王弘侃，北京大成（无锡）律师事务所律师。

[②] （2018）苏04民终576号，中国裁判文书网，https：//wenshu.court.gov.cn/website/wenshu/181107ANFZ0BXSK4/index.html？docId=463c9ddbaa49445aad54a8e3010e4d79，最后访问日期：2022年9月6日。

企业搬迁距离的远近、用人单位是否提供交通工具、是否在上下班时间进行调整、是否给予交通补贴等因素，以及该工作地点的变更是否给劳动者的工作与生活各方面带来实质性的不利等进行综合判断。如果未造成重大影响或已弥补不利影响，劳动者应接受并配合单位的合理安排，拒绝到新经营地点上班的，企业有权以严重违纪解约。本案中，甲公司在搬迁的同时增发了交通补贴，并在新厂区增设电动车充电房，应视为已弥补了不利影响，该工作地点的变动尚不构成"客观情况发生重大变化，致使劳动合同无法履行"的情况，员工拒绝到岗工作，已构成严重违纪，甲公司解除合同合法，员工的诉求全部被驳回。

案例评析

《劳动合同法》第四十条第三项规定，劳动合同订立时所依据的客观情况发生重大变化，致使劳动合同无法履行，经用人单位与劳动者协商，未能就变更劳动合同内容达成协议的。那么，企业工厂搬迁客观上造成了劳动合同约定的工作地点双方无法再履行，员工能否以"劳动合同订立时所依据的客观情况发生重大变化，致使劳动合同无法履行"为由要求公司承担经济补偿金呢？

我国劳动立法上要求双方当事人在劳动关系中均应诚实、守信、善意地履行合同义务，从而达到劳动关系和谐的社会效果。用人单位要以保障劳动者权益为合同首务，但劳动者亦应理解和遵从用人单位的管理和发展。本案中，员工多次无视甲公司的警告并无视被要求去新地址工作的通知，严重违反了公司的规章制度，据此甲公司单方解除与该员工的劳动合同完全合法，该员工的诉讼请求没有事实及法律依据。

因搬迁导致劳动合同中约定的工作地点变更确属事实，但是否属于"重大变化"，法官有自由裁量之空间。由于此案涉及员工范围广，若一人起诉成功，则其他员工将纷纷效仿要求企业支付经济补偿，届时企业将不堪重负，也将消耗大量的司法资源，更会造成社会的不稳定因素。

律师从搬迁前就开始介入：首先，公开了搬迁信息，并辅助企业做了大量的安抚工作；其次，为企业设计了增加交通津贴、增设充电房等弥补搬迁影响的措施；最后，通过努力，让法院认可了企业为此次搬迁所做之努力，使法院认可了律师观点，实现了社会稳定、企业正常运营和员工的安定。

关于搬迁，企业应通过各种人性化的方式来弥补企业搬迁给员工造成的不利之处，本着企业与员工共同发展的理念，让员工积极了解、参与公司的改革。同时，对于不顾企业发展，只追求个人私利的员工，坚决利用法律手段予以处理。

合规指引

企业搬迁会导致工作地点的变更，但员工能否以"客观情况发生重大变化，致使劳动合同无法履行"为由要求经济补偿金，法官就此问题有着较大的自由裁量空间。实务中，法官会从劳动合同的约定、搬迁前后公司地址的距离对比、搬迁后对员工的影响等方面进行综合评判，对此，企业应当注意以下几点：

1. 劳动合同中的工作地点，不能仅约定现有的办公地址，建议约定××市，同时约定"因公司发展或者其他原因导致公司地址变更，但仍在××市，员工同意到新地址进行办公，否则视为旷工"。

2. 在制定搬迁计划时，企业方需要注意沟通技巧，根据企业自身的情况来确认方案。本案中，企业一直严格强调不到新地址办公的人员属于旷工，不接受任何方式的妥协，最终上千名的员工中仅有几名员工不同意到新地址办公，被解除劳动合同后提起了诉讼。若一开始企业沟通时有所松动，可能会导致更多的员工不同意搬迁。

3. 若因搬迁确实导致较多的员工上下班困难的，企业可以通过合理地调整工作时间、增加补助、完善上下班交通措施等方式，减少搬迁导致的不利因素。

055 签订两次固定期限劳动合同后，劳动者提出订立无固定期限劳动合同的，用人单位能否终止劳动合同[①]

案例要旨

劳动者与用人单位连续订立二次固定期限劳动合同后劳动者提出或者同意续订、订立劳动合同的，除劳动者提出订立固定期限劳动合同外，双方应当订立无固定期限劳动合同。用人单位未依法与劳动者订立无固定期限劳动合同存在违法解除劳动合同事实的，应当向劳动者支付违法解除合同的赔偿金。

案情介绍[②]

2012年10月17日，由某与甲公司（下称公司）签订为期二年的劳动合同，于2014年10月16日续签了二年固定期限劳动合同。2016年10月16日劳动合同到期后，未续签书面劳动合同，由某仍在该公司工作。2016年10月26日至2017年1月1日，由某因患左侧急性面神经炎住院治疗，向公司提供诊断证明并请假。2007年1月1日后，由某要求上班，公司未给由某提供工作岗位，并无故克扣其劳动报酬。由某与公司多次沟通未果，遂于2017年2月28日向公司发出书面通知，要求与公司签订无固定期限劳动合同。公司接到该通知后，于2017年3月5日向原告发出《劳动合同终止通知书》并拒不支付任何补偿及赔偿。

2017年3月10日，由某提起劳动仲裁，仲裁委员会作出裁决：1. 被申请人甲公司向申请人由某支付未签订无固定期限劳动合同二倍工资2041.38元；2. 驳回申请人的其他仲裁请求。

2017年6月6日，由某向大连市高新技术产业园区人民法院提起诉讼，

[①] 郭君璇，北京大成（大连）律师事务所律师。

[②] （2017）辽0293民初98号，中国裁判文书网，https://wenshu.court.gov.cn/website/wenshu/181107ANFZ0BXSK4/index.html?docId=916da0bbaa504417b098a7d80102054c，最后访问日期：2022年9月6日。

法院判决：1. 被告甲公司于判决生效后十日内支付原告由某违法解除劳动合同赔偿金54155.97元。2. 支付原告由某未签订无固定期限劳动合同二倍工资2041.38元。

裁判观点

法院认为，《最高人民法院关于审理劳动争议案件适用法律若干问题的解释》第十六条第一款①规定："劳动合同期满后，劳动者仍在原用人单位工作，原用人单位未表示异议的，视为双方同意以原条件继续履行劳动合同。一方提出终止劳动关系的，人民法院应当支持。"本案中，原、被告之间的劳动合同于2016年10月16日到期后，双方未续签劳动合同，原告仍继续在被告处工作，同时被告自2016年10月至2017年2月仍按照其管理规定向原告支付工资，应视为双方以原条件继续履行劳动合同。2017年2月23日原告收到被告发出的通知函，限其于2月27日前提交2017年1月1日以后的医疗凭证或诊断证明，否则将2月27日视为原告医疗期终止。但被告并未明确提出与原告终止劳动关系，故双方劳动关系仍然存续。2017年2月28日，原告通过快递向被告发送《签订无固定期限劳动合同通知书》，明确提出要求与被告签订无固定期限劳动合同。根据《劳动合同法》第十四条第二款规定："用人单位与劳动者协商一致，可以订立无固定期限劳动合同。有下列情形之一，劳动者提出或者同意续订、订立劳动合同的，除劳动者提出订立固定期限劳动合同外，应当订立无固定期限劳动合同：……（三）连续订立二次固定期限劳动合同，且劳动者没有本法第三十九条和第四十条第一项、第二项规定的情形，续订劳动合同的。"本案中，原告与被告已连续订立二次固定期限劳动合同，故被告3月1日收到该通知时，即应当与原告订立无固定期限劳动合同。而被告未依法与原告订立无固定期限劳动合同，且于3月3日向原告发出《劳动合同终止通知书》。故被告存在违法解除劳动合同的事实。

对原告请求被告支付违法解除合同赔偿金的请求，法院予以支持。根据《劳动合同法实施条例》第二十七条规定、《劳动合同法》第八十二条第二款规定，原告要求被告支付未签订无固定期限劳动合同二倍工资，有事实基础

---

① 该解释目前已失效，该款对应《最高人民法院关于审理劳动争议案件适用法律问题的解释（一）》第三十四条第一款。

及法律依据，法院予以部分支持。因原告于 3 月 5 日收到被告解除劳动合同的通知书，故被告支付二倍工资期限应自 2017 年 3 月 1 日至 2017 年 3 月 5 日，期间有二个休息日应予扣除。故被告应支付原告未签订无固定期限劳动合同二倍工资 2041.38 元（7400 元/月÷21.75 天/月×3 天×2）。

综上所述，法院判决如下：一、被告甲公司于本判决生效后十日内支付原告由某违法解除劳动合同赔偿金 54155.97 元；二、被告甲公司于本判决生效后十日内支付原告由某未签订无固定期限劳动合同二倍工资 2041.38 元。

案例评析

大成律师在接受劳动者初步咨询后，首先做的就是按照《劳动合同法》第十四条第二款规定，指导当事人向用人单位发出"要求签订无固定期限劳动合同的书面"通知书。根据我们对该条立法精神的准确掌握，从对方收到通知起，双方已经建立了无固定期限劳动合同关系。该创设性的工作节点为由某在整个争议的解决过程中争取了主动权，法院最终支持了我们的诉求。

合规指引

为了防控出现本案所涉法律风险，建议用人单位从如下几个方面予以完善：

1. 用人单位应当加强劳动合同管理。针对将要到达终止期限的劳动合同，应该综合分析劳动者表现、岗位需要等因素及时决定续签或终止，决定终止的需要合同到期一个月前书面通知劳动者并保留证据。

2. 针对已经实际用工的劳动者，应当依法在实际用工之日起一个月内签署劳动合同；针对之前就属于本单位的劳动者，因符合签署无固定期限劳动合同条件而形成无固定期限劳动合同关系的员工，应当在符合签署无固定期限劳动合同条件的同时签署无固定期限劳动合同。

3. 企业规章制度中对员工请病假需要履行的程序要清晰明确且具备操作性，日常中要按照规章制度规定实施。病假结束及时通知员工复岗。

056 劳动者连续多次旷工，用人单位能否解除劳动合同并无须支付赔偿金[①]

案例要旨

用人单位提供了考勤记录等证据，能够证实劳动者连续旷工的，可以解除劳动合同并无须给付经济赔偿。

案情介绍[②]

2012年5月25日刘某与甲公司签订了期限为2012年5月25日至2015年5月24日的劳动合同，岗位为司机，并约定劳动报酬不低于南宁市现行的最低工资标准。因为刘某表现一般，没有安排其驾驶车辆，但需要到单位学习并有考勤，刘某连续数月持续旷工。甲公司通知其返回单位工作，刘某仍没有按时到岗并继续旷工。甲公司即以刘某连续旷工多日，严重违反劳动合同约定为由，解除其劳动合同，刘某遂办理了离职手续。后刘某提起仲裁，要求支付违法解除劳动关系的经济赔偿金。

裁判观点

本案的争议焦点为甲公司是否应向刘某支付解除劳动关系赔偿金。

甲公司主张刘某自2014年9月至2015年1月期间每月均有多日旷工，故以刘某连续旷工多日严重违反劳动合同约定为由与刘某解除劳动合同。刘某不予认可，主张2014年9月至2015年1月期间甲公司不安排具体工作，只需报到，每周除周六周日外还可以再休息一日，故其没有旷工。案件审理时的《最高人民法院关于民事诉讼证据的若干规定》第二条规定："当事人对自己提出的诉讼请求所依据的事实或者反驳对方诉讼请求所依据的事实有责任提供证据加以证明。没有证据或者证据不足以证明当事人的事实主张的，由负

[①] 朱华，北京大成（南宁）律师事务所律师。
[②] （2014）西民一初字第2775号，本案例根据作者代理的案件改编。

有举证责任的当事人承担不利后果。"第六条规定："在劳动争议纠纷案件中，因用人单位作出开除、除名、辞退、解除劳动合同、减少劳动报酬、计算劳动者工作年限等决定而发生劳动争议的，由用人单位负举证责任。"依据上述规定，刘某与甲公司解除劳动关系的具体原因应由甲公司举证证明，甲公司为证明刘某存在旷工行为，提交有考勤记录在案佐证。从其提交的考勤记录来看，刘某自 2014 年 9 月至 2015 年 1 月期间分别有 6 天、3 天、4 天、4 天、4 天没有考勤记录。对此，刘某虽主张其每周除周六周日外还可再休息一日，但甲公司对此予以否认，刘某亦无证据证明其与甲公司之间存在此约定，故刘某应承担举证不能的后果。且刘某每月缺勤的天数也与其陈述的每周除周六周日外可再休息一日的情况不符。

法院采信甲公司的主张，认定刘某自 2014 年 9 月至 2015 年 1 月期间分别旷工 6 天、3 天、4 天、4 天、4 天。甲公司以刘某连续旷工多日严重违反劳动合同约定为由与刘某解除劳动合同未违反法律规定。故甲公司与刘某解除劳动合同的情形不符合法律规定的用人单位应向劳动者支付解除劳动合同赔偿金的法定情形。综上所述，刘某要求甲公司支付解除劳动关系赔偿金 42000 元的诉讼请求，没有事实和法律依据，本院不予支持。

案例评析

1. 本案中的刘某屡次旷工，其行为已经违反规章制度和劳动纪律

甲公司以打卡的考勤记录等作为旷工的证据，其证明力尚不足。因为考勤记录通常是用人单位单方面制作的考勤表，没有劳动者的签字确认；或者用人单位提供自行下载打印的电子打卡考勤文件，但因提供原始载体有困难，往往只能提供复制件，人民法院难以依据没有经过劳动者签字确认的考勤记录来直接认定员工存在屡次旷工，如仅凭此证据难以让法院相信其多次旷工。但本案中，大成律师除了提供甲公司的员工考勤打卡记录，还指导甲公司根据公司实际情况进行学习或培训等活动，并通过培训的讲座签到表进一步证明刘某多次旷工的事实，从而最终使法官认定刘某旷工的事实清楚，证据确实充分。

2. 解除与已经严重违反劳动纪律或规章制度的员工的劳动合同，也应合法合理

对于严重违纪违章的员工，基于合理性考虑，用人单位也不宜直接解除与其的劳动合同，而是需要批评教育或进一步取证，包括给予其改正错误的机会。

大成律师基于合理性和合法性的双重考虑，指导甲公司先向员工发出返回工作岗位上班的通知，在没有获得其响应后，再向其发出解除劳动合同通知。这两个步骤，能够很好地证明用人单位履行了批评教育及告知义务。

上述两个步骤与刘某多次旷工的考勤证据包括培训记录表等共同证明了刘某多次旷工，严重违反了规章制度和合同约定，甲公司依法合规地解除劳动合同，不存在违法解除劳动关系，从而不应支付经济补偿，更不需要支付赔偿金。

类案观点

根据考勤记录解除劳动合同，我们检索到以下案例，以供读者参考。

案例一：《乙公司等与施某劳动争议二审民事判决书》［北京市第一中级人民法院民事判决书（2014）一中民终字第8477号］①

本院认为，乙公司针对施某是否存在加班事实以施某实行不定时工作制进行抗辩，现乙公司又主张对施某有考勤管理，与常理不符。乙公司针对施某在2013年3月至9月诸多被记旷工的考勤异常现象，并没有进行相应的劳动管理，该情形进一步佐证了施某关于没有考勤管理的主张。综上，本院对于乙公司所持施某存在9天旷工的事实主张不予采信。鉴于施某的旷工行为无法被认定，乙公司以此为由提前解除双方劳动合同，缺乏事实依据，属于违法解除劳动合同，应当向施某支付违法解除劳动关系赔偿金。

案例二：《丙医院、陈某经济补偿金纠纷民事再审民事判决书》［贵州省黔南布依族苗族自治州中级人民法院民事判决书（2021）黔27民再193号］②

本院认为，关于再审申请人丙医院是否应当因双方解除劳动关系而向被

---

① 中国裁判文书网，https://wenshu.court.gov.cn/website/wenshu/181107ANFZ0BXSK4/index.html?docId=7baaacfa50a9343859e3e6a4584b77347，最后访问日期：2022年9月6日。

② 中国裁判文书网，https://wenshu.court.gov.cn/website/wenshu/181107ANFZ0BXSK4/index.html?docId=0fafd91a6a4343568344ae3701649b29，最后访问日期：2022年9月6日。

申请人支付经济补偿金的问题。首先，被申请人与丙医院签订的劳动合同，未违反《劳动合同法》的规定，双方当事人存在合法的劳动合同关系，合法权益受法律保护。其次，在劳动关系持续期间，双方因丙医院将后勤服务工作向社会购买服务后，对被申请人如何去留一直未达成一致意见，被申请人工作至 2020 年 1 月 24 日早上离岗，并经丙人民医院电话通知拒绝返岗上班。被申请人未经用人单位丙医院准许擅自离岗，且一直未归，违反了丙医院制定的《丙医院考勤制度（试行）》关于请销假和劳动纪律等的规定，属于《劳动合同法》第三十九条第二项规定的"严重违反用人单位的规章制度的"情形。丙医院于 2020 年 3 月 24 日作出《中共丙医院委员会关于对医院安保人员擅自离岗的处理决定》，决定对被申请人等 8 名保安人员予以解聘处理，符合《劳动合同法》第三十九条的规定，且丙医院在作出解聘决定前已书面向院工会征求意见，院工会书面复函同意解聘处理。因此，被申请人与丙医院的劳动关系自 2020 年 1 月 24 日予以解除。最后，关于是否支付经济补偿金的问题。《劳动合同法》第四十六条规定的用人单位应向劳动者支付经济补偿的情形，不包含用人单位依据该法第三十九条解除与劳动者劳动关系的情形。《劳动合同法》第八十七条规定用人单位违法解除或者终止与劳动者的劳动关系，应向劳动者支付二倍经济补偿金。依前所述，丙医院解除其与被申请人的劳动关系是符合法律规定的，故被申请人主张经济补偿金无事实和法律依据。本院二审判决支持被申请人经济补偿金系认定事实错误、适用法律错误，同时二审判决丙医院额外支付被申请人一个月工资，超出被申请人的诉讼请求范围，应予以纠正。

@ 合规指引

1. 用人单位应具备合法有效的管理制度及员工手册，考勤及其他奖惩等制度及方式方法应科学合理，易于操作和固定证据

第一，用人单位可将考勤制度作为劳动合同的附件，经劳动者签收确认或者将含有考勤制度的员工手册交由劳动者签收确认；

第二，用人单位在设计考勤方式时，应引入劳动者确认的环节，如各部门在向单位人事部门提交本部门劳动者的考勤记录前，应先经劳动者本人的签字确认，如不能确认的，可以通过其他员工证明等方式固定证据。

2. 收集员工旷工等严重违反规章制度的其他有效证据

除考勤记录外，用人单位还应收集其他能证明员工旷工等违反纪律的证据，比如内部的视频录像、人事职员可以与员工进行电话录音等，询问员工不来上班的原因，以及员工的检查或检讨文件。企业不能只了解员工不来上班的真实原因，如果有非主观的其他原因的，给予一定的惩戒，对故意违反或多次违反纪律的员工，亦要给予相应的处理措施，以收集和固定证据，以备有可能的争议案件举证之用。

3. 解除程序及送达文件应合法

首先，用人单位在发现员工屡次旷工等严重违纪时，可设置一个督促返回岗位的程序，向劳动者发出书面通知，该通知书应载明员工已经有多少天无故未到岗上班，限定员工在某个时间内回用人单位报到，否则将按旷工处理，并依据规章制度某某条与其解除劳动合同等。

其次，用人单位在收集整理完毕员工旷工等严重违反纪律的证据以及已发出返回岗位通知的合理时间后，如仍不返回岗位接受处理的员工，用人单位可向该员工直接发出解除劳动合同通知书。要注意的是，在解除劳动合同通知书中，一定要注明劳动合同解除的理由，即是以旷工解除劳动合同。

再次，向员工发出解除劳动合同的通知，原则上要通知企业工会并征求意见，如果工会不同意的，不得解除。如果没有工会的，也可以不通知。

最后，任何发给员工的通知都要注意尽量以邮政快递方式寄送，并辅之以电子邮件或是微信等方式告知，并且注意留存员工已经签收的证明文件。同时也要考虑到部分员工恶意拒绝签收等情形，在员工入职时或履行劳动合同过程中，通过员工签名的劳动合同和其他文件，特别约定相关文件的送达地址、个人邮箱和手机号码等，即使员工真实所在地和户口所在地等不一致，或是拒绝签收的，亦可以通过员工确认的地址、邮箱和手机号码等完成送达程序。

057 用人单位解除劳动关系并没有载明其单方解除的理由，解除是否合法[①]

案例要旨

因用人单位作出解除劳动合同等决定而发生劳动争议的，由用人单位负举证责任。如用人单位违法解除的，劳动者要求继续履行劳动合同的，用人单位应当继续履行；劳动者不要求继续履行劳动合同或者劳动合同已经不能继续履行的，用人单位应当依照规定支付赔偿金。

案情介绍[②]

邓某于1997年12月进入甲公司工作。2011年与甲公司签订无固定期限劳动合同，职位是高级总监，工作年限连续计算。2014年6月邓某收到甲公司劳动合同解除通知，甲公司单方解除劳动关系但未具体说明解除理由。邓某向甲公司多次询问解除理由，甲公司均未明确答复。邓某询问作出解除通知的甲公司法定代表人解除理由，法定代表人表示自己并不知道解除理由。邓某认为甲公司违反《劳动合同法》相关规定与其解除劳动合同，要求恢复与甲公司的劳动关系。

本案中，邓某的工资由基本工资、奖金和福利等组成，包含了每月基本工资、交通补贴、手机费、房租补贴及其他福利。根据邓某和甲公司签订的2011年度劳动合同中的某福利条款："甲公司解除与高级总监的劳动关系，如不是合理解除，甲公司将支付高级总监到解除之日的相关福利和此后60天内的福利，扣除应当向甲公司支付的返还款。"甲公司每年为邓某购买福利保险。2014年，甲公司口头同意支付相关奖金，邓某应得2014年长期激励的奖金以及邓某2014年度应休未休年假的工资。但截至邓某提起诉讼，甲公司尚

[①] 徐郭飞，北京大成（上海）律师事务所律师。
[②] （2015）浦民一（民）初字第7849号，本案例根据作者代理的案件改编。

未支付邓某相关工资、奖金、福利待遇等。

邓某遂向法院提起诉讼，请求支付相关月份的工资、激励奖金、保险费、交通补贴、手机费、房租补贴等相关福利费用。

裁判观点

一审法院认为，本案应当由公司举证证明其单方解除劳动关系的合法性，而甲公司并没有说明其单方解除的理由。本案在经过多轮开庭后，最后经法院调解结案。

案例评析

本案件中大成律师作为邓某的代理律师，在当事人邓某面临被单位无故解除及未支付有关报酬、福利待遇的困境下，辅助当事人从劳动仲裁阶段直至人民法院审理阶段的维权工作，通过与当事人多轮沟通、证据收集及开庭工作，努力维护当事人的合法权益。最后，在法院组织的调解程序中，徐律师积极与用人单位以及法官沟通，最终通过高效、便捷的途径帮助当事人解决了劳动争议。

本案争议焦点为甲公司单方解除劳动关系是否违法以及甲公司拖欠邓某工资福利报酬的计算标准。

本案中，甲公司要求单方解除劳动关系但未具体说明解除理由。邓某多次询问解除理由，甲公司均未明确答复，甲公司涉嫌单方面违法解除劳动关系。

在案件审理过程中，甲公司认为邓某的福利待遇及报酬畸高，不愿意支付邓某相关的报酬。邓某作为甲公司的高级管理人员，属于高收入人群，其与企业双方签订的劳动合同中存在相关条款约定："甲公司解除与高级总监的劳动关系，如不是出于合理解除，甲公司将支付高级总监到解除之日的相关福利和此后60天内的福利，扣除应当向甲公司支付的返还款。"劳动合同作为劳动者以及用人单位意思表示一致达成的成果，如果合同条款不违反法律法规相关规定，应认为为双方真实意思表示。最后，经过法院调解及大成律师的努力，双方就费用支付问题达成了一致。

合规指引

《劳动合同法》第三十九条对用人单位单方解除劳动合同规定的五种情形，可以分为两类：一类是法定情形，用人单位就能解除劳动合同；另一类是法定加用人单位自定情形。但法律对"严重违反"并未规定明确的衡量标准，需要用人单位在规章制度中进一步作出具体规定。关于劳动者"严重违反"的界定问题，用人单位须从劳动者违反规章制度的主观动机、次数、后果、影响、损失等多方面考虑。如果用人单位规章制度仅仅将"严重违反"定义为"员工严重违反职工纪律""员工顶撞上级领导""员工在办公区域打架斗殴，造成严重影响"，并作为解除劳动合同的理由，一旦发生争议，用人单位将因为描述模糊无法进行事实认定而导致败诉。《劳动合同法》在劳动者严重违反用人单位的规章制度、用人单位解除劳动合同方面，还赋予了用人单位自主权，用人单位需要通过规章制度将法律的规定进一步补充、细化，具有可操作性。

058 劳动者递交书面辞职报告后又撤回辞职申请，双方是否还存在劳动关系[①]

案例要旨

员工递交书面辞职报告，其后主张口头撤回离职申请，并提供电话录音和调查笔录为佐证。但是电话录音的内容不能证明离职内容，调查笔录存在矛盾之处且相关人员去世导致无法核实，法院对电话录音和调查笔录均不予采信。单位主张办理完结离职手续，但无法证明辞职证明书已告知或送达员工，法院亦不予采信。劳动行政部门相关规定在员工辞职行为发生之后生效，因此该规定不具有溯及既往的效力。员工依据该规定主张单位离职手续未予

---

① 张立杰、翁飞，北京大成律师事务所律师。

办结的，法院不予支持。员工提交离职申请后，单位与员工劳动用工的实际情况，即后续员工未与单位有联系之事实，可以证明之前员工辞职行为已经生效。

▶ 案情介绍①

董某自 1975 年 6 月开始在甲出版社工作，任编辑室编辑。1989 年 2 月董某借调至乙咨询公司工作，借聘期为三年。1989 年 8 月 4 日，董某向甲出版社递交了辞职报告，其在辞职报告中写明希望取得副高职称。同年 8 月 5 日甲出版社当时的法定代表人孟某在该辞职报告上批示人事部门按规定办理。董某称其在提交辞职报告后，时隔几日又分别给社长和人事处打电话，告知不辞职了。1990 年 1 月，甲出版社给董某开具了高级职称证明。1996 年 11 月，乙咨询公司致函甲出版社介绍董某回单位工作，甲出版社以董某已于 1989 年辞职为由未给董某安排工作。甲出版社于 1998 年 11 月 19 日领取了企业法人营业执照。2001 年 1 月，董某收到甲出版社《关于董某同志辞职的处理意见》，其于同年 2 月向人事部人事仲裁公正厅仲裁办公室提交了仲裁申请书，但没有结果。2002 年 3 月，董某向劳动争议仲裁委员会申请仲裁，要求撤销《关于董某同志辞职的处理意见》，恢复与甲出版社的劳动关系。仲裁裁决后，甲出版社不服起诉至法院。本案经北京市东城区人民法院一审、北京市第二中级人民法院二审，认定董某于 1989 年 8 月 4 日从甲出版社辞职，双方不存在劳动关系，董某诉请请求被驳回。其后北京市人民检察院抗诉，北京市高级人民法院指令北京市第二中级人民法院再审。北京市第二中级人民法院经审理维持判决。

裁判观点

本案争议焦点如下：

1. 本案是否为劳动争议纠纷？

法院认为，根据甲出版社提交的企业法人营业执照与事业单位法人证书，

---

① （2015）二中民再终字第 09289 号，中国裁判文书网，https：//wenshu.court.gov.cn/website/wenshu/181107ANFZ0BXSK4/index.html? docId = 12001ff1949240deb23ef23ee216762e，最后访问日期：2022 年 9 月 6 日。

1998年至2009年期间，甲出版社性质上应属于实行企业化管理的事业组织。其职工应按照《劳动法》的规定，与所在单位通过签订劳动合同建立劳动关系。甲出版社虽称2010年改企前并未与在编职工签订劳动合同，在编职工仍走财政退休，但并不能因此否认其企业化管理事业单位的性质。本案中，董某的仲裁请求是维持与甲出版社的劳动关系，甲出版社起诉要求确认董某于1989年已经辞职。甲出版社与董某之间的纠纷从1989年递交辞职报告起至2002年申请劳动仲裁，时间跨度较长，加之1998年甲出版社开始实行企业化管理，本案涉及人事关系与劳动关系的衔接和变更问题。此外，最高人民法院于2003年8月27日下发《最高人民法院关于人民法院审理事业单位人事争议案件若干问题的规定》首次将部分人事争议纳入人民法院的受案范围。本案董某申请仲裁、甲出版社起诉的时间为2002年，结合当时的法律政策，双方无法就人事争议提起民事诉讼。且本案二审终审后，董某于2005年、2007年两次向相关部门申请人事仲裁，但均未被受理。综合甲出版社性质变更情况及本案纠纷发生的背景，原审以劳动争议纠纷受理并作出判决并无不妥。

2. 董某的辞职行为是否成立？

法院认为，董某再审主张已口头撤回辞职申请，并提交2001年1月16日孟某签字的律师调查笔录及2004年10月的电话录音为证，甲出版社亦提交了2002年4月3日孟某签字的律师调查笔录。孟某签名的两份律师调查笔录中，对董某是否已撤回辞职申请的表述存在矛盾之处，电话录音的内容亦不能证明董某所主张的事实。鉴于孟某已去世，本院无法就上述证据的真实性进行核实，故对于双方提交的律师调查笔录、电话录音的证明力均不予确认。根据现有证据，董某主张电话告知孟某撤回辞职申请的依据不足，本院对董某该项再审主张不予采信。董某另主张甲出版社未办理辞职手续，违反人事部相关规定，辞职行为尚未生效。甲出版社在诉讼中提交辞职证明书和杨某、吴某、张某出具的情况说明及人事处出具的《关于董某同志情况报告》，因甲出版社无法证明辞职证明书已告知或送达董某，本院对辞职证明书的效力不予确认，情况说明、情况报告等可以作为甲出版社对相关事实的陈述，但因无其他证据佐证，本院亦不予采信。结合董某的档案转移情况，可以认为甲出版社未能及时办理董某的辞职手续。但因《全民所有制事业单位专业技术人员和管理人员辞职暂行规定》实施于 1990 年 9 月 8 日，并不具有溯及既往的效力，故董某主张甲出版社未及时办理辞职手续违反人事部相关规定，依据不足。本案中，董某于 1989 年 8 月 4 日向甲出版社递交书面辞职报告并由时任社长孟某批示按规定办理。董某虽主张撤回辞职继续借调，但未能提交确实充分的依据，同时结合 3 年借调期满后，董某长期未和甲出版社联系的实际情况，可以认为董某的辞职行为已经生效。原审法院认定董某于 1989 年 8 月 4 日已从甲出版社辞职正确，应当予以维持。

案例评析

申诉人董某 1989 年即与被申诉人存在离职争议，直至检察院抗诉再审判决生效，本离职纠纷历时 20 余年，历经 10 余个诉讼仲裁程序。

大成律师提出相关规定效力不溯及既往等法律适用问题，比如，相关法规《全民所有制事业单位专业技术人员和管理人员辞职暂行规定》实施于 1990 年 9 月 8 日，并不具有溯及既往的效力。该规定不溯及既往的观点为法院采纳。积极核实原有证据和提交新证据，在被申诉人关键证据缺失（即申诉人在离职通知上签字缺失）等不利情形下，得到维持原判之结果。

合规指引

1. 用法治思维规范信访工作和历史遗留问题。属于诉讼问题的，坚持引导信访群众通过司法渠道解决。本案相关人员长年信访，对此大成律师建议引导当事人进入司法程序，否则相关问题始终无法得到实质性解决。

2. 用人单位处理人事工作应慎重，尤其要注意书面证据的保留，高度重视员工对相关文书的签收记录。单位对相关争议问题应及时依法处理。用人单位有时出于对员工利益考虑，不积极主动表态，这种拖延反而容易使本来"占理"的单位在后续纠纷中陷入被动。

059 员工主动辞职并确认与用人单位协商一致后，又索要违法解除劳动合同的赔偿金、加班费和年终奖的，能否得到支持[1]

案例要旨

在没有证据证明系受公司胁迫、欺诈的情形下，员工主动提出辞职并确认"双方现已就劳动关系存续期间的所有问题达成一致"后，又要求公司支付赔偿金或经济补偿、加班工资及年终奖的，不予支持。

案情介绍[2]

2002年7月30日，申请人房某进入被申请人甲公司处工作。

2012年7月16日，申请人与被申请人签订期限自2012年7月30日起的无固定期限劳动合同。

2014年10月22日，申请人向被申请人发送电子邮件一份，标题为辞职申请书，内容为："考虑到身体的原因（最近老是失眠），以及公司的经营状况，我正式提出辞职。希望尽快安排工作的交接事宜，早日完成工作的交接。"

2014年12月1日，申请人与被申请人签订了《终止劳动合同协议书》一份，其中载明，系由申请人主动向公司提出辞职申请，双方劳动关系于2014年12月1日终止，双方现已就劳动关系存续期间的所有问题达成一致，不再向劳动争议仲裁委员会及人民法院申请处理任何争议和纠纷。

2014年12月11日，公司股东会作出决议，决定提前解散公司。

2015年1月、2月期间，为早日办理注销手续，甲公司与在职员工协商劳动合同解除事宜，且同意支付相应金额的法定补偿金及较高金额的额外补偿金。

房某获悉上述消息后，认为系甲公司胁迫、欺诈导致其误解而在甲公司

---

[1] 周军，北京大成（上海）律师事务所律师。
[2] 普劳人仲（2015）办字第814号，本案例根据作者代理的案件改编。

解散前提出离职，以致失去获得补偿的机会，要求甲公司给予相应补偿，未获同意。

2015年3月17日房某提起劳动仲裁申请，要求：1. 确认《终止劳动合同协议书》无效；2. 支付违法解除劳动合同赔偿金362592元；3. 以每月36小时为标准支付申请人两年加班费用80937.93元；4. 以已领取奖金和月份数为标准，支付2013年度未发放奖金3778元。

2015年5月8日仲裁委裁决：申请人的全部仲裁请求，本会不予支持。

裁判观点

仲裁裁定，当事人对己方的主张或反驳对方的主张有责任提供证据予以证明，未提供证据或举证不足的，则应承担相应的不利后果。本案中，双方于2014年12月1日签订的《终止劳动合同协议书》载明，申请人于2014年10月28日正式向甲公司提出书面的离职申请，欲于2014年12月1日办理离职手续；（2015）沪东证经字第2281号公证书显示，申请人于2014年10月22日以电子邮件的形式向被申请人发送了辞职报告，辞职理由为"考虑到身体的原因（最近老是失眠），以及公司的经营状况"；2014年12月1日退职手续确认书显示，申请人在办理离职手续时确认辞职申请提交日为2014年11月1日。上述证据均可证明系申请人提出解除劳动合同。申请人主张系受被申请人胁迫及欺诈而提出解除劳动合同，应对该主张承担举证责任，但其提供的任命书仅能证明被申请人对其有过相关任命，其提供的他人的协商解除协议书并非原件，内容与其亦无关联，则难以根据上述证据认定被申请人存在胁迫或欺诈的行为。

鉴于申请人于《终止劳动合同协议书》中签字确认"双方现已就劳动关系存续期间的所有问题达成一致"，被申请人亦不认可其存在加班事实以及未支付的年终奖金，则其要求被申请人支付2011年11月30日至2014年12月1日期间的加班工资80937.93元以及2014年的年终奖差额3778元的请求，依据不足，仲裁未予支持。

案例评析

本案的争议焦点是：员工自行辞职后，又以胁迫及欺诈为由主张公司构成违法解除，索赔违法解除赔偿金的，可否获得支持？

1. 员工自行辞职，且没有证据证明公司存在欺诈、胁迫行为的，不应认定公司构成违法解除

根据《民法典》第一百四十八条"一方以欺诈手段，使对方在违背真实意思的情况下实施的民事法律行为，受欺诈方有权请求人民法院或者仲裁机构予以撤销"，第一百五十条"一方或者第三人以胁迫手段，使对方在违背真实意思的情况下实施的民事法律行为，受胁迫方有权请求人民法院或者仲裁机构予以撤销"之规定，员工主张公司存在欺诈、胁迫行为导致其被迫提出辞职的，应当举证证明公司存在欺诈或者胁迫行为。员工未能提供证据证明公司存在欺诈、胁迫行为导致其辞职的，公司不构成违法解除劳动合同，因此也就无须向劳动者支付违法解除赔偿金。

2. 在本案中，员工在辞职以后，又自愿与公司签订无纠纷终止协议，其作为完全民事行为能力人，应当对自己做出的行为后果负责，因此也可以从侧面印证公司不存在欺诈、胁迫之行为。故员工主张用人单位存在欺诈、胁迫导致其辞职也是不成立的。

类案观点

本案涉及争议中，关于职工主动辞职并签订终止劳动合同协议后追索劳动报酬、违法解除赔偿金的问题，我们检索到以下案例，供读者参考。

案例一：乙公司与陈某劳动争议二审民事判决书［北京市第一中级人民法院（2017）京01民终903号］

本院认为，本案二审争议的焦点问题是劳动合同的解除原因。虽然《离职申请》载明陈某自愿离职，但陈某提交的现场录音证明陈某书写《离职申请》时受到了乙公司的胁迫，《离职申请》并非陈某的真实意思表示，应属无效。乙公司关于陈某系自行离职的上诉主张，不能成立，乙公司应支付陈某违法解除劳动合同赔偿金。

案例二：李某等与丙公司劳动合同纠纷民事二审案件民事判决书 [上海市第二中级人民法院（2022）沪02民终766号][①]

本院认为，就丙公司应否支付李某违法解除劳动合同经济赔偿金。2021年3月2日李某填写离职申请，离职原因为"公司辞退"，李某认为其系被丙公司辞退，然并未提供充分证据予以证明，此不符合相关法律规定用人单位应支付违法解除劳动合同赔偿金情形，故李某该上诉请求无依据，本院无法支持。

就丙公司应否支付李某加班费及数额。根据法律规定，劳动者主张加班的，应就加班事实的存在进行举证。本案中，李某提供微信聊天记录、打卡照片等以证明其存在加班情形，然丙公司对此不予认可，从上述微信聊天记录、打卡照片等内容来看，并不足以证明李某所主张的加班事实的存在，一审法院对该加班费诉请不予支持并无不当。

@ 合规指引

在用工过程中处理与员工的劳动争议时，用人单位需注意：

1. 公司应当通过民主公示程序建立一整套完备合法有效的公司制度，预防风险

（1）用人单位必须建立起完备的规章制度体系，做到一切人事制度都有章可循，在企业规章制度中对年终奖及其他各种奖金、福利的定义、性质、发放、享受办法和流程等作出明确细致的规定，具体制度设计上应当注意在坚守合法合规性的同时兼顾公平性、合理性；同时，因该等事项均直接涉及员工切身利益，企业还应当注意严格依照《劳动合同法》第四条的规定，履行民主程序和公示告知程序。

（2）在员工个人劳动合同或集体劳动合同中对年终奖的发放对象、时间、标准、企业经营业绩和个人绩效条件等加以明确约定，提高可预见性。

（3）要确保员工知晓或应当知晓公司的规章制度，在这个层面上公司要注意保留证据，比如员工签署的劳动合同、员工手册、加班制度、奖金制度等。

（4）用人单位还必须做好保密措施，对于不必要、不应当公开的信息，

[①] 中国裁判文书网，https://wenshu.court.gov.cn/website/wenshu/181107ANFZ0BXSK4/index.html? docId=8b2e7ba2174b4be9838fae4a016c30ca，最后访问日期：2022年9月6日。

要确保处于非公开状态，如绩效考核结果等。

2. 离职程序中，公司应当注意规避风险，并保留好与员工沟通的全部证据材料，规避风险

（1）员工离职的，公司应当要求员工签署离职申请单、交接单、工资结算清单等，以免引发争议。

（2）根据离职的不同情况，公司可以和员工签订劳动合同解除协议书、劳动合同终止协议，结清双方权利义务。

（3）公司向员工送达各种材料的，可以采取电话送达（需录音）、邮件送达、快递送达等多种方式，降低送达不到的风险。

（4）用人单位必须注意保留一切与员工接触联络过程的证据，如电子邮件、寄送出去的信件、快递以及签收的文件等，以免在劳动争议中承担举证不能的不利后果。

3. 应诉程序中，公司需积极举证、采取补救措施，降低败诉风险

（1）针对员工的各种请求，公司应当积极准备证据，如员工的劳动合同、工资发放证明、离职证明等资料；

（2）涉及公司制度的适用，公司还应当提供公司制度已经经过了民主公示程序的证据，以证明公司制度的有效性；

（3）涉及需要通知工会，如违纪解除劳动合同的，但是若公司未履行这一程序的，在案件审理程序中，公司可以积极补正通知工会程序。

060 员工瞒报利益冲突、"搭便车"侵害公司利益，用人单位能否解除合同[①]

案例要旨

劳动者在某外资公司任区域主管期间设立私人公司并担任监事，其私人公司注册地址为某外资公司的办公地址，租金由外资公司支付，经营范围与

[①] 尹志刚，北京大成（南通）律师事务所律师。

外资公司经营范围部分重叠。劳动者在 2017 年和 2019 年填写《利益冲突申报表》时均未申报。用人单位以劳动者违反诚实信用原则和职业道德解除与其的劳动合同，符合用人单位规章制度所规定的即时解除劳动合同的情形，也符合《劳动法》的原则性规定，系合法解除劳动合同。

案情介绍[①]

李某 2009 年入职甲公司，双方建立劳动关系。其在担任甲公司区域业务主管期间，作为唯一股东设立自然人独资有限责任公司，其配偶任法定代表人，其任监事。该公司注册地址为甲公司驻某地办公地址，租金由甲公司支付。此事项按照甲公司的规章，属于必须申报的冲突事项——"本人外部服务（在其他营利性商业机构担任官员或董事会成员）"。但李某在 2017 年、2019 年填写《利益冲突申报表》时并未申报。甲公司接获举报，根据甲公司《纪律行动标准》《商业道德规范》和《员工手册》的有关规定，解除了与李某的劳动关系。李某认为其不构成利益冲突，甲公司单方违法解除劳动合同，主张赔偿金。经劳动仲裁、一审法院、二审法院审理，驳回了李某的诉讼请求。

裁判观点

劳动争议仲裁委员会认为，根据《劳动法》第三条第二款的规定，劳动者应当完成劳动任务，提高职业技能，执行劳动安全卫生规程，遵守劳动纪律和职业道德。本案中李某在外投资设立某有限责任公司并担任该公司监事，符合利益冲突申报表中所列"本人外部服务（在其他营利性商业机构担任官员或董事会成员）"之情形，李某对此应如实申报，但李某在申报日期分别为 2017 年 12 月 19 日、2019 年 3 月 7 日的利益冲突申报表中均未申报该情况。另外，李某将其配偶名下、由其出资的企业登记住所"某市某路某幢某室"通过向甲公司呈报申请"某办事处"的方式，在甲公司不知情的情况下，由甲公司承租并支付租金的行为，从常理进行判断，系李某利用其在甲公司处任职的便利，假借甲公司支付租金的方式来规避其自己应当承

[①] （2020）苏 06 民终 1882 号，本案例根据作者代理的案件改编。

担的相应租金，且该行为长达两年多，有悖于劳动者对用人单位应尽的基本忠诚义务以及职业道德。《劳动合同法》第三十九条第二项规定，劳动者严重违反用人单位的规章制度的，用人单位可以解除劳动合同。甲公司处《员工手册》中《纪律行动标准》第55项规定，未按公司要求申报利益冲突包括但不限于在公司与第三方业务冲突或亲属关系应向主管申报而未按要求申报的情况，处以书面警告，情节严重的，处以即时解除劳动合同。"情节严重"指包括但不仅限于下列情形之一：1. 造成人身伤害或死亡的；2. 造成经济损失人民币五千元以上的；3. 造成公司名誉损失的；4. 被依法追究刑事责任；5. 在连续十二个月内第二次或以上违反同一纪律行动标准的；6. 其他情节严重情形。李某上述行为符合严重违反甲公司处规章制度的规定，甲公司以此为由在根据《劳动合同法》第四十三条"用人单位单方解除劳动合同，应当事先将理由通知工会"之规定通知并征询了工会意见后，解除与李某的劳动合同，符合上述法律规定，李某主张赔偿金，于法无据，本委不予支持。

　　法院认为，《劳动合同法》第三十九条规定：劳动者严重违反用人单位的规章制度的，用人单位可以解除劳动合同。李某主张其不存在利益冲突的情形，故无须申报；甲公司因办公需要租赁房屋并向出租人缴纳租金是其应尽的合同义务，李某设立的乙公司未在甲公司租赁的房屋内实际办公经营，不存在侵占公司资产的行为。李某不存在违反甲公司规章制度的情形，即使存在也完全达不到严重程度，甲公司理应先书面警告，其直接作出即时解除劳动合同通知属于违法解除。甲公司抗辩李某存在违反公司《员工手册》之《纪律行动标准》第44项和55项等行为，严重违反公司规章。甲公司依据员工手册即时解除劳动合同，且征询了工会意见，故不应支付赔偿金。对此，本院认为，李某投资设立乙公司并担任监事一职，且乙公司的经营范围与甲公司的经营范围可能存在重合，符合利益冲突申报表中所列"本人外部服务（在其他营利性商业机构担任官员或董事会成员）"情形，李某对此理应如实申报，但李某在2017年、2019年的《利益冲突申报表》中对该情况均未予申报；李某在乙公司签订了租赁协议后，又利用自身职务之便，将甲公司某办事处的办公场所设立乙公司的租赁地，从而达到利用甲公司财产免除其自身应承担的租金义务。综上所述，李某的上述行为违反了诚实信用原则以及职业道德，符合《纪律行动标准》中规定的即时解除劳动合同的情形。甲公司经过内部流程审批，征询了工会意见，并与李某约谈后即时解除与李某的劳动合同，未违反《劳动合同法》的规定，系合法解除。李某要求甲公司支付违法解除劳动合同赔偿金的诉讼请求无事实及法律依据，不予支持。

案例评析

　　大成律师在研究完案情后发现，甲公司在《员工手册》中规定的解除劳动合同的程序存在瑕疵，其关于解除合同的程序规定得过于繁杂，且相互冲突、可操作性很差。如果按照该程序规定解除员工，必须通过美国公司总部，且需要总部派人前往厦门处理此事，时间和办公的成本极大，对甲公司来说几乎是不可能完成的任务。为达成甲公司的目的，大成律师与甲公司的法务人员依据现有的解除程序要求，设计了公司内部办案的流程，尽量符合程序要求，同时强调规章制度的合法性、有效性，李某违反员工规章制度的真实性和适用规章制度的可处罚性。大成律师向法院补充了《关于李某违纪行为调查程序的情况说明》，化解了法官的疑惑。为了应对法官可能认定解除合同程序不合法，大成律师还根据解除合同通知书中"根据劳动法相关规定予以解除劳动合同"的说辞，强调了李某的行为还违反了《劳动法》第三条第二款关于职业道德的原则性条款，说明李某的不诚信行为以及"搭便车"的行为是违反职业道德要求的，用人单位依据《劳动法》的职业道德要求也可以解除劳动合同，并提供了南通市中级人民法院相关的判例。这样保证根据《员工手册》的规章制度可以解除劳动合同，同时根据《劳动法》的要求也可以解除劳动合同，确保解除行为的合法、合理。

合规指引

　　外国企业入驻中国，必须将其规章制度本土化，不能仅仅译成中文了事。规章制度本土化必须与中国的法律相适应，与中国的文化相适应。首先做到合法，不得违反中国法律的强制性规定，比如，《劳动法》《劳动合同法》

《社会保险法》《安全生产法》《工伤保险条例》等法律法规中的强制性规定；其次做到合理，对员工和用人单位双方权利义务的约定应是明确的，符合一般道德行为规范的，也是符合中国传统文化要求的；最后做到可操作，所有行为规范都有明确的要求，可以落地执行，操作流程要形成闭环不能有冲突或者造成死循环无法完成。外国企业应当尊重中国模式。制定规章制度时的民主程序非常重要，制定的主体要合法，公示、员工的签收手续缺一不可，细节决定成败。规章制度应提供中文文本，即使公司的日常工作用语是外语。

九、人身意外、工伤等

061 劳动者患精神病、抑郁症能否直接享受二十四个月医疗期[1]

案例要旨

企业职工因患病或非因工负伤，需要停止工作医疗时，需根据本人实际参加工作年限和在本单位工作年限，给予三个月到二十四个月的医疗期。《劳动部关于贯彻〈企业职工患病或非因工负伤医疗期规定〉的通知》中规定，根据目前的实际情况，对某些患特殊疾病（如癌症、精神病、瘫痪等）的职工，在 24 个月内尚不能痊愈的，经企业劳动主管部门批准，可以适当延长医疗期。但对于是否属于精神疾病应由司法鉴定部门进行鉴定，否则不应因诊断带有"精神病"字样而直接认定为可以享受 24 个月医疗期的精神病。

案情介绍[2]

甲某 2003 年 5 月 1 日入职乙公司，自 2017 年 6 月 21 日起，向公司申请

---

[1] 郭挺睿，北京大成（沈阳）律师事务所律师。

[2] （2019）辽 0104 民初 1862 号，中国裁判文书网，https：//wenshu.court.gov.cn/website/wenshu/181107ANFZ0BXSK4/index.html? docId = 853c5fd1cd374ec6bd17abd80027db03，最后访问日期：2022 年 9 月 6 日。
（2019）辽 01 民终 8637 号，中国裁判文书网，https：//wenshu.court.gov.cn/website/wenshu/181107ANFZ0BXSK4/index.html? docId = 9fe29601d65b4369b415abd9002bf411，最后访问日期：2022 年 9 月 6 日。
（2019）辽 0104 民初 4420 号，中国裁判文书网，https：//wenshu.court.gov.cn/website/wenshu/181107ANFZ0BXSK4/index.html? docId = 5f03b31d1d244754b2dfac73001836da，最后访问日期：2022 年 9 月 6 日。
（2021）辽民申 2534 号，中国裁判文书网，https：//wenshu.court.gov.cn/website/wenshu/181107ANFZ0BXSK4/index.html? docId = 96d318e3bf8e4f59a7c3ad7d0065f3f0，最后访问日期：2022 年 9 月 6 日。

休病假。其提供的诊断书载明"伴有精神病症状，抑郁症（重度）症状"，乙公司根据法律规定给予甲某 12 个月的医疗期。在 12 个月的医疗期内，乙公司根据员工手册规定按照其本人工资 54% 发放工资（高于法定病假工资）。在医疗期满后，甲某仍无法工作，乙公司按照最低工资标准 80% 向其支付病假工资。甲某认为自己所患"伴有精神病症状，抑郁症（重度）症状"应属于享受 24 个月医疗期疾病，不认可乙公司认定的医疗期及按照最低工资标准 80% 所支付的病假工资。因此，甲某于在职期间向劳动争议仲裁委员会申请要求支付差额工资。在其索要工资差额案件处理过程中，因 12 个月医疗期已满，乙公司按照《劳动合同法》第四十条规定，依法与甲某解除劳动合同，并出于关怀考虑按照"N+1+6"的标准支付了经济补偿。甲某不服，针对解除行为又申请仲裁，要求支付违法解除赔偿金及后续医疗费、残疾补助等各项费用共计 60 余万元。

本案甲某共提起两个诉讼，第一个诉讼以应享受 24 个月医疗期为由，要求支付工资差额（下称工资差额案）；第二个诉讼认为自己所患抑郁症属于精神疾病，应当享受 24 个月医疗期，乙公司在 12 个月医疗期满解除行为违法（下称违法解除案），要求支付违法解除赔偿金。

甲某提起的两个案件争议焦点问题均为甲某的"伴有精神病症状，抑郁症（重度）症状"是否属于可以享受 24 个月医疗期的精神病。

裁判观点

在工资差额案中，二审法院认为：关于医疗期问题。根据《劳动部关于贯彻〈企业职工患病或非因工负伤医疗期规定〉的通知》规定，根据目前实际情况，对某些特殊疾病（如癌症、精神病、瘫痪等）的职工，在 24 个月内尚不能痊愈的，经企业和劳动主管部门批准，可以适当延长医疗期。乙公司认可甲某享有 12 个月医疗期，并在另案中对"甲某经沈阳市精神卫生中心诊断为伴有精神病症状，抑郁症（重度）症状，在 2018 年 12 月 19 日以前，是否属于精神病"进行鉴定，沈阳市精神卫生中心法医司法鉴定所决定不予受理该鉴定，现甲某暂未能提供经法定程序认定患有特殊疾病的鉴定结论，故对其主张 24 个月医疗期的请求无法支持。

在违法解除案中，一审法院认为：甲某是否在医疗期是本案的焦点。根据《企业职工患病或非因工负伤医疗期规定》第三条规定，企业职工因患病或非因工负伤，需要停止工作医疗时，根据本人实际参加工作年限和本单位工作年限，给予三个月到二十四个月的医疗期。《劳动部关于贯彻〈企业职工患病或非因工负伤医疗期规定〉的通知》中规定，根据目前的实际情况，对某些患特殊疾病（如癌症、精神病、瘫痪等）的职工，在 24 个月内尚不能痊愈的，经企业和劳动主管部门批准，可以适当延长医疗期。本案中，甲某主张其所诊断的症状应属精神病，医疗期不应为 12 个月，应享受 24 个月的医疗期。经法院释明，甲某申请对"甲某经沈阳市精神卫生中心诊断为伴有精神病症状，抑郁症（重度）症状，在 2018 年 12 月 19 日以前，是否属于精神病"进行鉴定，因根据《司法鉴定程序通则》第十五条第五项（鉴定要求超出本机构技术条件或者鉴定能力）之规定，沈阳精神卫生中心法医司法鉴定所决定不予受理该鉴定。甲某未提供其他证据对其主张应享有 24 个月的医疗期予以佐证，甲某主张缺乏事实依据，法院不予采信。甲某主张乙公司违法解除劳动合同无事实依据，法院不予支持。故乙公司解除与甲某的劳动关系符合相关法律规定。乙公司给付的代通知金及解除劳动合同经济补偿金数额均高于法定应给付数额，故对甲某的主张，不予支持。二审法院认为：本案争议焦点是乙公司解除与甲某劳动合同是否属于违法解除。乙公司解除与甲某的劳动合同时甲某已超出医疗期未上班，甲某主张其医疗期应为 24 个月，然而（2019）辽 01 民终 8637 号民事判决并未支持甲某主张的 24 个月医疗期，并且鉴定机构未能对"甲某经沈阳市精神卫生中心诊断为伴有精神病症状，抑郁症（重度）症状，在 2018 年 12 月 19 日以前，是否属于精神病"进行鉴定的责任不在乙公司，故乙公司与甲某之间的劳动合同不属于违法解除。因此，甲某要求乙公司支付违法解除劳动合同赔偿金无事实和法律依据，乙公司向甲某足额支付了代通知金及解除劳动合同经济补偿金符合法律规定。综上所述，甲某的该项上诉主张无事实和法律依据，本院不予支持。

案例评析

本案可谓环环相扣，在主张工资差额案中涉及甲某医疗期应为 12 个月还是 24 个月的问题。在该案中，甲某未提出鉴定申请，仲裁、一审法院亦未认定"伴有精神病症状，抑郁症（重症）症状"属于可享受24个月医疗期的特殊疾病。本案在二审时，二审法院未对该疾病作出判断，得知违法解除案中的一审法院委托司法鉴定部门就"伴有精神病症状，抑郁症（重症）症状"是否属于精神病进行鉴定，二审法院中止了工资差额案的审理，等待鉴定结论。

同时，在违法解除案中，通过举证责任分配，法官释明要求甲某对抑郁症是否属于精神病进行鉴定。但在鉴定过程中甲某不配合提供材料，导致鉴定结论无法作出。最终一审认定，甲某举证不能应承担不利后果，即甲某无法证明其所患有的抑郁症属于应享受24个月医疗期的精神疾病。在鉴定所作出鉴定结论后，工资差额案恢复审理，法院作出终审判决认定甲某不符合24个月医疗期情形，故乙公司不存在未足额支付工资差额情形。

综上所述，大成律师认为，本案主要争议焦点为抑郁症（伴精神病症状）是否属于可以享受24个月医疗期的特殊疾病，以及特殊疾病能否直接享受24个月医疗期。

关于抑郁症或伴精神病症状以及其他疾病是否属于精神病的问题。鉴于该问题涉及其他领域的专业判断，故应当由专业鉴定部门进行认定。并且这种鉴定通常需要劳动者的配合方能完成，如用人单位依照《企业职工患病或非因工负伤医疗期规定》等规定要求劳动者进行鉴定，而劳动者拒绝的，是其对自己相关权利的放弃，应当承担举证不能的不利后果，即无法认定所患疾病为享受24个月医疗期的精神病。

关于特殊疾病能否直接享受24个月医疗期的问题。对于该问题目前全国范围内并没有形成统一观点，有的地区认为：只要员工患有特殊疾病即可直接享受24个月医疗期，不考虑员工工龄等因素；有的地区认为：即便是患有特殊疾病，也应该根据《企业职工患病或非因工负伤医疗期规定》处理，即综合考虑本人实际工作年限、在本单位工作年限来计算医疗期。从本案处理过程来看，若本案被认定为精神病，则有很大可能性被认定可直接享受24个月医疗期。

合规指引

随着现代社会生活和工作压力的增大，抑郁症等疾病越来越多进入我们的生活，一旦员工患有此类疾病，如何进行管理是企业需要面对的常见问题之一。若某些疾病难以诊断，建议公司及员工共同委托专业鉴定机构进行确认，在员工不予配合的情况下，亦应当留存相关证据材料，证明公司已经履行告知行为。在公司认定的医疗期届满后，根据《企业职工患病或非因工负伤医疗期规定》等规定要求劳动者进行劳动能力鉴定，若劳动者不予配合，应视为其对权利的放弃。

另外，对所患疾病为特殊疾病的情况下能否直接享受 24 个月医疗期问题，目前各地对特殊疾病医疗期的掌握存有差异，建议在计算特殊疾病员工医疗期时，充分了解当地审判口径及相关政策规定。

062 工伤事故与人身损害赔偿责任相竞合时，用人单位是否还要承担民事损害赔偿责任[①]

案例要旨

同一用人单位的工作人员之间造成的工伤事故，由于工伤保险赔偿制度实行的是无过错责任原则，无论用人单位或劳动者本人是否存在过错，用人单位均应当按照《工伤保险条例》的规定支付工伤保险相关费用，即用人单位的责任已被工伤赔偿责任所吸收。在该种情形下，用人单位不额外承担民事赔偿责任。

---

① 张承东、张一泊，北京大成（南京）律师事务所律师。

案情介绍[①]

王某、李某均为甲公司职工。2018年10月，王某上班途中驾驶电动车由东向西行驶，遇到前往另一地点开会的李某驾驶自行车由西向东行驶，两车相碰，致两人受伤、两车损坏。事故经交警大队认定，李某负事故主要责任，王某负次要责任。2019年1月，人力资源和社会保障局认定王某、李某受到的事故伤害属于工伤。王某向法院提出诉讼请求，要求李某、甲公司赔偿医疗费、住院伙食补助费、营养费、护理费、误工费、交通费、伤残赔偿金、护理依赖费用、精神损害抚慰金、鉴定费若干。大成律师代理甲公司应诉答辩，法院审理后判决甲公司不承担责任。

裁判观点

法院认为本案系工伤保险赔偿与非动机车交通事故损害赔偿竞合的案件，所要解决的是王某按工伤保险赔偿的规定处理后，李某和甲公司是否应承担民事侵权责任的问题。第一，2020年《最高人民法院关于审理人身损害赔偿案件适用法律若干问题的解释》第三条规定："依法应当参加工伤保险统筹的用人单位的劳动者，因工伤事故遭受人身损害，劳动者或者其近亲属向人民法院起诉请求用人单位承担民事赔偿责任的，告知其按《工伤保险条例》的规定处理。因用人单位以外的第三人侵权造成劳动者人身损害，赔偿权利人请求第三人承担民事赔偿责任的，人民法院应予支持。"上述规定的第一款规范的是劳动者与用人单位之间的工伤保险关系，因此，发生争议的应当按照《工伤保险条例》的规定处理。另外，该规定从另一个角度明确了发生工伤的职工不能向用人单位提出人身损害赔偿，只能按照《工伤保险条例》的规定向用人单位要求工伤保险待遇。第二款是规范用人单位以外的第三人与被侵害职工之间的民事法律关系，非常明确地规定劳动者向第三人请求人身损害赔偿应当支持。所以当工伤事故与第三人侵权发生竞合时，受害职工可以依照不同的法律获得救济。本案中，王某受伤的损害后果系在上班途中所致，已被认定为工伤。由于工伤保险赔偿制度实行的是无过错责任原则，只要发生工伤损害，不考虑用

[①] （2021）皖0503民初2068号，本案例根据作者代理的案件改编。

人单位或劳动者本人是否存在过错，工伤保险基金与用人单位就应当按照《工伤保险条例》的规定支付工伤保险相关费用，用人单位的过错责任已被工伤赔偿责任所吸收，故即使用人单位对工伤发生有过错，也无需另行承担侵权赔偿责任。第二，因李某系甲公司的职工，在执行工作任务过程中发生案涉交通事故，该侵权责任主体为甲公司，李某并非用人单位以外的第三人，且原告也认可发生事故时李某系执行工作任务。按照上述司法解释第三条第一款的规定，王某只能按照工伤保险条例的规定主张权利，而不能向甲公司主张民事侵权责任。第三，王某要求甲公司承担侵权责任的法律依据为《民法典》第一千一百九十一条，该条第一款规定："用人单位的工作人员因执行工作任务造成他人损害的，由用人单位承担侵权责任。用人单位承担侵权责任后，可以向有故意或者重大过失的工作人员追偿。"该条中的"他人"并不包括用人单位正在执行工作任务的其他工作人员，而是用人单位对其工作人员因职务行为构成对单位以外的其他人承担侵权责任的替代责任的规定，王某与李某同属于甲公司，王某不属于该条中规定的"他人"，王某按照该条要求甲公司承担侵权替代责任，依据不足。综上，根据现有的规定，对王某的诉讼请求难以支持。

案例评析

1. 本案的特殊性：本案系同一家用人单位的工作人员之间互相造成的工伤，不存在用人单位之外的"他人"，因而《民法典》第一千一百九十一条不能直接适用于用人单位，本案适用的法律依据应当是《最高人民法院关于审理人身损害赔偿案件适用法律若干问题的解释》第三条第一款。

其背后的法律精神在于用人单位已依法按《工伤保险条例》的规定处理员工工伤事宜，员工不能在此情况下诉请自己的用人单位再行承担人身损害赔偿的双重责任。

对于不同的案件事实，应当注意法律适用上的不同。

2. 工伤保险的社会价值：用人单位工作人员执行工作任务时造成其他工作人员损害风险，正是工伤保险支付分散的重要风险之一。用人单位在申报了工伤保险后若还需重复承担人身损害赔偿责任，使得工伤保险形同虚设，不利于倡导社会上更多企业依法积极参保、合法合规用工。

假设情境	前提条件	法律适用	法律规定索引
A 是甲公司工作人员，B 是乙公司工作人员	B 对 A 造成了人身损害；A 已核定为工伤，并从甲公司获得了工伤赔偿。	若 B 在执行乙公司工作任务，A 可以依据《民法典》第一千一百九十一条第一款，要求乙公司承担 B 造成的人身损害赔偿的替代责任；若 B 是在处理其与工作无关的个人事务，A 可以依据《最高人民法院关于审理人身损害赔偿案件适用法律若干问题的解释》第三条第二款，要求 B 承担人身损害赔偿责任。	《民法典》第一千一百九十一条第一款："用人单位的工作人员因执行工作任务造成他人损害的，由用人单位承担侵权责任。用人单位承担侵权责任后，可以向有故意或者重大过失的工作人员追偿。"《最高人民法院关于审理人身损害赔偿案件适用法律若干问题的解释》第三条第二款："因用人单位以外的第三人侵权造成劳动者人身损害，赔偿权利人请求第三人承担民事赔偿责任的，人民法院应予支持。"
A、B 均是甲公司工作人员		依据《最高人民法院关于审理人身损害赔偿案件适用法律若干问题的解释》第三条第一款，A 不能要求甲公司承担 B 造成的人身损害赔偿的替代责任。	《最高人民法院关于审理人身损害赔偿案件适用法律若干问题的解释》第三条第一款："依法应当参加工伤保险统筹的用人单位的劳动者，因工伤事故遭受人身损害，劳动者或者其近亲属向人民法院起诉请求用人单位承担民事赔偿责任的，告知其按《工伤保险条例》的规定处理。"

类案观点

案例：上诉人宋某一、宋某二、李某、臧某因与被上诉人乙公司、原审被告杜某、原审被告臧某、某市某区公路运输管理所运政车队道路交通事故人身损害赔偿纠纷案［（2012）郑民一终字第 1437 号］

本院认为，死者宋某系被上诉人乙公司的职工，系因工死亡，已被认定为工伤，在工伤事故损害赔偿与交通事故人身损害赔偿发生竞合的情况下，根据 2003 年《最高人民法院关于审理人身损害赔偿案件适用法律若干问题的解释》第十二条①关于"依法应当参加工伤保险统筹的用人单位的劳动者，

---

① 2020 年、2022 年该司法解释被修改，该条文序号被调整为第三条。

因工伤事故遭受人身损害，劳动者或其近亲属向人民法院起诉请求用人单位承担民事赔偿责任的，告知其按照《工伤保险条例》的规定处理。因用人单位以外的第三人侵权造成劳动者人身损害，赔偿权利人请求第三人承担民事赔偿责任的，人民法院应予支持"的规定，因被上诉人乙公司并非"用人单位以外的第三人"，故上诉人宋某一、李某、臧某、宋某二按道路交通事故人身损害请求被上诉人乙公司承担赔偿责任不当，乙公司应当对宋某一、李某、臧某、宋某二承担工伤事故损害赔偿责任。

合规指引

《最高人民法院关于审理人身损害赔偿案件适用法律若干问题的解释》第三条第一款系规范劳动者和用人单位之间的工伤保险关系，第二款则规范第三人（且该处第三人为用人单位以外的第三人，非用人单位职工）与被侵害劳动者之间的民事法律关系，且明确规定了受人身侵害的劳动者可以向第三人请求人身损害赔偿。

第一款制定的法理在于工伤保险赔偿制度实行的是无过错原则，即只要发生工伤损害，不考虑用人单位或劳动者本人是否存在过错，工伤保险基金与用人单位就应当按照《工伤保险条例》的规定支付工伤保险相关费用，用人单位的过错责任被工伤赔偿责任所吸收。

而在实践中，不乏用人单位无视、忽视或不重视其应当承担的社会保险缴纳的法定义务与社会责任，原因在于其没有意识到社会保险对于用人单位具有重要的风险分散意义。用人单位工作人员执行工作任务时造成其他工作人员损害风险，正是工伤保险分散的重要风险之一，使得用人单位在本案情形下不承担双重赔偿责任。

该案提示用人单位重视社保缴纳工作，依法依规为企业职工缴纳社保，提升企业整体的合规用工意识。

063 劳动者要求认定工伤，用人单位否定为工伤，应由谁承担工伤举证责任[①]

案例要旨

学校老师在中考监考期间攀爬荔枝树时摔下后不治身亡，用人单位没有相反证据证明劳动者不是履行工作职责遭受的伤害，应当推定为履行工作遭受的伤害，认定为工伤。

案情介绍[②]

马某为某中学的教师，同时担任班主任和总务处副主任。2017年6月24日中考期间，马某负责安保工作。14时50分左右，不明原因，马某从考点内的荔枝树上坠落地面昏迷不醒，后因伤情过重抢救无效，于当晚死亡。

马某之妻杨某向市人社局申请工伤认定，人社局认为马某从荔枝树上坠落死亡事故不符合认定工伤或视同工伤的情形，不予认定工伤或视同工伤。杨某不服认定，诉至南宁市西乡塘区人民法院。一审法院认为，马某担任的安保工作职责中并未包括攀爬荔枝树或清理荔枝树等工作，马某并非因工作原因在工作时间和工作地点受到事故伤害，因此判决驳回了杨某诉讼请求。大成南宁律师受托担任二审代理人。

裁判观点

南宁市中级人民法院认为，首先，马某作为学校的总务处副主任和考务工作人员，负有负责校园内绿化维护和考点内物质环境建设（做到净化、绿化、创建"绿色考点"）的工作职责内容，这与其攀爬考点内的荔枝树存在一定的因果关系；其次，人社局并无直接证据证明马某攀爬荔枝树是因清除

[①] 朱华，北京大成（南宁）律师事务所律师。

[②] （2018）桂01行终246号，中国裁判文书网，https://wenshu.court.gov.cn/website/wenshu/181107ANFZ0BXSK4/index.html?docId=315d7e78d2354ddeb91aaaa200332f83，最后访问日期：2022年9月6日。

树上杂物等工作原因，但也无任何证据证明马某是基于非工作原因攀爬荔枝树并导致事故的最后发生，根据工作原因推定原则，工作时间、工作场所本身就可以对工作原因起到证明作用，且上诉人杨某提交的证据可以证明校园（即考点）内树木上存有杂物的事实，因此可以作为判断马某攀爬荔枝树是为了清除树上杂物而属于工作原因的合理辅助证据，进而应当推定马某所受伤害是因工作原因造成。二审法院撤销人社局作出的《不予认定工伤决定书》，责令其六十日内重新作出工伤认定的决定。

案例评析

1. "三工原则"是认定工伤的核心要件，其中最为核心的是履行工作职责

即只要职工是在工作时间和工作场所内因为履行工作职责遭受的伤害，不管这种伤害是自身过错还是第三方伤害的，除非有《工伤保险条例》第十六条的除外情形，否则，原则上都应认定为工伤。但其中最核心要素仍是工作原因，即在履行工作职责的情况下，即使超出工作时间、工作场所的也可以认定为工伤。

2. 收集整理证据，重新组织提交

因在工伤认定和原一审中，均不认为马某是工伤，加之用人单位亦认为马某攀爬上树的行为不是履行职务，不是工伤，二审要求改判有一定的难度。

大成律师接受委托后，积极调查取证，前往事故发生地调查取证，提取了马某为总务处副主任的证据并结合原来一审中的照片以及聊天记录，证明马某既是监考老师，同时也是总务处的干部，需要对环境卫生负责。

3. 二审法院以举证责任倒置推翻了一审的判决和人社局的认定

用人单位如否定为工伤，则应由其承担举证责任，针对《工伤保险条例》第十四条和第十五条的相关情形进行全部否认的举证。在用人单位和劳动者方均认为是工伤或用人单位否认为工伤的情况下，人社部门应根据《工伤认定办法》的实体和程序规定，进行调查取证，经分析论证并经集体讨论作出是否为工伤的行政决定。

大成律师提出本案中的用人单位认为马某不是履行职务行为，但没有任何证据证实，以及人社部门亦没有举证证明马某在从事个人事务，因此就撤销了一审的判决，责令人社局重新作出认定。

类案观点

关于本案争议，我们检索到以下案例，供读者参考。

案例一：《甲智能设备科技有限公司、某市人力资源和社会保障局劳动和社会保障行政管理（劳动、社会保障）二审行政判决书》[（2020）湘01行终681号]①

本院认为，根据《工伤保险条例》第十四条第一项的规定："职工有下列情形之一的，应当认定为工伤：（一）在工作时间和工作场所内，因工作原因受到事故伤害的……"本案中，对于刘某在工作场所内受伤，各方当事人均无争议。本案争议焦点为刘某是否因工作原因受伤，各方当事人对此各执一词。首先，根据市人社局调查笔录中谭某、侯某及刘某的陈述，刘某在单位实际从事的工作较杂，并未限于劳动合同约定的装配工作，甲智能设备科技有限公司主张刘某并非因本职工作受伤无事实根据；其次，根据《最高人民法院关于审理工伤保险行政案件若干问题的规定》第四条第一项规定，职工在工作时间和工作场所内受到伤害，用人单位或者社会保险行政部门没有证据证明是非工作原因导致的，人民法院应当支持受伤职工的工伤申请。甲智能设备科技有限公司并未提供充分证据证明刘某受伤系因非工作原因所致，本院对甲智能设备科技有限公司上诉主张刘某不属于因工作原因受伤不予采信。综上，市人社局作出的认定工伤决定及省人社厅作出的行政复议决定，认定事实清楚、适用法律法规正确，程序合法。一审判决认定事实清楚、适用法律正确，程序合法，应予维持。

案例二：《乙环保新材料有限公司、某市人力资源和社会保障局劳动和社会保障行政管理（劳动、社会保障）二审行政判决书》[（2019）鲁02行终35号]②

本院认为，本案中，业已生效的民事判决已经确认上诉人与原审第三人

---

① 中国裁判文书网，https：//wenshu.court.gov.cn/website/wenshu/181107ANFZ0BXSK4/index.html？docId=f5d7e5adc4134e38980fac5001804315，最后访问日期：2022年9月6日。

② 中国裁判文书网，https：//wenshu.court.gov.cn/website/wenshu/181107ANFZ0BXSK4/index.html？docId=ef5b02eaf9cf42248fb4aa03017ea738，最后访问日期：2022年9月6日。

之间自 2015 年 9 月 22 日至 2016 年 8 月 25 日之间存在劳动关系，原审第三人是上诉人处职工。门诊病历、证人证言、调查笔录和通话录音资料等证据相互印证，能够证明原审第三人于 2016 年 4 月 12 日在上诉人处操作角磨机切割木板时受伤，符合《工伤保险条例》第十四条第一项的规定，应当认定为工伤，被上诉人作出的《认定工伤决定书》并无不当。而且，《工伤保险条例》第十九条第二款规定："职工或者其近亲属认为是工伤，用人单位不认为是工伤的，由用人单位承担举证责任。"本案中，上诉人自认在工伤认定行政程序中没有提供能够证明原审第三人受伤并非工伤的证据，应当承担举证不力的法律后果。

@ 合规指引

1. 作为用人单位，除了建立安全生产环境和规章制度，依法生产和经营，同时也要依法依规地为职工统一办理工伤保险，这样才可以最大限度地保护职工的合法权益，同时降低本单位的用工风险。

2. 即使购买了工伤保险，职工一旦发生工伤，用人单位务必注意在一个月内申请工伤认定，否则就将承担本应由工伤保险基金承担的法律责任。

3. 如果不服人社部门作出的工伤决定的，必须及时申请行政复议或提起行政诉讼，且此阶段并不受限于工伤认定阶段的举证，用人单位或职工或其近亲属可以重新收集和整理证据以推翻人社部门的决定，最大限度地维护单位和劳动者的权益。

4. 依法举证，充分举证

第一，工伤认定前需做好充分的证据收集、整理工作。在工伤认定中，往往对职工遭受的伤害是否因工作原因造成有较大争议。一旦出现职工伤亡事故，应及时确定是否在工作时间和工作场所，以及对其是否履职进行判断，并通过摄影、拍照、收集证人证言等固定证据。

第二，在认定过程中充分举证。举出劳动关系证据、工作排班表、工作安排表、病历及诊断证明、相关的费用等情况，以及情况自述或他人陈述等以证实为履行职务过程中发生的伤害事件。

第三，单位否定工伤的举证责任更重。如果用人单位认为职工遭受的伤害不是工伤，必须由用人单位承担举证责任。基于此，用人单位应当制定合法有效的规章制度及日常工作流程和业务范围。一旦发生争议，必须举出受伤的劳动者并没有受单位安排工作，或其所提供的工作并不是为了履行本单位职责，而是基于个人的利益或是为第三方牟利等其他原因导致的伤害，该举证责任极重，如果不能举证证明，原则上就会认定为工伤。

十、劳动争议仲裁和诉讼程序

064 因政府主导的国企改制而引发的纠纷是否属于人民法院受理案件范围①

案例要旨

由政府有关部门主导的国有企业改制通常是以相关政府会议纪要、指导性文件等作为改制依据，其权利转移等事项并非企业自身所能决定，故改制企业与劳动者之间的关系不属于平等主体之间的民事法律关系，由此引发的纠纷，应当由政府有关部门按照企业改制的政策规定统筹解决，不属于人民法院劳动争议的受理范围。

案情介绍②

2008年，某百货贸易大厦根据某市市委、市政府《关于大力推进国有资产重组和国有企业改革的实施意见》等文件精神进行企业改制。改制方案为中标的受让单位整体受让某百货贸易大厦国有产权，受让单位除承继某百货贸易大厦债权债务外，还需对某百货贸易大厦职工进行妥善安置。甲集团有限公司中标后，严格按照改制方案的要求承继某百货贸易大厦整体国有产权，并与该单位原职工王某等89人签订了《劳动合同书》和《内部退养协议书》，并严格按照《内部退养协议书》的约定向内退职工支付生活费及缴纳社会保

---

① 和浩军，北京大成（昆明）律师事务所律师。
② （2018）黔01民终2828号，中国裁判文书网，https://wenshu.court.gov.cn/website/wenshu/181107ANFZ0BXSK4/index.html?docId=2d4527d5c9264ca58c17a8d601703471，最后访问日期：2022年9月6日。

险费。

2017年7月，王某等89名内退职工以甲集团有限公司支付的生活费低于该市最低工资标准为由申请仲裁。仲裁委员会以仲裁请求不属于劳动人事争议处理范围、申请人的仲裁请求超过仲裁申请时效为由决定不予受理。该89名内退职工遂于2017年8月向人民法院提起诉讼。

一审法院裁定驳回原告的起诉。该89名内退员工因不服一审裁定提起上诉，二审法院裁定驳回上诉，维持原裁定。

裁判观点

本案的争议焦点在于本案是否属于人民法院劳动争议的受理范围。

法院认为，某百货贸易大厦的改制依据是《中共某市市委、某市人民政府关于大力推进国有资产重组和国有企业改革的实施意见》，某市人民政府招商引资局、某市国有资产管理委员会作出的《国有企业改制重组投资指南》，某市人民政府国有资产监督管理委员作出的《关于某百货贸易大厦国有产权整体转让有关事宜的批复》及《关于某百货贸易大厦国有产权整体转让有关事宜的补充批复》等文件。某百货贸易大厦制定的《某百货贸易大厦改制职工安置方案》规定："办理内部退养的职工，新企业与其依法签订劳动合同并附内部退养协议，其一次性安置费或经济补偿金不计发给本人，建立专户储存管理，用于发放其生活费和缴纳社会保险费。""内退职工生活费的发放标准，按照市政府相关文件执行。"某百货贸易大厦的改制方案和职工安置方案经过某市国有资产重组和国有企业改革工作领导小组审议，并由某市人民政府国有资产监督管理委员会批复。一审法院根据最高人民法院《关于审理劳动争议案件适用法律若干问题的解释（三）》第二条①"因企业自主进行改制引发的争议，人民法院应予受理"的规定，认定本案王某与甲集团有限公司之间的内部退养生活费和社会保险费争议，属于由政府有关部门主导的国有企业改制引发的纠纷范畴，不属于人民法院受理范围，并无不当，本院予以维持。

---

① 该解释目前已失效，该条对应《最高人民法院关于审理劳动争议案件适用法律问题的解释（一）》第一条。

案例评析

1. 本案系政府主导的全民所有制企业改制引发的纠纷，具有典型性

全民所有制企业系公有制在特定历史条件下的一种经营模式，在经济发展过程中已逐步走向公司制。为响应国家号召，在一段时间内，各地政府纷纷推出一系列政策主导和推动全民所有制企业改制。由于此类改制是以相关政府会议纪要、指导性文件等作为改制依据，其权利转移等事项并非企业自身所能决定的，故改制企业与劳动者之间的关系不属于平等主体之间的民事法律关系，由此引发的纠纷，应当由政府有关部门按照企业改制的政策规定统筹解决，并非启动民事诉讼程序，此类政府主导下改制引发的纠纷，在全国范围内均具有典型性。

2. 本案当事人众多，社会影响较大

本案为系列案件，共有89名原告分别提起诉讼，开庭时合并审理。庭审期间89名原告悉数到庭，纷纷发表观点并情绪激动，对于出庭律师的抗压能力和临场反应能力都是极大的考验。出庭律师不受原告方影响、冷静把控庭审节奏、发表专业代理意见。

3. 律师团队作战，利用网络大数据精细化代理

虽然本次89个劳动争议案件具有相似性，但本着专业谨慎、对当事人负责的态度，大成律师成立五人专业律师团队，对每个案件分别制作证据、撰写答辩状，每名律师均做好单独出庭的准备以应对多案同时分别开庭的可能性。由于本类政府主导企业改制引发的纠纷在全国范围内具有典型性，大成律师充分利用网络大数据收集多篇最高法院、高级法院类似判例，说服法院支持我方观点。

合规指引

企业改制是一项政策性很强的工作，涉及出资人、债权人、企业和职工等多方面的利益，本案所涉争议事项虽然依据原《关于审理劳动争议案件适用法律若干问题的解释（三）》之规定不属于人民法院受理范围，但从案件

的起因、经过和结果中不难看出，切实维护职工合法权益是企业改制工作中非常重要的环节之一，一个好的职工安置方案必须在既能够满足合法合规性要求的同时，又能够平衡好各方的利益，保证企业改制工作健康、有序、规范地进行。

《国务院办公厅转发国务院国有资产监督管理委员会关于规范国有企业改制工作意见的通知》（国办发〔2003〕96号）和《国务院办公厅转发国资委关于进一步规范国有企业改制工作实施意见的通知》（国办发〔2005〕60号）是国有企业改制应当遵循的重要指引文件，对企业改制中的员工权益保障提出了如下要求：

（一）改制方案必须提交企业职工代表大会或职工大会审议，并按照有关规定和程序及时向广大职工群众公布。应当向广大职工群众讲清楚国家关于国有企业改革的方针政策和改制的规定，讲清楚改制的必要性、紧迫性以及企业的发展思路。在改制方案制订过程中要充分听取职工群众意见，深入细致地做好思想工作，争取广大职工群众对改制的理解和支持。

（二）国有企业实施改制前，原企业应当与投资者就职工安置费用、劳动关系接续等问题明确相关责任，并制订职工安置方案。职工安置方案必须经职工代表大会或职工大会审议通过，企业方可实施改制。职工安置方案必须及时向广大职工群众公布，其主要内容包括：企业的人员状况及分流安置意见；职工劳动合同的变更、解除及重新签订办法；解除劳动合同职工的经济补偿金支付办法；社会保险关系接续；拖欠职工的工资等债务和企业欠缴的社会保险费处理办法等。

（三）企业实施改制时必须向职工群众公布企业总资产、总负债、净资产、净利润等主要财务指标的财务审计、资产评估结果，接受职工群众的民主监督。

（四）改制为国有控股企业的，改制后企业继续履行改制前企业与留用的职工签订的劳动合同；留用的职工在改制前企业的工作年限应合并计算为在改制后企业的工作年限；原企业不得向继续留用的职工支付经济补偿金。改制为非国有企业的，要严格按照有关法律法规和政策处理好改制企业与职工的劳动关系。对企业改制时解除劳动合同且不再继续留用的职工，要支付经济补偿金。企业国有产权持有单位不得强迫职工将经济补偿金等费用用于对改制后企业的投资或借给改制后企业（包括改制企业的投资者）使用。

（五）企业改制时，对经确认的拖欠职工的工资、集资款、医疗费和挪用的职工住房公积金以及企业欠缴社会保险费，原则上要一次性付清。改制后的企业要按照有关规定，及时为职工接续养老、失业、医疗、工伤、生育等各项社会保险关系，并按时为职工足额交纳各种社会保险费。

总之，企业改制过程中应当将维护职工利益作为工作的重中之重，充分考虑企业、职工和社会的承受能力，就涉及职工切身利益的问题充分与职工进行沟通和解释，并认真听取职工的意见，避免出现因对维护职工合法权益重视不够，安置方案不合法、不合规而引发不必要的矛盾和纠纷。

非诉篇

一、裁 员

065 公司经济性裁员专项法律服务[1]

案例疑难点

甲公司企业办社会的特征明显，有自己的幼儿园、医院，也有食堂、招待所等后勤部门，还有家属区、物业部门和社区组织。三供一业尚未社会化，仍由企业承担责任。裁员前在职的2000多名职工，工种复杂，但多数缺乏专业技能，年龄偏大，再就业难度大。其中数百名职工为特殊工种，但留存的资料不全。职工要求一并解决集资建房的办证手续和特殊工种的认定等事项，诉求多样，既有整体诉求也有个别诉求。

案情介绍

甲公司是一家有50多年历史的企业，截至2016年9月30日，公司在册职工2474人，在岗人数2303人，有100多人内部退养，职工平均年龄43岁，学历以初高中居多，劳动技能单一，再次就业困难。因当时全国的化肥产能严重过剩，市场竞争异常激烈，市场价格持续低迷，企业经营举步维艰。企业之前已经连续亏损数年，预估2016年至2018年如正常生产，其亏损额的区间为1亿元至3亿元，2018年上半年将出现资不抵债，资产负债率将超过100%，面临破产的境地。

鉴于上述严峻局势，甲公司急需通过改革，优化经营结构，实现主辅分离，对现有机构进行撤并，仅保留一条有盈利的生产线和少量人员，其他生

---

[1] 朱华、唐恒敏，北京大成（南宁）律师事务所律师。

产线全部关停,拟裁减 2000 余人。但该公司人员较为复杂,多为工作数十年的老职工,甚至祖孙三代都在此工作。甲公司是当地最大的生产企业和利税大户,如果关停主要生产线,将对当地的 GDP 及就业造成较大的冲击。另外,经济性裁员的程序相对复杂,在某省尚未有成功的经验,政府和总工会是否支持,职工是否理解等,均处于不确定状态,甲公司的上级股东要求必须在 2016 年 12 月 31 日前完成员工安置任务,时间紧,任务重。大成律师介入甲公司员工安置项目、了解企业具体情况后,针对不同类别职工实行分别推进工作,在维护企业合法权益的前提下为职工争取最大利益的实现。2 个月时间,大成律师迅速、平稳地实现了甲公司 2000 多人的员工安置目标。

办案经过

1. 股东决议和管理决定

协助甲公司向股东会报告并形成决议,授权甲公司管理层依法依规安置分流员工,确定一个基本的框架,并允许管理层灵活、据实、依法地处理员工关系;配合甲公司管理层统一思想,并与高管和中层干部、基层干部等多次座谈,形成统一的意见。

2. 尽职尽心调查

针对甲公司的生产经营状况及职工等的情况进行了全面的背景调查,包括甲公司的公司章程、运营管理、资产负债及现状、人员情况、重点难点和当地政策等形成调查报告并逐一分析,提出意见和建议。

3. 研究特殊情形

对特殊工种的历史沿革进行分析论证,并配合甲公司与人社部门对接完成工种的认定和补充手续;对有特殊困难的危重症职工进行全面梳理并提出依法依规的处理建议;对职工提出的历史遗留的房产证等手续,与建筑公司和当地不动产登记部门协调,并采取了推进行动。

4. 坚持民主程序

经济性裁员有其特殊的规定和要素,根据甲公司的生产经营数据和未来三年的预期,以及相关的市场分析文章等,研究并明确该公司符合经济性裁员的情形。

按经济性裁员的规则处理，并依据工会法和其他配套的工会制度，通过严格有秩序的职工代表大会，通报给工会委员会和全体职工，就经济性裁员的事项通知，并征求工会委员会和职工代表、全体职工的意见，反复修改，形成了经济性裁员的审议稿。

5. 依法上报，寻求支持

在项目开展的前中后期，均积极向各级机关上报，寻求理解和支持。

向县政府和市人民政府报告，就企业现状和未来发展等进行说明，就合法合规地安置职工进行请求指示和帮助。向上级总工会报告，就员工分流安置听取意见和指示。向当地人社部门报告，就拟安置员工的再就业压力和社会保险转移手续、数千人可能领取失业金等听取意见和指导。

6. 全面安置方案

考虑到甲公司现有项目时限较紧，普通员工的工资相对较低，加之甲公司有部分时间处于停产状态，员工收入亦出现大幅降低的客观现实，大成律师建议甲公司以其正常生产经营期间12个月的平均工资为基数，并给予部分低收入职工特殊保护，如其工资低于上一年度职工人均工资基数的，以上一年度职工人均工资基数计算经济补偿金。同时为加快工作进度和实现减员增效的目标，对部分受法律特殊保护人员如临近退休三年以上的员工，允许其提出协商解除劳动合同，并根据其达到法定退休年龄的工资或单位应承担的成本费用给予补偿。

7. 配套文件

结合背景调查及甲公司安置方案，给予统一的说明和解读，并将实施开始的日期设定为基准日，提供配套的相关解除劳动合同的协议、离职交接文件、离职证明、离职声明、交接文本等。

8. 全程现场支持

安置方案分为征求意见稿、讨论稿和审议稿，在前两稿出来前后，均派大量律师到现场，协助甲公司领导层听取职工和代表的意见，从法律层面上进行解答和答复。

在职工代表大会审议通过安置方案后，配合解读文件，培训执行人员，并全程在现场提供支持，协助甲公司的执行团队签订相关协议，并对现场的突发事件和个案提供法律支持及临时文件的处理。

💡 办案亮点

1. 协助甲公司股东和管理层决策，形成统一的共识和行动，本项目进展顺利，是因为股东代表和管理层认可了大成律师团队的观念、职业操守和专业水平，配合度高，基本上没有遇到决策层的阻碍，并且其配备人员的专业素养高，相互促进。

2. 严格按照民主程序处理相关事务，职工分流安置有特定的程序，如事先向工会委员会通报情况、征求意见等。律师团队全程指导并参与甲公司工会委员会会议、协助制订全体职工代表大会的整个议程、表决程序、准备相关的程序文件。

3. 全程全员参与，律师团队与企业中高层领导一起分组前往各车间座谈，下到基层与员工宣讲、洽商，在最为艰难紧张的时刻，与领导层一起面对职工的疑问和诘问，依法依规地解答，做好职工的思想工作，逐渐地转变了职工的态度，使绝大多数人统一了思想，配合后期的工作。

4. 创造性地提出了对临近退休的内退职工、"15+5"职工的协商解除的补偿模式，即以职工个人自愿申请、公司审批同意，其补偿不是按普通的经济补偿金的计算给付，而是以职工本人临近退休年限的倒推方式核算补偿，将甲公司应承担的相关费用提前一次性给付等，最大限度地给了职工选择权和合理的安置。

5. 与当地人社部门配合，就特殊工种的遗漏资料进行补充认定。采用协商一致解除劳动合同的模式，而非单方裁员，较为平稳地解除劳动关系，最终成功地与2104名员工协商解除劳动合同，全程无群体性或影响社会稳定事件的发生。

@ 合规指引

1. 经济性裁员的论证必须充分。拟裁员企业必须提前论证实质上符合法律法规中及当地有关经济性裁员的条件。在实施的过程中需要注意民主程序，这不是表面功夫，而是应通过民主程序的流程，争取最大多数员工的认同，避免后续的阻力。

2. 配合决策层，尤其是思想认识的统一和文件的配合处理。裁员中首要理念是决策层面必须有决断，不是在中间穿插，而是统筹安排，让股东和出资人根据章程等确定并报批，满足前提条件后才能配合后续的事务。企业往往并不具备这种专业的知识，依赖于律师团队，律师团队也不能以决策属于经营决定而置之不理，应该主动积极地参与并配合处理前期工作，这样在后续事务中才能获得支持。

3. 专业团队和分工的重要。裁员所需具备的素质较为多样，不仅要有过硬的法律专业素养和文书撰写能力，还需要具备一定的市场核查和背景调查能力。此外，具备强大的心理、身体素质也是支撑这一高强度、高节奏工作的基石。因此，组建一支专业化紧密合作的团队至关重要，如果是一群临时拼凑的松散队伍，很难处理好时间紧迫且纷繁复杂的裁员工作。

4. 正确地认识裁员项目。裁员不只是减少人员、实现商业目标，还关系到职工的生存发展和企业的转型升级，二者如何平衡，需要综合考虑和决断，律师必须给予倾向性意见，而不是单纯的法律建议或给客户选择项。

经典文书参考

待岗通知书

尊敬的_____先生/女士：

您于_____年____月____日加入××有限责任公司（下称公司），感谢您为公司付出的努力！由于劳动合同订立时所依据的客观情况发生重大变化，致使原劳动合同无法继续履行，公司已于_____年____月____日召开职代会通过了《职工安置方案》，在指定的期限内双方未能就变更劳动合同达成一致。公司决定于_____年____月____日起保留与你的劳动关系，并按待岗对您进行安置，相关待遇按《待岗规定》执行。

特此通知！

××有限责任公司

（盖章）

日 期：_____

签收记录

本人已经收到《待岗通知书》，特此确认。

签收人（签字）：

日 期：

单方解除劳动合同协议书

甲方：_____

乙方：_____

身份证号：_____

手机号码（必填）：_____

由于甲方生产经营发生严重困难，致使双方签订的《劳动合同》无法继续履行。经甲方提前三十日向公司工会说明情况，听取工会和职工的意见后，于_____年____月____日通过了《职工安置方案》，该方案经向某县人力资源和社会保障局报告后，裁减人员方案经向劳动行政部门报告后，甲方决定单方解除与乙方的《劳动合同》，双方就解除事宜达成如下协议：

一、乙方同意按甲方规定做好相关业务的移交工作，并在_____年____月____日（"离职日"）前到甲方办理相关离职手续。甲方支付乙方工资至_____年____月____日。

二、除本协议另有约定外，依据《职工安置方案》计算，甲方应支付乙方解除劳动合同的经济补偿金共计人民币_____元，并将在乙方的离职手续办理完毕后的____日内支付给乙方。以上生活补助金按政府规定缴付个人所得税的，由甲方直接代扣代缴。其他事宜按甲方相关规定执行。

三、乙方应当依照甲方规定在离职手续办理完毕前，安排好工作交接，返还所有属于甲方的财物，归还所有属于甲方的文件、材料和信息（及其所有副本），并结清与甲方代垫或报销的全部款项（如有）。乙方必须在离职日前提交报销申请和合规的票据，甲方将依据现行的规章制度审核乙方的报销申请。

四、在离职日前，双方仍应继续履行劳动合同的约定。乙方理解并同意上述补偿金清偿了在劳动关系存续期间或因劳动关系解除产生的或与其有关的甲方应当向乙方支付的所有款项。甲方对乙方没有除本协议规定外的任何责任与义务。本协议所作的支付构成了就乙方可能提出的、因对劳动关系之解除而产生的任何性质的所有主张的全部和最终解决。

五、《劳动合同》解除后，乙方仍应遵守该合同或签署的保密协议（若有）项下就保密事项的相关约定，不得使用，或者向任何个人或其他机构、实体泄露或披露任何甲方的商业秘密和机密资料。乙方若违反本约定，并对甲方造成损害的，应赔偿甲方因此而遭受的损失和产生的一切费用。

六、本协议一式两份，甲乙双方各持一份，两份文本具有同等法律效力。

甲方：　　　　　　　　　　乙方：
签章：　　　　　　　　　　签章：

　　　　　　　　　　　　　日期：　　　年　　　月　　　日

调岗协议书

甲方：_____
乙方：_____
身份证号：_____
手机号码（必填）：_____

经甲乙双方平等协商，一致同意于_____年____月____日就乙方岗位变更事宜达成如下协议：

一、乙方于_____年____月____日与甲方签订《劳动合同》。现因_____，双方经协商一致，对乙方工作岗位进行调整。

二、自_____年____月____日起,乙方由原_____部门_____岗位调整为_____部门_____岗位。

三、乙方同意,岗位调动后其薪资标准为_____。

四、甲乙双方享有的所有权利与义务关系依据《劳动合同》执行。除以上第二条、第三条的规定之外,《劳动合同》的其余条款继续有效。

五、本协议系《劳动合同》的补充协议,与《劳动合同》具有同等效力。如本协议与《劳动合同》存在冲突,以本协议为准。

六、本协议一式两份,甲乙双方各持一份,两份文本具有同等法律效力。本协议于甲乙双方签字盖章后生效。

甲方: 乙方:
签章: 签章:

日期: 年 月 日

解除劳动合同通知书

尊敬的_____先生/女士:

您于_____年____月____日加入××有限责任公司(下称公司),感谢您为公司付出的努力!由于劳动合同订立时所依据的客观情况发生重大变化,致使原劳动合同无法继续履行。_____年____月____日公司职代会审议通过了《职工安置方案》。公司决定于_____年____月____日解除与您的劳动合同。公司根据《职工安置方案》及《劳动合同法》及相关法律法规的规定与您进行离职结算,并给予_____作为经济补偿,即:_____元(小写_____元);同时公司支付您的工资至_____年____月____日,社会保险缴纳至_____年____月。

请您于_____年____月____日前到公司办理离职手续,归还全部属于公司的物品,并妥善完成所有工作交接,否则公司将保留追究相关法律责任的权利。经济补偿金将在您办理完毕离职手续后____天内支付到您的工资账户。

特此通知!

××有限责任公司
（盖章）
日期：

签收记录

本人已经收到《解除劳动合同通知书》，特此确认。

签收人（签字）：

日期：

协商解除劳动合同协议书

甲方：_____

乙方：_____

身份证号：_____

手机号码（必填）：_____

由于甲方生产经营发生严重困难，致使双方签订的《劳动合同》无法继续履行。经甲方提前三十日向公司工会说明情况，听取工会和职工的意见后，于_____年____月____日通过了《职工安置方案》，该方案经向某县人力资源和社会保障局报告后，裁减人员方案经向劳动行政部门报告。现经甲乙双方平等协商，一致同意于_____年____月____日解除双方之间的《劳动合同》，并就解除事宜达成如下协议：

一、乙方同意按甲方规定做好相关业务的移交工作，并在_____年____月____日（"离职日"）前到甲方办理相关离职手续。甲方支付乙方工资至_____年____月____日。

二、除本协议另有约定外，依据《职工安置方案》计算，甲乙双方协商解除劳动合同的经济补偿金共计人民币_____元，并将在乙方的离职手续办理完毕后的____日内支付给乙方。以上补偿金按政府规定缴付个人所得税，由甲方直接代扣代缴。其他事宜按甲方相关规定执行。

三、乙方应当依照甲方规定在离职手续办理完毕前，安排好工作交接，返还所有属于甲方的财物，归还或销毁所有属于甲方的文件、材料和信息（及其所有副本），并结清与甲方代垫或报销的全部款项（如有）。乙方必须在离职日前提交报销申请和合规的票据，甲方将依据现行的规章制度审核乙方的报销申请。

四、在离职日前，双方仍应继续履行劳动合同的约定。乙方理解并同意上述补偿金清偿了在劳动关系存续期间或因劳动关系解除产生的或与其有关的甲方应当向乙方支付的所有款项。甲方对乙方没有除本协议规定外的任何责任与义务。本协议所作的支付构成了就乙方可能提出的、因对劳动关系之解除/终止而产生的任何性质的所有主张的全部和最终解决。

五、《劳动合同》解除后，乙方仍应遵守该合同或签署的保密协议（若有）项下就保密事项的相关约定，不得使用，或者向任何个人或其他机构、实体泄露或披露任何甲方的商业秘密和机密资料。乙方若违反本约定，并对甲方造成损害的，应赔偿甲方因此而遭受的损失和产生的一切费用。

六、本协议一式两份，甲乙双方各持一份，两份文本具有同等法律效力。

甲方：　　　　　　　　　　　乙方：
签章：　　　　　　　　　　　签章：

　　　　　　　　　　　　　　日期：　　　年　　月　　日

××有限责任公司员工离职交接清单

离职人		部门		职务		入职日期	年　月　日
						离职日期	年　月　日
一、书面文件移交							
序号	文件名称		份数	说明		接收人	监交人
1							
2							

二、物品/设备移交				
序号	物品/设备名称	数量	说明	接收人	监交人
1					
2					

三、待办事项			
序号	具体事项及说明	接收人	监交人
1			
2			

部门领导签字：　　　　经办人签字：　　　　离职人签字：

职工内部退养协议书

甲方：_____

乙方：_____

身份证号：_____

手机号码（必填）：_____

为明确双方的权利、义务，按照公司《职工安置方案》《内部退养规定》和国家内退相关政策，甲乙双方在平等自愿的原则下，经协商一致，就乙方内部退养事宜订立以下协议：

一、根据乙方实际情况，经乙方书面向甲方提出申请，甲方同意乙方自愿选择内部退养。

二、内部退养期限

内部退养期限自_____年____月____日至乙方达到法定退休年龄或劳动关系（合同）解除之日止。

三、甲方的权利和义务

（一）甲方按国家规定，以乙方实发的退养金为标准为乙方缴纳应由单位承担的基本养老保险、医疗保险、失业保险，乙方缴纳部分由甲方代扣、代缴。

（二）内部退养期间，甲方按月支付内部退养生活费（大写）_____

元。同时终止乙方退养前所享受的工资、津贴、奖金等工资性待遇。

（三）内部退养期间，遇公司提高内部退养人员的内部退养生活费时，甲方根据对支付乙方的内部退养生活费相应进行调整。

（四）内退期间乙方因在社会上从事其他有收入工作而造成病残的，甲方不承担由此产生的医疗费用。

（五）乙方达到退休年龄符合退休条件的，甲方为乙方办理正式退休手续，同时终止乙方在退养期间所享受的退养金待遇。

四、乙方的权利和义务

（一）乙方在退养期间享受公司规定的内部退养人员有关待遇；

（二）乙方在内退期间不得要求公司提供任何工作岗位；

（三）乙方不得以甲方名义在外从事工作及经营活动；

（四）内退期间乙方在外从事兼职活动中发生的债权债务、工伤事故、民事纠纷等，概由其本人负责，公司不承担任何责任。

五、协议的解除

乙方在退养期间出现下列情况之一的，甲方有权解除本协议，同时解除劳动合同：

（一）乙方严重违反本协议或单位的规章制度；

（二）乙方被依法追究刑事责任；

（三）乙方竞聘上岗或调动工作；

（四）法律法规规定的其他情形。

六、其他事项

（一）本协议为劳动合同的附件，如有与劳动合同不一致的内容，属于对劳动合同的变更，双方同意以本协议内容为准。

（二）本协议经双方签字盖章后生效。未尽事宜按照国家有关法律、法规和有关规定执行。

（三）协议一式三份，甲乙双方各持一份，乙方档案中留存一份。

甲方：（盖章）　　　　　　　　　　乙方：（签字）

　　年　月　日　　　　　　　　　　　年　月　日

066 公司撤销驻外地办事机构开展员工裁减专项法律服务[①]

案例疑难点

因甲公司业务调整及资金周转困难，在已欠薪两个多月的情况下，决定撤销在某市设立的办事处并裁减86名员工（包括4名怀孕女职工和1名哺乳期女职工）。

案情介绍

甲公司在省外设立办事处，专职负责公司技术研发工作，后因业务调整、资金周转等问题，公司决定撤销该办事处并裁除留任的86名员工。办事处员工均为网络信息系统专业技术人员，掌握有公司电商平台全部技术资料，并以此为由向公司提出了经济赔偿金、十四薪、加班工资、各项福利补贴等要求，而哺乳期、孕期女职工则向公司提出可以停止工作但不解除合同，并继续支付工资、购买社保至"三期"结束或者支付"N+2+哺乳期（或孕期、产期）全额工资+剖宫产手术费"等费用的要求，86人诉求共计约800余万元。因甲公司资金周转困难对86名员工所提出的诉求均无法完全满足。

办案经过

1. 设计裁员方案实施流程。接受委托后大成律师与甲公司领导层、人力资源部紧急沟通，了解人员情况、基本诉求，收集员工薪金、福利、社会保险以及当地相关规定等基础资料信息，设计并拟定了驻外地办事处员工裁减方案实施流程。

2. 参与并协助甲公司召开职工通报会、说明会、答疑会等。大成律师与公司人力资源部和技术中心代表共同组成谈判小组赶赴某市，首先召集全体

[①] 余坤，北京大成（昆明）律师事务所律师；万昀菲，北京大成（深圳）律师事务所律师。

员工召开了通报会,明确了公司撤销办事处的决定,并表达了公司希望通过协商一致解除劳动合同依法支付经济补偿金的意见。

3. 协助甲公司进行员工离职谈判。经过前后两次共计五天的谈判,有35人(包括在哺乳期的一名女职工)现场签署了解除劳动合同协议,有11人通过远程视频方式与公司达成一致意见,并签署了解除劳动合同协议,留存有远程签署解除协议的视频证据。另外有36名已提起仲裁的员工和另外4名怀孕女职工最终接受了谈判条件并现场签署解除劳动合同协议,移交了电脑等物资,并由仲裁委员会为提起仲裁的员工逐一制作了劳动争议仲裁调解书。

办案亮点

1. 用时短。从确定委托到正式出发,只有3天时间,整个处置过程大成律师团队分工明确、考虑方案周全、基础资料收集及时,在最短时间内测算出不同处置方案预算,为公司在有限经费内迅速做出决策,提供了切实可行的实操建议。86人的裁员,大成律师共前往某市两次,每次不超过3天,在1个月内完成任务。

2. 成本低。公司前期已欠薪两个多月且在没有任何前置程序安排的情况下,即通知撤销办事处且全体解除劳动合同。裁员实施方案既要考虑公司资金到位情况,还要考虑在法律框架下平衡公司和员工利益问题。经律师提供多个测算方案并最终说服公司同意对普通员工采取"拖欠工资+N+1"方案,对怀孕女职工采取"某市规定的剖宫产费用+产假工资+N+2"的方案。最终,将86名员工原来高达800余万的解约诉求,包含拖欠工资在内全部锁定在400万元以内,并且还采用了分期支付的方式,为公司争取了资金筹措时间。另外,对部分员工,律师采取一对一远程视频录像的方式,完成解除协议签署工作,最大限度减少甲公司的经济成本。

3. 社会影响小。整个解约过程,律师与公司代表分工配合,对可能出现的不利局面进行了预判,并提出切实可行、各方均能接受的方案。最终,未激化矛盾、未形成诉讼,没有给客户造成进一步的负面影响,为客户避免了巨大经济损失。

4. 远程签约。过程中涉及两地办案，为确保员工签订解除协议的真实性，由大成律师与有解除意向的员工，采取一对一远程视频录像的方式，完成部分员工的解除协议签署工作。

@ 合规指引

本项目系公司因业务调整、资金周转等问题，决定整体撤销省外办事处并裁除办事处留任的全部员工而启动的员工安置事项。根据《劳动合同法》第四十条第三项规定："有下列情形之一的，用人单位提前三十日以书面形式通知劳动者本人或者额外支付劳动者一个月工资后，可以解除劳动合同：……（三）劳动合同订立时所依据的客观情况发生重大变化，致使劳动合同无法履行，经用人单位与劳动者协商，未能就变更劳动合同内容达成协议的。"企业提前通知并给予员工"N+1"的补偿方式并不违反法律规定，针对员工提出的超出法定标准的高额赔偿要求，企业在无法允诺的情况下，可以交由司法裁判，但实际上并不利于解决问题。

因此，对于员工安置项目，尤其是跨地区的、涉及人数较多的员工安置项目，企业作出的每一个决定都应当"有尺度、有温度"，应当因地制宜、分类有序、积极稳妥地做好职工安置工作，特别是待安置员工中还有"三期"女职工，更应当耐心倾听每一位员工的诉求。此外，企业还应当积极向当地社保部门了解相关社会保险的转移和办理程序、生育保险和失业保险的申领条件、可享受待遇等，对因员工安置可能引发的不稳定因素和员工顾虑问题，做好相关研判和预案，平衡好员工和企业双方的合法权益，对特殊情况的员工，针对性地制订安置方案，将企业面临的困难向员工做好解释工作，把分流安置措施向员工讲明、讲透，才能与员工达成共识、化解矛盾。

067 某地首例人社部门备案的经济性裁员项目[1]

案例疑难点

本项目裁员规模较大，涉及人数将近 400 人，员工类型复杂，既有老员工，也有夫妻均为公司员工的情形，且大量员工已在当地购房扎根。

某市没有经济性裁员备案的先例，本项目是某市首例由人社局备案的企业经济性裁员项目。

案情介绍

某市某企业多年持续亏损，最终作出经济性裁员的决定，并于 2016 年 3 月 30 日告知全体员工。此后，在主办律师的帮助下，该企业通过友好协商与 344 名员工顺利解除了劳动合同。

后有 25 名员工不服企业单方面裁员决定，引发了劳动合同纠纷系列案。该部分员工认为企业非法解除劳动合同，要求企业承担非法解除劳动合同的赔偿金。因企业向法院提交的证据扎实、完整，25 个案件全部获得胜诉，法院判决该企业无须向员工支付经济赔偿金。

二审法院认定[2]：甲公司根据生产经营状况，在与员工解除劳动合同之前，通过召开工会大会和全体员工大会，说明了公司经营情况及拟解除劳动合同的人员名单，并在听取意见后，将补偿方案及名单向劳动行政部门进行了报告备案。考虑到员工邵某与丈夫刘某同属此次裁员的名单，甲公司发出通知征询了其是否同意留用的意见，在未得到员工邵某同意留用的回复之后，才解除了与邵某的劳动合同，并依据《劳动合同法》的规定做出了补偿。因此，本院认定甲公司并非违法解除与邵某的劳动合同。

---

[1] 张洁，北京大成（珠海）律师事务所律师。

[2] （2016）粤 20 民终 5063 号，中国裁判文书网，https://wenshu.court.gov.cn/website/wenshu/181107ANFZ0BXSK4/index.html?docId=bedaabd31d7341929e4aa90f01372edd，最后访问日期：2022 年 9 月 7 日。

办案经过

1. 大成律师在工作前期通过细致的尽调，了解每位员工的情况，分析员工可能产生的情绪上的波动及应对措施。

2. 大成律师系统梳理当地的劳动法规及当地人社局的内部政策指引，确保裁员工作的每一步都符合法律规定。

3. 与劳动管理部门充分沟通，大成律师就拟裁员事宜多次向某人力资源和社会保障分局书面报告，并向某人力资源和社会保障分局成功备案。此次备案是某市迄今为止首例也是唯一一例由人社局备案的企业经济性裁员项目。

4. 多层级和员工协商。包括：

（1）召开工会会议，通报情况并与工会协商裁员事宜，召开全体员工大会与全体员工协商裁员事宜；

（2）数次与员工代表开会；

（3）与员工进行个别协商，如是夫妻员工的，听取夫妻员工是否愿意优先留用的意见；

（4）再次与工会开会，就其中少部分仍未与公司签订协商解除的员工的拟裁员事宜向工会说明情况并听取工会意见；

（5）企业根据《劳动合同法》第四十一条单方通知解聘后引起的25人劳动争议系列案件均以胜诉结束。

至此，该企业经济性裁员相关事宜圆满结束。

合规指引

1. 企业及承办律师应当充分认识到经济性裁员的特殊风险。从结果上讲，企业进行经济性裁员的违法风险，与其他违法解除劳动合同案件的风险差异不大，均涉及员工要求继续履行劳动合同或者主张经济赔偿金。但经济性裁员相较个案而言，由于涉及的员工人数往往较多，在处理过程中稍有不慎便容易引发群体事件，致使裁员方案受到严重挑战乃至夭折。因此，在办理经济性裁员专项法律服务时，办案律师除了把握工作方案的合法性以外，还需密切关注方案的可执行性，及时评估可能存在的风险。

2. 本项目属于经济性裁员项目。有关经济性裁员的法律规定及操作程序看似简单，然而此类项目更依赖于办案律师的经验，以应对实践中各式各样的问题。经济性裁员项目存在以下难点：

（1）经济性裁员程序的法定要求之一为征询工会或全体劳动者意见，实践中企业缺乏与工会、职工的沟通方式与技巧，此时便需要办案律师协助企业解决组织、沟通以及突发应急预案的问题。

（2）法律对于类似裁员过程中所必需的备案等规定并不明确，且各地人社部门可能存在特别要求，这要求承办人员必须提前了解、熟悉当地规定，并在合适的时机与政府部门进行沟通，确保项目方案的合法性。

（3）实践中经常遇到的问题是，在实体性认定条件上，证明企业亏损的难度较大，办案律师需要注意指导企业收集经过审计的财务报告、向税务机关提供的税务报表等。

（4）无论前期方案如何完善，经济性裁员项目或多或少都可能产生后续的劳动争议案件，如后续争议未能得到妥善处置，则可能导致整个裁员项目被认定为违法的巨大风险。因此，此类项目除了需要非诉律师配合外，还需配置擅长劳动争议解决的诉讼律师，在项目实施过程中注意收集裁员程序合法的证据。此类证据包括：收集、固定与员工协商的相关证据（包括全体员工大会开会通知、全体员工大会会议签到记录表、全体员工大会会议记录、告全体员工书、张贴在裁员现场的法律法规宣传）；收集、固定听取工会意见的证据（工会会议记录、公司和工会来往函件、工会合法成立的资料）等。

二、人力资源合规、规章制度修订

068 为某企业提供劳动人事专项法律服务[1]

案例疑难点

甲公司是某地知名企业,但该公司在 2018 年发生的劳动争议案件暴露了甲公司在劳动用工方面失之于宽、未严格执行规章制度、精细化管理不够、证据思维不足等实际问题,亟待专业人员对企业进行全面体检,对人力资源各项制度进行重新修订完善。

案情介绍

2018 年 12 月至 2019 年 2 月期间,大成律师团队接受了甲公司的专项委托,为其提供修订《员工手册》、制定并完善其他相关法律文件的专项法律服务。

办案经过

大成律师团队接受甲公司人力资源专项委托后,设计了《人力资源管理法律核查表》,通过对甲公司提供信息的分析、打分,发现甲公司在劳动用工管理方面的不足。在认真研究和阅读甲公司原版《员工手册》的基础上,根据劳动法等相关法律规定、团队多年处理劳动纠纷案件的经验以及甲公司的用工实际情况对甲公司的《员工手册》进行了细致和规范的修订、补充、完

---

[1] 付勇,北京大成律师事务所律师。

善。对《员工手册》的体例结构进行了合理调整，优化细化考勤管理、休息休假管理、薪酬福利奖金管理、奖惩管理、培训管理等内容。同时，撰写《录取通知模板》《劳动合同》《培训协议》《保密协议》《竞业限制协议》《离职协议》等相关法律文件的修正版，并为甲公司履行民主程序提供现场支持。

办案亮点

合法有效的《员工手册》是企业日常管理和司法机关审理劳动争议案件的依据。与此同时，《员工手册》也不是固定的、一成不变的，需要根据法律变迁及公司的经营发展需要定期进行优化和完善，从而实现促进企业发展和良性治理，企业与职工共赢的目的。

大成律师团队在本项目中针对客户的特殊性进行了针对性的法律服务方案定制，以高效、专业的法律服务受到了公司领导和人力资源部门的高度评价。此外，此案可以作为日后处理企业内部规章制度修订专项法律服务的参考和标杆，包括《员工手册》的修正、相关配套文件的起草、劳动争议的解决等问题提供广泛借鉴。

合规指引

劳动人事专项法律服务中要求公司劳动用工管理经济基础、组织基础及规章制度基础较为扎实，人力资源工作人员基本清楚和掌握劳动法律要求。但是在公司劳动用工中往往存在失之于宽、未严格执行规章制度、精细化管理不够、证据思维不足等实际问题，结合已经发生的劳动争议案件所实际暴露的问题，建议公司通过修订完善规章制度及人力资源文书表单体系、优化劳动用工管理流程、加强劳动用工法律培训等方式进一步提升公司劳动用工法治水平，提升企业用工灵活性。

1. 《员工手册》应先予执行

《员工手册》作为企业的内部宪法，对于员工的工作行为等作出了明确的规范，《员工手册》既要求员工的个人合法权利不得被用人单位随意突破，同时也要求员工的个人行为应当符合用人单位的劳动纪律，员工手册期待劳动者能配合公司的管理行为。故员工手册应当坚决执行，而不应束之高阁，变成可有可无的废纸文件。员工手册代表企业对员工管理的合理性和必要性，其中强调公司的管理理念，使员工能接受公司的管理规范。将所有的员工权益保护以及处罚措施的条条款款纳入规章制度中，做到有"法"可依，提高员工的职业化素养，提升企业的管理水平，从而搭建高效运转的管理秩序，保障企业经营业务的有序开展。

2. 执行过程应当及时固定证据材料

如用人单位与劳动者就某一项劳动合同内容达成变更，应当及时记录并固定相应证据材料，书面形式留存。如员工存在违纪事实，企业在作出相应处理时应确保违纪事实与员工手册中违纪行为处分相匹配。并且可以在违纪行为发生当天后第一时间，利用员工的悔过心理，以当面会谈等形式，将员工的违纪事实确定下来，同步做好录音录像及违纪事实处理清单，并要求员工签字确认。同时也应当告知员工有对处分决定不服进行申辩的权利，程序正当。

3. 员工手册的制定过程应注重与劳动者的协商过程，并在通过后及时公示

用人单位与工会或者职工代表就政策内容进行平等协商，听取员工意见建议，结合企业实际对存在争议的相关内容及时修订调整。一旦通过职工代表大会通过员工手册，完成下发公示。常见的公示方法有：

（1）印制《员工手册》等规章制度，发放给每名员工，请员工在领取时签字；

（2）针对《员工手册》等规章制度进行培训，留取培训PPT和员工签到表；

（3）将《员工手册》等规章制度公示到OA系统，发邮件通知员工自行查看；

（4）将《员工手册》等规章制度作为《劳动合同》的附件或在《劳动合同》中告知员工各项规章制度，请员工签字；

（5）通过组织《员工手册》等规章制度知识考试的方式公示；

（6）在公司公开场合张榜公示《员工手册》等规章制度。

用人单位常常会留存相关签收函、承诺书、培训签到表、考试试卷等书面文件以证明其确实进行了公示。

069 用人单位规章制度定制与民主决策程序、劳动用工全流程管理文件梳理与修改等全套人力资源合规专项法律服务[①]

案例疑难点

本案公司因原有规章制度散乱、缺失，规定不明确，无法约束员工的各类违规行为，也无法通过规章制度有效规范员工行为，从而导致解雇员工时无合法依据可循。同时，因为该公司从事文化艺术小镇的开发，尚处于发展初期，项目拿地后将进行大规模的开发与建设，亟须先行完善规章制度，以应对未来大量劳动力进出的管理压力。

案情介绍

甲公司因原有规章制度散乱、缺失，规定不明确，导致无法约束员工的各类违规行为，无法通过规章制度解雇员工，进而发生了解雇员工时无合法依据的仲裁案例。同时，因为该公司从事文化艺术小镇的开发，目前尚处于发展初期，项目拿地后将进行大规模的开发与建设，亟须先行完善规章制度，以应对未来大量劳动力进出的管理压力。律师通过与公司梳理行业特殊需求，制定有针对性的规章制度，并协助公司完成制度民主决策程序，留存相关证据，为公司人力资源合规管理打下基础。同时，律师将公司入职、在职、离职期间的各类人事管理文件进行了整理和修改，形成较为完善的劳动人事法律文书，能够在合规基础上防范用人单位的用工风险，整个人力资源合规专项法律服务耗时一个月，取得了客户的好评。

[①] 黄华、李亚兰，北京大成（成都）律师事务所律师。

办案经过

大成律师提供的法律服务为：首先，根据公司实际情况起草《关于甲公司人力资源合规法律服务方案》的初稿。其次，与公司相关部门负责人沟通，了解公司现有规章制度以及对员工手册的需求，查看公司现有规章制度及人力资源表单。对公司的基本情况进行全面调查和了解，包括企业文化、历史沿革与组织机构、现有员工信息概况、招聘录用与员工入职流程、劳动合同订立与续订流程、劳动合同履行与变更流程、薪酬福利发放及绩效管理规则、工作时间与休息休假、规章制度、社会保险、商业保险与住房公积金缴纳情况、保密与竞业限制情况、培训与发展情况、人才管理情况、特殊员工、异地用工与关联企业情况、员工离职政策与流程、涉诉情况、职工代表大会、工会和党支部设置、人力资源管理系统等。再次，大成律师向公司确认员工入职需要提供的材料、单位绩效考核频率与实施情况。根据现有规章制度及公司《员工手册》的需求，大成律师起草《员工手册》初稿，解释《员工手册》部分条款制定的原因和理由，收集公司关于《员工手册》初稿的意见。起草规章制度的民主决策程序所需全部文件、劳动用工各类合同范本、用工全流程配套表格并发送公司。协助公司进行《员工手册》修订的通知、员工意见收集与召开职工代表大会民主投票程序。最后，针对职工大会相关问题和员工反馈意见进行解答，协助公司对职工代表大会召集证据、公示程序等进行证据固定与留存，圆满地完成了《员工手册》的拟定、劳动用工全流程文本表格修订、规章制度民主决策程序等工作，为公司规范用工打下良好基础。

办案亮点

大成律师提供了完全的定制版员工手册，与公司实际经营状态紧密相连，区别于原来公司从网上下载的规章制度公开版，无法切合公司实际经营需要，在使用过程中出现脱节的情况。该制度经过律师与公司人事经理、管理层反复讨论，针对公司组织架构、特殊试用期、薪酬福利、国内国际出差、业务接待、绩效考核与评定、钉钉打卡考勤制度、加班审批、请休假审批程序、违纪处分等各方面的特殊情况，以世界 500 强公司的规章制度为蓝本，进行了有针对性的补充修改与完善，达到该公司专用和适用的程度。此外，律师还一并梳理了该公司的劳动人事全套流程文件，防范公司在各阶段遇到的用工风险。整个合规项目取得了客户的好评，同时也展现了大成律师能够提供专业化的、有针对性的人力资源合规法律服务的强大实力。

合规指引

用人单位的规章制度贯穿企业管理的各个方面，是企业核心价值观在执行层面的体现。因规章制度内容散乱、缺失、不明确，制定程序不规范，而导致无法通过规章制度有效规范员工行为，进而发生解雇或处理员工时无合法依据的事例屡见不鲜。合理、合法、完善的规章制度是企业稳定高效运营的制度保障。通过这次人力资源合规专项法律服务，大成律师总结如下：

1. 用人单位的规章制度及劳动人事全套流程文件需要切合用人单位实际经营需要。律师通过与用人单位人事经理、管理层反复讨论，针对用人单位组织架构、特殊试用期、薪酬福利、国内国际出差、业务接待、绩效考核与评定、钉钉打卡考勤制度、加班审批、请休假审批程序、违纪处分等各方面的实际情况，为甲公司专门定制了系列规章制度，助其有效防范在各阶段可能遇到的用工风险。

2. 用人单位的规章制度应保持"与时俱进"。规章制度应根据用人单位发展现状和管理要求进行持续的修订与完善，以符合企业运行不同阶段、不同情况的不同要求。律师在协助用人单位修订规章制度时，可以要求用人单位在日常运营中对高发性、疑难性人力资源管理问题进行收集整理，结合这些高发、疑难问题对用人单位规章制度进行修订和完善，更具针对性。

3. 应在规章制度中明确企业核心价值观，增强员工对企业的认同感。现代人力资源管理活动中，企业文化在人力资源管理中的作用越来越重要，企业文化的建设能够弥补单纯的制度管理所不能解决的一些问题，如提高员工的主动性和能动性，提高员工的忠诚度和向心力。一个强有力的企业文化也是提高企业绩效的重要原因。用人单位可在经营与规章制度的修订过程中展示企业形象，明确企业核心价值观，增强员工对于企业的认同感、归属感。

4. 依法处理劳动关系，按照劳动合同法的规定对劳动者做好全流程管理。坚持依法治企、依法经营、依法建设、依法律规定程序开展工作，高度重视日常对外往来劳动用工资料等证据的留存。日常做好工作纪律、规章制度的常规培训学习。让一切纳入法治轨道，减少劳动争议，同时也使劳动者得到应有的尊重、爱岗敬业、劳有所得。

经典文书参考

违纪通知书

部门/中心：_____　　　　姓名：_____

身份证号：_____　　　　岗位：_____

谨以此正式警告上述员工之行为已违反《员工手册》及公司有关规章制度的相关规定，特此发出违纪通知书予以惩戒。

据调查，该员工以下行为或表现不符合要求：

_____

_____

员工上述情形违反了《员工手册》及公司有关规章制度如下规定：_____

_____，现决定给予该员工_____处分（通报批评/记过/解除劳动合同）以示惩戒：

针对这种行为或表现，公司领导和该员工应该采取的改正措施是：

_____

_____

违纪员工签名：　　　　　　部门/中心领导签名：

公司总经理签名（如需）：

公司董事长签名（如需）：

保密协议

甲方（用人单位）：_____
法定代表人：_____
地址：_____

乙方（员工）：_____
身份证/护照号码：_____
住址：_____
联系电话：_____

鉴于乙方现受雇为甲方提供服务和履行职务（□全职 □劳务 □实习 □劳务派遣），将可能不时接触到属于甲方的商业秘密。为了明确乙方的保密义务，有效保护甲方的商业秘密，防止该商业秘密被公开披露或以任何形式泄露，根据《民法典》《劳动合同法》《反不正当竞争法》及国务院有关部委和××市的规定，甲、乙双方本着平等、自愿、公平和诚实信用的原则签订本保密协议。

一、商业秘密的内容和范围

出于本协议之目的，商业秘密是指不为公众所知悉，能为甲方带来经济利益，具有商业价值并经甲方采取了合理的保密措施的技术信息、经营信息等商业信息以及工作秘密（无论甲方是否采取保密措施）。范围既包括甲方的商业秘密、个人隐私及其他未公布的秘密信息，也包括虽属于合作第三方所有或持有，但甲方负有保密义务的秘密信息，形式包括可用于生产、销售或经营之技术信息和经营信息（无论系以何种媒介储存或记录）、工作秘密，包括但不限于管理制度及办法、管理诀窍、设计资料、程序、财务报表、科研成果、商业和技术秘密（如合同文本、商业信息、客户信息、货源情报、营销方案）、未解密的技术秘密，以及流程、经营、作品风格或设备，或生产、商业交易，或物流、客户信息、库存，或收入、利润、损失或费用的金额或来源，或其他具备商业价值的信息且披露上述信息可能对持有该信息的自然人或法人的竞争地位造成极大损害的商业信息。

凡属国家秘密或者公开后可能危及国家安全、公共安全、经济安全和社会稳定的政府信息、工作秘密，乙方应当保密并且不得公开。

甲方商业秘密的具体范围包括但不限于：

（一）甲方之档案资料，包括但不限于各类协议（无论是否以书面形式签订）、人事档案、行政文件、供货商资料、环保资料、通信网络资料、内部培训资料、涉及商业秘密的业务函电等。

（二）甲方所拥有的任何计算机软件、硬件开发资料，包括但不限于产品开发及制造计划、开发及制造大纲、软件程序、设计图纸和其他软件相关的所有专有技术等资料；上述所谓"软件"包括但不限于软件（包括源程序）、全部代码及数据库；软件专有技术，包括但不限于未公开过的、未取得法律保护的技术知识、分析方法、分析数据、设计图纸、工艺流程、公式、生产数据及其他数据、技术规范、质量控制和管理等方面的技术知识、所有甲方安装及维护方面的信息，包括源程序、代码、检验文件及检验结果、所有报告表格、记录资料等文件。

（三）技术信息，包括但不限于甲方的技术方案、工程设计、电路设计、制造方法、配方、工艺流程、技术指标、计算机软件、研究开发记录、技术报告、检测报告、实验数据、实验结果、图纸、样品、样机、模型、模具、操作手册、技术文档及图样、规格、涉及商业秘密的业务电函以及专门技术等。

（四）经营信息，包括但不限于客户信息、供应商信息、营销计划、采购资料、定价政策、不公开的财务资料等：

1. 客户档案、市场分析、产品研发计划、产能计划、推广计划、采购资料、进货渠道、成本、销售渠道、销售模式、行销计划、经销商资料、产品定价政策、报价单；

2. 甲方之财务信息资料、资产情况、开户银行资料、投资信息等；

3. 本单位重大决策中的秘密事项，包括投标价、投标单位、投标文件等；

4. 本单位尚未付诸实施的经营战略、经营方向、经营规划、经营项目及经营决策、投资合作资料（资讯）；

5. 本单位内部掌握的合同、协议、意向书及可行性报告、主要会议记录；

6. 本单位所掌握的尚未进入市场或尚未公开的各类信息，商业信息包括汽油、生物、风电、水电、光热、电子等行业或领域的所有业务信息；

7. 计划中的诉讼与仲裁，以及本单位面临的重大诉讼、仲裁案件。

（五）甲方依照法律规定或有关协议的约定，对外承担保密义务的事项。

（六）乙方在职期间因工作关系而获得、交换的保密性信息以及其他一切与甲方事务有关的保密信息。

（七）甲方成文或不成文的规章制度中包含的保密事项，包括：

1. 质量管理，包括本单位的质量手册、质量控制、质量检验等系列质量管理程序文件。

2. 行政管理，包括本单位管理章程、员工手册和涉及①行政事务；②行政、人事系列制度与规范；③本单位职员人事档案、劳务性收入及资料。

3. 采购管理，包括工作人员、物资采购、物资储运、固定资产等系列管理制度与规范。

4. 技术开发管理，包括技术机构设置、技术开发程序、技术开发管理制度、技术开发投资、技术设计方案、核心技术秘密等主要内容。

5. 市场营销管理，包括机构设置、职责范围、营销策略、合同控制、激励机制、信息反馈控制等系列程序、制度与规范。

6. 奖惩制度，包括奖惩原则及奖惩标准。

7. 本单位薪资福利政策，包括岗位报酬、期权、奖金收入及发放情况。

（八）保密义务同样适用于有关未经注册或未被授予专利权的知识产权的文件和信息。

（九）本协议不仅适用于乙方在本协议签订之后接触的商业秘密，也适用于乙方在本协议生效日期前接触的所有商业秘密。

二、保密义务

对甲方的商业秘密，在乙方工作期间（含实习期、试用期）以及工作期结束后任何时间内，乙方应承担以下义务：

（一）乙方不得刺探与本职工作或本身业务无关的甲方商业秘密。

（二）非经甲方事先书面许可，乙方不得直接或间接地以任何方式或向任何第三方（任何第三方，包括除甲方该项目组人员以外的任何机构和人员）披露或透露商业秘密；亦不得依据商业秘密，就任何问题，向任何第三方做出任何建议。

（三）乙方在甲方任职期间，必须遵守甲方规定的任何成文或不成文的保密规章、制度，履行与其工作岗位相应的保密职责。

（四）甲方的保密规章、制度没有规定或者规定不明确之处，乙方亦应本着谨慎、诚实的态度，采取任何必要、合理的措施，维护其于任职期间知悉或者持有的任何属于甲方或者虽属于第三方但甲方承诺有保密义务的技术秘密或其他商业秘密信息，以保持其秘密性。乙方有义务尽其一切努力防止任何第三方窃取商业秘密。

（五）除了履行职务的需要之外，乙方承诺，未经甲方书面同意，不得以泄露、告知、公布、发布、出版、传授、转让或者其他任何方式使任何第三方（包括按照保密制度的规定不得知悉该项秘密的甲方其他职员）知悉属于甲方或者虽属于他人但甲方承诺有保密义务的技术秘密或其他商业秘密信息，也不得在履行职务之外使用这些秘密信息。

（六）未经甲方书面同意，乙方不得以任何不正当手段或允许、办助任何第三方以任何不正当手段获取、使用商业秘密。不正当手段包括窃盗、欺诈、胁迫、贿赂、擅自重制、违反保密义务、引诱他人违反保密义务或其他类似方法。

（七）乙方为甲方利益应尽职尽责工作，在甲方从业期间不得组织、计划组织以及参加任何与本单位相竞争的企业活动；在甲乙双方劳动合同（或劳务合同、实习协议、劳务派遣合同）终止后，不得直接或间接地劝诱、帮助他人劝诱甲方内掌握商业秘密的员工离开甲方单位。

（八）乙方不得使用本单位商业秘密为自己或近亲属、朋友获取利益。

（九）乙方除履行职务需要之外，不得复制或公开包含甲方商业秘密内容的文件、信函、图纸、蓝图、配方、正本、副本、磁盘、光盘、U 盘、E-mail 等。当甲方要求乙方交回商业秘密时（无论出于何种理由），乙方应立即将商业秘密（及保密信息的载体、复制品等）完整交回。

（十）乙方因工作保管、接触的甲方的文件应妥善保存，以善良管理人的注意义务采取有效的措施保护该秘密资料及密码，未经许可不得超出工作范围使用，如发现商业秘密被泄露或因自己过失泄露的，应立即采取有效措施防止泄密进一步扩大，并及时向甲方报告。

（十一）乙方同意因职务创造和构思的有关技术秘密或经营秘密，将向甲方及时汇报，并以书面形式做出报告，该职务成果归属甲方。乙方不得将甲方商业秘密以自己或非甲方名义申请专利权、商标权、著作权及其他知识产权，亦不得自己或授权任何第三人当作专有技术加以使用。

（十二）上文保密之义务不适用于以下信息：

1. 乙方能证明该机密信息已进入公知领域；

2. 该信息之披露并非因为乙方违反了本协议项下之条款而被披露；

3. 乙方能证实该机密信息系由乙方从不负有保密义务的第三方获得；

4. 乙方能证实该机密信息系乙方在本协议签署前所获得的；

5. 乙方因适用法律或法院命令的要求而披露的机密信息。遇此情形，所披露的范围应仅限于该适用法律或法院命令所明确规定的内容。

（十三）乙方理解并同意，出于甲方之业务运作需要及乙方所担任之职位要求，乙方可能不时接触到属于甲方单位及与甲方有关联的单位之秘密信息。乙方进一步理解并同意，在甲方已采取保密措施的前提下，所有属于甲方单位及与甲方有关联的单位之秘密信息，及甲方名下不同合作项目之秘密信息均构成本协议第一条项下所定义之商业秘密，且应属于本协议所约定之乙方保密义务范围内。

（十四）乙方对任何信息的性质、保密程度不明确的，应有责任向其直属上司寻求书面确认，如果收到保密性不明的信息，乙方同意将其视为商业秘密，除非上级高级管理人员以书面确认该信息为非商业秘密。乙方在未经甲方确认前自行泄露商业秘密且给甲方造成损失的，乙方应按中国法律负责有关赔偿及承担任何其他法律责任。

（十五）在商业秘密的个别部分或个别要素已被公知，但尚未使商业秘密的其他部分或整体成为公众知悉，以致商业秘密没有丧失价值的情况下，乙方应承担仍属秘密信息部分的保密义务，不得使用该部分信息或诱导第三人通过收集公开信息以整理出甲方的商业秘密。

（十六）乙方认可，甲方在支付乙方的工资或劳务费时，已考虑了乙方在职和离职后需要承担的保密义务，故而无须另外支付保密费。

（十七）乙方理解并同意上述甲方对商业秘密之定义和约定，无论故意或过失，无论以任何形式泄露甲方商业秘密均属违约或违法行为（含犯罪行为），甲方有权视情节和危害程度，采取对商业秘密保护决心之措施，甲方有权对乙方依法加以违纪处分，有权立即解除乙方劳动合同（或劳务合同、实习协议、劳务派遣合同等），且乙方必须赔偿甲方之全部损失。乙方亦立即配合甲方调查，包括但不限于问话、交代事件过程、交付或保存事件相关资料及设备，同意甲方将存储资料、电脑、邮件等封存、保全，根据本单位立场配合本单位进行控告和调查。

（十八）乙方在离职后，应严格遵守相关法律规定以及以上各项保密义务，不得以任何方式利用、传播、披露所掌握或知悉的商业秘密，不得利用所掌握或知悉的商业秘密从事损害甲方利益或可能对甲方利益造成不利影响的活动，包括但不限于向乙方之新任职单位披露或使用商业秘密，为乙方自营企业利益使用商业秘密等。

三、保密期限

（一）根据《反不正当竞争法》的规定，保密是劳动者的一项法定义务，不管是否有合同约定，乙方在任职期间和离职后，均需承担保守商业秘密的义务。

（二）乙方离职之后仍对其在甲方任职期间接触、知悉的属于甲方或者虽属于第三方但甲方承诺有保密义务的技术秘密和其他商业秘密，承担如同任职期间一样的保密义务和不擅自使用有关秘密信息的义务，而无论乙方因何种原因离职。

（三）乙方离职后承担保密义务的期限为无限期保密，直至甲方宣布解密或者商业秘密信息变成了公开信息。

四、商业秘密载体

（一）乙方因职务工作的需要所持有或保管的一切记录着甲方商业秘密信息的文件、资料、图表、笔记、报告、信件、传真、磁带、磁盘、电脑、软件、仪器以及其他任何形式的载体，均归甲方所有，而无论这些秘密信息有无商业上的价值。

若记录着商业秘密的载体是由乙方自备的，则视为乙方已同意将这些载体物的所有权转让给甲方。

乙方应严格遵守其在任职期间及离职后均不得为甲方职务以外之目的使用其知悉的本单位账户密码，更不得盗用或篡改账户密码。乙方确认，未获甲方同意不得利用 E-mail 形式向甲方外部（含甲方项目无关的员工）任何电子邮箱（含乙方个人邮箱）传送甲方商业秘密资料，未经甲方同意也不得利用即时聊天工具传送甲方商业秘密资料，该类行为均属泄密行为，并视为已超出了甲方的管控范围和已向第三方泄露。

（二）不论劳动合同（或劳务合同、实习协议、劳务派遣合同）因何种原因终止或解除，乙方均应当于离职时或者甲方提出请求时，返还自甲方处所获得的、在工作过程中所使用的或由其掌管的与甲方业务有关的任何文件及其复印件（包括全部甲方图纸、蓝图、备忘录、客户名录、配方、财务报表或资料等）或物品，包括记载着甲方商业秘密的一切载体，以完整及良好状况返还予甲方。未经甲方书面同意，乙方不得将上述资料及物品带离甲方办公区域。当记录着秘密信息的载体是由乙方自备的，且秘密信息可以从载体上消除或复制出来时，可以由甲方将秘密信息复制到甲方享有所有权的其他载体上，并把原载体上的秘密信息消除。此种情况乙方无须将载体留存，甲方也无须给予乙方经济补偿。

（三）如乙方未返还任何上述文件（包括任何复印件）或物品，或乙方未按甲方要求返还全部商业秘密，应由乙方承担责任并赔偿甲方之损失，在此情况下，甲方可从应付给乙方之最后结算工资报酬（或劳务费或竞业限制补偿金）中进行适当扣除，并有权采取其他适当措施以保护自身之合法权益。

五、知识产权、职务技术成果及权利转让

（一）双方确认，乙方在甲方任职期间，因履行职务、完成甲方所交办的任务或者主要是利用甲方的物质技术条件、业务信息等产生的专利、著作、计算机软件、技术秘密或其他商业秘密信息（包括但不限于商标、标识、产品设计及包装等），有关的知识产权均属于甲方享有。甲方可以在其业务范围内充分自由地利用这些专利、著作、计算机软件、技术秘密或其他商业秘密信息，进行生产、经营或者向第三方转让。乙方应当依甲方的要求，提供一切必要的信息和采取一切必要的行动，包括申请、注册、登记等，协助甲方取得和行使有关的知识产权。

如果根据法律规定乙方享有署名权的，乙方可以享有署名权，但是其他知识产权权利仍由甲方享有，署名顺序由甲方决定。

（二）乙方在甲方任职期间所完成的与甲方业务相关的专利、著作、计算机软件、技术秘密或其他商业秘密信息，乙方主张由其本人享有知识产权的，应当及时向甲方书面申明并提供证明。经甲方调查核实，认为确属于非职务技术成果的，由乙方享有知识产权，甲方不得在未经乙方明确授权的前提下利用这些成果进行生产、经营，亦不得自行向第三方转让。

乙方没有申明的，推定其属于职务技术成果，甲方可以使用这些成果进行生产、经营或者向第三方转让。即使日后证明实际上是非职务成果的，乙方亦不得要求甲方承担任何经济责任。乙方申明后，甲方对成果的权属有异议的，可以通过协商解决；协商不成的，通过诉讼途径解决。

（三）乙方承诺及保证在劳动合同（或劳务合同、实习协议、劳务派遣合同）期限内及终止后任何时间均不得以任何理由侵犯、挪用、获取或者使用（除非乙方以甲方雇员的身份履行其职责过程中获取或者使用）甲方之任何知识产权。

（四）乙方确认并同意，在劳动合同（或劳务合同、实习协议、劳务派遣合同）期限内为执行甲方的任务或者主要是利用甲方的物质条件所完成的发明创造是职务发明创造，申请专利的权利归甲方，专利被批准后甲方为专利权人；如果乙方对职务发明创造的实质性特点作出了创造性贡献的，乙方可以署名为发明人或者设计人，署名顺序由甲方决定。

（五）乙方同意，在其与甲方解除劳动关系（或劳务关系、劳务派遣关系）后＿＿＿＿年内作出的与其在甲方承担的本职工作或者与甲方分配的任务有关的发明创造均属职务发明创造，其知识产权均属于甲方。

（六）乙方同意尽其个人所能保护甲方全球范围内因研究、发明或改良而可能获得之利益，在其受雇于甲方期间或者离职后，在甲方随时的书面要求及承担合理规费之条件下，协助甲方在中国境内外办理一切有关申请、登记手续或者其他法律手续，以实现上述知识产权的利益（包括签署一切书面文件及在有关法律诉讼中出庭作证），以使甲方合法获得或维持上述知识产权权益，及按甲方要求作出为此目的所需的一切其他事宜。

（七）乙方同意，如与其职务有关之研究、发明，创作或改良形成了书面记录，包括文字、草稿、蓝图或任何有关之报告，该书面记录将视为甲方之财产。乙方承诺于其在劳动合同或劳务合同期限内及其后之任何时期，将不会向任何未经甲方书面授权许可之人士披露任何该书面记录之内容。

六、违约责任

甲乙双方商定，如乙方违反上述各项义务而损害甲方利益，均被视为严重违反劳动纪律与甲方规章制度，按照以下方法承担责任：

（一）乙方在甲方工作期间违反此协议，虽未造成甲方经济损失，但给甲方正常经营活动带来不良影响的，甲方有权予以降职、降薪或罚款等处分。

（二）若乙方不履行本协议所规定的保密义务，造成甲方经济损失的，应在三日内一次性向甲方支付相当于违约前或离职前____个月工资总额（或劳务费总额）____倍的违约金；无论违约金给付与否，甲方均有权立即解除与乙方的劳动或劳务关系。同时，乙方须另行赔偿甲方的其他损失，包括但不限于调查费、鉴定费、评估费、律师费、诉讼费、保全费和甲方其他经营损失。

（三）若因乙方的违反保密义务行为造成甲方损失，上述第2条的违约金不足以弥补损失的，乙方还应承担赔偿责任，具体损失赔偿标准如下：

1. 损失赔偿额为甲方因乙方的违约行为所受到的实际经济损失，包括甲方为研发、开发、培植有关商业秘密所投入的费用，因乙方的违约行为导致甲方产品销售量减少的金额，以及依靠商业秘密取得的利润减少金额等。

2. 依照第1款计算方法难以计算的，损失赔偿额为乙方因违约行为所获得的全部利益。

3. 甲方因调查乙方违约行为而支付的合理费用，包括但不限于调查费、鉴定费、评估费、律师费、诉讼费等由乙方承担；

4. 因乙方违约行为侵犯了甲方商业秘密权利的，甲方可选择根据本协议第六条第二款要求乙方承担违约责任，也可根据国家法律、法规要求乙方承担侵权责任。

（四）乙方严重侵犯甲方的商业秘密，给甲方造成严重损失的，甲方可依据我国法律的有关规定，选择移送司法机关依法办理。情节严重的，甲方将依据《刑法》第二百一十九条及相关规定，追究乙方的刑事责任。

（五）乙方拒不配合承担其违约责任时，甲方有权提请有权机关对乙方采取相应的强制措施。

七、特别约定

（一）乙方承诺，在为甲方履行职务时，不得擅自使用任何属于他人的技术秘密或其他商业秘密信息，亦不得擅自实施可能侵犯他人知识产权的行为。

若乙方违反上述承诺而导致甲方遭受第三方的侵权指控时，乙方应当承担甲方为应诉而支付的一切费用（包括但不限于诉讼费、调查费、鉴定费、律师费等费用）；甲方因此而承担侵权赔偿责任的，有权向乙方追偿。上述应诉费用和侵权赔偿可以从乙方的工资或劳务费等报酬中直接扣除。

（二）乙方在履行职务时，按照甲方的明确要求或者为了完成甲方明确交付的具体工作任务必然导致侵犯他人知识产权的，经乙方申明并获得甲方书面许可使用后，若甲方遭受第三方的侵权指控，应诉费用和侵权赔偿不由乙方承担或部分承担。

（三）乙方同意在其受甲方雇佣期间以及自甲方离职后＿＿＿＿年内，不得雇佣甲方之任何员工，或试图劝诱或企图影响甲方之任何员工离职或从甲方任何客户或供应商招揽业务，违反本约定的，乙方应向甲方支付＿＿＿＿＿＿元违约金。

（四）乙方同意甲方如需转移劳动关系予甲方关联企业，乙方同意劳动合同及本协议主体均相应变更为新法人，权利义务由新法人承继。

（五）乙方入职时应向甲方如实告知是否对其他单位负有保密或竞业限制义务，如未能履行如实告知义务，导致甲方因承担连带赔偿责任而造成的损失，甲方有权向乙方追偿。

八、争议的解决方法

因执行本协议发生纠纷，可由双方协商解决或共同委托双方认可的第三方调解。有一方不愿协商、调解或协商、调解不成的，任何一方都有提起诉讼的权利。双方约定选择甲方住所地的、符合级别管辖规定的人民法院作为双方协议纠纷的第一审管辖法院。

九、双方之间的任何通知或函件均必须以书面形式并应以中文写成，以传真、特快专递或挂号邮件之形式发送。在未接获另一方更改通信地址之书面通知前，所有通知均应发予下列通信地址及指定之收件人：

甲　　方：　　　　　　　　　　乙　　方：

地　　址：　　　　　　　　　　地　　址：

电　　话：　　　　　　　　　　电　　话：

传　　真：

收件人：

上述之通知或函件依下列规定应被认定为已送达：

如为传真形式，则应以传送记录所显示之确切时间为准，除非发出该传真之时间为该日下午五时之后，则收件日期应为下一个营业日；

以特快专递派送时，以收件方签收之日期为准；

以挂号邮件递送时，以邮局出具收据所示之日起____个工作日为准。

如一方变更相关信息，则应当提前____日向对方出具书面说明，否则因此产生的一切不利后果自行承担。

十、未经另一方书面同意，任何一方均不得将本协议之义务部分或全部转让给任何第三方。

十一、无论乙方因何原因离职，乙方在任何情况下均无权解除本协议。

十二、本协议如与双方以前的口头或书面协议有抵触，以本协议为准。本协议的任何修改必须经过双方的书面同意，协议的部分修改或部分无效并不影响其他部分的效力。

十三、本协议一式两份，甲方、乙方各执一份，协议自双方签字盖章之日起生效。本协议如需同时用中文、外文书写，内容不一致的，以中文文本为准。

十四、本协议受中华人民共和国法律管辖并按中华人民共和国法律解释。

十五、双方确认，在签署本合同前已仔细审阅过合同的内容，并完全了解协议各条款的法律含义，同意履行本协议。签署方在此声明和承诺，签署行为本身即意味着签署方无条件确认同意前述声明和承诺，不持任何异议。

（以下无正文）

甲方（盖章）：　　　　　　　　　　乙方（签字）：

法定代表人或代理人（签字）：

070 某世界500强企业员工手册及人力资源法律文书修订专项法律服务[①]

⚙ 案例疑难点

甲公司因延续欧洲总部的管理模式，在充分保障员工权利的同时，存在"失之于宽"的法律风险，如员工手册无"员工纪律"章节。本项目工作聚

[①] 付勇，北京大成律师事务所律师。

焦于如何在延续甲公司原有企业文化的基础上，适度强化员工管理；如何通过劳动合同对普通员工、高级雇员（中国国籍）及高级雇员（外国国籍）的权利义务有所区分；如何在遵从劳动合同履行地法律法规的基础上，保证不同城市之间员工权利义务的平衡，并有利于可能发生的内部调动；如何在遵从甲公司的员工手册的基础上，根据子公司的特殊情形制定适合本企业的员工手册。

案情介绍

甲公司在华企业包括甲公司及多家下属企业等，员工主要集中在北京、天津，且在其他城市的机场也有长期派驻的工程师为客户提供现场支持。而且，根据甲公司内部职级体系，员工可分为普通员工、高级雇员（中国国籍）及高级雇员（外国国籍）三类，权利义务有较大差异。乙公司为全资收购而来的企业，与其他甲公司直接设立的在华企业有所不同。

甲公司在华企业均适用甲公司（中国）的员工手册，未履行各自内部的民主程序。因延续欧洲总部的管理模式，甲公司在华公司在充分保障员工权利的同时，存在"失之于宽"的法律风险，如员工手册无"员工纪律"章节，将导致甲公司在华企业难以有效应对员工的不诚信行为，对于能力不足的员工的薪酬难以调整，解除劳动关系的难度非常大。为了在承继总部企业文化、保障员工权利的同时，加强员工管理，客户拟通过修订劳动合同范本及其附件、员工手册的方式予以实现。

办案经过

考虑到员工手册的修订周期较长，而客户马上面临新一轮的招聘，经与客户协商沟通，确定项目从修订劳动合同范本及其附件开始。待劳动合同范本及其附件修订完成后，再修订员工手册。

经审查客户提供的劳动合同范本及附件并与客户详细沟通和反复修改，大成律师主要从以下几个方面予以修订，形成《员工手册征求意见稿》：

1. 考虑普通员工、高级雇员（中国国籍）及高级雇员（外国国籍）的权利义务存在较大差异，且为了保证薪酬的保密性、灵活性，建议不同人员类型新增劳动合同附件《薪酬福利细则》（三个版本），并在劳动合同主文中增加"岗位合同变动及待岗条款"；

2. 在劳动合同中增加送达和紧急联系人条款，相应完善劳动合同中员工信息（包括个人邮箱信息）及紧急联系人信息，确定紧急联系人在员工发生意外或处于联系障碍时的特别代理权；

3. 在劳动合同中增加竞业限制条款，并相应增加劳动合同附件竞业限制协议；

4. 对原保密协议、培训协议、长期外派协议、应聘登记表、个人信息表等劳动合同附件予以适当修订。

在完成劳动合同范本及附件修订工作后，大成律师即开始进行员工手册的修订工作。经过与客户的详细沟通和反复修改，大成律师主要从以下几个方面予以修订：

1. 新增"员工纪律"，以保障公司公平、公正、有效应对员工可能发生的违反劳动纪律的行为。主要包括：

（1）明确规定各类违纪行为的定义及范围；

（2）明确各类违纪行为的处分及相应法律后果；

（3）明确违纪调查程序；

（4）明确员工申诉渠道。

2. 根据修订的《劳动合同》范本及其附件相应调整工作时间、薪酬、福利、休息休假等规章，在保障员工权利的同时，加强公司管理。主要包括：

（1）根据修订的《劳动合同》范本及其附件《薪酬福利确认书》，修改薪酬福利制度，明确员工薪酬结构、工资发放及扣减、工资评估、法定福利及公司福利；

（2）完善各类休假管理，特别加强了病假和医疗期管理；

（3）加强加班审批制度，明确加班待遇、工资计算基数，明确出差旅途时间及待命时间不视为加班；

（4）完善考勤制度。

3. 完善劳动合同管理规定，主要包括：

（1）明确规定录用条件；

（2）完善入职程序，从源头预防劳动争议；

（3）加强试用期管理，明确规定不符合录用条件的情形；

（4）完善员工考核，明确"不合格视为不胜任工作"，并明确评估结果的法律效力，新增员工不服从绩效改进计划时的待岗条款；

（5）明确员工岗位调动的各种情形。

在《员工手册征求意见稿》确定后，大成律师指导客户通过各企业电话会议及邮件群发、内部网络公告的方式征求员工意见（设定征求意见截止日期，征求意见周期为 2 周）。

在归纳、整理员工意见后，经过与客户沟通协商，对于员工的合理意见予以采纳，对于员工没有法律依据或不符合企业实际情况的意见不予采纳并说明理由，形成《员工手册修订稿》。

大成律师指导客户向工会就《员工手册修订稿》征求意见（设定征求意见截止日期，征求意见周期为 1 周），最终工会向企业出具了《员工手册修订稿同意函》。

之后，大成律师再指导客户召开各企业培训大会暨员工手册答疑大会，取得员工签到表，并全员签署《员工手册确认书》，顺利完成员工手册制定的民主程序和公示告知程序。

在完成甲公司员工手册修订工作后，大成律师又与乙公司进行了详细沟通，了解乙公司的特殊需求。在遵从甲集团员工手册的基础上，根据乙公司的特殊情形制定乙公司员工手册，并指导客户完成制定的民主程序和公示告知程序。

大成律师圆满完成甲公司劳动合同相关文本、员工手册修订工作，并在甲公司的员工手册的基础上，制定了乙公司员工手册，客户对大成律师提供的法律服务表示高度认可。

办案亮点

1. 员工手册修订既注意企业文化的延续，又明确区分公司人性化政策及法定标准，让员工明确权利义务的边界，保证公司超出法定标准的政策的弹性。

2. 通过增加劳动合同附件的方式，对不同类型的员工的权利义务进行区分,坚持了原则性和灵活性的统一。

3. 在遵从甲公司的员工手册的基础上,根据乙公司的特殊情形制定适合本企业的员工手册,实现集团公司统一政策和子公司特殊情形自我管理的平衡。

合规指引

员工手册对企业起着重要作用,它不仅是员工的行动指南,也是企业管理员工的工具,同时承担着传播企业形象、企业文化的功能。一部全面有效的《员工手册》能够为企业日常经营保驾护航。

规章制度的制定应当符合法律规定,不违反当地的政策性文件。用人单位在制定规章制度时,要注意规章制度的内容和形式是否合法,规章制度的制定过程是否符合程序要求,保证劳动者的知情权和参与权。考虑到上述《员工手册》属于直接涉及劳动者切身利益的规章制度,用人单位应进行民主公示程序。民主程序实际分为两个步骤:1. 职工代表大会或全体职工对政策草案进行讨论,并提出方案和意见;2. 公司与工会或者职工代表就政策内容进行平等协商。员工手册的内容应确保员工和工会(如有)知悉,并向其征求意见或建议。征求意见后,应召开会议进行民主讨论,并留存会议纪要及过程。

员工手册中对于工作时间和休息休假的规定,特别是关于休息休假(如育儿假、产假待遇等)的最新法律规定应当定期增补调整。用人单位也应结合企业的用工实际状况,考虑是否引入特殊工时制度,降低在劳动合同履行过程中可能发生的用工风险。员工手册不能遗漏薪酬福利、劳动纪律等核心条款。内容可根据企业具体情况、人员组成结构进行个性化设置。

规章制度的制定应当结合用人单位的企业文化,力求实现法律规定与企业氛围的和谐统一。关于劳动用工的规章制度并不是统一制式的格式文本,不同的用人单位,所制定的规章制度呈现不同特色。用人单位在制定时需结合自身的管理模式、用工形式,与企业的整体战略以及价值观尽可能保持一致,宽严相济。

071 对某公司人事管理过程中以"不胜任"为由和"口头通知"解除劳动关系的法律风险进行分析并出具法律意见书[①]

案例疑难点

某公司在人事管理过程中,存在根据末位淘汰制解除劳动关系,以及主管口头告知解除劳动合同的情形。某公司为符合《劳动合同法》等相关法律法规的要求,使人事管理合规化,避免引起劳动争议纠纷,遂要求大成律师出具法律意见书。为此,大成律师结合自身专业知识、日常办案经验并检索汇总相关法院判决,针对某公司的实际问题出具切实可行的风险防范建议。

案情介绍

首先,某公司在人事管理过程中会对员工进行考核,并根据考核结果对排名末位的员工以"不胜任"为由解除劳动合同,遂引起劳动纠纷。

其次,某公司近期面临一起劳动仲裁案:某员工经上级主管口头告知解除劳动合同后就此不再上班并提起劳动仲裁,主张公司承担违法解雇赔偿金。该主管的"口头解除"是否具有效力、是否能代表公司成为争议焦点。

因此,某公司急需律师针对上述两种解除劳动合同的情形出具法律意见书,梳理司法实践中的法院判决,提示法律风险并给出风险防范建议。

大成律师了解某公司的具体疑问及需求后,检索了近一年某公司所在地域的中级人民法院判决,汇总了共计 113 件法院判决,梳理法官在此类案件中的审查重点,并总结法院观点,针对某公司的实际问题出具了切实可行的风险防范建议。

---

① 杨傲霜,北京大成(上海)律师事务所律师。

办案经过

1. 前期沟通

与公司相关人员沟通，了解公司以"不胜任"为由解除劳动合同的具体操作流程，询问公司是否有明确的考核目标、考核结果是否经员工确认、是否有调岗或培训流程。针对"口头解除"一事，了解该主管的具体职级以及公司针对该员工离职后采取的措施，力求还原案件事实。

2. 确认公司需求

针对上述两种解除劳动合同的情形，公司想了解司法实践中的法院对此类案件的裁判口径，并希望律师对法院判决作出汇总和总结，提示法律风险，并给出风险防范建议。

3. 案例检索

根据公司的要求，以近一年为时间段，对公司所在地域的中级人民法院判决进行详尽检索，汇总了共计113件法院判决，梳理法官在此类案件中的审查重点，并总结法院观点。

4. 起草法律意见书

在明确分析事项并汇总案例后，大成律师从案件总结及分析、风险防范建议两个维度起草法律意见书。

办案亮点

起草法律意见书需要了解客户的需求。不同客户、不同事项对法律意见书的内容要求不尽相同，有的会明确规定所要求的法律意见书结论，有的则泛泛规定法律意见书需要包含的事项。因此，必须切实了解客户的需求，就法律意见书的范围、结论、假设、限制等实质性内容进行确认。本项目中，客户明确指出针对两种解除劳动合同的情形，要求了解当地法院裁判口径，并希望律师提供风险防范建议。

法律意见书的起草应重点注意结构、论理和表达。结构上须对客户的问题进行梳理和拆分，按照客户关注度从高到低进行降序排序。论理和表达上，为便于理解，提升阅读友好度，先摆出结论并对其加粗显示，再进行法律分析，并将完整法条、案例节选放在脚注中，这样既可以让客户知道该结论是有法律规定、判例支撑的，又有利于客户的理解和接受。

@ 合规指引

对于"不胜任"解除劳动合同及"口头通知"解除劳动合同的法律风险，公司可以注意如下几个方面：

1. **"不胜任"解除劳动合同前，须有证据证明已完成如下三步骤**：第一步，证明员工不能胜任工作，确保明确告知员工：（1）"不胜任"制度规定；（2）工作目标、工作执行与考核标准；（3）绩效考核的客观结论。

第二步，证明已对员工进行合理调岗或培训。

第三步，证明员工经调岗或培训后仍不能胜任工作。

2. 在"口头通知"解除劳动合同时，根据司法实践，公司解除通知一旦有效向员工发出，撤回、推翻可能性较小。此时，争议焦点仍在于第一次口头解除是否生效，如生效，则一般情况下用人单位无法撤回，也无法以劳动者嗣后旷工为由解除劳动合同推翻前次口头解除，亦无法主张系劳动者自行辞职。

综上，对于"不胜任"解除劳动合同，用人单位宜在解除劳动合同前充分准备不胜任工作及调岗培训相关证据。对于"口头通知"解除劳动合同，法院注重审理意思表示明确性和通知人是否具有通知权限，用人单位宜事前明确指定通知及参与商谈人员，全程留证。

三、改制重组、破产重整、单位清算解散过程的员工安置

072 某新材料生产企业破产重整过程中的职工债权处理[①]

案例疑难点

本案的难点主要在于：一是公司长期停工停产，人力资源部门全员离职，职工债权基础资料严重缺失；二是管理人接管前，公司已与 285 名员工达成劳动仲裁调解书，且部分调解书是在公司进入重整程序后作出，调解书已生效，但其中的拖欠工资、奖金和经济补偿金的确认和计算依据不足，部分支付金额虚高，调解书约定支付的补偿包含公司应当缴纳的社会保险费，违反法律强制性规定；三是公司管理层极不配合破产管理人工作，并给职工债权核查设置种种障碍。

案情介绍

甲公司为一家碳纤维材料生产企业，于 2020 年 6 月 19 日被某市中级人民法院裁定破产重整。此时，公司已停工停产一年多，其间虽几次短暂复工但很快再度停工，员工到岗情况不清，人力资源部已全员离职，职工名册不全、职工劳动关系和工资拖欠状况不清，职工债权基础资料严重缺失；进入重整程序前后，公司与 285 名员工达成了劳动仲裁调解书，调解书均已生效但其中的拖欠工资、奖金和经济补偿金的确认和计算依据不足，部分金额虚高，

[①] 张立杰、谢玲玉，北京大成律师事务所律师。

调解书约定支付的补偿包含公司应当缴纳的社会保险费，违反法律强制性规定；管理人接管时，还有200多名员工正在陆续提起劳动仲裁或处于仲裁程序中；公司管理层极不配合管理人工作，隐匿职工债权相关资料，并给职工债权核查工作设置种种障碍。

办案经过

1. 多方调查走访，收集整理基础资料，确定停工停产前职工人数，分批次放假人员，工资发放和社会保险欠缴情况等劳动用工基本情况。

在公司基础资料缺失又不配合工作的情况下，职工债权组律师通过审阅现有资料，搜寻、发现问题，督促公司配合提供资料、披露情况；与在岗的公司高管、中层干部和普通员工，以及公司已离职的前高管人员进行了大量现场访谈、电话访谈了解情况；与公司所在某市某区劳动仲裁委、人社局、医保局、某市住房公积金管理中心等政府部门及时联系，多次走访，了解公司劳动仲裁、社保欠缴情况等。通过大量的梳理工作，初步弄清公司出现经营困难情形第一次裁员后的职工人数，自2019年1月开始分批次放假的情况和放假人员名单，工资和社会保险费拖欠时间和人员范围等基本情况。

2. 及时应对处理劳动仲裁案件和对不服劳动仲裁裁决的诉讼案件。

管理人接管时，已有200多名员工的劳动仲裁被仲裁委受理或处于仲裁程序中，有20人的劳动仲裁已经做出裁决，还有61人的即将开庭，陆续仍有员工向仲裁委申请仲裁。职工组律师一方面对已作出裁决的案件立即准备起诉状等材料，提起诉讼；另一方面与劳动仲裁委沟通，提出根据《企业破产法》规定，对仲裁委已经受理的案件，管理人律师将代表公司参加仲裁开庭，并协调开庭时间安排；对尚未受理的案件，建议仲裁委不予受理，告知员工向管理人提交材料，由管理人调查核实职工债权。

3. 及时向法院报告劳动仲裁调解书存在的问题，依法对已生效的仲裁调解书提出处理意见和处理依据。

职工组律师在尽快了解清楚劳动仲裁调解书的情况后，向法院汇报了调解书存在的主要问题：（1）未在查明事实的基础上调解。如部分员工属主动辞职，但调解书中应支付款项仍然包括解除劳动合同经济补偿金。（2）未依法调解。所有调解员工的给付金额中，都包含了相应时间段的拖欠社保费用。（3）同类案件劳动仲裁调解书确认支付的金额和项目远远高于劳动仲裁裁决书标准。（4）法院裁定受理重整后仍进行调解，违反法律规定。（5）公司基本按照员工仲裁请求金额的 80% 确定调解支付金额，导致很多员工为得到更高调解利益，虚增仲裁请求事实和项目。

针对上述劳动仲裁调解书存在的问题，管理人向法院提出了几种处理路径建议：（1）管理人根据《最高人民法院关于适用〈中华人民共和国企业破产法〉若干问题的规定（三）》第七条规定向法院申请撤销劳动仲裁调解书；（2）管理人依据《企业破产法》第二十条和《最高人民法院关于审理劳动争议案件适用法律若干问题的解释》第二十一条①规定向法院申请不予执行劳动仲裁调解书；（3）管理人按照《劳动争议仲裁委员会办案规则》第三十四条规定的监督程序，向作出调解书的劳动争议仲裁委员会申请重新处理；（4）管理人对仲裁调解书确认不予执行并重新核定职工债权。

同时，管理人向企业所在开发区管委会就职工债权基本情况和对劳动仲裁调解书拟采取的处理方式做了汇报；向作出劳动仲裁调解书的仲裁委员会提交了撤销 285 份仲裁调解书的书面申请。

在破产法院迟迟不作出答复、劳动仲裁委员会不同意撤销其作出的劳动仲裁调解书的情况下，管理人经反复研究论证，决定不予执行 285 份仲裁调解书，并重新逐一核实所有员工的职工债权。

4. 明确职工债权确认的原则和计算依据，并通过先后四次公示职工债权清单，逐步厘清所有员工的情况，依法依规核定每位员工的职工债权。

因职工情况复杂，职工债权基础资料严重缺失，职工债权组律师首先明确了职工债权确认的原则、拖欠工资和经济补偿金的计算依据，在此基础上调查核实并公布职工债权初步清单，列示管理人所能了解到的员工的职工债权明细，进而通过员工自发地互相传递消息，使得没有在公司职工名册上或者不清楚员工情况的人员主动与职工组联系，要求确认职工债权。并且，通过多轮公示职工债权的方式，由员工反馈本人债权确认数额的意见并提供相应材料，管理人经核实后对职工债权数额进行调整，再予公布。对经过数次

---

① 该解释目前已失效，该条对应《最高人民法院关于审理劳动争议案件适用法律问题的解释（一）》第二十四条。

调整仍有异议而管理人认为其异议没有依据的，告知员工向破产受理法院提起职工债权确认诉讼，如此不断精确员工情况和职工债权清单。

5. 拟定职工债权清偿方案（草案）和职工安置方案（草案）。

管理人根据职工债权调查情况，拟定了职工债权清偿方案（草案），明确了职工债权确定和清偿的基本原则和依据，职工债权的范围，不同劳动关系状况人员的职工债权确定方式，对劳动仲裁调解书的处理，对企业社会保险费欠缴和补缴存在的问题的处理，职工债权清偿具体实施方案，以及职工债权清偿工作程序和要求等内容。

企业进入重整，为推进复工复产，管理人根据企业经营需要，制定了职工安置方案，对人员进行分类安置：对重整前在岗职工尽可能予以留用，并对重要岗位进行竞聘上岗；因员工个人工作能力等情况，企业确实无法留用的，终止劳动合同并由企业向其支付经济补偿金；对特殊人群，包括但不限于工伤员工、生病员工、"三期"女职工，企业尽可能留用，按照劳动法律、行政法规应当特殊保护的，予以特殊安置。

6. 指导企业选举职工代表，召开职工代表大会，表决职工债权清偿方案和职工安置方案。

因企业人员变动大，很多原职工代表已离职。为调动员工为企业发展进言献策的积极性，增强员工对企业的归属感、责任感，依法规范企业民主管理，维护职工合法权益，管理人建议企业依法开展职工代表选举工作，并制定了选举工作流程，指导企业按照流程完成职工代表选举工作，协助企业顺利召开职工代表大会，表决通过了职工债权清偿方案和职工安置方案，推动了后续重整工作顺利进行。

办案亮点

1. 依法依规认定职工债权，对企业与员工在管理人接管前已达成的 285 份劳动仲裁调解书作出不予执行处理，重新核定所有员工职工债权。

职工组律师认为，285 份仲裁调解书内容和程序均违法，应不予执行，并多次分别向某市中级人民法院、某区劳动人事争议仲裁委员会申请不予执行和撤销劳动仲裁调解书并详细说明了相关法律依据和理由、执行违法调解书的后果。最终，职工组律师说服管理人负责人，依据《最高人民法院关于适用〈中华人民共和国企业破产法〉若干问题的规定（三）》第七条的规定，决定对 285 份仲裁调解书不予执行，并通过多种形式向公司所有员工说明了不予执行的理由与依据，重新逐一调查核算全部员工的债权数额。

2. 对员工主张的 2019 年加班费、未休年休假工资、销售提成、差旅补贴、竞业限制补偿等费用，结合法律规定和企业停工停产实际情况，从兼顾职工利益与债权人权益的角度，对员工不能举证证明的加班费，未休年休假工资、销售提成、差旅补贴、竞业限制补偿等费用不予认定。

企业与员工达成的仲裁调解书确认的金额中均包含了上述各类费用；申请仲裁但未与企业达成调解的部分员工，也主张了上述各类费用，劳动仲裁委的裁决支持了个别员工的未休年休假工资、销售提成、差旅补贴、竞业限制补偿金。

根据相关法律规定，结合公司 2019 年初已陷入经营异常并停工停产的实际情况，职工组律师认为，员工主张的未休年假补偿、竞业限制补偿等费用均不应支付，加班费、销售提成、差旅补贴也没有充分的证明材料支持，因而不予支付。对此，职工组律师通过职工债权明细及计算说明公示、座谈会说明、公告等多种形式，向职工解释、说明不予支付上述各类费用的理由和依据，做到有理有据，既维护职工合法权益，又严格依法、依据实际情况认定，使企业员工信服管理人的处理。

合规指引

1. 从破产重整企业角度而言，企业进入重整程序，对职工欠薪或劳动纠纷的处理，不仅应当适用相关劳动法律规定，还应当适用企业破产法的相关规定。

《企业破产法》第二十条规定："人民法院受理破产申请后，已经开始而尚未终结的有关债务人的民事诉讼或者仲裁应当中止；在管理人接管债务人的财产后，该诉讼或者仲裁继续进行。"在本项目中，企业进入重整程序后，相关的劳动仲裁案件并未中止，且继续与员工达成协议，并由劳动仲裁委出具劳动仲裁调解书。这些调解书因程序违法而不具有法律效力。同时，劳动仲裁委作出的调解书的内容，包括公司向员工支付公司欠缴的社会保险费用等，违反法律法规的强制性规定。根据《社会保险法》《社会保险征缴条例》等社会保险管理法律规定，依法为员工缴纳各项社会保险对企业是强制性法定义务，严禁企业将社会保险费用支付给个人。因此，这些调解书不仅程序违法、内容同样违法。

2. 从管理人角度而言，对生效法律文书确定的职工债权，如发现法律文书存在内容或程序有违法之处的，应当申请撤销或不予执行，重新确定，而不应直接依据生效法律文书确认。

《最高人民法院关于适用〈中华人民共和国企业破产法〉若干问题的规定（三）》第七条规定，已经生效法律文书确定的债权，管理人应当予以确认。管理人认为债权人据以申报债权的生效法律文书确定的债权错误，或者有证据证明债权人与债务人恶意通过诉讼、仲裁或者公证机关赋予强制执行力公证文书的形式虚构债权债务的，应当依法通过审判监督程序向作出该判决、裁定、调解书的人民法院或者上一级人民法院申请撤销生效法律文书，或者向受理破产申请的人民法院申请撤销或者不予执行仲裁裁决、不予执行公证债权文书后，重新确定债权。

在本项目中，劳动仲裁调解书存在"生效法律文书确定的债权错误"的情形，管理人应当申请撤销或不予执行。对于有权撤销的主体，笔者认为，管理人可以向受理破产申请的法院申请撤销，也可以向作出调解书的劳动争议仲裁委员会申请撤销。对于受理破产申请的法院撤销仲裁调解书，《最高人民法院关于适用〈中华人民共和国企业破产法〉若干问题的规定（三）》第七条已有明确规定，不予赘述；对于劳动争议仲裁委员会是否可以自行撤销确有错误的生效仲裁调解书，《劳动法》《劳动争议调解仲裁法》和2017年修订的《劳动人事争议仲裁办案规则》均未作出明确规定。但破产案件适用特殊诉讼程序，且《企业破产法》明确规定，破产法没有规定的，适用民事诉讼法的有关规定；而根据《民事诉讼法》的规定，人民法院对本院已经发生法律效力的判决、裁定、调解书，发现确有错误的，可以进行再审。同时，《最高人民法院关于适用〈中华人民共和国企业破产法〉若干问题的规定（三）》也规定了管理人认为生效法律文书确定的债权错误的，可以申请法院撤销或不予执行。笔者认为，前述法律和司法解释规定对司法机关作出的错误裁判文书设置了自我纠错和当事人提请纠错两种机制，立法目的在于最大限度地确保司法机关作出的裁判文书的合法性，以实现司法公平、正义。因此，尽管《劳动争议调解仲裁法》《劳动人事争议仲裁办案规则》未规定劳动争议仲裁委员会对其作出对仲裁调解书、仲裁裁决书的主动撤销权，但参照《民事诉讼法》《企业破产法》及司法解释的上述相关规定，劳动争议仲裁委员会发现其作出的劳动仲裁调解书或仲裁裁决书确有错误的，可以自行撤销，并对劳动仲裁案件重新作出处理。

破产重整案件的职工债权处理，不仅涉及企业职工切身利益，影响企业职工队伍稳定，影响重整工作顺利推进，甚至可能对企业所在地的社会秩序产生重要影响。因此，无论是重整企业还是管理人，都应当予以高度重视，在依法、合规的原则下，保障职工合法权益，同时考虑职工利益和企业债权人利益的平衡。

073 公司产能跨市外迁，员工分流安置和解决群体性劳动争议事件[①]

案例疑难点

2020年7月，甲公司按政府环保要求进行部分产能外迁，需对200名员工进行重新安置，截至2021年3月尚有50名员工未能妥善安置。该部分员工要求甲公司支付经济补偿，此状态已持续两周。此项目涉及人员众多，且甲公司为集团型企业，旗下子分公司众多，若此事无法妥善处理，极有可能导致员工效仿以及相互比较补偿金的情形。结合内部稳定及正常经营维持等需要，甲公司必须依法依规对前述状况进行及时处置。

案情介绍

甲公司地处某省A市，因业务发展，应政府环保要求，于2020年决定将

---

① 江点序，北京大成（广州）律师事务所律师。

饰条车间进行产能外移,外迁至某省 B 市。因饰条车间的产能外移,需对饰条车间约 200 名员工的工作进行重新安排,对员工进行妥善安置。

自 2020 年 7 月起,甲公司不断地与员工进行移转计划和相关政策宣导,大部分的员工均已在 2021 年 3 月底随车间转移至甲公司位于 B 市的分公司,尚余下 50 名员工未能妥善安置。鉴于此,甲公司于 2021 年底向余下 50 名员工发出调岗通知,告知员工因饰条车间整体外移,甲公司在 A 市无相应岗位,要求该部分员工应自 4 月起前往甲公司的门框车间报到,且工资待遇等维持不变。但员工均不认可甲公司的调岗安排,自同年 4 月 1 日起仅在甲公司上下班时间打卡但未到甲公司安排门框车间提供任何劳动,甚至在甲公司前台、休息区、餐厅等公共区域群聚静坐,给甲公司带来极为不利的影响。

办案经过

1. 制定方案

在接受甲公司的委托介入本项目后,江点序律师及团队即与甲公司就后续处理方案进行探讨研究,并进行风险评估。考虑到项目的特殊情况以及关键点,经过与甲公司的多轮沟通,律师团队初步评估了甲公司"调岗行为"的合法性,并在此基础上拟定了项目的执行方案,包括:

(1) 多种员工关系处理途径的相关文书(如协商解除、违纪解除、无过错解除等);

(2) 出现群体性事件应急方案,如加强安保措施等;

(3) 员工内部沟通的方案,如召开沟通会、张贴沟通信等方式;

(4) 政府部门等外部沟通的方案,如事先向人社部门、劳动监察部门、派出所、街道、工会等部门报备,保持沟通顺畅;

(5) 面向员工公开的法律知识宣传手册,引导员工通过合法途径表达诉求;

(6) 针对岗位调整员工之背景状况及潜在法律风险,进行必要的尽职调查。

2. 现场应对

在按计划执行商定方案的过程中,员工情绪产生了波动。2021 年 4 月 21

日上午，甲公司发生了 20 多名员工堵塞物流通道，阻碍甲公司进出货的事件，给甲公司的正常经营秩序造成了极大的影响，引发了各政府部门以及客户的关注。在该突发事件发生后，律师团队立即指导甲公司采取应对措施，包括报警处理，通报各个有关的政府部门，指导甲公司对于事件过程录音录像以及拍照，对于员工不当行为进行证据固定等。此次事件很快平息，员工离场但仍未返岗工作。次日上午，员工再次发生堵塞物流通道的行为，律师团队同样建议甲公司依法依规处理此事，最大限度维护甲公司的合法权益。并且，在第二次堵门事件发生后，律师团队参加了由街道、劳监部门、派出所、工会等多方联合组织的员工沟通会，于会议上听取了员工的意见，也充分表达了甲公司的态度。

3. 处理结果

在发生了两次突发事件后，本项目的处理即进入了新的阶段。律师团队结合突发事件中的员工违纪行为，充分研判了甲公司关于员工违纪行为的规章制度以及送达情况，征求了相关部门的意见，对于本项目的后续提出了新的操作方案，在处分与辞退员工时，为确保全流程合法合规，充分核实甲公司规章制度的规定以及流程，起草了相应的警告信、员工异议回复意见、全员通报信、解除劳动合同通知书等各类文件，且指导甲公司的经办人员如何送达，包括录音录像、特快专递送达等方式，再三确保甲公司作出的每一项处分决定、辞退决定内容合法、程序合法。

在甲公司辞退了部分违纪员工后，项目有了很大的进展，部分员工同意调动至门框车间，部分员工同意调往其他分公司，部分员工主动提出辞职。至 2021 年 5 月 28 日，本项目正式完结。

办案亮点

本项目历时近两个月，涉及员工数约 50 人，一度陷入僵局与冲突，但最终在各方的努力下，事情得到了妥善的解决，甲公司已恢复正常的正常秩序，得到了在职员工的理解与支持，未因本项目造成生产、供货上的违约。在社会影响方面，甲公司在本项目的处理得到了政府多个部门的正面评价，认为甲公司办理妥当，未引发不良的社会事件，维护了社会的稳定。

合规指引

律师团队在办理涉及企业搬迁或产能外迁相关的项目中注意到有较多企业存在如下问题，该问题虽与搬迁或产能外迁看似并无直接关联，但属于搬迁或产能外迁的基础性条件，在此基础并不扎实的前提下，搬迁或产能外迁等容易出现争议或漏洞：

1. 人力资源管理方面，包括统一版本的员工手册的送达、员工对处罚等提出异议的程序等。建议公司或企业在日常经营中注意补足人力资源管理的不足之处，提升劳动人事管理的效率和成效。

2. 集团型企业管理方面。集团型企业因下属公司较多，员工也多，建议应当注意积累人力资源专员和法务人员与员工单独或者集体沟通、突发事件处置等的经验，并就员工关系处理、员工法律知识普及等方面多做宣传培训。

3. 劳动争议案件方面。公司或企业应当特别关注在项目进展过程中被辞退的员工是否提起仲裁的情况，案件的高危期是在劳动合同解除后的一个月内。一旦有相关案件发生，建议充分准备及认真应对，尤其是第一批案件，以防波及其他在职或离职员工。

经典文书参考

调岗协议

甲方：_____

乙方：_____，身份证号码：_____

鉴于乙方为甲方的员工，双方已签订劳动合同，现双方就工作岗位调整的事宜协商一致，达成协议如下：

一、乙方同意自_____年____月____日起，工作岗位由_____调整为_____，薪资待遇不变，乙方确认于_____年____月____日____点前于门框车间到岗报到，正常提供劳动。

二、乙方保证不再参与怠工、聚众闹事等一切阻碍甲方正常生产经营之活动。

三、如乙方遵守上述前两条约定，甲方同意撤销于＿＿＿＿年＿＿＿月对乙方作出的两次"记大过"、一次"警告"处分，且参考公司奖金比例向乙方发放＿＿＿＿年＿＿＿月的绩效奖金。

四、乙方在门框车间正常上班后，甲方同意乙方可参加公司年度调薪计划，享有公司平均调薪比例，并且在无重大违规违纪、假勤不超标、无工伤事故等前提下，甲方将按照乙方个人工作表现评价以及公司年终奖制度及原则给予乙方＿＿＿＿年年终奖金。

五、如乙方违反本协议中任意约定，甲方则无须执行本协议内容，已执行的部分则撤销或有权要求乙方返还，并且有权根据乙方的行为给予新的纪律处分。

六、甲乙双方均已充分理解知悉协议内容，不存在胁迫、误解等情况，在自愿前提下签订本协议。本协议一式两份，甲方执一份，乙方执一份，自甲方盖章及乙方签名之日起生效具有同等法律效力。

甲方：　　　　　　　　　　　　　乙方（签名）：
　年　月　日　　　　　　　　　　　年　月　日

074 某海外收购交易所涉中国境内之人员整合专项法律服务[①]

案例疑难点

人员整合类业务由于劳动法与公司法的高度交叉，属于劳动法复合业务中的"明珠"。且不论项目实际附加值，就业务本身即对承办律师的知识结构及服务经验均提出了较高的要求。由于人员整合期限较长且事务烦琐，在跨国交易下更是涉及与多方不同文化背景的专业人士协同工作，往往需要承办律师对工作开展具备一定的全局及变通意识。

---

① 罗欣、张茜，北京大成（上海）律师事务所律师。

案情介绍

一家外资财团（下称买方）拟收购一家500强跨国公司（下称卖方）下的清洁技术业务，其中，中国境内所涉实体（下称目标公司）为该业务单位项下雇员最多的主体。在全球层面的股权收购模式下，目标公司的境外投资人（股东）发生变化。根据中国劳动法相关规定，股东层面的"易主"对被并购主体员工现劳动关系的履行并未造成实质性影响，因此中国实体下员工的既有劳动合同正常履行。同时，基于业务收购带来的后续管理问题，买方计划将其中国境内散落多地的其他卖方员工转至目标公司或其分公司麾下。但，即便如此，鉴于买方客户是境外主体，由于行业认知壁垒及客观的文化差异，其对收购对象（尤其是中国境内子公司）以往运营中的历史欠账和将来的人员管理政策存有相当的顾虑。大成律师接受客户委托，与其境外聘请的某美国头部律所共同合作，为前期尽调、相关交易协议条款拟定以及后续人员整合的交割部分提供中国劳动法支持。

办案经过

1. 尽职调查。一般并购项目涉及劳动人事方面的尽调事务，包括员工基本信息（是否存在特殊保护情形）、劳动合同签署情况和状态、社保及工资缴纳（例如拖欠加班费、社保未足额缴纳等历史遗留问题）、制度政策执行情况、用工模式的合规性（例如劳务派遣）等，将会是关注要点。本案中，基于客户的具体指示，律师重点摸排了目标公司过往劳动纠纷情况，研判是否存在未决纠纷或未清债务，以及是否受到过劳动行政部门的监察或处罚等。

2. 交易文件审阅。实务中，通常认为交易文件的审阅是并购律师的专属工作。事实上，若对于雇佣相关之经济风险及潜在成本的分担缺乏充分的考量与衡平，看似小的问题很可能构成交易的实质障碍（例如人员整合后的裁员成本分担）。股权交易下，由于不发生劳动关系的转移，通常不会发生雇佣费用的"责任分割"问题（例如工作年限买断或承继下经济补偿金的结算）。基于劳动合同的正常履行，收购方作为"承接方"往往只能毫无保留地接收被收购方员工。但，考虑到中国劳动标准复杂性所导致的共性问题及潜在人员整合成本问题，需要在交易条款中予以反映或作出安排。

💡 办案亮点

跨国交易项目中，因交易方通常为境外实体或交易过程在海外展开，其往往优先聘请境外律师为主导，中国承办律师多为辅助。中国律师负责从中国劳动法角度就交易条款（涉及潜在的风险控制）和人员整合方案提供支持。且，基于跨境信息管控及商业秘密保护，从合作模式上，中国承办律师通常无法接触到终端客户，而是与境外律师直接"对话"。因此，相对于终端客户，与境外律师的协作沟通往往是承办此类业务的第一道"门槛"。如若缺乏类似项目经验和背景知识，将极其容易导致彼此之间的质疑或信任危机。

大成律师利用自身的跨文化沟通优势，在与境外律师的沟通中，除保证信息传递精准无误外，结合中国劳动法法律实务，给到了终端客户更为"落地"的人员整合方案及风险防范建议，并在尊重并充分考量境外律师建议的基础上适时提供补充意见，于多方利益关系中处理得当且"贴心"，取得了外部合作律师及终端客户的高度认可。

@ 合规指引

此类项目中，从业务合作角度，必须具有跨文化沟通能力（理解对方的法律体系和作业流程，并能够敏锐地向对方反馈在中国文化语境中的对应概念或差异），中国律师务必确保在回复专业问题或起草法律文本前已有通盘考虑。

从业务承办角度，在处理跨主体员工关系转移的项目时，除给定材料外，亦应充分利用互联网信息工具，了解目标主体员工管理情况，并基于所得信息，评估可能存在的法律风险及潜在成本，在交易协议中以适宜形式予以反映或安排，供客户斟酌。

此外，处理该类项目时，应关注商业逻辑与法律风险的平衡。实务中，有些劳动法律师往往存在认知误区，认为"专业的人做专业的事"，"守"好与劳动法相关的"冰山一角"足矣,而忽略了并购背后的商业逻辑。事实上,由于税务或管制原因,劳动事务的执行不可能像教科书般理想,如果缺乏复合知识背景,容易增加与主控律师或相对方律师的不必要摩擦,而最终导致条款拖延达成合意或人员整合方案难以落地。

075 某上市公司收购后因总部跨省迁移开展集团上下员工安置专项法律服务[①]

⚙ 案例疑难点

本案重难点在于员工安置项目涉及某集团母公司及下属子公司共19家公司,因总部机关的迁移,需进行员工安置的下属子公司情况复杂,业务范围广泛,部分子公司已进入破产重整程序,分布在杭州、北京、上海、南京、湖州、丽水、重庆等地,员工安置规模较大,涉及人数约140人。客户需要大成律师团队作战,全面梳理项目背景、各分子公司情况、各地劳动法规定,核对每一位安置员工的实际情况,并制定一人一策的员工安置方案。

▶ 案情介绍

甲公司根据"优化组织架构、实施三定方案、解决遗留问题"的机构改革方案,为减少法人户数、压缩管理层级、实现减员增效整体经营目标,拟根据股权收购时签订的《股权转让协议》约定,并基于公司业务现状及加强出资人和国资管理的要求,将公司机关从杭州搬迁至成都,同时对下属单位及员工进行结构调整、优化重组。基于搬迁、业务整合之需要,甲公司拟对集团母公司及下属子公司的全体员工的组织架构大调整,部分员工需调整工作地点至成都,部分员工需提前解除劳动关系,部分员工将随分子公司的业务转型而同时进行岗位调整,员工安置情况复杂。鉴于有关员工并非隶属同

[①] 黄华、李亚兰,北京大成(成都)律师事务所律师;苗静,北京大成(杭州)律师事务所律师。

一部门及同一雇佣实体,无法采用"部门撤销"之理由,而仅能适用"生产经营困难及公司整体搬迁",由此导致一旦因单方解除发生争议,甲公司将处于不利地位。同时,甲公司希望针对上述人员的裁减计划能够于一定时限内初步完成。在给定的期限下,考虑到员工能够获得的潜在就业机会及缓冲,甲公司的经济补偿预算可能面临较大的压力。为确保机关搬迁和职工安置工作平稳、高效、有序开展,特委托大成律师制定相应的职工安置方案并具体实施。

办案经过

1. 大成律师全程参与了员工安置项目,具体工作包括:制定符合章程及法律规定程序的员工安置决议案→各部门确定拟安置人员名单→甲公司会同律师确定最终名单→员工背景尽调、整理劳动合同、用工档案、工资情况、收集员工个人及家庭信息→向劳动行政部门报送裁员计划→提前30日报工会或职工大会并公告(如采取协商谈判路径则无必要)→制订行动计划、确定人员分工、制定谈判方案、拟定相关协议等文书→约谈员工→签署协议并办理退工→办理交接→支付工资及补偿金→文件归档。

2. 尽职调查

针对甲公司拟裁减人员之背景状况、可能适用之解除理由及潜在的法律风险(及限制性解除情形),大成律师通过必要的尽职调查予以探究。

3. 管理决议

公司最高管理机构(一般为股东会或董事会)应作出与拟安置人员相符之岗位撤销及精简决议(或其他可适用之决定)。如该份决议确实无法由股东会或董事会签署的,则公司法定代表人及相关员工所在实体之负责人应当分别或联署有关决议。律师需要与甲公司管理人员对有关决议进行协调及沟通。

4. 安置方案

基于相关人员之情况及甲公司之预算,建议甲公司尽快决定有关安置人员可适用之经济补偿方案(含是否适用通知金)。

考虑到甲公司现有项目时限较紧,且单方解除之法律依据较弱,结合目前市场上常用之经济补偿方案,大成律师倾向于认为甲公司可考虑之补偿方案至少为"N+1"（即在法定补偿之外，额外支付一个月代通知金），并且员工也可以选择到成都工作。但即使采用上述方案，员工也未必予以接受；律师建议甲公司也可能根据自身情况对上述方案进行调整，或者向律师提供能够给予的补偿限额。根据法律规定，若以客观情况发生重大变化为由进行单方解除，一般需经历协商调整员工岗位或降薪之流程（以便给员工一个合理的适应机会或表现公司就变更劳动合同提供了相应协商沟通之经过）。"客观情况"指：发生不可抗力或出现致使劳动合同全部或部分条款无法履行的其他情况，如企业迁移、被兼并、企业资产转移等，并且排除裁员时所列的客观情况。鉴此，律师建议甲公司也务必需要同时考虑，在相关员工不接受协商解除的情况下，倘甲公司愿意承担相关风险以启动单方解除机制，需考虑好在单方解除前如何安排或分配相关工作岗位。

5. 谈判方案与解除文本

结合背景调查及甲公司于人员安置方案之反馈意见，为了保障项目之顺利进行，需要相关员工直属主管配合律师工作，律师为其设计谈判话术及近期可释放之信息。同时，甲公司结合项目准备情况及已确定之时限提前决定具体"行动日"。为协商安置或单方解除而需要准备的相关解除协议、解除通知、调岗通知、交接文本等亦在行动日之前备妥。

6. 现场支持

在项目执行当日，由甲公司董事长、总经理等高级管理人员宣布公司之决定，再由人力资源专员简要介绍人员安置方案，然后与员工逐一开展协商。

经甲公司要求，本所律师于谈判现场为甲公司提供必要的沟通支持，包括但不限于制订行动计划及检查项、参加相关决定之宣布、确定当日谈判流程、辅助开展协商解除、进行突发情况的现场控制、临时拟定所需文书等。并最终顺利与各分子公司、各批员工协商一致签署安置协议。

律师在谈判中的作用：控制谈判走向；抓住员工心理，平衡其利益；法律宣讲和咨询（条文和司法实践）；做好证据保留、防范反取证；合法性审查。

本项目谈判过程中的难点问题：多年加班工资；集团用工工龄连续计算；医疗期、工伤；前期社保公积金补缴和交费基数补偿；竞业限制；保密协议。

办案亮点

1. 根据客户需求和关注点不断优化调整员工安置整体方案。为了顺利推进项目，大成律师从专业角度和实践情况详尽分析了甲公司原有方案的风险及利弊，提供了理论和实践支撑，并针对公司总部及各子公司提出了大成律师的建议。经过多次与甲公司管理层会议讨论之后，大成律师又对员工安置方案进行了反复修改和调整，最终根据不同情况形成有针对性的员工安置方案，公司总部及各子公司的安置方案不完全相同，实现了一企一策。

2. 现场进行尽职调查形成表格，并根据表格制定每个公司员工的一人一策方案。为了确保员工信息准确无误，大成律师从成都前往杭州甲公司办公地，对每个被安置员工包括总部员工及子公司所有员工（含被安置人员及留待处理历史遗留问题的人员）人事档案资料进行整体详细阅读、查询，梳理所有员工的基本情况，形成总表，并针对总表中员工及所在公司实际情况对每个员工提出针对性安置策略，制定一人一策方案，以便后续现场谈判及制定相关文书使用。

3. 撰写项目所需全部文书。因本项目涉及多个下属单位，而各个单位实际情况各不相同，劳动合同履行地点不一样，需要适用当地劳动法规定，大成律师针对各个单位不同的情况分别制作文书，并将其分门别类以便后续谈判使用。

4. 及时制作律师工作备忘录。因项目信息庞杂，参与人员较多，容易造成信息不对称、沟通不及时的问题，面对较为复杂的项目，为减少沟通成本，更加高效地推进项目，大成律师及时将工作总结及沟通中发现的特殊情况进行案例检索，发挥大成在全国的法律服务网络，依靠劳动者所在地的大成劳动法专业律师提供本地化支持，快速、准确地形成律师工作备忘录，尽最大可能消除信息不对称的障碍。

合规指引

在员工安置案件中，几乎均存在以下挑战：

1. 犹如"谜语"一般的法律适用和限制条件；

2. 往往超出初始预算的补偿预期；

3. 诉诸自媒体、集体行动或监管举报等风险；

4. 消耗项目执行人员身心的"拉锯战"。

针对拟裁减人员之背景状况、可能适用之解除理由及潜在的法律风险（及限制性解除情形），律师需要通过必要的尽职调查予以探究，尽职调查的成果可形成表格，并根据表格制定每个公司员工的一人一策方案。项目信息庞杂，参与人员较多，容易造成信息不对称、沟通不及时的问题，可通过制作律师工作备忘录的形式予以解决。若涉及适用地方性劳动法规的，需要针对各个单位不同的情况分别制作文书，并将其分门别类以便后续谈判使用。

经典文书参考

解除劳动合同协议书

甲方：_____

乙方：_____，身份证号码：_____

乙方为甲方员工，经甲乙双方平等协商，一致同意解除双方签订的劳动合同。现根据《劳动法》《劳动合同法》等规定，就解除事宜达成协议如下。

一、乙方的劳动合同解除日期为____年__月__日，双方的权利义务随之终结。

二、乙方保证在本协议书签订之日起____日内，按照甲方的相关规定和要求办理完毕全部本职工作和公司物品的交接手续，归还所有属于甲方的文件、材料和信息（及其所有副本），包括但不限于：项目的移交，资产的回收，工作的汇报，单据的签返，付清代垫欠款，提供客户信息，业务档案和文件资料，钥匙门禁卡，账户密码等。凡持有办公使用的个人笔记本电脑的需将电脑送至甲方单位拷贝并在甲方监督下清空相关工作文件。未按规定完成所有离职手续的，甲方有权暂停支付劳动报酬、结算补偿费用，直到离职手续办理完毕为止。离职后乙方不得做出有损甲方名誉或利益或影响甲方生产经营之行为，否则应向甲方支付与本合同第三条约定的补偿费用金额相等的违约金，并赔偿由此给甲方造成的损失。

三、乙方的____月工资薪酬待遇（含代缴社保、公积金、个税等费用）结算至劳动合同解除之日止。

针对乙方在劳动合同期间可能产生或未结算的费用，包括但不限于岗位工资、技能工资、各类奖金、绩效工资、提成、全勤贴、工龄贴、其他补贴、福利费、加班费、社保公积金待遇、年休假工资、经济补偿金、未签劳动合同二倍工资、乙方卸任甲方及关联公司董事监事等高级管理人员的费用（如有）等费用以及可能存在的其他任何支付项目，甲方同意在解除劳动合同时一次性支付一笔款项作为补偿（以下统称为"补偿费用"），乙方获得的补偿费用共计¥_____元（大写：_____）。乙方_____年度的绩效考核工资按实际工作月份折算发放，具体金额为¥_____元（大写：_____），与补偿费用一起发放。乙方理解并同意上述补偿费用清偿了在乙方劳动关系存续期间、因劳动关系解除产生的以及与其有关的甲方应当向乙方支付的所有款项，乙方对补偿项目和金额无异议并同意接受。

上述全部费用在乙方离职后的下一个公司发薪日统一支付，甲方按政府规定代扣代缴个人所得税。乙方指定收款银行账户，户名：_____，开户行：_____，账号：_____。甲方转账成功则视为已履行完毕本协议约定的付款义务。

四、甲方负责缴纳乙方的社保及公积金（如有）至_____年____月，次月起停止缴交，个人需缴纳的费用包括社保、公积金等，将按国家规定由个人负责缴纳，在支付本次结算费时一并扣除。甲方在乙方签订本协议后为乙方出具离职证明，仅用于证明乙方与甲方曾经存在劳动关系和用于乙方到新用人单位办理入职手续用，该证明不代表甲乙双方在本协议签订后仍存在任何劳动争议。

五、乙方确认，甲方根据本协议第三条所作的支付构成了就乙方可能提出的、对劳动关系之解除而产生的任何性质的所有主张的全部和最终解决方案。双方已结清包括但不限于岗位工资、技能工资、各类奖金、绩效工资、提成、全勤贴、工龄贴、其他补贴、福利费、加班费、未签劳动合同二倍工资、社保及公积金未足额缴纳的待遇损失、年休假工资、经济补偿金、乙方卸任甲方及关联公司董事监事等高级管理人员的费用（如有）等在内的所有债权债务，甲乙双方对乙方劳动期间的劳动报酬、社保及公积金缴纳问题等各项待遇和费用以及劳动关系解除的补偿赔偿问题再无争议和纠纷，甲乙双方一切权利义务终结。

本协议生效后，乙方承诺不再以任何方式（包括但不限于投诉、举报、仲裁、诉讼等）要求甲方为其缴纳社会保险、住房公积金或提出其他劳动关系存续期间的任何权利诉求，乙方如违反本协议约定，应立即向甲方退还上述第三条的全部补偿费用并另行向甲方支付补偿费用金额相等的违约金。

六、如乙方已与甲方签订竞业限制、保密协议的，乙方应当履行竞业限制义务，具体期限及要求根据双方签订的《竞业限制协议》约定执行。如果甲方决定不再要求乙方履行竞业限制协议的，将在离职证明中予以明确说明，乙方无须再履行竞业限制义务。

无论何时，乙方应为所掌握的甲方之任何商业秘密（包括本协议内容）、技术秘密进行保密，不得使用，或者向任何个人或其他机构、实体泄露或披露任何甲方的商业秘密和机密资料，乙方违反本约定，应向甲方支付与第三条补偿费用金额相等的违约金，乙方还应赔偿甲方因此而遭受的损失和产生的一切费用。

七、本协议为甲乙双方经过平等协商一致后签订的，甲方已特别提示乙方认真阅读理解本协议，并对其内容向乙方作了充分的解释和说明；双方对各自享有的权利和承担的义务已有清楚的了解，确认本合同条款充分体现了双方的真实意愿，不存在任何欺诈、胁迫或乘人之危的情形，协议签订后双方均应自觉遵守履行。如果本协议任何一方违反本协议规定，给他方造成损害，应依法承担赔偿责任。

双方签署的其他协议（包括但不限于劳动合同、竞业限制协议、保密协议）之约定与本协议不一致时，以本协议为准。

八、本协议书一式两份，甲乙双方各持一份，每份具有同等的法律效力。本协议自双方签署之日起成立并生效。

（以下无正文）

甲方（盖章）：　　　　　　　　　乙方（签字、按手印）：
　　年　月　日　　　　　　　　　　　年　月　日

076 工厂转让时员工安置准备、谈判及执行[①]

案例疑难点

受市场影响，甲公司订单持续减少，经国外总部讨论决定关闭工厂，甲公司将股权转让给乙公司。乙公司要求：其股权收购的前提必须是甲公司解除与所有员工（40余名）的劳动关系。本案重难点在于：员工心理预期较高；股权转让并非合理的解除劳动关系的理由；此外，公司情况、员工年龄结构及本地人户籍也使裁员项目推动压力增大。

案情介绍

2021年上半年，甲公司拟将自己的工厂，通过股权转让的形式整体卖给乙公司。由于乙公司仅想获得工厂所在地块，并不准备继续经营原业务，便提出一个非常苛刻的要求：其股权收购的前提是甲公司解除与所有员工（40余名）的劳动关系。

办案经过

1. 项目准备阶段——事前分析

在进行裁员之前，协助甲公司进行"自我体检"，对员工情况和企业用工合规情况进行梳理，包括：梳理拟裁员员工用工类型，属于劳动关系还是劳务关系；需要特别注意的"三期""工伤"等特殊员工的情况；企业用工中是否有违规操作，如是否按照法律规定缴纳社保和支付加班费等。

2. 裁员方案制定

与甲公司确定裁员方案为采取"协商解除+单方解除"，有条不紊、依次推动项目实施：员工信息梳理→补偿方案确定→决定重要时间节点、制定项

---

① 潘激鸿，北京大成（上海）律师事务所律师。

目时间表→文件的准备和制作→裁员实施日当天的应对方案制作→特殊员工的处理和应对→裁员前的保密工作。

3. 与政府部门沟通

为避免群体性事件，与当地劳动部门、园区管理部门进行沟通，并制作汇报文书，充分听取有关部门的意见并获得其支持。

4. 实施当日的现场支持

为便于公司操作，针对可能存在的问题制作员工答疑手册、董事长发言概要。

根据员工个体情况安排人员顺序，提前做好顺序表。分组排序的原则为：（1）先易后难；（2）同时推进；（3）同组员工尽量有共同的特点；（4）有不良用工记录的员工，应平均分配到各组。

一日内完成与所有员工劳动关系解除协议的签署工作。

办案亮点

本次裁员实施过程中存在三大风险点：

1. 员工心理预期可能较高。员工再次择业可以选择的范围较小，且正值市场环境低迷、用工需求弱的特殊时期；员工心理预期高于往常。

2. 公司情况、员工年龄结构及本地人户籍使裁员项目推动压力增大。公司自 1994 年成立，90%的员工为本地员工，且 80%的员工工龄在 15 年以上。就员工年龄而言，大部分员工年龄偏大，就业压力大。

3. 股权转让并非合理的法定裁员理由。鉴于本次是股权转让，根据法律规定，员工可以拒绝解除劳动关系，要求公司继续履行原劳动合同。

律师通过事前的员工信息收集、与政府部门沟通，取得了政府部门的理解与支持，为裁员工作的顺利推进提供了支持与保障。

合规指引

正所谓"不打无准备之仗"，因经济下行，就业形势严峻，裁员工作推进的最大阻碍在于员工对于未来市场发展的预期低，对补偿的心理预期高，在裁员前需要了解员工的背景信息，以便在实施日当天针对意见强烈的员工逐个说服。

在与员工面谈实施之前，律师团队就企业可能遇到的风险进行了评估并做了相应预案。具体应对如下：

1. 为企业做了"体检"，确认企业没有违法违规的地方。

2. 在面谈实施前，将员工的补偿方案向企业所在地的三部门——劳动保障局、公安局、上级工会（下称三部门）进行了说明并报备，获得了各部门负责同志的认可、理解和支持。

3. 合情合理合法地向员工进行解释，让员工充分理解协商解除获得的补偿最有可能让员工实现利益最大化；表达对员工的理解，但明确表示不合理的要求企业不会接受；尊重员工并给予其选择："协商解除""停工停产+法定条件成就后的单方解除"；鼓励员工与劳动部门、工会等联系咨询企业提供的方案是否合法合理。

4. 与三部门的负责同志取得联系，表示如果僵局持续，希望他们到现场支持，一起做员工的说服工作，最终得到三部门的支持。

由于面谈前做了充分准备、僵局发生后与员工及政府积极沟通应对，最终企业在未作任何让步的前提下，在面谈当天与所有员工签署了协商解除协议，而且所有员工都回到了工作岗位，未再出现消极怠工现象。

人员整合项目能够进展顺利，靠的不是运气，而是充分的准备和带有"人情味"的沟通，"法"加"情"是人员整合项目顺利实施的关键。

经典文书参考

员工安置报告概要

谨呈
尊敬的领导：

_____公司（下称公司）因股权转让及停业停产事宜拟依法解除或终止与其建立劳动合同及劳务关系之全部员工，就此，公司特就背景情况、应对预案、人员精简与补偿方案等事宜向贵部门和领导汇报如下：

一、公司基本信息及背景情况

公司的经营期限是_____，经营地点为_____，经营范围为_____。现有员工_____人（包括全部劳动合同关系员工以及劳务关系员工）（员工名录详见本报告附件一）。鉴于，公司股权转让事宜，公司已于_____年____月____日停止运营且停止全部生产。公司拟于____月____日向全体员工公布关闭的相关决定，对于愿意进行协商解除的员工依法支付经济补偿。

二、公司已经或拟采取之措施

为了最大限度降低本次股权转让对全体员工产生的潜在影响，公司已经或拟采取如下措施：

（一）通过多种沟通途径或机制了解员工的潜在诉求，以便制定更加合情合理之人员分流安置方案；

（二）审慎进行自查以确保在劳动标准适用方面没有遗留问题；

（三）在接受贵部门和领导的指导意见后，公司将听取×××总工会的意见，修订或完善相关人员分流安置方案；

（四）加强与公司基层管理人员及工会的沟通，及时解答员工的疑问及疏导员工的情绪。

三、补偿方案

如能够与员工经协商解除劳动合同及劳动关系，公司将依照《劳动合同法》第四十七条之相关规定，按劳动者在本单位工作的年限，每满一年支付一个月工资的标准向劳动者支付。六个月以上不满一年的，按一年计算；不满六个月的，向劳动者支付半个月工资的经济补偿。劳动者月工资高于本市人民政府公布的本地区上年度职工月平均工资三倍的，经济补偿按职工月平均工资三倍的数额支付，向其支付经济补偿的年限最高不超过十二年。对于迅速与公司达成一致并签署协商解除协议的员工，公司愿意支付额外一个月的慰问金以及五千元的签约奖金。

如无法通过协商达成一致的，待单方解除或终止之法定条件成就，公司将依法解除或终止劳动合同及劳动关系。此时之经济补偿金（如有）将依照法律规定及本市相关规定的法定标准予以支付。

077 某合资企业员工安置专项法律服务[①]

案例疑难点

本案涉及优化的员工情况复杂，不仅工龄、司龄均较长，更有许多夫妻、父辈子辈同在厂子工作的情况，处理不当极有可能导致出现群访事件、大量涉诉案件，可能影响在岗员工的工作积极性，从而出现影响在产车间的生产等情况。另外，在此次项目启动前，公司还给予几十名离职员工 2N 的补偿。因此，设计合理合法具有可执行性的安置方案也给律师工作带来了极大的挑战。

案情介绍

在公司合并时，中方股东与外方股东签订《股权转让协议》约定，中方股东给予外方股东一定名额员工，外方股东可将挑选出的员工退回中方集团公司，由集团公司再进行工作安排。据此，在最初项目启动时，公司依据该《股权转让协议》退回了几十名白领员工，但未能获得员工的同意，发生集体性事件，最终公司给予该部分员工 2N 的补偿，该高标准的补偿为接下来的员工安置造成困难。因此，为达到和谐平稳处理员工优化问题，公司将此优化项目面向社会公开招标。最终，综合各项指标及专业度等参考项目，北京大成（沈阳）律师事务所中标，由郭挺睿律师及团队负责此项目。

办案经过

1. 情况摸底

对公司现阶段生产经营情况进行分析，初步确定裁员的人员、范围及可行性方案，对所涉及的员工资料进行分析，全面了解员工的基本信息及员工

[①] 郭挺睿，北京大成（沈阳）律师事务所律师。

的性格特点。团队积极组织查档工作，将公司纸质档案中所记载的员工信息，录入至 Excel 表中，并进行多次核对，以保证相关数据的准确性，通过对收集到的数据进行整理和分析，切实做到了解车间人员结构，制定一个覆盖全面、适应多样的人员优化政策。

2. 安置方案制定

根据公司安置目标，通过多方面充分详尽分析公司现有状况。拟通过"自愿离职为主、强制离职为辅、鼓励主动离职、限制强制解除"刚柔并济的原则，采用"对自愿离职的员工给予法定补偿金以外的奖励，对强制解除的员工仅进行法定补偿"的方针。但是对于不同意协商解除的员工，拟通过"竞聘上岗""经济性裁员"两种方式进行管理退出。通过自上而下、逐级负责、竞争上岗的方式选拔产生留岗的员工。律师团队协助公司进行岗位、人员梳理，制定岗位竞聘规程，保证竞聘流程文本的合法和法规，以实现员工年轻化、知识化、先进性目标。同时，准备启动相关部门的经济性裁员报备材料，履行经济性裁员的相关程序，报劳动审批部门进行审批。在得到批准后，对于不接受合理补偿的员工适用经济性裁员依法依规与其解除劳动关系，并协助通知办理相关离职手续。通过上述多种方式达到分流、分化、优化员工之目标，减少相关风险。

3. 项目启动前的多方汇报沟通

协助公司制订拟安置程序和时间计划，在项目实施前，拟充分听取中方集团公司、集团党委的相关意见。方案调整后，履行三重一大决策程序、报备工会程序、听取工会意见。同时，为争取圆满和谐地处理好此次优化工作，针对在具体优化过程中可能会发生的员工聚众闹事、到上级公司上访、拉横幅影响公司正常生产经营秩序等突发事件，在项目启动前，律师与公司人员到公安部门、劳动监察部门、劳动仲裁部门进行事先沟通协调工作，以保证项目顺利推进。

4. 文书准备

就此次优化项目，律师团队与公司人资部门多次向中方股东集团进行了报备讲解，最大限度地保证项目的平稳实施，亦取得各个部门的配合支持。根据裁员的成本进行预算分析，出具每个员工的具体补偿方案。在项目启动前，根据公司情况统一制定文书：《工作时间表》《员工安置补偿方案》《员工补偿信息确认单》《协商解除劳动关系协议书》《解除劳动合同通知书》《劳动合同终止通知书》《员工大会公告》《员工答疑》《入场谈判工作流程》等。

5. 项目启动员工沟通谈判

在项目执行阶段应以维护稳定为前提，尽量做到稳定员工情绪，缓和矛盾，降低冲突。律师团队与员工进行解除沟通，充分了解每个员工的诉求。对于提出问题或疑问的员工，进行积极答疑。并对员工的诉求进行合理、合法的分析，向公司出具法律意见。为了达到这一标准，律师团队与人力资源部门、制造部门相互协调、分工配合、明确权责、统一部署。律师团队与人力资源部门深入车间，组建项目组，下设离职手续办理小组、答疑小组、疑难问题解决小组、档案核查小组，分别派驻至每个车间。

6. 每日会议沟通

在项目进入执行阶段后，郭挺睿律师团队根据每日优化结果，积极组织进行复盘，分析解决部分未签署员工的各项问题，探讨不足之处，寻找突破口，针对个人制定专门沟通策略。与员工再次沟通，针对员工的痛点进行解释，以达成顺利签署协议之目标。

7. 离职手续办理

因此次涉及优化人员数量众多且办理时间比较集中，公司员工人手短缺，根据公司需求，律师团队协助公司为员工办理离职手续，包括签署离职材料，档案移交及失业金办理等工作，获得了公司高度认可。

💡 办案亮点

1. 组建强大服务团队

在接受委托后，郭挺睿律师作为该项目负责人组成十余人的法律服务团队，其中包括在劳动人事专业领域具有丰富经验的高级合伙人律师、在某省劳动人事争议仲裁委员会担任仲裁员的律师，以及充分考虑公司需要，配备了两名有着多年从业经验，在治安维护、舆情风险处理方面具有丰富的实践经验的律师。

2. 充分调研掌握全公司员工信息

在项目前期准备阶段，为确保优化方案的可行，需要准确掌握每名员工的入职时间、工龄、司龄、其他集团工作情况以及是否有工伤、家庭困难及其他亲属同在公司工作等情况。为达到上述目的，郭挺睿律师组织人事专员进行档案查询，涉及 2720 名员工的档案，包括员工所有相关的档案信息资料，并进行多次核对，以保证充分了解公司员工整体情况，确保数据准确性，为优化方案制定夯实基础。

3. 任务精细化分工，落实到每天每人具体负责

此次项目时间紧、任务重，从接受委托到项目完结仅有四个月的期限，加之涉及安置员工人数众多，项目服务人员构成庞大。为实现项目的顺利推进以及公司人员与律师团队顺利对接，律师团队将每日的工作以甘特图、Excel 的可视化形式展现出来。将安置项目拆分具体到每一个细致环节，明确每天工作内容、每项工作的具体时间节点、具体负责人，以确保项目按照预定时间节点稳步推进，同时将每项工作落实到明确负责人，根据具体的工作可在第一时间让公司项目人员与律师建立有效的沟通。

4. 制定优化方案前，与各部门详细多次沟通工作

在整个安置项目过程中，优化方案符合法律规定是保障方案顺利实施的底线，是解决该项目难点及防范该项目风险的前提，亦是一家大型合资企业勇于担当社会责任的体现。优化方案要符合公司的核心利益及现阶段生产经营方向，如何尽可能地减少给公司的正常生产经营活动带来的负面效应，以达到优化指标和生产指标两不误的效果是本次优化方案制定过程中着重考虑的问题。为此，安置项目的推进既要获得员工的认可，也要得到承担优化任务车间管理层的支持。所以在安置方案作出前与车间管理层多次进行会议沟通，梳理安置员工的具体情况、心理预期，就拟定的补偿方案听取意见建议。尽最大可能让安置员工感受到补偿的合理及公司的温度。

5. 制作统一的话术模板

向员工进行优化方案的解读，国家法律、行政法规、规章制度具体规定及公司的相关政策的解读是本次项目中最为重要的一个环节，对相关政策的解释与解读是否能达到员工的满意，既是本次项目成败的关键，也体现律师团队语言的艺术及谈判的技术。为使政策解读具有统一性，郭挺睿律师从公

司形象、政府、媒体及员工多种思维模式考虑问题，制作统一标准的话术模板并对所有律师团队及项目成员进行培训，为项目的顺利进行保驾护航。

6. 为安置员工提供再就业机会

即使有一个合理的补偿方案，但对于员工来说在企业工作了二三十年，再面向社会难免存在对未来不确定的恐惧和迷茫。员工对未来有期待，离开企业后的生活有保障，不仅可以促进本次人员优化项目顺利进行，也体现了企业对员工的关怀。所以在方案制定的同时，郭挺睿律师根据公司员工的技术特点、年龄结构、身体条件、居住情况整合资源、精挑细选分别为不同批次的离职员工准备了就业信息，并邀请多家制造企业人力资源负责人进企业、下车间进行宣讲，向有意向寻求新职位的离职员工介绍企业情况、薪资待遇、发展方向、招聘岗位等信息。因此经郭挺睿律师努力，不仅做到安置方案合情合理，也为员工提供了大量的就业机会，解决了大量就业问题。使得员工一边获得补偿金，一边到新单位入职，达到一种"无缝衔接"状态，极大地释放了人员安置的压力，也获得了员工的认可。

合规指引

本项目在处理过程中，拟通过员工安置项目保留一部分员工，解决一部分富余的员工，以低成本运营方式达到扭转企业亏损的效果。另外，企业员工安置过程中，要严格坚持以稳定员工情绪，依法合规为原则。对各类职工进行妥善安置和补偿，保障职工的合法权益，从而最大限度地维护社会稳定。

鉴于安置程序涉及方方面面的工作，头绪较多。项目在启动前，一定要明确工作内容细化及分工，工作上不能留任何死角，每项工作都要有专人负责落实，要责任到人。

在补偿方案制定时，除严格按照法定标准之外，为促进安置程序顺利进行，在经工会、党委、上级主管部门的认可后，在合理范围内适当"提高"补偿方案标准。在与员工沟通谈判时，尽量在与员工所在部门负责人陪同下进行，从法律、情理、合规多角度进行劝导，以获得员工的理解，保障顺利签署协议。在条件允许的情况下，尽量为员工提供就业出口，以避免员工因对失业的恐惧而产生的抵触情绪。

对于不同意安置的人员，要有具体相应的预案。一方面，要继续沟通，细致全面了解员工诉求。在可能的情况下，及时解决员工的"痛点"。另一方面，也要制定相应的预案，如在条件满足的情况下，通过《劳动合同法》第三十九条、第四十条、第四十一条等规定，依法单方解除劳动合同。

最后，人员安置项目需公司各管理层及职工之间的互相支持，相互理解，密切配合。对于工作过程中存在的问题，积极妥善处理，通过政府、法院、劳动和社会保障部门等有关单位予以协调，共同寻求解决方案。

路漫漫其修远兮，人员安置项目专业且细致，其远非简单的员工与公司的零和博弈，如何创造双方"共赢"结果，则是需不断探索、追求的终极目标。

078 某幼儿园拆迁人员安置专项法律服务[①]

案例疑难点

本案重难点在于由于拆迁，某幼儿园位于某区的分园所签订的租房合同到期，不再续租，需要对涉及的遣散员工进行人员安置。

案情介绍

由于拆迁，某幼儿园位于某区的分园于2019年7月31日所签订的租房合同到期，不再续租，委托大成律师团队提供涉及遣散员工的人员安置法律服务，员工总数28人（签订劳动合同18人，劳务协议6人，实习协议4人），其中涉及人员安置23人。

---

① 付勇，北京大成律师事务所律师。

办案经过

本案涉及人员较多（员工总数 28 人），且所涉员工具有较明显的特殊性（其中，大多数为本市城镇户口。有两位女员工处于哺乳期阶段，一位女员工在孕期，请假保胎中；两人已退休并持退休证），与员工协商解除劳动合同的法律风险较高。此外，由于某幼儿园即将注销，账面资金十分有限，且因拆迁（不可抗力因素）突然决定关园，员工的心理预期和心理建设不充足，为园方与幼儿园员工的沟通和协商造成较大困难。

在处理本案时，大成律师团队准备人员安置方案（建议稿）、员工答疑、劳动合同变更三方协议、离职协议（解除、终止劳动关系协议）、新闻稿、劳动局报告、离园协议等项目需要的法律文件，并及时就相关计划和情况向当地劳动局劳动关系科报备，取得了劳动局的认可。

在项目执行中，大成律师团队于谈判现场为某幼儿园提供必要的支持，在与员工协商解除或终止劳动合同的基础上，推荐员工至周边幼儿园工作，为员工出具工作推荐信，且幼儿园均按照"N"的法定标准支付经济补偿。

办案亮点

在处理本案时，大成律师团队凭借丰富的处理人员安置项目的经验，在短时间内做了充足的准备工作，包括准备人员安置方案（建议稿）、员工答疑、劳动合同变更三方协议、离职协议（解除、终止劳动关系协议）、新闻稿、劳动局报告、离园协议等项目需要的法律文件，并及时就相关计划和情况向当地劳动局劳动关系科报备，取得了劳动局的认可。随后，大成律师团队前往某幼儿园提供现场支持，在沟通谈判过程中，实现了情、理、法相结合，与员工进行一对一沟通，让员工认识到与单位协商解除是最好的方案，既明确了客户的立场，又在保护客户利益的前提下最大限度地为劳动者争取了合法利益。在与员工协商解除或终止劳动合同的基础上，推荐员工至周边幼儿园工作，为员工出具工作推荐信，且幼儿园均按照"N"的法定标准支付经济补偿。项目进展迅速，并在一天以内全部签署离职协议并即时现金发放经济补偿。

大成律师团队在本项目中的高效、专业、合规受到了客户的高度评价，与客户方相关工作人员配合默契，实现了项目成果的最大化。此外，此案可以作为日后处理突发的人员安置项目的参考和标杆，包括相关法律文件的起草和修正、报政府部门备案、与员工一对一谈判的要点等均值得广泛借鉴。

@ 合规指引

人员安置项目均涉及包括实体及程序层面的问题，安置方案的制定涵盖职工权益和企业利益的方方面面。员工安置项目的开展不仅是对律师专业水平和实际办案经验的考察，而且是对全局掌控能力和问题解决能力的挑战。企业员工安置项目通常都较为复杂，不仅涉及的员工人数众多，而且各个层面员工的诉求也多种多样。员工方案不仅需要符合法律规定要求，而且要兼顾国家、地方政策、国资监管要求、社会和谐稳定和其他历史遗留问题。并且由于每个人员安置项目的背景情况不同（在此案中有两位女员工处于哺乳期阶段，一位女员工在孕期，请假保胎中；两人已退休并持退休证），与员工协商解除劳动合同的法律风险较高。此外，由于某幼儿园即将注销，账面资金十分有限，且因拆迁（不可抗力因素）突然决定关园，员工的心理预期和心理建设不充足，对园方与幼儿园员工的沟通和协商造成较大困难。所以在处理案件的过程中要尽量实现情、理、法相结合，与员工进行一对一沟通，让员工认识到与单位协商解除是最好的方案，既明确了客户的立场，又在保护客户利益的前提下最大限度地为劳动者争取了合法利益。

079 某公司实际控制人被采取强制措施导致公司经营困难员工安置专项法律服务[①]

案例疑难点

甲公司原本正常经营的工厂因实际控制人突发变故（被依法采取强制措施），一夜之间陷入瘫痪。实际控制人的家属穷尽借款、抵押房产等方式筹措资金，但筹集的款项在支付了房租及必要运营开支后所剩无几，公司账面余额甚至不足以支付全体员工工资，经营难以为继。在如此窘境下，项目规划及控场能力是关键。

案情介绍

甲公司是坐落于某市的食品生产商，总投资2000余万元，其产品口味和品质一直深受市场好评。但由于公司的实控人兼董事长因为被采取强制措施而无法再继续履行职务，加之其家属缺乏企业运营经验，一时间人心涣散，本来正常运营的工厂几乎在一夜之间瘫痪。经过两次股东借款（董事长及其家属为公司股东，其家属甚至为此抵押了自有房产），在支付房租及必要运营开支后，剩余金额已不足以支付员工工资。因此，若公司启动员工安置，即使按照"N"进行支付，也完全难以负担。此时，员工由于信息传播和聚集，情绪较为激动；而相关职能管理人员因为知晓公司资金方面的实际情况也不愿意再代表公司出面与员工交涉，某些管理人员和主管更是成为员工维权的带头人，与实控人家属展开了"拉锯战"。在如此僵局之下，为寻求破解之法，公司聘请大成律师及时介入，为推进人员安置出谋划策，提供必要法律支持。

[①] 罗欣，北京大成（上海）律师事务所律师。

办案经过

1. 项目筹划。通过整理审阅员工的劳动合同、个人档案及工资单等材料，充分了解了拟裁减对象的背景信息，包括工作年限、工资标准、社保及公积金缴纳情况、限制解除情形（如有）等劳动合同履行之必要信息，以及就业经历、个性特点、家庭情况等辅助信息。进一步，基于对所涉员工背景信息的全面摸排，结合员工抗拒状态的外在表现，评析每位员工的心理状态，根据谈判难易程度确定拟谈判人员批次。为保障安置方案的顺利实施，大成律师与公司协同制订了细致的沟通计划，包括起草一对一的邀约函件、设计谈判话术等，并事先备妥解除协议、交接文书等必要文件。

2. 安置方案。鉴于公司资金严重不足的现实情况，且亦已无法通过其他渠道筹集资金，支付法定经济补偿金的方案恐无法落地。综合考虑劳动法关于相关法律责任及经济补偿的强制规定，大成律师为公司起草沟通方案，建议公司从较低补偿方案尝试与员工进行沟通，努力与员工构建情感上的"共鸣"。大成律师认为该等方案是劳动者和用人单位协商一致的结果，其法律效力最终可以由司法途径予以裁定，但在当下可以为公司争取紧缺的沟通"时间缓冲"和金额"预算缓冲"，能够较为妥善地解决员工安置问题。

3. 预备会议及现场支持。在与实控人家属及亲属的预备会议中，大成律师对现场参与人员分享了谈判话术及沟通技巧，为次日的正式会议进行情绪上的安抚与技术上的铺垫。虽然律师会全程陪同，但对于公司人员而言，与员工或利益相关方谈判仍是他们需要直面的，此时的心态调整与充分的心理准备可能比谈判技巧更重要。

在后续与员工的谈判中，大成律师团队全程及全权代表委托人参与谈判，公司方面不再有人参加对员工的协商。基于已经提前测算完毕的"落实到人"的补偿明细，大成律师在与员工达成一致后，说服员工先行签字，再另行统一集中盖章及安排付款。

办案亮点

与常见人员裁减项目不同的是，员工负面情绪浓烈，已经做好了充分对抗准备（包括但不限于政府热线咨询、寻求律师帮助、在线查询及地方管理部门信访等），如何在谈判中"破冰"前行，争取到员工的共情与理解是项目推进的关键。项目现场不可控因素多而繁杂，且无法事先预估，对律师的临场应变及情绪控制能力带来了极大的挑战。大成律师坚持与到场员工耐心沟通，仔细听取他们的反馈与意见，将自身作为一种员工的情绪疏导渠道。从起初的对抗，再至愿意表达诉求，大成律师不再局限于"说服者"的身份，而是扮演"引导者"的角色，不强求但也不放弃，传递出"冲突不解决问题，谈判才能解决问题"的口号，为员工保留合理的"心理空间"，让他们的理智开始支配行为。

@ 合规指引

因员工安置往往影响到个人的发展与生存，在员工无法充分理解或认同公司的解除决定或安置达不到员工心理预期时，恐都会引发负面情绪，若未能及时关注到员工的心理状态，任其负面情绪持续"发酵"，将可能导致舆情事件，从而影响到企业的业界商誉与社会名誉。因此，为妥善安置员工，并有效防控产生不良效应的社会集体事件，在提供可观的补偿方案的同时，应充分感知并照顾到员工的情绪状态，考虑员工的必要权益，切勿"杀鸡儆猴"、图一时之快，否则会加剧对抗、"引火烧身"。

本案由于涉及与员工及其家属的多轮沟通。大成律师团队在处理此类沟通事宜中，有如下建议分享，供参考：

1. 不要给员工"惊喜"。项目是需要对员工做预期管理的。诚然，所有此类项目都要保密，但保密的是"细节"，不是"趋势"。在所有的裁员案件中，员工尽管不知道细节，但是一般都通过各类非正式渠道知道了趋势，他们只是在等待"细节"。给员工的惊喜实质上是"惊吓"，在他们发现与之前预期完全不符的情况下，会自发地进行抵抗，突出表现为"愤怒"（因为这会带来力量感）和"无助"（停滞不动，但也不配合），这都是不好的。

2. 尽可能做好信息公开工作。无论法律规定的员工权益是如何的，公司现在的经济情况（账面资金）无法承受支付有关款项是事实。公司应该大方地承认员工的权利，也告知其执行风险，把选择权交给员工。如果员工邀请了中立第三方，不要排斥他们，相反，要争取他们，把他们也变为沟通的渠道。

3. 不要怕对抗。员工的权益受损，并且他们的生活也一定受到了冲击。他们也是父母和孩子，都有一家老小，有情绪和对抗是非常正常的。作为单位，经营上有风险，也无所谓对错，坦然一点就好。不必有"护短"心理引发进一步的冲突。员工有情绪允许发泄，公司有不安和彷徨，也可以表露，通过协商解决问题是最优解。

4. 不轻易许诺或承诺。虽然失去对未来的期望可能短期令人难以接受。但长期来看，随意给予承诺却最终无法达成，从心理上可能会对员工造成更为沉重的打击，成为令其崩溃的"触发点"，一旦扣响这一扳机，可能有些情况就会失控。因此，在沟通过程中，作为公司代表的谈判人员可以表达出同情，或者在能力范围内为其争取可能的利益，但在未获得授权或明知超出公司能够承受范围的情况下，轻易许诺将可能引发更严重的后果。因此，适度沟通、适时回应，才是裁员沟通或谈判应把握之节奏。

080 某股份有限公司在产业转型升级过程中开展员工安置专项法律服务[①]

案例疑难点

本案难点在于该公司拟安置的员工有 400 余人，且多为无固定期限劳动合同的职工。加之公司股东之间对于维持现有的生产还是转型升级等并没有形成统一的意见。即对于是以关停后放长假的方式还是以经济性裁员或是协商解除劳动合同安置职工，也是争论不休，没有形成股东会决议。

公司需要律师提供周密的路径选择方案及相应的分析意见供股东决策，并在方案确定后，尽快完成员工安置，以便于公司转型升级业务的开展。

---

① 王义，北京大成（南宁）律师事务所律师。

案情介绍

某股份有限公司（下称甲公司）为当地历史悠久的企业，其所处行业为当地经济重点产业，但因近年来国内产品价格长期低位运行，外部受到进口产品对国内市场的冲击，产业内部又因原料价格高涨、产量萎缩、企业生产效率低下、成本居高不下等因素，形成恶性循环，已连续两年出现严重亏损，且预计未来几年仍无法摆脱困境，面临破产的风险。

甲公司原拟定计划通过逐年减员增效的方式逐步扭转亏损，大成律师在对该公司原计划进行测算和预判后，认为逐年减员增效的方式并不能达到该公司的预期目标，并提出应尽快实施全员安置，通过产业转型的方式扭转目前的不利局面的建议。甲公司特委托大成律师就该公司劳动人事与经营发展之间存在的矛盾与问题进行分析，结合该公司的经营目标提出相应的职工安置方案并具体实施。

办案经过

1. 结合甲公司经营目标提出总体安置路径分析意见

鉴于逐年减员增效的方式并不能立即扭转目前公司严重亏损的局面，且有可能让公司背上更重的人力成本负担，故在市场行情并无好转迹象的情况下，建议先通过停产的方式，避免亏损持续扩大，在条件相对成就的情况下，与员工协商解除劳动合同对全体员工进行安置。

2. 尽职调查

针对甲公司历史沿革、工会现状、全体职工之背景状况、可能适用之解除理由及潜在的法律风险（及限制性解除情形或存在其他特殊情形），律师先通过对书面材料的分析予以探究，随后，还通过现场随机访谈方式，深入了解职工对公司经营现状的理解和对未来的预期，为安置方案的实施做铺垫。

3. 商业决议

鉴于甲公司为股份有限公司（非上市），公司需要召开股东会对方案进行表决，律师根据调查的情况提供各种选择项，并分析其利弊得失，提出了极为详尽的分析报告,并多次参与股东会议,提出尽快协商解除劳动合同的方案,配合公司行政拟订股东会议题等。通过多次沟通协调,股东会决议通过了以协商解除劳动合同、依法依规给予补偿等方式安置员工。

4. 安置方案

甲公司职工大多工作年限长,工资待遇普遍较低,如严格按照法定的补偿标准,低收入员工未必同意接受,恐影响整体方案的实施效果,并继而影响公司的经营转型。律师结合前期在人员访谈过程中的摸底调查,以及公司所在地的薪资水平,建议将甲公司的在岗职工平均工资设置为最低保护标准,即如有职工的月平均工资低于上述最低标准,则直接按照最低标准计算经济补偿金,从而达到保护低收入职工切身利益的目的。同时,律师提议设置速签奖励,即在方案实施后的一定期限内签署相关协商解除文件的,则可以在经济补偿金外,获得速签奖励。

5. 谈判方案与解除文本

鉴于甲公司本身人资部门人手不足,故整体方案的公告张贴、宣讲均由大成律师协助完成,并根据项目的特点,提前拟定员工解答,就员工关心的方方面面做好详尽的回应和法律解读。同时,准备有协商解除劳动合同申请表、经济补偿确认书、协商解除劳动合同文本等。部分特殊情形职工也同意按照方案内容与公司协商解除,律师结合每一位职工的具体情况,另准备有特殊情形职工的申请书、风险告知书、相关事宜确认书以及协商解除劳动合同文本等,并就解除劳动合同文件签订后的流程出具相应流程指引。

6. 现场支持

在协商解除劳动合同文件签约日前,本所律师与甲公司相关工作人员就签约当日的流程进行梳理和模拟,包括但不限于文件、证件核查项、确定当日签约流程、突发情况的现场控制预案、临时拟定所需文书等,并在签约日当天到场支持公司工作。

律师在现场签约中的作用:

做到随时有问题随时解决;

给公司相关工作人员吃下定心丸,遇事不慌乱;

确保流程、文件签署等有序、合法。

💡 办案亮点

1. 协助解决股东分歧，统一意见

此次职工安置有别于其他项目首先在于本次职工安置涉及的主体为股份有限公司，对选择员工安置方式犹豫不决，股东之间尚未达成一致。同时还有部分股份是职工持股，因此对于如何通过股东大会表决为本次安置的重点。在本所完成前期尽职调查出具分析报告后，协助公司大股东根据公司章程召集股东召开股东大会，并通过对行业所处环境的讲解和说明、仅靠减员无法实现扭亏为盈的公司目标以及安置方案的内容以及相应成本等方面进行论述，最终使职工安置方案通过股东大会表决，确保决策程序合法。

2. 团队全程介入

本次员工安置是从筹划停产、长假期间的劳动关系处理、员工安置预案、咨询答复、方案修改公布、正式实施及后续跟踪等均由律师团队全程介入，保证了合法性和快速有效的反馈。

3. 推进迅速

从员工安置分流来看，从员工安置方案预案拟制到全部签约完成，仅用时一个月，这得益于本所律师团队在职工安置服务中的丰富经验和对时间节点的精准把控。在结合企业经营状况经过前期尽职调查后，即判断通过协商一致解除劳动合同能够达到公司目标，且具有可行性和可操作性。最终的结果也印证了本所律师团队的判断，在最短的时间内完成全部安置工作。

4. 多方共赢

首先，符合公司利益。公司每一年减少薪酬开支1000多万元。

其次，完成公司经营目标。公司将既有产能转让给另一区域的企业，回收了部分资金的同时，也促进了该优势产品在当地的集团化经营。

最后，达到预期社会效果。此次安置项目公司全程向政府报告，并多次与政府有关部门沟通，听取意见和建议。整个安置过程中未发生不稳定、过激性或群体性事件，没有产生一起劳动争议案件，同时也没有损害当地的税收和生产总值。

合规指引

1. 律师对于企业而言，不仅是得力的执行者，更可以利用自身专业知识和专业能力为企业提供思路以创造价值或实现其商业目标。在本案中，即是律师团队通过前期细致的分析和深入的调查访谈，在股东原计划方案外，提出更适合企业的安置方案，最终成功使企业在最短的时间内完成转型升级目标，并被作为当地的标杆。

2. 平衡职工和企业的利益，尽量兼顾公平。本案中尽管公司已经停止经营，职工的收入大幅减少，但在方案中仍坚持以正常生产期间的平均工资计算，且给予低收入职工相关的保障，即以企业缴纳社会保险的最低基数为保护基准，获得了低收入群体职工的高度认可。

经典文书参考

解除劳动合同协议书（普通职工版）

甲方：_____

乙方：_____

身份证号码：_____

手机号码：_____

通信地址：_____

甲方经过_____年底的停产，以及对大部分职工采取放长假等措施改善经营，但由于所处行业整体市场低迷，公司经营至今无好转迹象，仍呈现连续亏损状态，致使甲方和乙方订立劳动合同时所依据的客观情况已发生重大变化，不能继续履行原劳动合同。为妥善处理双方的劳动关系，甲方向乙方提出协商解除劳动合同的动议，乙方经慎重考虑，并明确知悉和了解双方解除劳动关系后权利义务将产生的变化，同意按照《××股份有限公司协商解除在册职工劳动合同的实施方案》所列的协商解除劳动合同的条件，自愿与甲方协商解除劳动合同。现双方就解除劳动合同的相关事宜一致达成如下协议，以资共同遵照执行。

一、劳动合同解除时间

甲方、乙方同意于_____年____月____日解除双方之间签订的劳动合同，双方有关劳动关系的权利义务随之终止。

二、相关安排

（一）乙方工资（生活费）计至_____年____月____日，支付时间为甲方正常发放工资时间。

（二）甲方为乙方缴纳社会保险和住房公积金至_____年____月，单位承担部分由甲方承担，个人承担部分由乙方承担，由甲方从乙方应发工资中直接代扣代缴。

（三）从_____年____月____日起，甲方停缴乙方的社会保险和住房公积金。

（四）本协议签订后，甲方依法为乙方出具解除劳动关系证明及向社保部门办理离职人员报备手续，乙方应积极配合甲方向社保部门提交相关材料。

（五）甲方根据乙方要求，及时为乙方办理档案移交手续（如有）。

三、工作交接

乙方同意在_____年____月____日前按甲方规定和要求做好业务移交，包括工作交接，返还甲方的财物，归还文件、材料和信息（及其所有副本），并结清甲方代垫或报销的全部款项及欠款。乙方完成上述业务移交手续并经甲方确认后，甲方向乙方支付本协议约定的相关费用。

四、离职补偿

（一）经济补偿金

1. 经济补偿年限

乙方在甲方处的工作年限为_____年____个月，自_____年____月____日起至_____年____月____日止，经济补偿金的支付月数为____个月。

2. 经济补偿基数

经双方协商一致同意，乙方的经济补偿基数依据《××股份有限公司协商解除在册职工劳动合同的实施方案》第二条第一款，即结合乙方的月平均工资及××股份有限公司_____年____月至____年____月期间的企业月平均工资进行核算。

经双方核算，乙方的经济补偿基数按如下第____种方式确定：

（1）因乙方解除劳动合同前12个月（即_____年____月至_____年____月期间）的平均工资低于上述期限内甲方的职工平均工资_____元，故乙方现同意以每月人民币_____元作为计算经济补偿的基数。

（2）乙方解除劳动合同前12个月的月平均工资为人民币_____元，乙方的经济补偿基数据实以每月人民币_____元计算。

（二）速签奖励

1. 如乙方于_____年____月____日____时前与甲方签订相关解除劳动合同文件的，可领取解除劳动合同的速签奖励人民币_____元（大写：_____整）。

2. 如乙方于_____年____月____日____时之后与甲方协商解除劳动合同并签订相关解除劳动合同文件的，不再享受任何奖励。

（三）乙方应得补偿款项包括以下第____项（第2项必须符合本条第二款规定的时间，填写并勾选）：

1. 经济补偿金：____个月×____元=_____元（人民币，税前）（大写：_____）。

2. 速签奖励：人民币_____元。

（四）支付时间及支付方式

1. 支付时间

（1）如乙方于_____年____月____日____时前签订解除劳动合同相关协议并办理离职手续，经甲方确认后，经济补偿金发放的时间最迟为_____年____月____日。

（2）如乙方于_____年____月____日至_____年____月____日期间签订解除劳动合同相关协议并办理离职手续，经甲方确认后，经济补偿金发放的时间最迟为_____年____月____日。

2. 支付方式：【银行转账】

乙方收取甲方支付的上述款项的银行账号信息如下：

开户名：_____

开户行：_____

银行账号：_____

（五）乙方同意：如领取上述应得款项需缴纳个人所得税的，由甲方代扣代缴。

五、保密义务

乙方在与甲方解除劳动合同后，仍应履行保密义务，不得使用或者向任何个人或其他机构、实体泄露或披露任何甲方的商业秘密和机密资料。乙方保证不以甲方名义对外宣传，也绝不参与或散布任何有损甲方声誉的活动和言论，包括但不限于自己或通过他人、媒体、网络等一切途径。如违反上述承诺的，乙方愿意承担全部赔偿责任。

六、特别约定

（一）双方确认：甲方支付上述费用后，双方的劳动债权债务关系结清。无论是劳动关系存续期间还是本次劳动关系解除，所产生或者可能产生的劳动权利性质的乙方主张，双方均已确认获得全部和最终解决。除本协议约定的以外，任何一方都不再因为原劳动合同的履行和解除向对方主张任何报酬、费用、赔偿或补偿。

（二）乙方承诺在领取经济补偿金、速签奖励（如有）及其他相关款项（如有）后，不再向某劳动人事争议仲裁委员会申请仲裁或向人民法院起诉，如违反本条款约定的，乙方自愿将收取的全部款项计息退还给甲方，利息自收取之日起按银行一年期流动资金贷款利率计算。待争议经司法机关裁判后，双方再依据生效裁判文书履行相关义务。

（三）乙方签署本协议前，已充分、全面了解本次《××股份有限公司协商解除在册职工劳动合同的实施方案》的内容，并对本人的经济补偿的年限、基数和其他待遇款项基数予以确认；如乙方就上述应得款项提出异议的，本协议所约定的全部内容均不具备法律效力，包括经济补偿金的标准、年限计算、速签奖励（如有）及其他相关款项（如有）等均自动失效。

七、其他条款

本协议自甲方加盖公章，乙方签字、捺印后生效，本协议一式四份，甲方执三份，乙方执一份，具有同等法律效力。

甲方（盖章）：　　　　　　　　　　乙方（签字、捺印）：

本协议签署日期：_____年____月____日

解除劳动合同协议书（工伤职工版）

编号：

甲方：_____

乙方：_____

身份证号码：_____

手机号码：_____

通讯地址：_____

甲方经过_____年底的停产，以及对大部分职工采取放长假等措施改善经营，但由于所处行业整体市场低迷，公司经营至今无好转迹象，仍呈现连续亏损状态，致使甲方与职工订立劳动合同时所依据的客观情况已发生重大变化，不能继续履行原劳动合同，甲方现拟动议与部分在册职工协商解除劳动合同。

乙方因存在《劳动合同法》第四十二条的情形而未被纳入甲方本次《××股份有限公司协商解除在册职工劳动合同的实施方案》（下称《实施方案》）的对象范围，但经乙方慎重考虑，并向相关部门和专业人士咨询、完全知晓和了解解除劳动合同的后果后，决定自愿、主动向甲方申请参照《实施方案》所列条件，自愿、主动与甲方协商解除劳动合同，甲方尊重乙方的选择并同意协商解除双方的劳动合同。现双方就解除劳动合同的相关事宜一致达成如下协议，以资共同遵照执行。

一、乙方个人情况

（一）_____年____月____日出生，距离法定退休年龄____年。

（二）乙方因工负伤，于_____年____月____日被认定为构成工伤，并经劳动能力鉴定委员会鉴定构成____级伤残。

二、劳动合同解除时间

甲方、乙方同意于_____年____月____日解除双方之间签订的劳动合同，双方有关劳动关系的权利义务随之终止。

三、相关安排

（一）乙方工资（生活费）计至_____年____月____日，支付时间为甲方正常发放工资时间。

（二）甲方为乙方缴纳社会保险和住房公积金至_____年____月，单位承担部分由甲方承担，个人承担部分由乙方承担，由甲方从乙方应发工资中直接代扣代缴。

（三）从_____年____月____日起，甲方停缴乙方的社会保险和住房公积金。

（四）本协议签订后，甲方依法为乙方出具解除劳动关系证明及向社保部门办理离职人员报备手续，乙方应积极配合甲方向社保部门提交相关材料。

（五）甲方根据乙方要求，及时为乙方办理档案移交手续（如有）。

四、工作交接

乙方同意在_____年____月____日前按甲方规定和要求做好业务移交，包括工作交接，返还甲方的财物，归还文件、材料和信息（及其所有副本），并结清甲方代垫或报销的全部款项及欠款。乙方完成上述业务移交手续并经甲方确认后，甲方向乙方支付本协议约定的相关费用。

五、离职补偿

（一）经济补偿金

1. 经济补偿年限

乙方在甲方处的工作年限为_____年____个月，应得的经济补偿金月数为____个月（从_____年____月____日起至_____年____月____日止）。

2. 经济补偿基数

经双方协商一致同意，乙方的经济补偿基数参照《实施方案》第二条第一款，即结合乙方的月平均工资及××股份有限公司_____年____月至____年____月期间的企业月平均工资进行核算。

经双方核算，乙方的经济补偿基数按如下第____种方式确定：

（1）因乙方解除劳动合同前12个月（即_____年____月至____年____月期间）的平均工资低于上述期限内甲方的职工平均工资_____元，故乙方现同意以每月人民币_____元作为计算经济补偿的基数。

（2）乙方解除劳动合同前12个月的月平均工资为人民币_____元，乙方的经济补偿基数据实以每月人民币_____元计算。

（二）速签奖励

1. 如乙方于＿＿＿＿年＿＿＿月＿＿＿日＿＿＿时前与甲方签订相关解除劳动合同文件的，可领取解除劳动合同的速签奖励人民币＿＿＿＿元（大写：＿＿＿＿＿＿＿＿＿整）。

2. 如乙方于＿＿＿＿年＿＿＿月＿＿＿日＿＿＿时之后与甲方协商解除劳动合同并签订相关解除劳动合同文件的，不再享受任何奖励。

（三）工伤待遇

1. 一次性伤残就业补助金

乙方经劳动能力鉴定委员会鉴定构成伤残等级，依照相关工伤法律法规的规定，乙方的一次性伤残就业补助金以解除劳动关系前12个月（即＿＿＿＿年＿＿＿月至＿＿＿＿年＿＿＿月）本人平均月缴费工资为计发基数，具体为以下第＿＿＿项：

（1）五级伤残计发18个月；

（2）六级伤残计发16个月；

（3）七级伤残计发13个月；

（4）八级伤残计发11个月；

（5）九级伤残计发9个月；

（6）十级伤残计发7个月。

特别说明：如乙方距离法定退休年龄不足5年的，一次性伤残就业补助金按照下列标准执行：（1）不足一年的，按照全额的30%支付；（2）不足两年的，按照全额的60%支付；（3）不足三年的，按照全额的70%支付；（4）不足四年的，按照全额的80%支付；（5）不足五年的，按照全额的90%支付。

2. 一次性工伤医疗补助金

乙方因工负伤并经劳动能力鉴定委员会鉴定构成伤残等级的，应向甲方提供相关工伤资料，由甲方上报社保部门，由社保部门核算并支付一次性工伤医疗补助金。

3. 如乙方经劳动能力鉴定委员会鉴定不构成伤残等级的，除本协议中经济补偿金及速签奖励（如有）外，甲方不承担其他款项的支付义务。

4. 如乙方在上述《实施方案》有效期内自行放弃进行劳动能力鉴定的，本协议的生效与履行均不受日后劳动能力鉴定结果的影响，甲方不承担其他款项的支付义务。

（四）乙方应得补偿款项包括以下第＿＿项（填写并勾选）：

1. 经济补偿金：＿＿个月×＿＿元＝＿＿＿＿＿元（税前）（大写：＿＿＿＿＿＿＿＿＿＿）。

2. 速签奖励：人民币＿＿＿＿元（必须符合本条第二款规定的时间）。

3. 一次性伤残就业补助金：＿＿个月×＿＿元×＿＿%＝＿＿＿＿＿元。

4. 其他：＿＿＿＿＿＿＿＿＿＿＿＿。

（五）支付时间及支付方式

1. 支付时间

（1）如乙方于＿＿＿＿年＿＿月＿＿日＿＿时前签订解除劳动合同相关协议并办理离职手续，经甲方确认后，上述款项发放的时间最迟为＿＿＿＿年＿＿月＿＿日。

（2）如乙方于＿＿＿＿年＿＿月＿＿日至＿＿＿＿年＿＿月＿＿日期间签订解除劳动合同相关协议并办理离职手续，经甲方确认后，上述款项发放的时间最迟为＿＿＿＿年＿＿月＿＿日。

2. 支付方式：【银行转账】

乙方收取甲方支付的上述款项的银行账号信息如下：

开户名：＿＿＿＿＿＿＿＿＿＿

开户行：＿＿＿＿＿＿＿＿＿＿

银行账号：＿＿＿＿＿＿＿＿

（六）乙方同意：如领取上述应得款项需缴纳个人所得税的，由甲方代扣代缴。

六、保密义务

乙方在与甲方解除劳动合同后，仍应履行保密义务，不得使用或者向任何个人或其他机构、实体泄露或披露任何甲方的商业秘密和机密资料。乙方保证不以甲方名义对外宣传，也绝不参与或散布任何有损甲方声誉的活动和言论，包括但不限于自己或通过他人、媒体、网络等一切途径。如违反上述承诺的，乙方愿意承担全部赔偿责任。

七、特别约定

（一）双方确认：乙方了解自身特殊情况，如乙方个人情况发生任何变化，均不影响本协议的履行。甲方支付上述费用后，双方关于工伤、劳动关系履行和解除的一切权利义务就此一次性结清。无论是劳动关系存续期间还是本次劳动关系解除，所产生或者可能产生的劳动权利性质的乙方主张，双方均已确认获得全部和最终解决。除本协议约定的以外，任何一方都不再因为原劳动合同的履行和解除向对方主张任何报酬、费用、赔偿或补偿。

（二）乙方承诺在领取经济补偿金、速签奖励（如有）及其他待遇款项（如有）后，不再向某劳动人事争议仲裁委员会申请仲裁或向人民法院起诉，如违反本条款约定的，乙方自愿将收取的全部款项计息退还给甲方，利息自收取之日起按银行一年期流动资金贷款利率计算。待争议经司法机关裁判后，双方再依据生效裁判文书履行相关义务。

（三）乙方签署本协议前，已充分、全面了解本次《实施方案》的内容，并对本人的经济补偿的年限、基数和其他待遇款项基数予以确认；如乙方就上述应得款项提出异议的，本协议所约定的全部内容均不具备法律效力，包括经济补偿金的标准、年限计算、速签奖励（如有）及其他待遇款项（如有）等均自动失效。

八、其他条款

本协议自甲方加盖公章，乙方签字、捺印后生效，本协议一式四份，甲方执三份，乙方执一份，具有同等法律效力。

甲方（盖章）： 乙方（签字、捺印）：

本协议签署日期：_____年____月____日

解除劳动合同资料核对表

职工姓名		所属小组及编号	
负责部门	核对事项			
财务部门	职工在本单位的工作年限为＿＿＿年＿＿＿月，经济补偿金基数为＿＿＿元。		
	职工是否有尚未结清的公司欠款	□是，＿＿＿元（大写：＿＿＿）。 □否，已结清。	
	核对人员：＿＿＿　　日期：＿＿＿年＿＿＿月＿＿＿日		
签约小组	□职工已提交《××股份有限公司职工解除劳动合同申请表》（一份），并签字、捺印。		
	□职工已提交《解除劳动关系相关事宜确认书》（一式四份），并签字、捺印。		
	□职工已提交《解除劳动合同协议书》（一式四份），并签字、捺印。		
	□《解除劳动合同协议书》填写的工作年限、经济补偿金基数、应得经济补偿金总数（工作年限×经济补偿金基数）经核对无误。		
	□职工已提交身份证复印件（一式三份），经核对与身份证原件一致，并确认《解除劳动合同协议书》所填身份信息与原件一致。		
	□职工已提交接收经济补偿金的银行卡复印件（一式三份），经核对与银行卡原件一致，卡号无误，并与《解除劳动合同协议书》所填银行卡信息一致。		
	□职工已提交《风险告知书》（一式两份），并签字、捺印。		
	□职工已提交《离职声明》（一份），并签字、捺印。		
	□现场签约，已拍照存档。		
	□职工已签署《职工签约情况统计表》。		
	□已将全部材料放入个人档案袋并编号。		
	核对人员：＿＿＿　　日期：＿＿＿年＿＿＿月＿＿＿日		
所在部门	□职工已办结工作、资料、财物等交接等离职手续。		
	□已向职工出具《解除劳动合同协议书》《关于解除劳动合同关系的决定（证明）》《失业介绍信》。		
	□已办理"五险一金"的停保、人事档案转移（如有）、社会保险转移手续、到社保经办机构备案失业人员名单。		
	确认人：＿＿＿　　日期：＿＿＿年＿＿＿月＿＿＿日		

081 某日资企业办公场所、生产线搬迁、部门撤销员工安置专项法律服务[①]

案例疑难点

因客观情况发生变化，某日资企业需要开展员工安置工作，本项目重难点在于既要考虑公司各类员工的特殊性，还要考虑日资企业的特殊性。

案情介绍

因市场不景气，甲公司效益严重下滑，某日资企业生产规模相应缩减，并进行了办公场所及生产线的搬迁，公司开始人员安置工作以降低公司运营成本。

办案经过

在这个项目中，甲公司因业绩萎缩，决定进行办公场所及生产线的搬迁，部品加工部将予以撤销，属于《劳动合同法》第四十条第三项规定的情形，劳动合同订立时所依据的客观情况发生重大变化，致使劳动合同无法履行，经双方协商不成，公司解除劳动合同。

甲公司员工中存在很多特殊情况，如处于"三期"、劳务派遣、退休返聘、涉及职业健康检查等。因此在具体操作此项目的过程中，我们首先对员工的实际情况进行尽调，在了解他们的背景、具体诉求后，预估与他们协商的难度并依法计算经济补偿金。项目的整个流程都让公司负责人参与其中，在与员工面谈前进行预演，为与员工的面谈环节充分做好准备。

最终在我方与公司方的共同努力之下，争取到了员工的理解，此次裁员项目全体员工均与公司签署了解除劳动合同协议书，项目圆满完成。

[①] 付勇，北京大成律师事务所律师。

办案亮点

1. 虽然是协商解除劳动合同，但事前与当地政府做好沟通工作，对紧急性事件处理做好预防工作。

2. 考虑到日资企业的特殊性，谈判日期的选定避开了敏感日期。

3. 协商沟通次序上，对员工进行分批、分组谈判，分为管理、工人两类，并按年龄、工龄等分组，与员工进行谈判沟通工作。主要原则是：先易后难，考虑到员工从众的心理、从众的压力；同时推进，以产生协同效应；考虑相同部门、相同主管或间接领导等员工共同的特点。

4. 经济补偿方案公布后，坚持立场，但给员工适当缓冲期考虑。

合规指引

本所出具的方案主要适用的法律为《劳动合同法》第四十条第三项。本项目涉及的关键性问题为，企业办公场所及生产线的搬迁，某部门撤销是否属于劳动合同订立时所依据的客观情况发生重大变化，致使劳动合同无法履行。《劳动部办公厅关于〈劳动法〉若干条文的说明》（劳办发〔1994〕289号）第二十六条第四款规定，客观情况指发生不可抗力或出现致使劳动合同全部或部分条款无法履行的其他情况，如企业迁移、被兼并、企业资产转移等，并且排除本法第二十七条所列的客观情况。

上述法条虽然将企业迁移作为"客观情况"中的一种进行列举，但未明确将部门撤销列为"客观情况"。不过法条并未穷尽各类情况，应根据实际情况判断是否属于劳动合同无法履行的情况。本项目中员工所在部门由于公司效益下滑而被撤销，致使劳动合同丧失了履行的现实基础，在此情形下企业可以与劳动者协商解除劳动合同。

在为企业设置员工安置方案时，需要将各类因素纳入考虑。不仅需要考虑安置成本、人才需求和员工意愿等，还应该将不同企业的具体情况以及员工的特殊情况纳入考量因素。用人单位应当结合双方的意愿，在综合权衡各种模式的利弊后作出决定。

企业应在充分保障员工知情权、参与权的情况下，经民主程序制定明确的职工安置方案。建议企业就员工安置计划与职工提前进行沟通，告知员工裁员决议、裁员原因及裁员方案。协商沟通次序上，可以对员工进行分批、分组谈判，在按照人员职位等级进行分类后，再按年龄、工龄等分组，与员工进行谈判沟通工作。在谈判过程中，考虑到员工从众的心理，谈判工作可以按照先易后难的原则进行。与此同时，考虑相同部门、相同主管或间接领导等员工共同的特点。另外，在经济补偿方案公布后，企业在坚定立场的基础上，给予员工适当的缓冲期进行考虑。

人员安置项目在处理不当的情形下可能引起大规模的集体劳动争议，为企业经营增加风险。因此，在人员安置实施前，建议企业提前与当地政府做好沟通工作，并提前制定好应对紧急情况的风险预案，以确保各项工作能够顺利进行。

082 甲公司提前结业后劳动纠纷的调处[①]

案例疑难点

甲公司于2015年8月成立，但自成立之日起至2018年间连续三年出现巨额亏损并导致甲公司经营出现严重困难，经过甲公司股东会、董事会研究决定依法进行经济性裁员。在经济性裁员的准备过程中，股东会及董事会改变主意，决定将该甲公司从经济性裁员转变为提前结业，律师团队的工作一切重新开始。本项目中劳动关系的处理涉及约200名员工，且存在"三期"女职工、工伤职工等特殊人员，需要律师团队依法依规且结合某市当地政策，核对每位员工的实际情况终止其劳动关系。

案情介绍

鉴于集团公司产业结构调整、关注核心业务以提高机构效率等因素，经

---

① 周佳佳、许仲恩、江永清，北京大成（广州）律师事务所律师。

股东研究决定,根据《公司法》第一百八十条及《劳动合同法》第四十四条第五款、第四十六条、第四十七条等规定,甲公司决定提前结业,对于员工的补偿按照如下核心原则进行处理:

1. 员工经济补偿计付标准按照劳动合同法规定执行;

2. 员工于甲公司股东处工作的工龄连续计算并纳入公司终止劳动关系时经济补偿的工龄统计范围;

3. 对于工伤职工,公司将依法支付一次性就业补助金并协助其向社保机构申领一次性医疗补助金;

4. 对于"三期"女职工,公司将依法赔偿其产期、孕期、哺乳期等生育待遇损失,具体由公司与"三期"女职工协商解决。

办案经过

本项目于2018年5月在某开发区落地实施,项目当天连续召开"职工大会"与"高级经理层会议",向全体员工宣布甲公司提前结业的决定并公布员工安置方案。

因项目当天部分员工对甲公司提前结业后的员工安置补偿问题存在疑问,故在当地政府的协调和斡旋下,甲公司与员工推选的员工代表就补偿问题进行谈判,并于当天形成会议纪要,对经济补偿计算方式、特殊职工待遇、交接工作时间等各方重大关切问题达成合意并遵守。

1. 关于员工的部分加班待遇情况

大成律师进驻甲公司当日按原计划拟向到场职工发放、签收《终止劳动关系通知书》《终止劳动关系证明书》。但因员工对前述文书的法律意义不理解,一度拒绝签收。

双方谈判过程中,部分员工向律师反映,甲公司存在往年剩余累计的加班工时未折算加班工资的问题。面对此突发情况,项目律师及时与甲公司方面确认并取得甲公司授权,根据实际情况撰写了有关公告,承诺甲公司将结算该部分加班工资,安抚了员工情绪,取得了员工的信任。

2. 经济补偿计算情况

部分员工反映,因甲公司目前未能公布经济补偿明细,担心向甲公司交接工作后，无法获得经济补偿。面对此问题，律师当场回复：员工与甲公司间劳动/劳务关系自 12 月 31 日始告终止，甲公司于法律上要求员工在 12 月 31 日前完成工作交接，此合法合规。为安抚员工情绪，在取得甲公司同意后，向员工承诺，尽可能推进计算经济补偿明细的进度，给予员工满意的答复及合理的异议救济渠道。

在甲公司确认后，大成律师完成对甲公司除销售部门外的其余十四个职能部门员工所能获得经济补偿数额明细的计算并向员工公布。后律师与甲公司沟通并确认完成了销售部门有关经济补偿基数、工龄等的计算。至此，甲公司全体员工之经济补偿问题处理完毕。

3. 劳动关系终止情况

项目工作组向本项目拟终止劳动关系的 166 名员工，按具体需求寄发了包含《终止劳动关系通知书》《终止劳动关系证明书》《终止劳务关系通知书》及《职工安置方案》的总计 227 个 EMS（中国邮政）邮件。

后律师开始对寄出的 227 个邮件的投递情况进行跟踪、梳理，筛选出了因地址不详/收件人拒绝等致使投递失败的 11 名员工。针对上述没有收到相关证明文书的员工，律师立即安排于某报登报公告的事宜，确保法律文书在法律上送达。

4. 工伤职工的处理情况

甲公司 2 名工伤职工或因其提出过高且无法律依据诉求而无法接受，或因仍需二次手术且无具体诉求，经律师努力沟通后仍无法与前述二人达成协议。协议虽未达成，不影响甲公司与前述二人劳动关系终止的效力。

办案亮点

1. 律师团队根据某市本地化政策提供实际可行的服务方案，与甲公司经过多轮协商及讨论共同确定员工安置的总体路径，并在员工安置过程中提供协商、谈判、发函，甚至是登报等量身定制的服务。

2. 根据甲公司的法律需求，在甲公司股东会、董事会因甲公司亏损而做出经济性裁员的决定后，律师团队着手为甲公司在专业性和可操作性兼具的前提下制定裁员方案，且该方案经过多次论证及修改，保证合法合规且符合当地政策。在甲公司后续决定提前结业后，律师团队重新了解甲公司及其股东的需求，在裁员方案已经制定的情况下，为落实将客户的有效需求摆在第一位的原则，律师团队重新按照提前结业的相关流程如约按期按质完成任务，取得甲公司及其股东的认可。

3. 对特殊员工，如"三期"女职工、工伤职工，律师团队就劳动关系终止后的补偿事宜逐个进行协商，做到根据实际情况对每一个员工提出针对性的安置策略，以防止批量终止而导致的可能产生的纠纷。

合规指引

对于企业而言，面临经营状况不佳的情况时，时常采用的是削减成本甚至关停的方式。无论企业采取何种方式，员工的安置是企业必须优先考虑的问题。不少企业在处理过程中仅仅考虑了业务的接续事宜、设备的处置，而忽视了员工的安置问题，往往引发后续纷争。在员工问题未能得到妥善处置时，员工担心企业"跑路"的心态尤为常见，进而采取自力救济的方式，不仅导致企业正常经营遭受极大的影响，还易产生社会面的不良事件。

因此，企业在制定经营策略调整时，应将员工的安置充分纳入考虑。企业首先应对于自身的劳动用工情况进行回顾评判，厘清员工安置大致的经济成本，包括直接的经济补偿以及可能引发产生的其他成本，如社会保险及住房公积金的补缴、加班工资等。在此基础上，再根据企业的实际情况及法律规定，选择合法、合理、合适的安置方案。在安置方案确定后，严格按照方案落地执行，做好与员工的解释沟通，争取员工的理解，必要时还应当与相关政府部门进行提前报备，如街道办、人社部门、劳监部门等，避免产生突发性的群体性事件。

对于员工而言，也应通过合法的渠道维护自身的权益。员工可借助工会、法律援助等部门力量，了解相应的法律规定，进而对企业的方案作出合理的判断，理性地决定后续行动，切勿仅仅因为对企业安置方案的不满、一时的冲动，通过不合法的方式进行"维权"，极有可能造成"违纪辞退"而无法领取任何经济补偿的后果，更有甚者因为不恰当的维权方式造成被行政拘留乃至更为严重的后果，这是最坏的局面，员工、企业以及第三方政府部门，皆为输家。

无论是经济性裁员还是提前结业，均是企业或员工所不愿看到或面对的情况，对于裁员或者提前结业的公司的股东而言，其所投资的公司存在亏损或已无力继续经营，对于员工而言，多年奉献却无法继续与公司共进退。在此情况下，企业应秉承社会责任，在力所能及的范围内尽可能依法合规尽量弥补员工，员工也应体谅企业的难处，双方平稳结束劳动关系，也许某日还会再相见。

083 某亏损企业股权转让中的职工多渠道快速分流安置[①]

案例疑难点

1. 对准确裁员规模及名单严格保密，模糊化宣传安置范围是"有保留的、有不得已裁员的"，并根据实际情况，将裁员不再返聘及需保留的人员交叉进行，让尚未面谈的人员都有被保留的希望，认真站好最后一班岗；

2. 召开各部门主管会议，如上说明安置方案让所有人有期待（含与会主管），引导各部门主管把员工的主要意见及思想动态和盘托出，从而制定适当的补偿方案及人员分化方案、面谈方案；

3. 报送劳动部门的备案方案中明确提出，对配合裁员的人员在法律规定之外给予优惠性补偿方案，否则只能依法补偿；

4. 与劳动部门提前充分沟通，听取失败教训，多渠道收集注意事项并得到劳动部门支持，并获得劳动部门备案回执；

5. 准确摸底，从问题少、易配合的部门和人员开始实施，把有问题的推后或单独面谈，将转岗的人员最后安排沟通；

6. 针对诉求比较强烈的人员等常见问题做好预案，事先准备好有利公司一方的相关裁决文书等资料，在面谈中适时展示进一步加强说服力。

[①] 曾春华，北京大成（厦门）律师事务所律师。

案情介绍

2016年3月10日，甲公司原有两股东乙公司、丙公司与丁公司、戊公司正式签订《某某国际城项目合作协议书》和《股权转让协议》。甲公司原有两股东分别将其持有的甲公司75%和25%的股权转给己公司与庚公司。根据庚公司的上级集团公司与原股东的《股权转让协议书》的约定：股权转让后，新股东有权在股权交割后三个月内根据实际经营需要决定解聘甲公司员工，转让方应在收到通知之日起1个月内负责处理完毕所有的解聘事务，并承担全部责任。新股东于3月30日书面通知要求调整的具体人员名单：1.需解聘人员10人；2.需将劳动关系变更至××商业管理公司人员9人（原工龄保留，薪资、福利待遇不变）；3.另有29人可在与甲公司解聘后，考虑由甲公司进行返聘，但职务、工作考核条件等有较大变化。

办案经过

根据首次会议甲公司原股东通报的主要事实及情况，律师分析：被要求调整的人员中既有需要单方解聘的，也有需要变更岗位和劳动关系的，还有需要先解约后返聘的，且返聘条件不明。为保障工作有效衔接，返聘人员要分批次沟通落实，而全部人员调整工作又要在短期内完成，如不采取稳健、周详的工作方案，完全有可能出现单方解聘的人员要求公司承担违约责任，提出巨额赔偿，甚至以提起集体诉讼或仲裁的方式要求甲公司解决。变更劳动关系的人员则可能故意拖延，以图获得最大利益。而拟返聘人员如果联合起来不接受返聘且提出更高的诉求，可能导致新股东接手的甲公司无法正常运作。

经进一步沟通，大成律师了解到"甲公司前两年有亏损的实际情况；且甲公司依法组建了工会；同时，甲公司与当地劳动部门保持有良好工作互动关系"等情况。有这些条件，采用经济性裁员又将返聘、转岗作为保障措施将是一个较好的组合方案。此方案既能有法可依，最大限度降低裁员补偿成本，又能统一部署，且事先取得劳动主管部门的配合和支持，避免出现群体性事件，可平稳完成安置工作。因此，与会人员一致决议通过采用经济性裁员解决本次人事调整的方案。

各方情况确定后，大成律师依次迅速完成：工会委员变更，召开工会进行决议，召开公司领导层及各部门主管会议，核算和设计补偿方案，起草裁员方案及各项法律文书，与劳动监察大队事前沟通，向劳动监察大队进行裁员方案报备、预演应急措施后，分批次将与不再返聘以及需返聘保留的人员进行沟通，让尚未面谈的人员都有被保留的希望而继续做好手头工作，最后再处理转岗人员相关事宜。最终本次人员多渠道分流安置工作在不到一个月的时间圆满完成。

办案亮点

由于甲公司新旧股东在工作开展前的明确指示和正确决策，工作小组分析透彻、方案合理、部署周密，且充分调动各部门领导积极配合，从而使本次人员调整工作得以圆满完成。过程中虽然部分员工出现心理波动，并发生一些抵触和提出不合理要求的情形，但经及时应对，有效沟通，最后均得到了合情合理的解决。绝大部分员工对甲公司基于"以人为本"的理念进行的调整安排及补偿方案表示满意，没有员工带着恨意离开，更没有任何员工对甲公司、甲公司的楼盘或甲公司领导进行攻击、谩骂等。

合规指引

1. 人员安置项目在处理不当的情形下可能引起大规模群体性事件甚至恶性事件。企业在编制员工安置方案时，务必综合考虑各类因素、全面收集信息，特别要注意尽量准确了解每位员工的情况和动态，并根据了解到的情况，对各种可能发生的事件提前做好预防和应对措施。

2. 制定安置方案不仅需要考虑到安置成本，人才需求和员工意愿等，还应该将不同企业的具体情况以及员工的特殊情况纳入考量因素。用人单位应当结合双方的意愿，在综合权衡各种模式的调整后作出决定。同时，方案应尽量考虑对及时配合签约的人员在法定补偿之外设置奖励，从而尽量减少员工观望、等待。

3. 在人员安置实施前，建议企业提前与当地政府相关部门（劳动行政部门、公安部门）做好沟通工作。

4. 协商沟通时，如果涉及员工较多，建议对员工进行分组谈判，各小组同时启动沟通，稳住问题多的，同时迅速突破易沟通的。

经典文书参考

甲公司经济性裁员方案

甲公司（下称我公司）注册资金10000万元，主要经营范围为房地产开发、销售。目前，公司开发的主要房地产项目是××。因受到经济形势低迷、行业产能过剩等影响，公司2014年、2015年连续亏损。在此情形下，公司决定进行股权并购后调整经营管理方式。为此，需要缩减部分岗位编制，裁减部分人员，具体方案如下：

一、经济性裁员依据

根据经审计的公司财务报告（具体如附件），我公司2014年、2015年连续2年亏损，确需调整经营管理方式，缩减部分岗位编制，裁减部分人员。根据《劳动合同法》第四十一条第一款第二项"有下列情形之一，需要裁减人员二十人以上或者裁减不足二十人但占企业职工总数百分之十以上的，用人单位提前三十日向工会或者全体职工说明情况，听取工会或者职工的意见后，裁减人员方案经向劳动行政部门报告，可以裁减人员：……（二）生产经营发生严重困难的；……"的规定，经济性裁员属于用人单位解除劳动合同的一种法定情形，我公司符合法定的经济性裁员构成条件。

二、裁员人数

公司在岗人数为65人，计划裁员10人至39人（具体人员名单如附件）。裁减人员中的29人公司预计可以根据新的经营管理方式，按新的岗位和工资等条件协商变更劳动合同而不裁员或视情况裁员后双方自愿选择而重新返聘。即，公司预计最低裁减人数为9人，占企业职工总数13.8%，裁员的人数符合职工总人数占比的规定。对于列入裁员范围的人员，在工会审查并报劳动部门备案完成后，拟分 3 批进行面谈后实施裁员计划。但是，有以下情形人员不在被裁减人员之列：

（一）从事接触职业病危害作业的劳动者未进行离岗前职业健康检查，或者疑似职业病病人在诊断或者医学观察期间的；

（二）在本单位患职业病或者因工负伤并被确认丧失或者部分丧失劳动能力的；

（三）患病或者非因工负伤，在规定的医疗期内的；

（四）女职工在孕期、产期、哺乳期的；

（五）在本单位连续工作满十五年，且距法定退休年龄不足五年的；

（六）法律、行政法规规定的其他情形。

三、裁员程序工作情况

依照有关劳动法律、法规规定，裁员应履行以下法定程序：

（一）在实施裁减人员前召开工会或者全体职工大会说明情况，听取工会或者职工的意见。

鉴于我公司已依法组建有工会，为此，公司于 2016 年 4 月 11 日上午，以会议方式向工会就公司裁员计划及相关情况进行说明，并听取了工会人员的意见（会议文件如附件）。说明的情况主要包括：我公司存在亏损的情况、裁减人员原因、拟裁减岗位及人员数量、实施裁减人员的时间、经济补偿办法以及其他需要说明的事项。工会全体人员均同意公司的裁员计划。

公司同时于 2016 年 4 月 11 日以会议方式向公司各部门主管就公司裁员计划及相关情况进行说明，并听取了各主管人员的意见。

（二）根据工会及部门主管意见，主办律师编制了本裁员方案，向长泰县劳动行政部门进行书面报备。

（三）向劳动部门报备完成后，将由主办律师曾春华及律师助理桂小雨，在公司人力部及被裁人员部门主管的配合下，分 3 批次向被裁人员进行说明并签署裁员协议，办理解除劳动合同有关手续，公司有信心平稳、妥善地完成本次裁员工作。

四、裁员补偿方案

（一）关于补偿问题的主要法律规定

1. 工作年限补偿：依照有关劳动法律、法规规定，公司应对被裁减人员给予经济补偿，经济补偿按劳动者在本单位工作的年限（以下用"N"代称），每满一年支付一个月工资的标准向劳动者支付（六个月以上不满一年的，按一年计算1个月工资的经济补偿；不满六个月的，向劳动者支付半个月工资的经济补偿）。劳动者月工资高于用人单位所在直辖市、设区的市级人民政府公布的本地区上年度职工月平均工资三倍的，向其支付经济补偿的标准按职工月平均工资三倍的数额支付，向其支付经济补偿的年限最高不超过十二年。本条所称月工资是指劳动者在劳动合同解除或者终止前十二个月的平均工资。

根据某市统计局2015年6月公布的数据，2014年度全市在岗职工平均工资51495元，折合月平均工资为4291.3元（注：2015年职工平均工资尚未公布）。即经济补偿金月工资最高为4291.3×3=12873.9元。裁员名单中，有部分员工的平均工资超过了前述限额。根据公司工会及部门主管的提议，经与公司领导讨论决定：对于调整管理方式后没有相关岗位只能选择裁员解除劳动合同的9人，如有实际工资高于经济补偿金月工资最高标准的，如能积极配合裁员工作的，按其按实际工资发放补偿；否则，依法律规定标准补偿；对于股权并购调整管理方式后仍有相关岗位的人员，原则上应鼓励相关人员协商变更合同后留作而不裁员，如需裁员补偿金是否按实际工资标准计算另行请示确定。

我公司裁员名单中没有工作年限超过12年的员工。

2. 代通知金：根据《劳动合同法》第四十一条规定，企业裁员应提前三十日向工会或者全体职工说明情况，由于我公司未能提前相应时间作情况说明，因此，参照《劳动合同法》第四十条"用人单位提前三十日以书面形式通知劳动者本人或者额外支付劳动者一个月工资后，可以解除劳动合同"的规定，额外补偿1个月工资。

（二）我公司本次裁员补偿方案

基于以上规定，我公司裁员补偿方案正常应当为"（N+1）×员工本人前12个月平均工资"。

（三）补偿发放

以上补偿均在被裁人员与公司签订《裁员协议》并进行工作交接完毕后，2个工作日内一次性以转账方式支付。

五、本方案为最终报送备案稿

本方案由主办律师根据公司工会及各部门主管会议讨论情况编制，提交公司领导审批后盖章，向长泰县劳动行政部门报备后实施。

裁员通知书（不同意签约人员版）

_____先生/女士：

  我很遗憾地通知您，因受到经济形势低迷、行业产能过剩等影响，公司已经连年亏损，在此情形下，公司决定由其他企业进行股权并购后调整经营管理方式。为此，需要缩减部分岗位编制，裁减人员。您与公司签订的合同于_____年____月____日因裁员予以终止。

  请您于_____年____月____日前按公司管理规定办理离职交接手续。

  根据《劳动法》和《劳动合同法》等相关规定，公司将在您办理完离职交接后2个工作日内依法向您支付相应经济补偿金，并为您出具离职证明。

  公司真诚感谢您的努力和为公司所做的贡献！关于本次裁员的事宜如有疑问，请咨询主办律师_____，电话：_____。

  特此通知

甲公司（盖章）

_____年____月____日

请签名确认已收阅本通知。

员工签名（签名并捺印）：

_____年____月____日

裁员协议书（解聘人员版）

甲方：_____

乙方：_____，身份证号码：_____

根据《劳动合同法》及相关法律、法规的规定，经双方自愿协商一致，达成如下协议：

一、甲方自_____年____月____日起对包括乙方在内的人员进行经济性裁员。为此，甲方根据《劳动合同法》及相关规定，按照被裁人员的工作年限，每满一年支付一个月工资的标准（六个月以上不满一年的按一年计算，不满六个月的按半年计算），向劳动者支付裁员经济补偿；同时，由于甲方没能提前30日通知乙方裁员，甲方向乙方额外支付一个月经济补偿金作为代通知金。

二、乙方于_____年____月____日入职甲方，工作年限为____年，裁员前____个月乙方平均工资为_____元/月。甲方应当发放给乙方的补偿金总计人民币_____元。前述补偿金，甲方在本协议签署且乙方按甲方规定办理完交接手续后，____个工作日内转账到乙方的工资账户。

三、乙方按本协议要求工作交接完成后，甲方将配合乙方出具工作情况良好的离职证明文件。

四、本裁员协议签署后，双方立即按甲方相关规定办理解除劳动关系手续，此后双方不存在任何劳动、经济关系，但乙方与甲方原签署的保密协议、竞业限制协议继续有效。乙方保证不再以仲裁、起诉、投诉、控告、上访等任何方式对甲方提出任何权利要求或主张；也不会以任何方式进行有损甲方声誉和经营等的任何行为。

五、本协议一式两份，双方各执一份，各方持有的协议具有同等法律效力。

甲方（盖章）：　　　　　　　　　　乙方（签字、捺印）：

_____年____月____日　　　　　　_____年____月____日

裁员协议书（拟返聘人员版）

甲方：_____

乙方：_____

根据《劳动合同法》及相关法律、法规的规定，经双方自愿协商一致，达成如下协议：

一、因连年亏损，甲方决定由其他企业进行股权并购后调整经营管理方式。为此，甲方自_____年____月____日起对乙方进行经济性裁员后，由新的管理方按照新的岗位条件与乙方沟通是否返聘。甲方依法按照被裁人员的工作年限，每满一年支付一个月工资的标准（六个月以上不满一年的按一年计算，不满六个月的按半年计算），向劳动者支付裁员经济补偿；同时，由于甲方未能提前30日通知乙方裁员，甲方向乙方额外支付一个月工资作为代通知金。

二、乙方于_____年____月____日入职甲方，工作年限为____年，裁员前____个月乙方平均工资为_____元/月。甲方应当发放给乙方的补偿金总计人民币_____元。

三、本协议签署后，甲方新的管理方将在____日内与乙方沟通新的岗位职责、任职条件及薪资待遇等返聘相关事宜。双方均确定返聘的，甲方在乙方办理完返聘相关手续后并正常工作____个月届满后的____日内将经济补偿金转账到乙方工资账户；____日内双方未就返聘方案达成一致的，乙方按甲方规定办理离职交接手续后，甲方在____个工作日内将经济补偿金转账到乙方的工资账户，同时，甲方将配合乙方出具工作情况良好的离职证明文件。

四、双方均履行本协议后，就双方之前劳动关系的债权、债务全部结清。乙方保证不再以仲裁、起诉、投诉、控告、上访等任何方式对甲方提出任何权利要求或主张；也不会以任何方式进行有损甲方声誉和经营等的任何行为，但乙方与甲方原签署的保密协议、竞业限制协议继续有效。

五、本协议一式两份，双方各执一份，各方所持协议具有同等法律效力。

甲方（盖章）：　　　　　　　　　　乙方（签字、捺印）：

_____年____月____日　　　　　　_____年____月____日

劳动关系结转协议书

甲方：_____

乙方：_____，身份证号码：_____

因甲方结构性调整和经营管理模式变更，根据《劳动合同法》及相关法律、法规的规定，甲乙双方经协商一致，就乙方的劳动关系转移至甲方下属企业某市××物业管理有限公司（下称××物业）事宜，达成如下协议：

一、乙方同意自_____年____月____日起甲方将其劳动关系转入××物业，同时，乙方的工作年限计入××物业，工资待遇维持不变。

二、甲方同意乙方的社保、住房公积金继续由甲方厦门分公司按乙方原核定标准代为缴交，相关费用由××物业直接与甲方厦门分公司进行结算（社保及住房公积金个人应承担部分由中州物业直接从乙方工资中扣除）。同时，乙方的工作年限计入××物业。

三、本协议签署后，乙方按××物业的劳动合同文本与××物业重新签订劳动合同，根据新的劳动合同享有权利和承担义务，并自愿接受××物业现有的全部规章制度。

四、乙方_____年____月份的工资继续由甲方支付，此后由××物业履行双方劳动合同的权利义务。如双方之前劳动关系还存在争议的，由乙方与××物业解决。同时，乙方与甲方原签署的保密协议、竞业限制协议继续有效。

五、本协议一式两份，双方各执一份，各方所持协议具有同等法律效力。

甲方（盖章）：　　　　　　　　　　　乙方（签字、捺印）：

_____年____月____日　　　　　　　　_____年____月____日

停岗通知

  姓名：_____（身份证号码：_____，手机号码：_____），因甲公司已经连年亏损，在此情形下，甲公司决定由其他企业进行股权并购后，调整经营管理方式。根据新的管理方式，甲公司原有部分员工完全没有相应工作内容而被裁员后离职；有部分员工仍有相应岗位但工作条件发生变化，因此裁员后根据双向选择的方式进行返聘；另外，包括您在内的部分员工，劳动关系在甲公司，但工作内容实际上一直是为甲公司原股东合资控股的某市××物业管理有限公司（下称××物业）服务；因此，甲公司提出按原有岗位、工作内容及待遇，将劳动关系转入××物业（原工龄保留，薪资、福利待遇不变）。

  但您不同意以上安排，坚持保留与甲公司的劳动合同关系，而甲公司新管理方式刚启动，一时确实无法给您安排工作岗位。为此，现通知您_____年____月____日起停岗至您与甲公司协商确定新的岗位之日止。停岗期间，您只需工作日每天上午_____、下午_____在公司考勤机打卡，并到人事行政部签到。签到后即可离开公司，无须在公司等待下班时间。对此，公司将依照劳动部《工资支付暂行规定》第十二条等相应规定支付您的报酬。

  特别提示：未经事先请假，不得漏打卡或签到。漏打卡或签到一次算旷工半天，根据公司《请休假管理办法》规定，员工旷工每月累计2次及以上的，或每年累计5次及以上的，属于严重违反规章制度，公司有权辞退处理。

  特此通知

  甲公司（盖章）

_____年____月____日

084 某集团经营战略调整，裁撤部门和产业线、解除劳动关系专项法律服务[①]

⚙ 案例疑难点

项目公司需要在极短时间内完成公司的经营战略调整，裁撤相关部门和产业线，为此涉及相关员工劳动关系的处置，虽大部分员工已通过协商达成解除协议，但仍有部分员工不同意协商解除。如果处理不好这些情况，会对整个经营调解工作造成不利影响。为此，大成律师依据"客观情况发生重大变化""未能就变更劳动合同内容达成协议"的思路，设计方案并付诸实施，最终取得成功。

▶ 案情介绍

基于集团的整体战略，甲公司必须在2014年6月底前结束公司运营部在某市的生产、制造、物流作业，为此涉及相关员工劳动关系的处置，大成律师介入前，公司已与大部分员工就解除劳动合同达成协议，但仍有6名员工无法达成解除协议。

大成律师了解到公司可以在外地设置类似岗位，虽然估计员工不会接受外地的岗位，但公司应该给员工就业的机会，于是大成律师按法律的要求与这部分员工就变更劳动合同之工作地点进行协商，并邀请公司工会人员参加，且制作会议纪要，最后与其中1人达成变更协议，与4人达成解除协议，1人被公司依法单方解除劳动合同。

被公司解除劳动合同的员工后来提起仲裁，最终未获仲裁支持。

[①] 周军，北京大成（上海）律师事务所律师。

办案经过

1. 前期沟通

与公司相关人员沟通，了解公司经营战略变更、原生产场地退租及协商解除大部分员工的事实，且了解在外地关联公司设立类似岗位的可能性，并查看6名不同意协商解除员工的员工档案、劳动合同、公司相关规章制度等资料，确定协商解除、协商变更、单方解除的三套方案。

2. 召开董事会

要求公司董事会依据其章程，形成"在2014年6月底前结束公司运营部在某市的生产、制造、物流作业"的《董事会决议》。通过公司董事会决议程序，表明经营战略的调整系公司自主经营的范围。

3. 新岗位准备

公司在某市的关联公司有与这6名不同意协商解除员工的岗位类似的岗位，但只能安排2人左右，如果这些员工有人愿意到某市工作，公司可以和关联公司签订合作协议，委派这些员工到关联公司协助工作。

4. 告知员工

要求公司将"在2014年6月底前结束公司运营部在某市的生产、制造、物流作业"的决定通知工会和相关员工，并保留证据。

5. 协商变更

2014年5月21日，就变更劳动合同与员工进行协商，并邀请公司工会人员参加，制作会议纪要；2014年5月27日，就变更劳动合同与员工再次进行协商，并邀请公司工会人员参加，制作会议纪要。

6. 签订协商解除劳动合同协议书

与同意变更的员工签订《劳动合同变更协议》，与不同意变更但愿意协商解除的员工签订《协商解除劳动合同协议书》。

7. 单方解除

对既无法达成《劳动合同变更协议》又无法达成《协商解除劳动合同协议书》的员工，公司在征求工会意见后通知该员工解除双方的劳动合同，并依法支付经济补偿。

8. 劳动仲裁

被公司单方解除的员工向某区劳动仲裁委提起劳动仲裁，大成律师接受公司委托代理该案，最终仲裁委以劳动合同订立时所依据的客观情况发生重大变化，致使劳动合同无法履行，经用人单位与劳动者协商，未能就变更劳动合同内容达成协议，用人单位提前三十日以书面形式通知劳动者本人或者额外支付劳动者一个月工资后，可以解除劳动合同，用人单位向劳动者支付经济补偿后，不构成违法解除为由，驳回了该员工全部仲裁请求。

💡 办案亮点

1. 方案设计

大成律师在调查后认为，本项目可以从"劳动合同订立时所依据的客观情况发生重大变化，致使劳动合同无法履行，经用人单位与劳动者协商，未能就变更劳动合同内容达成协议的"情形入手，为此大成律师首先要求公司董事会形成《董事会决议》，其次收集公司原生产场地已退租的协议，从而证明"客观情况发生重大变化，致使劳动合同无法履行"。

在因客观情况发生重大变化，致使劳动合同无法履行的情况下，劳动者本身并不存在履行劳动合同的能力瑕疵，因此，公司应当首先给予劳动者继续履行劳动合同的选择权，这是公司的一项法定义务，所以，大成律师建议公司在外地准备类似岗位，同时为体现调岗的合理性，对同意调岗的员工每人每月增加200元补助。在这一方案下，大成律师与员工就变更劳动合同进行协商。

2. 程序合法

向相关员工出具变更劳动合同意向书并征求员工是否同意变更劳动合同的意见，且邀请公司工会人员参加，制作会议纪要，从而形成协商不成的证据。

对于协商不能达成一致而决定与其解除劳动合同的员工，要求公司就解除劳动合同的理由事先通知工会，在得到工会回复后，公司才向员工发送解除通知，并在十五日内为员工办理档案和社会保险关系转移手续。

3. 科学收集证据

在解除劳动关系项目中，容易出现个别员工不同意协商解除，在公司强行通知解除后可能提起劳动仲裁。为了避免员工的此类反制行为，公司必须保留全过程记录和资料作为证据。在本项目中，不同意协商解除的员工中有一名员工提起了劳动仲裁，而公司通过举示劳动合同、董事会决议、人事通告、房屋续租合同解除协议书证明公司客观情况发生重大变更，举示会议纪要、变更劳动合同意向书及谈话录音证明就解除合同事宜双方进行了多次沟通协商，举示解除劳动合同征求工会意见的函、工会回复及解除劳动合同通知工会函、解除劳动合同通知书、劳动手册证明解除告知程序的合法性，最终仲裁委支持公司方的解除程序是完全合法合规的。

合规指引

对于解除劳动关系项目，因为涉及很多员工，一方面公司面临大量协商解除劳动关系经济补偿金的支付压力，另一方面也面临很多员工可能不同意协商解除导致群体性事件的社会稳定压力。对于各方面的挑战，公司应注意如下几个方面：

1. 程序的合法合规性。若公司因经营战略调整等客观因素需要解除劳动关系，对于公司相关决议产生、公布、协商过程、工会的告知等一系列程序均应按照法律程序走，并保留所有相关记录，以防员工反制。

2. 多路径安置员工。公司生产线、部门裁撤，对于员工安置可以根据不同岗位、薪酬等作出具体安排，如可以考虑调岗、调整工作地点等，在可以通过其他途径容纳员工的情况下，尽量避免解除劳动关系。一方面可以减轻公司支付协商解除劳动关系经济补偿金的资金压力，另一方面也可以避免过多员工强制性下岗，可能引发群体性事件。

3. 做好面临劳动争议的预案。因为大型解除劳动关系项目，可能会面临个别员工提起劳动仲裁、诉讼的可能。在处理过程中，公司要注意保留证据，如劳动合同、员工档案、劳动手册、通知单、工会告知记录、公司决议、与员工协商沟通的录音等，以证明公司解除劳动合同的合法性，以免被员工索要违法解除劳动合同的双倍赔偿。

085 某公司经营战略调整，裁撤行政岗位、新增生产岗位的劳动关系处理专项服务[①]

案例疑难点

项目公司因经营战略调整，原有的行政岗位减少，一线生产岗位增加，项目公司拟将原在生产岗位的被派遣劳动者变为正式职工，如何合法合规地处理行政岗位工作人员的劳动关系以及如何将被派遣劳动者变为正式职工是此次项目的重点难点。

案情介绍

项目公司原有正式职工700余人，另有被派遣劳动者150余人，被派遣劳动者的人数占该公司用工总量的21%，已经超过了《劳务派遣暂行规定》的用工总量比例，被上级公司要求整改。且项目公司经营战略调整，要求组织机构改革，正式职工人数增加至720人。但因公司业务生产量增加，组织机构改革后，行政岗位数量减少，一线生产岗位增加，由此导致公司的行政管理岗位的工作人员富余，而生产岗位的工作人员紧缺，无法满足公司的计划产量。项目公司提出，要把合法合规处理在册职工的劳动关系以及降低公司被派遣劳动者的用工比例控制在用工总量的10%以内，同时需要聘用部分优秀被派遣劳动者。

大成律师了解到此次项目的背景以及公司的目标后，对公司现有的在册职工、劳务派遣等基本情况进行尽职调查，为公司设计此次劳动关系处理方案、实施步骤，指导公司完成全流程，最终公司与13名在册职工合法解除劳动合同，将公司被派遣劳动者的人数比例降至合法比例，同时将51名被派遣劳动者转为正式职工，圆满地完成了公司的预期目标。

[①] 姚瑶、林达斯、古蜀君，北京大成（南宁）律师事务所律师。

办案经过

1. 前期沟通

与公司相关人员沟通，了解公司此次劳动关系处理项目的项目背景、公司的经营战略等，在初步了解后，根据公司的实际情况，综合统筹，为公司设计切实可行的项目实施方案。

2. 协助公司开展内部决策

根据公司章程以及有关内部决策文件，协助公司对经营战略调整、组织机构改革、安置方案等开展党委会前置研究讨论、总经理办公会决策、董事会决议、股东决议等内部决策流程，确定组织机构调整后的人员结构。

3. 协助公司确定全员竞聘上岗方案及公司相关的规章制度文件

协助公司拟定全员竞聘上岗方案、待岗人员管理办法及其他有关劳动管理的规章制度文件。

4. 协助公司召开职工代表大会

根据有关企业民主管理条例等规定，拟定职工代表大会有关程序性文件，协助公司召开职工代表大会，审议通过组织机构改革方案、全员竞聘上岗方案、待岗人员管理办法及其他有关劳动管理的规章制度文件。

5. 协助公司开展全员竞聘上岗工作

协助公司拟定竞聘上岗流程文件，包括但不限于竞聘申请表、竞聘公告、考评表以及公示文件等。公司完成竞聘上岗工作后，协助公司与竞聘成功职工签署岗位变更确认书，向不参加竞聘、参加竞聘后中途放弃、参加竞聘但未被聘任的、被公司聘任定岗后拒聘上岗或其他原因不能参加竞聘或未竞聘上岗的职工发送待岗通知书。

6. 拟定未聘人员处理方案

协助公司对未聘人员开展访谈工作，根据职工的具体情况，拟定未聘人员处理方案，主要处理情形：（1）对于同意公司安排合适岗位的未聘用人员，进行二次上岗考评流程，考评合格的安排上岗；（2）对于不同意公司安排合适岗位的未聘用人员，继续安排待岗，待岗期间公司根据待岗人员管理办法进行管理。

7. 拟定待岗职工安置方案

根据待岗人员的具体情况，拟定待岗职工安置方案，公司动议与符合法律规定和方案情形的待岗职工协商解除劳动合同并依法给予经济补偿金。

8. 拟定协商解除劳动合同配套文件、指导公司签署文件

拟定谈话提纲、协商解除劳动合同申请表、协商解除劳动合同协议书、离职声明、离职证明及办理流程等协商解除劳动合同的配套文件，协助公司工作人员与待岗人员进行一对一谈话，与同意协商解除的待岗人员签署解除劳动合同配套文件。

9. 拟定退回被派遣劳动者方案、指引及配套文件

根据公司提供的劳务派遣协议以及被派遣劳动者的基本情况资料，对退回被派遣劳动者的路径进行分析，形成路径分析意见，在公司确定退回路径后，指引公司与劳务派遣公司协商合法合规退回被派遣劳动者，同时指导公司与劳务派遣公司、被派遣劳动者签署相关解除劳务派遣协议书、劳动合同变更确认书、退回通知及公告等。

10. 拟定被派遣劳动者从劳务派遣公司离职、入职公司的方案及配套文件

拟定被派遣劳动者转正处理方案，协助公司拟定招聘流程文件，包括但不限于招聘公告、岗位要求表、应聘报名表、入职通知、录用条件确认书、保密协议、规章制度签收单据、入职承诺书及办理流程等，指导公司通过社会招聘的方式，将优秀的被派遣劳动者纳入正式在册职工的行列。

办案亮点

1. 方案设计

此次项目不仅涉及职工的劳动关系合法解除，还涉及被派遣劳动者的退回以及转为正式职工等合法性流程。因此在设计方案时将流程具体分为两大部分：一部分为在册职工劳动关系的处理；另一部分则为被派遣劳动者的处理。

对于在册职工劳动关系的处理，主要是因公司经营战略调整、组织机构变化，导致行政岗位数量变少、一线生产岗位增多，势必会造成部分行政岗位在册职工无法继续待在行政岗位，如仅调整该部分职工的岗位，则无法体

现公司调岗的公平公正性，故建议公司通过开展全员竞聘上岗的方式，确定现有工作岗位的在册职工都参与。对于在全员竞聘上岗中未竞聘成功的职工，公司再次给予该部分职工二次上岗的机会，进一步保证公司此次竞聘上岗及调岗的公平公正性。对于不同意二次上岗的职工，大成律师认为可以从"协商一致""劳动合同订立时所依据的客观情况发生重大变化，致使劳动合同无法履行，经用人单位与劳动者协商，未能就变更劳动合同内容达成协议的"路径进行解除。经综合考虑，优先采取"协商一致"的路径进行解除。

对于被派遣劳动者的处理，根据劳务派遣协议约定的解除情形及法定的退回被派遣劳动者的有关规定，大成律师认为公司可优先采取与各劳务派遣公司沟通协商，向劳务派遣公司说明公司的客观情况及解除劳务派遣协议的必要性，争取获得劳务派遣公司的理解，促成双方达成协商解除的合意，并就劳务派遣协议的解除、退回人员的安置、补偿费用等事宜达成协议，以明确各方的权利义务。对于退回的被派遣劳动者再经过社会招聘的方式重新录用，将被派遣劳动者转为正式职工。

2. 程序要求

此次项目涉及多方案及多事项的处理。公司的经营战略调整、组织机构改革等方案需要经过公司管理层的内部决策程序；全员竞聘上岗方案、待岗人员管理办法等规章制度文件因涉及职工的切身利益，需经职工代表大会审议通过。

3. 步骤要求

此次项目的处理涉及调整在册职工生产岗与行政岗人员比例，吸收被派遣劳动者，为了确保项目的顺利进行以及体现对在册职工的公平公正，在方案的实施步骤上需要先处理完毕在册职工，再吸纳被派遣劳动者为正式职工。如公司在正式职工未处理完毕时，即吸纳被派遣劳动者为正式职工，对于无法通过"协商一致"解除劳动合同的待岗人员，公司再以"劳动合同订立时所依据的客观情况发生重大变化，致使劳动合同无法履行"为由单方行使解除权即丧失了合法合理性。

合规指引

如公司未能合法合规处理与职工的劳动关系，则可能导致公司面临巨额赔偿，因此大成律师对类似的专项提出以下建议：

1. 制定可以约束劳动者的规章制度或劳动纪律等文件，并确保涉及劳动者切身利益的有关文件已经经过了民主及公示程序。

2. 全员竞聘上岗过程中保持公平公开公正，考评条件主客观相结合，竞聘完成后及时与劳动者签署有关岗位变更和确认的文件，同时注意保留有关证据，以便将来发生仲裁或诉讼的不时之需。

3. 如涉及多数职工的安置，在公布安置方案前向有关人社部门、工会等报备，做好群体性事件的应急预案。

4. 对于被派遣劳动者的退回，应审慎核查劳务派遣协议约定的解除条款、赔偿条款、退回条款以及退回人员的安置条款等，确定具备退回被派遣劳动者的合法依据，避免因违法退回导致的赔偿风险。

经典文书参考

岗位变更确认书

本人自愿参加公司组织的竞聘上岗工作，现本人竞聘成功并获得新部门和岗位的职位，现就竞聘成功后有关事项确认如下：

一、从公司公布竞聘结果之日起，本人同意在_____部门从事_____岗位工作，并确认公司基于改革发展或是客观情况的变化，需要再次与本人协商变更，本人愿意遵守公司规章制度，按要求与公司协商或是接受考核和安排。

二、本人的薪酬待遇由公司根据薪酬制度和本人提供的劳动数量和质量以及考勤结果等按月发放。

三、其他以原劳动合同为准。

确认人：

身份证号：

年　　月　　日

086 前期谈判僵局情况下的员工安置法律服务[①]

案例疑难点

在用人单位与劳动者就协商解除劳动合同陷入僵局、双方关系紧张的情况下，律师介入后快速化解了双方的关键矛盾，仅用半天的有效工作时间便在用人单位预算有限的基础上，圆满完成了员工安置的任务。

案情介绍

甲公司因工厂搬迁、业务转型，自2019年5月起开始与员工进行安置沟通。员工均为当地人，故公司领导、人力部门及法务部门认为方便沟通，只需要常年法律顾问提供日常咨询即可。但是，因公司相关工作人员、法律顾问对经济补偿金计算标准、加班费的主张、提成等存在严重误解，直到2019年6月底，员工安置问题一直未能解决，反而员工情绪更为激动，拟向当地人社部门进行投诉。无奈之下，甲公司委托律师对该问题进行处理。

办案经过

2019年6月27日，律师正式接受甲公司委托并成立专项法律服务小组，要求公司根据要求提供需安置员工的相关信息。当天下午，律师根据项目的具体情况及实施方案起草了相关法律文书。根据公司要求，律师在第二天入场进行协商谈判。

2019年6月28日上午，律师到达甲公司首先与公司领导、人力部门及法务部门进行面谈。律师建议：区分员工情况，与员工协商时应本着先易后难的顺序进行；对积极协商的员工进行必要的奖励；目前公司经济补偿金计算标准有误，需要更正；在不支付加班费的情况下，仅仅N的补偿标准员工可

[①] 王文涛，北京大成（青岛）律师事务所律师。

能无法接受。但各部门均反映公司与员工的关系一直非常融洽，"员工都很好说话"。同时，公司领导表示不同意对员工进行奖励，执意要求按照公司方案进行沟通。因此，公司决定按照员工信息表的顺序与员工进行一对一面谈。第一轮面谈开始后，每个员工都对公司提出的、以实发工资为基数的 N 倍经济补偿金提出了异议，并主张加班费、提成、带薪年休假等各项费用。谈判一度陷入僵局。

6 月 28 日下午，经过律师与公司领导沟通，甲公司同意：1. 经济补偿金的计算基数改为员工应发工资；2. 按照先易后难的顺序与员工进行第二轮面谈。第二轮面谈开始后，律师明确告知员工：本次协商公司不会发放任何加班费；目前双方是协商解除，不是单方解除，故只支付 N 倍的经济补偿金，不存在额外给予一个月工资的情形；律师不会进行第三轮面谈。第二轮面谈时，大部分员工与公司达成合意，双方签署了《协商解除劳动合同协议书》。

第二轮面谈结束后，公司应律师要求组织未协商一致的员工开会，律师在会上宣布公司决议、安排员工待岗，同时要求该部分员工签署《协商确认函》。员工不同意待岗，更不同意签署《协商确认函》。律师表示公司现状如此，无法正常生产经营，只能安排待岗，而且律师也不会进行第三次面谈。部分员工情绪平静之后，要求公司给予再次协商的机会。

周末过后，2019 年 7 月 1 日，公司法务部门向律师反馈剩余员工主动到公司要求继续协商并在 2019 年 7 月 2 日与公司签署《协商解除劳动合同协议书》。员工安置项目圆满完成。

办案亮点

第一，公司自行进行的沟通谈判，沟通意见与法律相抵触，而且对员工心理预期过于乐观，持续两个月，以致出现僵局。但从律师接受委托到项目圆满完成仅耗时六天，有效工作时间半天。

第二，通过律师的工作，客户在合理的预算内快速完成了员工安置。

第三，与员工沟通的前提是合法，在合法前提下施加必要的谈判压力，才有可能促成一致。

第四，专业性是快速解决纠纷的前提，没有专业性做支撑，法务、人力也无法协商解除"好说话"的员工。

@ 合规指引

实务中企业实施员工安置，主要涉及企业解散清算、客观情况发生重大变化及经济性裁员三种情形，本案例属于客观情况发生重大变化的情形：

1. 法律依据

《劳动合同法》第四十条第三项规定，劳动合同订立时所依据的客观情况发生重大变化，致使劳动合同无法履行，经用人单位与劳动者协商，未能就变更劳动合同内容达成协议的，用人单位提前三十日以书面形式通知劳动者本人或者额外支付劳动者一个月工资后，可以解除劳动合同。客观情况，是指发生不可抗力或出现致使劳动合同全部或部分条款无法履行的其他情况，如企业迁移、被兼并、企业资产转移等，并且排除本法第二十七条所列的情况。

2. 适用场景

常见的情形为企业经营困难、缩减规模、业务转型、组织变更等。比如随着外包业务的发展，公司决定将某个业务环节去掉，转由通过业务外包的方式实现。那么在这种情形下，该业务环节上员工的劳动关系势必受到影响。如果企业有其他合适的岗位，可以通过调岗的方式实现劳动合同的继续履行；如果没有合适的岗位或者员工不同意调岗，那么企业就有必要解除劳动关系。如果仅涉及某个员工，企业可以直接依据法律规定进行相应操作，解除劳动合同；但是如果涉及人数较多，触及经济性裁员的比例，那么企业直接依据法律规定进行劳动合同解除，可能就存在一定的风险。在这种情形下，我们建议企业通过协商的方式实现员工的安置。

3. 操作流程及相应文书

从法律规定来看，这种客观情况的变动确实会影响劳动合同的履行，相信劳动者对此也会有相应的认识。所以，在建立共鸣的基础上，实现人数较多的员工安置是有可能性的。因此，我们从协商解除的角度看一下该情形下如何进行员工安置的操作。

（1）股东会、董事会决议

客观情况发生重大变化，主要是基于上述几种情形发生，而这些情形一般属于公司重大决策，需要有权机构做出。因此，企业需要梳理公司章程，明确该决策的有权机构并通过该机构做出相应的决策。同时，该决策确实影响了相关员工劳动合同的继续履行。

（2）形成相应的员工安置方案

依据该法律规定来看，公司单方解除劳动合同需要具备相应的要件。除了我们前面提到的股东会、董事会决议，同时还需要论证该重大变化导致原劳动合同无法继续履行，并就劳动合同变更与劳动者进行协商。协商不成的，企业才有权利解除劳动合同。我们面临的主要是协商不成的相关情形。因此，此种情形下的员工安置明显不同于公司解散清算。在设计员工安置方案时，一定要考虑员工不同意协商或者公司没有可以协商变更合同的余地时，如何实现员工安置合法合规地推进。企业有必要采取一定的措施来应对和解决这种可能存在的情形。

（3）安置方案的实施

即便是最好的方案，如果无法保证完美落地，最终还是一地鸡毛。因此，在方案出具之后，要跟进形成一系列的文书，确保方案的实施在可控范围内。

（4）员工沟通及协议签署

与员工沟通的前提是合法，在合法前提下施加必要的谈判压力，才有可能促成一致。而方案、协议、文书、流程、表单都是工具，工具是要靠人去实施的，所以谈判人员如何去实施推进，借助这些工具最终实现员工安置，如何沟通就显得非常重要。专业性是快速解决纠纷的前提，没有专业性做支撑，法务、人力也无法协商解除"好说话"的员工。

经典文书参考

协商确认函

致：_____（员工）

因企业生产经营地整体规划为商住用地，已不符合工业企业生产条件，无法保证安全生产，故经公司研究决定，自_____年____月____日起暂时停止生产。

依据《劳动合同法》《某市企业工资支付规定》等法律规定，公司决定对部分岗位、人员安排待岗。员工待岗后，无须提供任何形式劳动。除法律另有规定外，待岗期间工资按照青岛市最低工资标准执行。

现公司依照法律规定，与你进行协商、沟通并进行确认：是否同意待岗并领取待岗工资。

1. 同意。

员工签字：

日　期：

2. 不同意。

员工签字：

日　期：

协商解除劳动合同协议书

甲方（用人单位）：_____

乙方（劳动者）：_____

身份证号：_____

手机号码（必填）：_____

住址：_____

经甲、乙双方平等协商，一致同意于_____年____月____日解除双方之间的《劳动合同》并就解除事宜达成如下协议：

一、乙方应当在_____年____月____日前到甲方办理相关离职手续。

二、除本协议另有约定外，甲方依据《劳动合同法》及双方的协商沟通结果，就双方协商解除劳动合同事宜，甲方一次性支付乙方款项人民币_____元整（大写：_____元）（乙方入职日期为_____年____月____日，工作年限____年）。上述款项将在乙方的离职手续办理完毕后一个月内支付至乙方银行账户。

三、乙方理解并同意上述款项清偿了在劳动关系存续期间或因劳动关系解除产生的或与其有关的甲方应当向乙方支付的所有款项，包括但不限于经济补偿金、加班费、医疗补助费和其他补偿。甲方对乙方没有除本协议规定外的任何责任与义务。本协议所作的支付构成了就乙方可能提出的、因对劳动关系之解除/终止而产生的任何性质的所有主张的全部和最终解决。

四、《劳动合同》解除后，乙方仍应遵守该合同或签署保密协议（若有）项下就保密事项的相关约定，不得使用或者向任何个人或其他机构、实体泄露或披露任何甲方的商业秘密和机密资料。乙方若违反本规定，并对甲方造成损害的，乙方应赔偿甲方因此而遭受的损失和产生的一切费用。

五、本协议经双方当事人签字盖章后生效。

六、本协议一式两份，甲、乙双方各持一份，两份文本具有同等法律效力。

甲方：   乙方：

日期：   日期：

四、人身意外、工伤等突发事件的处理

087 劳动者享受了工伤待遇,又额外获得 166.66 万元赔偿案[①]

案例疑难点

二级工伤对于家庭来说是一个沉重的命题,若是工伤发生后雇主拒绝支付住院费则让工伤家庭更无措。接到本案后,办案律师另辟蹊径,以安全生产事故为切入点,通过电话录音等固定本次工伤为安全生产事故的事实,迫使对方正面谈判赔偿事宜。经过多次协商,使得雇主足额支付一年住院费,并在工伤保险待遇兜底的情况下,额外支付了 166.66 万元赔偿,保障了劳动者后期各并发症费用、尝试最新治疗手段费用等工伤待遇难以覆盖的范围,最终得到劳动者的满意和用人单位双方的认可。

案情介绍

2018 年 11 月 22 日 14 时 14 分左右,于某在某建设工程项目工作时,从高处坠落摔伤,造成身体多处损伤,2019 年 2 月 15 日经社保局认定为工伤。于某在该项目工作两个月,每天工资 290 元,每月工作 26 天,月工资为 290×26=7540 元。用人单位参保基数为 5000 元,低于实际 7540 元工资数额。经鉴定于某为二级伤残,然于某住院一段时间后,用人单位拒绝支付康复治疗费用。

[①] 崔林刚,北京大成(石家庄)律师事务所律师。

办案经过

1. 案件来源——大成深圳办公室劳动法专业律师推荐

因用人单位不支付住院康复治疗费用,于某求助于远在深圳的表姐,其表姐找到大成深圳办公室办理劳动争议案件的专业律师曾凡新,后因案件需要在石家庄办理,路途遥远,由曾律师向于某表姐推荐石家庄的崔林刚律师办理。

2. 案件初遇——全面了解案情及委托者诉求

经商谈,办案律师知悉了劳动者想要立即解决拖欠医院的医疗费用,且要求在现有待遇外的赔偿数额不低于 30 万元。经计算,因用人单位未以实际工资作为参保基数,按照平均寿命进行计算,给劳动者造成的损失,加上应当由用人单位承担的医疗保险合计远远超过 30 万元,办案律师告知委托人,最保守估计,现有待遇外的赔偿应能获得不低于 60 万元。

3. 切入痛点——安全生产事故

如何快速有效地解决问题,也是律师办理案件中需要考虑的问题。诉讼途径往往是漫长的。

办理律师通过分析调查、查阅建筑规范标准发现,本案并非单纯的意外事故,原因是用人单位的安全措施不到位。于某所受伤害应为重伤,此构成一般安全生产事故的后果。若此事被投诉调查,施工项目面临停工、整改,用人单位面临罚款、吊销资格、证照等责任。

4. 无接触沟通——抛出赔偿数额

从委托人处要来负责人电话,由安全生产事故切入进行沟通,并添加微信。办案律师依法依规、有理有据、合乎情理范围内,一一列出了于某的工伤赔偿数额共计 301.386 万元,并将书面文件通过微信发送给用人单位负责人。

5. 成效立见——雇主初次回复,赔偿数额已达 136 万余元

在面临安全生产事故处罚的达摩克利斯之剑下,用人单位对于某提出的各项赔偿项目一一做了书面回复,愿意赔偿 136 万余元。

6. 达成一致——敲定赔偿方案,额外赔偿数额为 166.66 万元

后经多轮电话沟通,2019 年 10 月 22 日,劳动者及用人单位双方签订了

书面的《于某工伤赔偿协议》：赔偿总额为166.66万元，其寓意和祝愿于某今后生活顺利。用人单位于2019年11月14日将全部赔偿金转至于某账户。

7. 案件结果——获得双方认可

于某及其家属对赔偿数额非常认可。在律师介入后不久，用人单位负责人多次来医院看望于某，对于某多次表达歉意和同情。在签订赔偿协议时，用人单位代表人员也对办理律师表达了敬佩和认可，并期望有机会与律师合作。

办案亮点

1. 在工伤待遇之外，额外支付赔偿额度高。166.66万元额度远超出工伤者预期赔偿额度，获得工伤本人及家属高度认可。

2. 保障后续的工伤待遇享受。赔付166.66万元后，通过协议固定了用人单位的后续协助办理工伤待遇责任，保障了工伤待遇的正常享受。

3. 尽管额外支付额度高，但最终获得用人单位认可。签订协议的时候，用人单位代表人员对办案律师表达了敬佩和认可，并在其他纠纷案件中欲聘用办案律师作为代理人。

4. 体现大成全国性律所优势。本案为深圳办公室曾凡新律师转介绍，办案地点为石家庄，最终结果获得工伤员工及家属的高度认可。

5. 非接触式办案。使用电话及微信、书面往来进行协商谈判，最终面签协议。

合规指引

本案涉及工伤待遇和安全生产。关于工伤待遇，按照《工伤保险条例》的相关条款，工伤员工享受的伤残津贴与工资基数紧密相关，而工伤基金支付伤残津贴是按照用人单位缴纳的工伤保险基数进行核算的。有些用人单位在缴纳工伤保险时，常常按照最低或者较低的基数进行缴纳，与劳动者的实际工资存在差距，但根据《劳动和社会保障部社会保险事业管理中心关于规范社会保险缴费基数有关问题的通知》等相关规定，用人单位应当以劳动者的实际工资为基数缴纳工伤保险。在缴纳基数低于劳动者实际工资的情况下，工伤基金发放的伤残津贴与劳动者应得的伤残津贴就会存在差额，长期计算，数额巨大。一旦发生工伤，在用人单位存在过错的情况下，应当由其承担此部分差额。因此，用人单位若在缴纳工伤保险时，基数低于劳动者实际工资，则存在承担支付差额的风险。

安全生产责任重于泰山，此工伤事故，用人单位存在安全生产责任且未按时上报。根据《生产安全事故报告和调查处理条例》第三十六条第一项："事故发生单位及其有关人员有下列行为之一的，对事故发生单位处 100 万元以上 500 万元以下的罚款；对主要负责人、直接负责的主管人员和其他直接责任人员处上一年年收入 60% 至 100% 的罚款；属于国家工作人员的，并依法给予处分；构成违反治安管理行为的，由公安机关依法给予治安管理处罚；构成犯罪的，依法追究刑事责任：（一）谎报或者瞒报事故的……"因此，发生安全生产事故时，依法需要第一时间上报，如果用人单位执意不报或者已经超过上报时间的，将要承担巨额处罚，这是用人单位在处理工伤合并安全生产事故事件时需要考虑的一个重要因素。

088 员工工伤"泡工伤假"应对专项法律服务[①]

案例疑难点

甲公司聘请的后厨洗碗工因交通事故被认定为工伤，其出院后医院医嘱继续休息两个月。两个月后，劳动者开始持医院病情证明书持续请假，半年后依然请假，劳动者称尚需康复治疗 1 年左右才能痊愈，并以身体不适为由拒绝与甲公司一同前往三甲医院复查，也拒绝露面。经多方调查发现，该劳动者在请假期间又在另外一家门店从事保洁工作，经过多次踩点拍摄，大成律师一并跟踪取证，并在顺利取证后，通知劳动者限期到岗并做出合理解释。其后公司又发出劳动合同解除通知书，劳动者在获悉甲公司已掌握其"泡工

---

① 黄华、李亚兰，北京大成（成都）律师事务所律师。

伤假"的证据后，终于妥协与甲公司进行了协商谈判，双方根据《工伤保险条例》的相关规定办理了解除手续。

案情介绍

杨某为甲公司后厨洗碗工，其向公司汇报2020年9月4日下班途中发生交通事故受伤，公司按照国家相关规定及时为其申报了工伤，某区人社部门认定为工伤。根据2020年9月21日的出院病历医嘱，杨某可以继续休息两个月，即从2020年9月21日到2020年11月20日，杨某都不用去医院开病假条。2020年12月8日甲公司收到杨某第一张病假条，门诊病情证明开具单位为某省人民医院，建议休息七天。12月15日杨某提供了成都某医院的病情证明书，建议休息七天。甲公司人事想着杨某出车祸了，挺可怜的，可能身体还不方便，所以同意杨某在家多休养了一阵。其后杨某持续提供了4个月的医院病情证明请假，大部分就诊科室为康复科，部分就诊科室为综合骨科门诊，除了病情证明外，无就诊发票、治疗开药材料，其间甲公司一直为该员工全额发放工资并缴纳社保。2021年2月26日，某市劳动能力鉴定委员会出具《初次（复查）鉴定结论书》，鉴定杨某伤残等级为九级。甲公司通知该员工工伤病假期已到，要求回来上班，但该员工声称自己并未康复，不能工作，甲公司也提出带该员工去某省骨科医院做检查，看是否已经康复，但该员工拒绝。半年后，杨某继续提供医院病情证明请假，甲公司发现情况不对劲。经内部调查，发现这个员工其实早就好了，同时还在别的服装店做保洁工作，另外通过该员工的朋友圈发现该员工到处旅游拍照。根据甲公司的员工手册，其中有一条规定：意图行骗取得私人利益，严重违反公司的规章制度，公司可以立刻和该员工解除员工合同，甲公司对如何解除与该工伤员工的合同存在疑虑。因此，2021年4月，甲公司委托大成律师就该名员工涉嫌"泡工伤假"的问题进行证据固定，并对后续处理提供专项法律服务。

办案经过

在3个多月的专项法律服务工作中，大成律师协助甲公司完成了以下工作：

1. 基于身体康复和员工关怀，自 2021 年 4 月开始，建议甲公司主动与劳动者联系、沟通返岗问题，甲公司人事和店铺负责人多次催告杨某返岗，杨某均以各种理由推托，也不回公司面谈。

2. 加大对以前请假的病情证明书的真实性核查，前往病情证明书开具医院核查是否有相应医生开具了病情证明书，患者的病情如何。经过核实，上述医院确有开具病情证明书，但是医生也承认，杨某的病情并不严重。

3. 要求杨某按公司规章制度提前办理续假手续，而不是在月底时拿出一堆病情证明书。规范请假材料，要求杨某提交医院的诊断证明、病历、治疗证明、挂号及治疗费收据等诊疗材料以及请假单，并且做出有效、合理的解释与说明。

4. 以公司关怀名义，发消息要求与杨某一同前往四川某三甲医院进行复查和治疗，但杨某多次拒绝，大成律师提醒甲公司对拒绝微信记录进行截图留底。

5. 公司《员工手册》第九条第一款规定"未经批准或没有事先通知上级主管而擅自缺勤的行为将视为旷工并会受到严肃处理，公司有权依本制度解除劳动合同"、第十条规定"一年内累计旷工达 3 次以上（含 3 次），构成严重违反公司规章制度或劳动纪律，公司有权立即与该员工解除劳动合同"。因此，大成律师建议甲公司通过核实杨某是否按制度提前请假，并且请假手续连续无间断来考虑杨某是否存在旷工情况，如果旷工时间符合《员工手册》规定范围，就可以依据规章制度直接解除劳动合同。

6. 固定杨某在外旅游的证据，通过翻阅甲公司其他员工的手机，大成律师发现了杨某在朋友圈晒出的多次外出旅游的照片（杨某同时屏蔽了甲公司人事的微信查看权限），并截屏留证。

7. 大成律师指导和策划了对杨某工伤期间在第三方门店提供保洁工作的证据固定工作。大成律师在证据固定任务开展前一天，店铺负责人等反复研究了第二天拍摄杨某从事保洁工作的细节，包括拍摄人员的选择问题。因为杨某认识甲公司店铺内所有员工，直接拍照容易被发现，故本次安排甲公司其他店铺内与杨某未结识的员工负责拍照，大成律师做辅助拍照。大成律师还对拍照行进路线的选择、橱窗玻璃反光问题的处理、如何获取正面图像的问题等进行了提前预演,以确保在短暂的时间内取证成功。次日,在发现杨某到达第三方门店开始保洁工作后,大成律师协助甲公司员工一起顺利完成了杨某正在从事保洁工作的取证工作。

8. 大成律师草拟返岗通知、医院复查病情通知、限期返岗就旷工事实说明情况的通知书、劳动合同解除通知、工伤赔偿协议书等文书,并指导甲公司与杨某谈判。

办案亮点

停工留薪期是指职工因工作遭受事故伤害或者患职业病后,需要暂停工作接受工伤医疗,继续享受原工资福利待遇的期限。停工留薪期从职工因工作遭受事故伤害或者患职业病需要暂停工作接受工伤医疗时起算,目前,不少省市都明确规定了工伤职工伤情相对稳定期的参考标准,这为停工留薪期的认定提供了重要依据。根据《工伤保险条例》第三十三条的规定,停工留薪期一般不超过12个月。伤情严重或者情况特殊,经设区的市级劳动能力鉴定委员会确认,可以适当延长,但延长不得超过12个月。工伤职工评定伤残等级后,停发原待遇,按照本章的有关规定享受伤残待遇。基于此,关于停工留薪期的确定,《工伤保险条例》在全国层面基本确立了如下框架:停工留薪期的最长期限为24个月,但超过12个月的需要劳动能力鉴定委员会确认;停工留薪期的计算至多截至伤残等级评定之日。这只是原则性的规定,具体以职工就诊的签订服务协议的医疗机构,或者签订服务协议的工伤康复机构出具的休假证明确定,也就是由定点医疗或康复机构出具休假证明。如果员工能够开出这样的证明,用人单位应当给予停工留薪期。如果员工不提供证明、开虚假证明,可以按照违反规章制度来处理。超过12个月的要经过劳动能力鉴定委员会确认,以免后续引发不必要的争议。没有超过12个月,双方有争议的,有些省份规定由劳动能力鉴定委员会确认,没有这样规定的省份,在仲裁或诉讼过程中可以通过司法鉴定来确认。

根据《某市工伤职工停工留薪期管理办法(暂行)》及其附件《某市工伤职工停工留薪期分类目录(暂行)》,该目录所列的停工留薪期是针对工伤职工身体的不同部位遭受原发性损伤后,进行治疗和休息的最长期限。经过比对，杨某应享受的工伤最长停工留薪期为 6 个月，截止期限为 2021 年 3 月 4 日。司法实践中仲裁委和法院一般会基于医院医嘱来确定停工留薪期的最终时长。而本案中杨某出院医嘱写明的休息期为两个月，两个月后，杨某到其他医院康复门诊开具病情证明，本身就不规范。根据某市规定，工伤人员需要进行康复治疗的，应到本市工伤保险协议康复机构就医，发生的符合规定的康复治疗费用，由工伤保险基金支付。工伤康复治疗的就医及医疗费用结算管理，按照《某市工伤职工康复管理暂行办法》《关于将工伤职工康复治疗费用纳入工伤保险基金支付范围的通知》等有关规定执行。因此，即便是杨某需要进行康复治疗，也应当到工伤保险定点康复机构就医，而杨某提供病情证明的医院并不属于定点康复机构，工伤保险基金是无法报销费用的。

另外，对于杨某在请假期间，通过朋友圈晒外出旅游的照片，从事的是与康复治疗无关的活动，可以侧面反映其身体并无大碍。基于上述情况，大成律师建议甲公司首先通知杨某要求陪同其前往四川某三甲医院进行复查和治疗，以确定其是否康复。然后针对杨某在其他门店从事保洁工作的消息，通过周密策划和人员分工，多方位多角度地固定了清晰的照片和视频证据，为甲公司解除劳动关系奠定了基础，获得了平等对话的权利。在多次要求杨某限期返岗不归和通过其他员工带话形式传递公司已经固定了杨某在外面工作的消息后，杨某主动与公司协商，解除了劳动关系，为后续甲公司的员工规范化管理树立了典型。

合规指引

劳动者发生工伤，用人单位应当妥善安排其及时就医治疗，但是对于某些非严重工伤疾病，劳动者持续请假不归岗，用人单位需要考虑上门探访、指定三甲医院复检等形式，确定劳动者是否需要进一步治疗，及时恢复劳动用工正常状态。在停工留薪期内，原工资福利待遇不变，可以理解为用人单位不得与工伤职工解除或者终止劳动关系。《劳动合同法》规定用人单位不得依据该法第四十条、第四十一条解除劳动关系，但并未限定不得依据第三十九条解除劳动关系。如果劳动者有第三十九条规定情形的，即便在停工留薪期内同样可以解除劳动合同。比如规章制度规定了请假的流程为必须提供相应医院的休假证明，停工留薪期的确定需要相关医疗或康复机构出具休假证明，如果工伤员工拒不提供，或提供伪造的休假证明，违反规章制度的请假规定，达到次数可以界定为严重违反规章制度，这时就可以解除。比如，员工不配合做工伤认定，不配合做伤残等级鉴定，都可能构成严重违反规章制度。比如，工伤员工也有可能被追究刑事责任。所以，如果符合过失性解除劳动关系情形的，用人单位可以与停工留薪期间的工伤员工解除劳动合同。在停工留薪期届满后，劳动者如不与用人单位解除劳动关系，则应当恢复劳动；劳动者不恢复劳动也不履行相应请假手续的，应当承担相应的后果。但公司作为用人单位需要注意对劳动者有管理职责，在工伤职工停工留薪期满后应通知员工返岗，并安排合适的工作岗位。如果员工不返岗，公司才可以作旷工解除。

五、商业秘密保护、竞业限制与反不正当竞争

089 员工竞业限制、公司商业秘密保护及反不正当竞争"刑民交叉"专项法律服务①

案例疑难点

甲公司聘请的公司总经理突然带着 40 多名员工集体离职，在未办理任何工作交接的情况下离开公司，离职时带走公司大量客户信息，并同期注册与甲公司经营范围几乎完全一致的乙公司，利用甲公司拥有客户信息实施了客户开发、签约等违法行为。大成律师接受委托后，就离职员工及其新注册公司违反竞业限制、保密协议以及侵犯委托人公司商业秘密、违法招用未解除劳动合同员工等侵权行为进行追责、维权，大成昆明办公室指派合伙人余坤律师、高级顾问王珏律师、专职律师朱恺聘、桂镜扬、虞洁莹等共同组成律师服务团队，从刑事控告、行政举报以及民事追责等方面入手，以刑民交叉为路径开展专项法律服务工作。

案情介绍

甲公司是一家专注于 IT 应用服务的互联网企业，主营业务是计算机软硬件的开发、研究、应用及销售。2020 年 6 月 28 日上午，甲公司聘请的公司总经理带领公司 47 名员工提交了离职申请表后，在未办理任何工作交接的情况下离开客户公司，导致客户公司客户部、销售部工作陷入瘫痪，无法正常运转。

---

① 余坤、桂镜扬、虞洁莹，北京大成（昆明）律师事务所律师。

2020年6月29日，甲公司发现了一家新注册的公司（下称乙公司），经查询发现乙公司于2020年6月4日登记成立，经营范围与甲公司几乎完全一致。2020年6月30日，甲公司成都总公司立即派人到昆明处理员工集体离职事件，并前往乙公司办公场所内，在该公司内遇到了甲公司原总经理和大部分未正常离职的员工，并发现未正常离职员工及该乙公司存在利用甲公司的客户信息实施客户开发、签约等违法行为。

办案经过

大成律师完成以下工作：

1. 作为甲公司代理人，就乙公司及离职员工违反劳动合同、保密协议、侵犯商业秘密、不正当竞争等行为，向涉及员工、乙公司发送律师函。

2. 作为甲公司代理人，协助甲公司就商业秘密被侵害事项，对乙公司及甲公司原总经理等代表性员工，向某市某区派出所提起刑事控告。

3. 作为甲公司代理人，协助甲公司就商业秘密被侵害，对乙公司涉嫌不正当竞争事项，向某市某区市场监督管理部门进行投诉举报。

4. 指导甲公司处理离职员工的离职手续办理事宜。

经过精心组织和2个多月的密切配合，大成律师与市场监督管理部门承办人员一起分析整理各项证据材料、反复分析讨论，前后调取制作了近1000页的书证、物证、电子证据、第三方传来证据等，认定乙公司构成侵犯甲公司商业秘密的违法行为。

乙公司及离职员工在大量证据面前，终于认识到不依法办理离职手续、携带公司客户信息任意进行开发的违法性和法律后果，承诺：1. 不以任何方式利用甲公司客户资源、资产等进行任何推广销售等不正当竞争行为；2. 乙公司对已发生的侵权行为通过公开登报的方式向甲公司赔礼道歉，并承诺立即遣散员工、不再开展任何经营活动、启动清算注销程序、依法办理注销；3. 市场监督管理部门扣留的乙公司的物品全部交由甲公司处置。

经磋商，甲公司于2020年9月4日分别与部分离职职工代表、乙公司签署了《和解协议》，乙公司于9月8日在某报上刊登了《公开道歉》声明，某区市场监督管理局于9月24日向乙公司下达了《行政处罚决定书》，对乙公司处以 10 万元行政处罚，乙公司于当日缴纳了罚款。乙公司于 2020 年 11 月注销。

💡 办案亮点

接受甲公司委托时，甲公司提交的证据材料仅能证明离职的员工存在未办理完工作交接手续即离职的事实，而乙公司是否存在不正当竞争、侵犯商业秘密，离职员工是否存在违反竞业限制约定和保密义务等的证据还比较缺乏，并不具备贸然起诉索赔的条件。

在时间紧迫的情况下，由劳动法专业律师牵头，加入刑事专业律师，从刑事、行政、民事等多角度分析，多方位入手为委托人维权，在一天内制定实施方案和操作路径，在一周内协调公安机关受理案件、市场监督管理部门接受举报，在市场监督管理部门无处罚先例的情况下，由律师团队全程参与行政执法指导，协助市场监督管理部门梳理证据，并指导甲公司收集相关第三方证据，为市场监督管理部门下定决心做出行政处罚提供了法律依据和大量案例。

最终，乙公司和案涉高管等迫于各方面压力，接受了行政处罚并与甲公司达成和解协议，由乙公司公开登报道歉，关闭经营场所，遣散全部员工，办理注销公司营业执照备案手续，并承诺不再开展任何经营活动，不实施任何侵权行为。

本次专项法律事务的顺利处理，是劳动法与刑事业务结合的有效尝试，也是在证据不足以具备起诉条件且起诉后维权时间长、效果不确定的情况下，通过刑事控告、行政举报等方式，通过非诉讼方式在最短时间内固定证据的新的尝试，最终也取得了委托人权益和办案效果的双赢。

@ 合规指引

近年来，越来越多的用人单位增强了对企业核心技术、客户信息、商标、专利等的保护意识，对企业高级管理人员、高级技术人员及负有保密义务的其他人员加大了竞业限制力度。国家也通过立法、司法、执法等多元手段加大了对商业秘密保护以及对侵犯商业秘密行为的打击。

但侵犯商业秘密行为往往存在隐秘性的特点，同时员工携前用人单位商业秘密跳槽案件中常伴随有违反竞业限制、侵犯企业商业秘密、新入职公司不正当竞争等多种情形交织，权利人一般很难举证证明员工违反竞业限制、新入职公司存在"不正当手段"或侵犯商业秘密等行为。因此，企业更应未雨绸缪，结合自身情况建立和完善商业秘密保护机制。对内，在《保密协议》《员工手册》或其他规章制度中明确员工的保密义务。对外，在开展日常商业经营活动过程中，尤其是开展对外合作时，应当在与第三方签订的合同或协议中约定明确的商业秘密保护条款或签订专门的保密协议。一旦发现商业秘密被侵犯、泄露的，应及时以最短的时间收集、固定证据，依法维权。实践证明，借助行政执法力量处理商业秘密侵权具有执法力量充沛、救济门槛较低、执法手段有力、拥有自由裁量权、维权周期较短、民刑衔接顺畅等优势，这也将成为企业保护自身商业秘密的一种高效途径。

六、员工舞弊、合规调查处理

090 离职员工诋毁公司声誉的危机处理及舞弊、侵犯商业秘密的调查[①]

案例疑难点

本案的重难点在于调查崔某的舞弊行为和侵犯商业秘密的行为。崔某离职后恶意地在各大社交媒体平台造谣某企业变相裁员、恶意辞退患病员工等,导致某企业在员工招聘及员工管理上都受到了严重影响,陷入舆论危机。同时,企业对崔某是否存在收受回扣和侵犯公司商业秘密的情形也表示怀疑,但一直苦于缺少证据与合适的调查方法,无法及时维护自身权益。企业需要律师对该案进行全方面排查和梳理,找到崔某舞弊和侵犯商业秘密的初步线索并制定维权方案。

案情介绍

本案中,某企业是一家知名500强企业设在某市的子公司。崔某在某企业曾担任采购经理一职。因内部员工实名举报其有舞弊、侵犯商业秘密的行为,故公司负责人找崔某谈话。崔某当时出于恐惧心理,立即同意了离职,公司也与其签署了《离职协议书》,按约支付了经济补偿金。考虑到崔某身患疾病,公司还人性化地给了崔某一笔医疗补助费。

崔某离职以后,也许是对离职有些后悔,便恶意地在各大社交媒体平台发布关于某企业的谣言,说某企业变相裁员、恶意辞退患病员工等,导致某企业

[①] 苗静,北京大成(杭州)律师事务所律师。

在员工招聘及员工管理上都受到了严重影响，陷入舆论危机。同时，企业对崔某是否存在收受回扣和侵犯公司商业秘密的情形也表示怀疑，但一直苦于缺少证据与合适的调查方法，无法及时维护自身权益，故委托大成律师处理此次舆论危机并调查崔某舞弊与侵犯商业秘密等事宜。

大成律师通过对该案全方面排查和梳理，最终顺利解决了某企业的舆论危机并且向某企业提供了崔某舞弊和侵犯商业秘密的初步线索与维权方案，有效地解决了某企业的燃眉之急，受到了某企业的高度评价。

办案经过

1. 对崔某的离职流程做合规性审查并向网信办进行投诉，处理某企业的舆论危机

首先，大成律师对崔某的人事档案、离职资料进行合规性审查并协助某企业及时地对崔某的不实言论予以回应；其次，整理崔某在各大网络平台上发布的谣言，确定每条谣言的发布 ID 与发布时间并做好相应的证据固定工作；最后，联系当地的网信办进行投诉举报并作相应的说明，由网信办根据每条谣言的具体情况，分别做出删除、屏蔽等处理。

2. 调查崔某的舞弊行为，拟定追责方案，完善企业的反舞弊制度

首先，协助某企业对崔某的舞弊情况进行调查，具体工作包括对崔某工作中接触的某企业的供应商的全部股东进行梳理，分析判断其与崔某是否存在关联关系，采购过程是否合规，并且调查帮助崔某间接收受供应商回扣的银行账户开户人与崔某的关系；其次，在确定崔某的舞弊证据后，对崔某舞弊事实进行分析并提供法律责任追究方案；最后，协助企业完善反舞弊制度文本，防范舞弊行为的再次发生。

3. 调查崔某侵犯商业秘密的行为，提供商业秘密维权方案

首先，在初步确定崔某在采购工作中密切接触过的供应商名单与主要竞争企业名单后，通过行业内部的信息交流、调取工商内档资料来判断供应商与竞争企业是否有崔某及近亲属的实际控股行为；其次，通过崔某员工档案及户籍等查询其近亲属的信息。通过这些信息的比对查询崔某与供应商及竞争企业的关联关系；再次，查询竞争企业的实际业务范围，查询竞争企业目前的业务结

构,并与某企业的经营范围和经营模式进行对比,以确定某企业的技术信息和经营信息是否被泄露;最后,根据了解到的信息,为某企业出具调查报告,并出具相应的维权建议。此外,大成律师还为某企业起草了《保密协议》《竞业限制协议》《保密制度》等文本,强化员工的保密义务。

💡 办案亮点

调查崔某的舞弊行为既是本案的难点同时也是办案亮点。众所周知,员工收受回扣款通常都会非常隐蔽,一般会借用非近亲属的银行账户收受回扣,例如朋友、同学等。本案中,崔某作为某企业的采购经理,曾向某企业的一家供应商提供过一个收受回扣款的银行账号,但是如何证明供应商汇的这笔款项属于非正常的业务往来呢?大成律师反复翻看崔某的入职档案,全面地摸排了与崔某舞弊行为有关的所有交易主体,仔细地梳理了崔某的学籍信息、过往工作经历等,最终发现接收回扣款的银行账号系某企业的另一家供应商的股东,而该供应商的关联公司的法定代表人李某与崔某户籍地相近、年龄相仿,最终律师对李某的工作经历开展调查,进一步发现李某为崔某的大学同学。李某身份的确定成为后续调查崔某舞弊行为的重大突破点,为案件的顺利办结奠定了良好的基础。

@ 合规指引

员工的舞弊行为往往具有较强的隐蔽性,但是无论多么复杂隐蔽的舞弊行为,涉及的各个人物主体间都存在一定的联系,因此,调查员工舞弊行为最重要的突破点在于人物关系调查。在锁定相关非正常交易往来之后,对所有相关的交易主体进行人物关系调查,可通过工商信息查询平台或企业信息查询网站等能够获悉人物关系的途径开展调查,绘制人物关系网络(如投资关系、供销关系、雇佣关系等)。同时,调查员工的教育背景、工作经历、家庭背景等,了解其社会关系,寻找新的突破点。

员工实施舞弊行为一般不会利用近亲属实施,而商业秘密侵权行为往往会通过近亲属来实施,因此,调查员工秘密侵权行为可以其近亲属为重要突破点。可通过查询员工近亲属与供应商及竞争企业的关联来判断员工与供应商及竞争企业的关系。值得注意的是,在竞业限制中,员工一般也不会选择直接与受限制用人单位建立劳动关系,而是由其近亲属投资经营与原用人单位经营范围有竞争的公司。因此,企业在设置竞业限制条款或者协议中,可明确要求员工不得直接或间接实施同业竞争行为,包括不得通过配偶,甚至是近亲属投资经营与原用人单位经营范围存在重合的竞争对手用人单位,此类条款对员工具有约束力。

091 公司高管舞弊调查案[①]

案例疑难点

被调查对象时任公司副总经理,职务级别较高,因此在调查前期需要做到严格保密。在调查中期,律师需要精准把握进场调查的时间点,选择适当的调查方式。律师需在法律允许范围内进行调查取证活动,律师调查权利和手段受到严格限制。

案情介绍

2020年11月6日,甲公司接到举报,甲公司的公务用车供应商在结算时,将低级车型填报为高级车型进行结算,其中的差额最终由甲公司高管王某非法占有。

2020年12月4日,甲公司委托办案律师对举报内容进行调查,并委托办案律师就举报事项所涉人员的行为性质作出法律判断。

办案经过

办案律师接受委托后,以"先外围、后中心""先秘密、后公开""先实

---

① 张洁,北京大成(珠海)律师事务所律师。

物、后言辞"的原则,制定调查策略和详尽严密的实施方案,集中时间对关键证据进行收集。并且,办案律师与相关证人展开周旋、攻心,实现证人证言的突破。最终核实案涉员工存在职务侵占的行为,该员工最终退赔公司全部损失并主动辞职。律师具体工作包括:

1. 先从现有的书面证据入手,调查供应商、被举报人员的基本情况和关联关系,了解甲公司与供应商的交易流程,研究本案举报事项的突破口,为进场调查做好充分准备。

2. 得知王某近日将参加甲公司高层会议,会议时间约半天,且王某在会议期间无法离开现场,无法干预调查。办案律师决定选择甲公司高层会议的时间作为进场调查时间。

3. 进场调查后,办案律师在半天时间内收集到本案的关键证据——用车结算单,并以用车结算单为突破口,找到本案关键证人侯某(为供应商派驻在甲公司的司机)。

4. 办案律师与关键证人侯某在甲公司的办公地点及律师事务所进行连续两天的访谈,最终取得司机的信任及高度配合,形成有效证人笔录,取得重大进展。基本掌握高管王某通过供应商将低级车型填报为高级车型进行结算,最终非法占有差额行为的关键证据。

5. 与供应商的总经理进行访谈,核实、查证关键证人侯某提供证言的真实性,并落实具体付款的流程等细节问题。

6. 与高管王某的直接下属鄢某(本案被举报人之一)进行访谈,根据已取得的证人证言、书面证据等对鄢某进行说服教育,并取得信任。

7. 与高管王某进行访谈,听取王某对其行为的辩解。

8. 检查本案证据,进行补强,完善证据形式,并对高管王某的辩解理由进行核实。

9. 向甲公司董事会进行口头汇报,征求董事会对本案的处理意见,最后形成中英文书面报告。

10. 与王某谈判,说服王某退赔并主动辞职。

办案亮点

本项目体现了办案律师在刑法、劳动法领域的专业能力,对员工舞弊案件调查方式、调查时机的把控能力，以及对证据收集策略的制定和证人证言突破的能力。

合规指引

中国不存在合法的私家侦探制度，公司如果出现员工舞弊案件，凭自身的力量很难收集到有价值的证据，容易贻误战机。国际化公司即使拥有自己的调查员，也可能会因为不了解中国法律对证据的真实性、合法性、关联性要求，最终导致证据因不符合中国法律的要求而不被司法机关采纳。

目前中国对员工舞弊调查并未形成成熟、完善的模式，甚至出现调查公司或会计师作为主导者的情况。但律师无疑更熟悉法律规定、更了解证据形式，在合规调查中，律师可以利用案件刑民交叉的特点，有计划有步骤地开展行动，全方位布局，调查员工舞弊行为，合法解聘员工，为客户追偿损失。

092 对泄露商业秘密、利益冲突、伪造财务凭证的违纪员工进行合规调查及解雇处理专项法律服务[①]

案例疑难点

公司拟对四名涉嫌严重违反利益冲突合规政策、严重违反劳动纪律的员工展开全面调查。大成律师提供调查和解雇的全流程法律支持，并主导了与四名员工的离职会谈，最终四名员工均主动提出无补偿辞职。

案情介绍

本次违规违纪调查专项，涉及对甲公司四名员工涉嫌泄露商业秘密、违

---

① 彭聪，北京大成（深圳）律师事务所律师。

反利益冲突政策、私自为客户提供有偿服务、向公司合作客户提供伪造的财务凭证等复杂情况，要充分收集证据并非易事。并且，甲公司希望在同一天对四名员工进行面谈和离职处理，项目进行的时间紧、难度高、压力大，大成律师通过与甲公司多次开会、沟通，制定细致、具体的面谈计划和离职方案，并主导整个离职谈判流程，最终项目圆满完成，达到公司最佳预期效果，并获得公司高层满意的评价。

办案经过

1. 大成律师接受公司委托后，按照员工违规种类、违规行为发生时间，将公司收集的证据材料分类，并整理阅卷笔录。

2. 根据公司提供的背景信息和证据材料，检索法律法规、裁判指引等依据，撰写法律意见书。大成律师检索法律法规时，发现当地司法实践对员工严重违规违纪的处理期限有明确要求，公司前期收集证据时间较长，为避免超过处理期限，项目推进时间十分紧迫。

3. 结合四名员工的不同特点，大成律师整理了离职谈判要点。

4. 与公司确定谈判日期、谈判顺序，大成律师准备谈判材料，包括谈判大纲、离职证明等。

5. 提前做好行程安排和规划。为避免航班被临时取消影响项目进度，大成律师提前从深圳至北京，再从北京辗转至天津，确保在公司确定的谈判日期前一日抵达目的地。

6. 谈判当日，向员工重申公司规章制度、出示证据，表明公司对其严重违规违纪行为的态度。

7. 四名员工在面谈后提出无补偿辞职，律师协助公司为四名员工办理离职交接手续。

办案亮点

在律师与甲公司共同协作、努力下，最终四名员工主动提出无补偿辞职，达到公司预期效果。大成律师总结办案亮点如下：

1. 提前做好阅卷笔录

本项目涉及调查文件较多，且四名员工违纪情况既有共性特征，也有个性特点，情况较为复杂，大成律师阅读大量项目资料，并制作详细的阅卷笔录。

2. 根据公司需要，总结项目焦点问题

经过对项目情况的梳理，大成律师根据公司要求，撰写《劳动关系项目的法律意见书》，为公司提供法律风险分析、员工可能提出的抗辩和行之有效的应对处理方案，并提供相应政策法规、司法判例等。

3. 与公司多次、反复开会沟通，收集和补强证据

大成律师与公司多次开会讨论，并形成工作会议要点，反复磋商面谈思路和制订项目计划。同时，律师对公司已掌握的证据，比如关于涉及供应商报价电子邮件、公司现有规章制度等进行详细分析，并建议公司进一步收集和补强证据，比如：

（1）公司针对本次项目作出的调查笔录、访谈报告；

（2）员工泄露客户信息的证据：如员工将公司客户信息导出的记录，将客户信息向第三方发送的记录等；

（3）员工从第三方获取利益的证据；

（4）涉及员工夫妻关系、父母子女关系的相关证据。

4. 主导面谈

面谈前，针对不同员工特性，列出每名员工的面谈要点；并提前做好面谈准备工作，比如准备好交接清单、制作《检查办公室（办公桌）的操作说明》供公司参考。面谈当天，大成律师亲自主导面谈工作，向员工告知公司调查情况，重申公司《员工手册》等规章制度，表明公司态度。

5. 达到公司预期效果

公司希望最终获得员工离职，并无须支付补偿的结果。经过大成律师的努力，四名员工均在面谈后提出无补偿辞职。

@ 合规指引

廉洁自律，避免营私舞弊和利益冲突，是员工对公司履行忠实义务的必

然要求。员工本人或亲属设立公司，从事与公司经营范围相同或相近的业务，违反公司避免利益冲突政策或规章制度的，可能对公司的经营管理造成严重负面影响，大成律师对公司有如下法律风险管理建议：

1. 规章制度应对员工不得营私舞弊、避免利益冲突以及营私舞弊、违反利益冲突行为的后果有明确规定。

2. 规章制度需经过民主程序讨论制定，向员工公示告知，定期对员工进行培训。

3. 强化监督，公司可设立投诉和举报热线电话、邮箱，公司其他员工、外部供应商均可向公司提供线索。

4. 员工营私舞弊、利益冲突的行为如果较为隐蔽，需充分收集和固定相关证据。

5. 证据固定后，及时对员工进行处分，避免超过合理期间。

093 "以刑辅民"处理员工舞弊案件，精细策划解决企业管理痛点[①]

案例疑难点

某汽车经销商员工存在在销售中作假的舞弊行为，即通过提供已销售车辆的虚假行驶证图片、扫描件给用人单位即经销商，这批车辆的实际上牌地点超过经销商销售范围，导致经销商从厂家处获得的年度返利被扣减了高达 200 万元。但员工在处理时并不配合相关调查，也不承认有关事实，导致追责工作难以推进，更无法对其他可能存在同类行为的员工进行震慑从而规范管理。客户聘请大成律师介入员工处置的前期调查工作，律师在研究案件时发现案件可能涉及刑事犯罪，通过精心策划，形成了"以刑辅民"的处理思维和办案方向，即通过刑事报案推动事实调查与证据固定，继而推进员工处置和后续规范管理。由于各种因素，刑事报案过程非常艰难，

---

① 刘继承、李芳芳、杨畅，北京大成（广州）律师事务所律师。

大成律师排除一切阻碍，在扎实理论研究和丰富的实践经验的支撑下，不卑不亢、有理有据地与公安机关交涉，在最初公安机关不予立案的情况下通过复议、复核等多种程序推动公安机关加以重视，最终让案件得以立案，并顺利推进了后续处置和规范管理，解决了企业的管理痛点，达到了超出客户预期的良好效果。

案情介绍

本案涉及员工利用假行驶证向外地销售车辆，从而员工获得车辆在非厂家指定区域销售的差价（车辆在不同区域销售定价不同，如本品牌在广州区域的价格相对低廉），导致客户蒙受巨额返利损失等问题。大成律师接手后与客户进行沟通，了解到客户的主要目的在于利用本次案件对集团内部进行通报，以达到管理、教育、警示的目的。综合考虑之后，大成律师建议客户先收集相关证据，以员工涉嫌提供大量假行驶证的违法犯罪行为为切入点，先进行刑事报案，通过刑事报案推动案件事实调查与证据固定，继而推进员工处置工作和后续同类事件的规范管理。在刑事办案过程中，面对超过法定期限未予立案、被认定不予立案、驳回复议申请等一系列障碍，大成律师通过复议、复核等多种程序，出具多份法律意见及相关法律文书，引起公安机关重视，最终案件成功立案侦查，对本次事件的处理及客户之后的规范管理起到了非常积极有效的作用。

办案经过

1. 与客户沟通、了解案情，研究客户提供的案件材料，检索了大量劳动关系项下经济损失赔偿与伪造证件相关的案例、法律法规和指导意见，在确认难以通过劳动仲裁、民事诉讼等程序主张经济损失赔偿后，初步形成"以刑辅民"即通过刑事立案为客户达到管理、教育、警示员工目的的办案思路。

2. 与客户进行沟通后，确定以员工涉嫌提供大量假行驶证的违法犯罪行为为切入点，起草刑事报案书，整理刑事报案所需的证据材料，协助客户前往当地派出所完成刑事报案。

3. 当地派出所收到材料后，以超出法定期限未予立案，大成律师多次与办案民警进行沟通，并起草案件应当予以立案的相关法律意见。

4. 在派出所最终做出了不予立案处理后，立即协助客户向上级机关提起复议、复核申请，最终收到当地派出所的刑事立案告知书，完成专项任务。

办案亮点

1. 律师抓住案件痛点，利用劳动加刑事的综合思维处理案件，在企业内部形成较大影响，达到了客户加强企业管理的目的

本案中，大成律师从劳动法角度分析认为客户很难取得全部经济损失赔偿，但抓住了员工可能存在伪造假行驶证的痛点，加上为了达到客户"加强企业管理教育"的目的，大成律师提出了刑事报案，并全程协助客户办理相关事宜，最终本案在企业内部也产生了较好的管理教育效果。

2. 律师全程参与公安机关交涉，在不予立案的情况下通过复议、复核等多种程序令公安机关加以重视、最终对案件予以立案侦查

大成律师协助客户将收集到的证据提交当地派出所对员工涉嫌伪造证件一事进行报案，然而，派出所收到材料后久久不予立案，已经超过法定期限。大成律师随即起草了要求派出所尽快办理王某涉嫌伪造、变造、买卖国家机关证件一案立案审查的函。派出所最终做出了不予立案处理，我们又先后提起复议、复核申请，最终成功收到刑事立案告知书。

合规指引

本案涉及劳动者严重违反用人单位规章制度、给用人单位造成经济损失等劳动关系常见问题纠纷，但由于用人单位前期取证困难，劳动者配合程度低下，导致用人单位难以以常规的劳动争议解决本次事件同时达到教育目的。在此情况下，大成律师跳出劳动法律限制，抓住案件可能涉嫌刑事法律的痛点，突破层层阻碍，最终成功完成刑事立案，对整个事件的处理以及用人单位内部的日后管理都产生了良好的影响。

劳动法律师不仅要纵向深耕劳动法律领域，还应当横向拓宽法律视野，了解及研究刑事、行政等其他法律领域知识，从而利用综合的法律思维处理劳动关系中发生的纠纷，取得更好的处理效果，达到甚至超越客户的预期。

七、其他类型

094 公司生产经营困难情况下与劳动者协商变更以及解除劳动关系专项法律服务[①]

案例疑难点

本案重难点在于甲公司受市场变化影响，订单量大量减少，公司生产经营困难。结合工资支付暂行规定和公司实际情况，通过协商民主程序与职工协商采取调整薪酬、轮岗轮休、缩短工时等方式提出变更劳动合同的履行内容，以企业部分岗位、生产线停工停产的方式，与富余劳动者协商劳动合同变更履行或者提前解除问题，由劳动者自行选择停工待岗领取生活费或者选择解除劳动关系一次性拿到补偿的双重选择方案，对全体员工进行妥善安置。

案情介绍

因市场变化等客观因素的影响，甲公司作为门业生产龙头企业，也面临订单腰斩，产能严重不足，人员富余，成本剧增，生产经营困难的巨大压力。经上报上级集团同意后，该公司拟对公司各部门人员进行优化调整，对部分岗位停工、部分生产线进行关停。大成律师认为，在提供基础证据证明公司产能、订单大幅下滑导致生产经营困难的背景下，可以对公司的部分岗位采取停产停工措施，对劳动者进行轮岗轮休等方式，并依法发放相应的生活费。同时经查阅公司所在地人社厅的规定，企业发放的生活费标准不得低于当地最低工资标准的70%，某市中心城区最低工资标准为1780元，生活费标准可

[①] 黄华、李亚兰，北京大成（成都）律师事务所律师。

以按照1246元支付，其中还需要扣缴为劳动者代扣代缴的社保个人缴交部分和个人所得税等费用。鉴于停工待岗情形下劳动者收入减少的事实，大成律师也建议用人单位向劳动者提供另一个选择方案，即可以协商解除劳动关系，由公司给予比法定经济补偿金更多的补偿费用，从而一揽子解决劳动用工期间的所有纠纷。

办案经过

大成律师定制了本次公司停工停产人员安置的全套法律文书，包括项目时间表、董事会/股东会决议、企业停产停工通知、公司部分员工停工放假通知、放假通知、发放生活费通知、员工安置方案、员工沟通注意事项及流程、沟通会——中层管理人员沟通纪要、问答清单、职工代表大会会议纪要、工会意见、会议通知、解除劳动合同协议书标准版、解除劳动合同协议书工伤版、解除劳务关系协议书（退休人员）、解除合作关系通知书（合作关系人员）、达到退休年龄终止劳动合同通知书、劳动合同期满不续订通知书、调岗协议、补偿清单（向员工展示）、离职证明书、离职交接单、未缴纳及未足额缴纳住房公积金事宜应对方案、减员报告、工会会议纪要、信息登记表、重要法规汇总等各类文书，针对协商过程，大成律师提供了人员安置方案沟通、员工背景调查与风险防控、大成律师团队全程谈判、危机处理和应对等全方位法律服务。

大成律师全程参与了甲公司五批共计36位劳动者的协商谈判过程，其中包括公司各生产部门主管、销售经理、法务经理、财务会计、人事经理、普通职员等岗位人员，针对每个员工的背景情况进行了调查，预测可能提出的额外诉求和公司风险点，制定针对性的应对措施，指导公司人事做好人员安置流程中的细节把控、时间节点控制和注意事项，最终圆满完成了公司交办的任务，未发生群体性事件，达到了预期目标。

办案亮点

本案是企业因市场变化等客观情况的影响，订单量大量减少，企业生产经营困难，根据市场情况对全体员工进行的一次富余人员优化安置项目，结合《工资支付暂行规定》和企业实际情况，采取企业部分岗位停工停产的方式自救，通过协商民主程序与职工协商采取调整薪酬、轮岗轮休、缩短工时等方式提出变更劳动合同的履行内容，同时与员工协商劳动合同变更履行和解除问题，指导用人单位给出劳动者可以选择停工领取生活费或者选择解除劳动关系一次性补偿的双重选择方案，最终成功安置了大部分富余劳动者，圆满完成了企业的目标。

合规指引

用人单位可以通过协商民主程序与职工协商采取包括停工停产、调整薪酬、轮岗轮休、缩短工时等方式变更劳动合同的履行内容，或者与员工协商劳动合同履行和解除问题。在与劳动者协商谈判的过程中需注意安抚劳动者情绪，做好相关的解释工作，避免发生群体性事件。

095 为某企业高管利益输送行为应对和解聘高管法律服务[①]

案例疑难点

本案重难点在于该名高级管理人员的不正当行为，即向自行设立的公司进行利益输送行为，持续时间长、数额大、行为隐蔽、公司掌握的证据不足；该名高级管理人员掌握大量客户信息资源及商业秘密，且其态度强硬并威胁采取不利于公司的行为。针对解聘该名高级管理人员，律师拟定了调查及谈判方针，并参加与公司、与该名员工的多次谈判，最终成功满足客户公司的需求，顺利解除与该名高级管理人员的劳动关系，并使其履行9个月期间的竞业禁止义务。

---

① 潘激鸿，北京大成（上海）律师事务所律师。

案情介绍[①]

甲公司为欧洲某知名厨具企业。该案所涉人员在甲公司担任高级管理人员，负责公司经营方针决策及日常运营。该名高级管理人员利用在公司的管理地位，向其关联公司输送利益。因此，公司拟与其解除劳动合同。

办案经过

1. 前期准备

在前期甲公司负责人进行沟通时，大成律师充分了解背景情况与甲公司的需求，明确甲公司的目的为：

（1）查处该名高级管理人员的利益输送行为；

（2）通过调查该不正当行为树立公司管理权威；

（3）保证在不泄露公司商业秘密、不损害公司商誉的情况下与该名高级管理人员解除劳动关系。在此前提下大成律师拟定了调查及谈判方针，确定协商策略。

2. 合规调查

大成律师通过必要的尽职调查予以探究甲公司拟协商解除劳动合同人员即该高级管理人员的背景状况，包括其关联公司、掌握的客户公司的信息等，从个人到关联公司信息进行全方位合规调查，以把握应对策略。

3. 谈判方案与解除文本

结合背景调查及与甲公司的反复沟通，为了保障甲公司的利益，大成律师设计好谈判方式及话术，需要相关员工之配合，以期实现良好的谈判效果。同时，为协商或单方解除而需要之相关解除协议、解除通知、交接文本等亦需在前期备妥。

4. 谈判与博弈

大成律师拟定调查及谈判方针，与该名员工多次谈判，综合前述调查获

---

① 本案例根据作者承办的案例改编。

取的资料，说明甲公司掌握的信息，同时，分析该名高级管理人员如果采取威胁甲公司等方式所面临的处罚，在谈判中刚柔并济顺利稳住该名高级管理人员情绪，并解除了与其的劳动关系。

💡 办案亮点

1. 针对利益输送行为隐蔽的调查，从个人到关联公司信息进行全方位合规调查

该名高级管理人员委托了并非自己近亲属的人员成立技术服务公司，与客户公司签订培训协议，并伪造多个培训报销材料，但是，从账面及公司信息无法看出该名高级管理人员与技术服务公司的关系。因此，在办案过程中，主要思路如下：（1）查询技术服务协议中的技术服务公司的档案信息；（2）从档案信息中获取相关人员的身份信息；（3）从身份信息进一步调取该等人员的户籍信息；（4）通过比对户籍地址等情况确认相关人员与该名高级管理人员的关系。最后，综合上述信息与该名高级管理人员进行谈判。

2. 该名高级管理人员的行为不可控，谈判时需刚柔并济

该名高级管理人员通过非法行为、隐蔽方式获取了甲公司的大额利益，且明白甲公司拟彻查并解除与其的劳动关系，在谈判中多次提及，如若解除劳动关系，将通过举报及公开甲公司商业秘密的方式进行报复。因此在谈判中，大成律师综合前述调查获取的资料，说明甲公司掌握的信息，同时，分析该名高级管理人员如果采取不实指控等方式所面临的处罚，在谈判中刚柔并济顺利稳住其情绪，并解除了与其的劳动关系。

3. 项目圆满结束，并取得了客户公司的认可与后续合作机会

通过拟定调查及谈判方针，并参加与甲公司、与该名员工的多次谈判，最终成功满足甲公司的需求，顺利解除与该名高级管理人员的劳动关系，并使其履行 9 个月期间的竞业禁止义务。此外，通过该案，甲公司肯定了大成律师的能力，与大成律师事务所签订了包括劳动咨询在内的常年法律顾问合同。

合规指引

正所谓"知己知彼，百战不殆"，在面对如本案件一般棘手的对象时，更要做好充足的背景调查，不仅限于表象，更要深入挖掘其内里纷繁复杂的利益关系，才能够为谈判准备好充足的筹码，把握谈判走向。

同时，谈判的魅力也不仅限于利益牵制带来的服从，如何刚柔并济，引导情绪，圆满地维持企业形象及与员工之间的友好关系，亦是一名经验丰富的实力派律师了然于心的技巧。好的谈判需要筹码和精心的事先准备。

在谈判之前，企业只有做好以下准备工作，才能在谈判时游刃有余，取得好的谈判结果：

1. 收集和固定员工违纪的证据。可以先从外围入手调查，如供应商、关联公司等，尽量不要打草惊蛇。

2. 根据收集的证据评估解除风险，制定谈判筹码和详细的谈判方案。

3. 做好谈判前的准备：挑选谈判地点和合适的谈判人选，事先设计好谈话提纲。

4. 随机应变、围绕主题，避免争吵。谈判人员与员工谈判时应尽量引导员工多说话，不要让员工感受到对立，不要就某一问题与员工陷入无休止的争论；在谈判偏离谈话提纲时，应及时引导员工回到"主题"，让员工意识到"对抗"只会加大自己的风险。

只有细心才能发现众多真假混杂材料中的端倪，找到突破口；只有真心才能站在客户角度为其利益充分考虑，实现共赢；只有全心全意才能不放过任何蛛丝马迹，不放弃任何可乘之机，充分发挥我们作为律师丰富的实战经验，让客户放心。

经典文书参考

劳动合同解除通知书

_____先生/女士：

有鉴于您存有严重违反公司规章制度的行为，依照《劳动合同法》第三十九条之相关规定，公司特此通知您，您的劳动合同立即解除。

您须立即向公司交还在您管理及使用下的公司物品、资产、财物或文件等，并离开工作场所。您的工资将结算至您的最后正常出勤日，但基于您所存在的过错情形，公司将不会向您支付任何经济补偿。

如因您未能履行必要交接义务或存在任何潜在违纪行为给公司造成经济损失的，公司保留依法进行追索或从最终付款中进行抵扣的权利。

离职后请您按照《竞业限制协议》之约定，自劳动合同解除之日起继续履行____个月的竞业限制义务。因您自身的原因导致公司无法支付竞业限制补偿金的，相关责任将由您承担。

特此通知！

注：本解除通知将首先通过面呈的方式进行送达，如您予以拒绝的，公司将通过邮政特快专递进行送达。

096 某集团业务外包合规风险审查专项法律服务[①]

案例疑难点

某集团在广东多地设立多家项目公司，并以项目名义与近十家人力资源公司签订供应链环节业务外包协议，将分拣、搬运、上架等业务发包给承包商，涉及外包员工1万余人。在外包业务管理中，作为发包人的项目

[①] 江点序、江永清、吴磊，北京大成（上海）律师事务所律师。

公司对于外包人员的工作安排进行深度管理，如：网络招聘信息中有该集团的 LOGO；项目公司基础管理人员安排承包商的外包员工工作；外包员工与项目公司进入库区的标牌与正式用工无明显区别等。如何从供应商及外包工管理角度识别假包真派的风险并提出整改建议？如何防止业务部门的执行变形？

案情介绍

某集团为知名跨境电商之一，直营或合作的仓储点设立于广东、浙江、江苏等地近 10 个城市，以业务外包、派遣等灵活用工方式间接使用 1 万余名劳动者。因多主体交叉管理、多种用工模式并行、跨区域运营且雇佣政策差异等，同时，因其海外市场的影响力而受到劳工组织等关注，该集团供应链的用工管理，尤其是业务外包模式、性质、供应商劳动政策合规、外包员工休息权保障及其法定待遇等，面临较大的合规压力。在接受该集团的委托后，大成律师从供应商的选定、业务外包协议及其管理流程、外包员工管理流程、外包管理流程执行纠偏、作业现场操作、争议解决等环节，进行全面审查并提出合规整改建议，以节点清理方式降低或避免业务外包的不合规风险。

办案经过

大成律师接受该集团委托后，历经约 10 个月，按如下节奏推进实施本项目：

1. 与相关人员深入访谈沟通

为了解某集团的业务外包管理流程及其实施现状，与该集团涉及外包项目管理的部门相关人员，包括业务、法务及人力资源部门，深入沟通了解供应商招标及商业磋商、外包员工招聘与录用、外包员工考核与工资、外包员工离职及争议处理、外包现场工作管理等情况，并同步录音存档。

为了解某集团现有业务外包管理的执行情况、承包商对外包员工的管理情况及外包员工对现有管理模式的认知等，根据客户现有的供应商的规模及所有制等选择三家具有代表性的供应商，以访谈形式从供应商及其安排的外包人员的视角来了解该集团业务外包的管理流程及其落地执行情况、管理效果评价等。

2. 整理材料清单并协助客户整理

根据前述访谈所了解的基本情况，结合类似项目的实施经验，大成律师整理项目材料清单，合规项目材料清单，涉及业务外包事前审批、供应商管理、与供应商合同履行、外包员工人事及业务管理、外包员工争议解决等环节，并制作《项目外包供应商经营资质调查表》《项目外包员工内部及劳监等投诉或案件统计表》。

3. 审查项目材料并整理该集团人力资源合规调研报告

基于前述访谈情况，大成律师审查项目材料，结合客户管理要求并根据现行的劳动法律法规及政策、类案处理规则等，整理并输出成果，包括：《××集团人力资源合规调研报告》《××集团人力资源合规风险清单》《××省类案检索报告及相关法律汇编》等。

4. 结合调研报告并与客户确定整改方案

结合项目前期输出的调研报告及风险清单，大成律师会同客户法务、人力资源管理专员及相关业务人员等进行研究与论证，并提出全面整改、表面整改、全面接收三套方案，提交该集团管理层选择与确定。

5. 整改方案拟定与协助客户落地执行

根据客户最终确定的整改方案，大成律师协助整理业务外包合规整改方案，包括：《园区管理手册》、《业务外包通用协议》及其表单、《业务外包项目管理流程》、《业务外包与劳务派遣政策汇编与典型案例》、《外包合规整改培训PPT》等，同时协助客户与供应商进行沟通并重新完成外包协议修订，协助客户开展对供应商驻场人员、客户基础管理人员等内训，以防止外包管理政策在执行中变形。

6. 协助客户组织"回头看"以检视合规效果

为防止业务部门及供应商在外包项目实施过程中的变更，大成律师协助该集团的法务以问卷调查、人员访谈、执行文件抽查等方式检视整改项目的实施效果并反馈业务部门敦促再次整改。

办案亮点

1. 从管理规范至实际执行,准确识别假包风险

劳务派遣（Labor dispatching），是指劳务派遣单位与被派遣劳动者建立劳动关系，并将劳动者派遣到用工单位，被派遣劳动者在用工单位的指挥、监督下从事劳动的用工形式。业务外包（Business Process Outsourcing，BPO），一般是指企业基于外包合同等商事约定将一些非核心的、次要的或者辅助性的功能或业务外包给外部专业服务机构具体实施，并以承包费等形式支付报酬，以利用业务外包承包人的专长（如专业技术）或优势（如用工成本）来提高企业的整体效率和竞争力的经营管理方式。结合客户管理实际情况，大成律师根据如下原则协助客户发现并识别假包风险点并以风险地图形式呈现给客户：

（1）承包人或承包商之派遣资质、业务承办的能力与业绩；

（2）外包合同中交易价格构成、结算及外包业务的构成；

（3）外包合同履行过程中发包人对承包人或承包商员工的劳动管理或管控，包括但不限于招聘录用、考勤与休假、离职管理及离职补偿承担、绩效与奖惩评定或影响、工资与福利发放、工伤或补偿承担等；

（4）外包合同履行过程中发包人对承包人或承包商员工的现场管理，包括但不限于承包商员工之厂牌或工衣标识、不同承包商员工间或承包商员工与发包人员工间业务混同或混用作业等。

2. 假包后定性及风险管理

若业务外包被司法机构或劳动行政管理部门认定为假，则对于"发包人""承包人""承包人员工"三者的法律关系的常见认定如下：（1）假包后真派，即发包人、承包人及承包人员工之间构成劳务派遣关系；（2）假包后发包人与承包人的员工建立劳动关系。并就假包真派后发包人可能承担的民事及行政法律责任分别进行释明并提出管理建议。

合规指引

业务外包，涉及发包人、承包人或供应商、承包人雇用并完成工作的外

包人员等多方主体，管理失措极其容易出现系统性合规风险，也容易诱发群体性事件并导致企业可能存在的社保、公积金、加班费等历史劳动债务的"提前兑现"，据此合规指引重点围绕如下几个方面：

1. 承包人选择与确定。公司以招投标方式选择业务外包承包人，且要求参与投标之承包人需具备劳务派遣资质、类似项目的外包业绩、相应的技术与管理人员及经验等，承包人报价方案参考要素为避免出现人员名单及其用工成本、税费、服务费及管理费等。公司确定承包人后分别与其签订《业务外包合同》及其补充协议，如《安全生产协议书》，并确认合同附件表单。

2. 外包人员招聘与录用。发包人应避免在招聘广告中出现发包人的商号、商标及人力专员的联系方式，并避免发包人先行"面试"确定招聘人员后安排承包人发出体检通知或录用通知，同时承包人（含其关联企业）以其名义对外包员工进行入职培训且培训时不得使用发包人的规章制度。

3. 外包人员劳动管理。外包员工不能注册或使用发包人企业微信或OA并进行考勤、离职审批等，发包人不得向外包员工发送工资条或通过银行转账方式支付外包员工工资。外包人员佩戴的工牌应显示不同的承包人名称或标志。

4. 外包业务管理。发包人不能对外包人员进行绩效考核、奖惩、考勤等劳动管理。外包员工的业务操作应接受其所处的供应商管理人员管理。园区或仓库等现场作业环境，应尽可能避免发包人员工、不同的供应商外包员工混同作业。

发包人与承包人之间的外包费用结算不得以外包员工的数量为依据，或费用构成主要包括：外包人员的工资与福利、社保及公积金、服务费、发票税费、其他不确定费用（如工伤或离职补偿金）。

5. 争议解决。若外包员工内部出现争议，应由承包人负责与外包员工协商解决或提出处理意见，并由承包人出面签订协议或出具解除通知书、离职证明等法律文件。若外包员工出现劳动监察投诉、劳动仲裁或诉讼，则由承包人出面负责解决或应诉，但由此产生的费用，如工资与加班费、年休假、经济补偿、工伤待遇等，均由承包人负责且不得由发包人支付。

图书在版编目（CIP）数据

劳动法疑难案例与企业合规指引／大成劳动与人力资源专业委员会编著.—北京：中国法制出版社，2023.5(2023.7重印)

ISBN 978-7-5216-3555-3

Ⅰ.①劳… Ⅱ.①大… Ⅲ.①劳动法-案例-中国 Ⅳ.①D922.505

中国国家版本馆 CIP 数据核字（2023）第 088336 号

责任编辑：朱丹颖　　　　　　　　　　　　　封面设计：杨泽江

劳动法疑难案例与企业合规指引
LAODONGFA YINAN ANLI YU QIYE HEGUI ZHIYIN

编著/大成劳动与人力资源专业委员会
经销/新华书店
印刷/三河市紫恒印装有限公司
开本/710 毫米×1000 毫米　16 开　　　　　印张/26.75　字数/335 千
版次/2023 年 5 月第 1 版　　　　　　　　　2023 年 7 月第 2 次印刷

中国法制出版社出版
书号 ISBN 978-7-5216-3555-3　　　　　　　定价：102.00 元

北京市西城区西便门西里甲 16 号西便门办公区
邮政编码：100053　　　　　　　　　　　　传真：010-63141600
网址：http://www.zgfzs.com　　　　　　　编辑部电话：010-63141667
市场营销部电话：010-63141612　　　　　　印务部电话：010-63141606

（如有印装质量问题，请与本社印务部联系。）